国家出版基金项目
NATIONAL PUBLICATION FOUNDATION

「十四五」时期国家重点出版物出版专项规划项目

中国传统伦理道德文化丛书

修订版

张怀承 著

佛家

伦理道德精粹

湖南大学出版社·长沙

图书在版编目（CIP）数据

佛家伦理道德精粹／张怀承著. -- 修订版.

长沙：湖南大学出版社，2025. 3. --（中国传统伦理道
德文化丛书）. -- ISBN 978-7-5667-4053-3

Ⅰ. B949. 2

中国国家版本馆 CIP 数据核字第 2025PE5547 号

佛家伦理道德精粹（修订版）

FOJIA LUNLI DAODE JINGCUI（XIUDINGBAN）

著　者：	张怀承
策划编辑：	王和君　全　健
责任编辑：	全　健　尚楠欣
责任校对：	王宇翰　肖晓英
印　装：	湖南天闻新华印务有限公司
开　本：	710 mm×1000 mm　1/16
印　张：	29. 25
字　数：	396 千字
版　次：	2025 年 3 月第 1 版
印　次：	2025 年 3 月第 1 次印刷
书　号：	ISBN 978-7-5667-4053-3
定　价：	102. 00 元

出 版 人：李文邦
出版发行：湖南大学出版社
社　　址：湖南·长沙·岳麓山
邮　　编：410082
电　　话：0731-88822559（营销部），88820008（编辑室），88821006（出版部）
传　　真：0731-88822264（总编室）
网　　址：http://press.hnu.edu.cn
电子邮箱：437291590@ qq.com

序：传统文化三题①

在我国，自 1840 年鸦片战争爆发至今前后 180 多年间，所谓古今、中西、体用、传统与现代之争一直不绝于耳，从未间断，其核心就是如何正确认识传统与传统文化，如何处理和对待传统和现代化的关系问题。近年来，习近平总书记从新时代实现中华民族伟大复兴中国梦的高度，又一次把以上问题提到了全党和全国人民的面前。他指出："培育和弘扬社会主义核心价值观必须立足中华优秀传统文化。牢固的核心价值观，都有其固有的根本。"② 习近平总书记多次强调，我们要加强对中华优秀传统文化的挖掘和阐发。习近平新时代中国特色社会主义思想也融入了大量传统文化精髓，体现了对中华优秀传统文化的继承和发扬。因此，认清什么是传统与传统文化，把握传统文化和现代人的真实关系，处理好传统文化与现代化的联系等问题，具有重大的理论意义和实践意义。

一、什么是传统与传统文化

"传统"一词在拉丁文中，是指从过去延传到现在的事物，在英语中也基本上是这个含义。有学者认为，凡延传三代以上，被人类赋予某

---

① 本文曾发表于《求索》2018 年第 3 期，作为《中国传统伦理道德文化丛书》（修订版）的序，有改动。

② 习近平著. 习近平谈治国理政［G］. 北京：外文出版社，2014：163-164.

种价值和意义的事物，都可以看作传统。一般来说，传统包含三个构成部分。一是器物层面，即历史上延传下来的典章制度、文化经典、古迹文物等。二是行为层面，即历史上延传至今的风俗习惯等。事实上，风俗习惯乃是一种相对固化的行为模式，是一个民族群体认知和智慧的积淀。这两个构成部分可以说是传统的"显性的方面"。三是精神层面，即历史上延传至今的社会理想、生活信念、伦理道德观念、民族性格和心理特征等，具体说就是历史上形成而延传至今的人们的价值观念、思维方式、审美情趣和宗教信念等。这可以说是传统的"内在隐性的方面"。传统的这三个构成部分、两个方面的关系是怎样的呢？前两者，即"显性的方面"，是传统得以呈现和延传的载体和媒介，是观念意向的表意象征。而后者，即"内在隐性的方面"，则是传统得以延传的血脉和灵魂。没有前两者，传统就无法得以延传和呈现；没有后者，传统就会枯萎坏死，也无法鲜活地存在和延传。从这两者的关系来讲，我们又可以把传统划分为广义的和狭义的两个方面。广义的传统就是我们前面讲的器物层面、行为层面和精神层面三个方面的统一。从这个意义上说，传统的概念与人类文化学所使用的"大文化"概念是一致的，它是历史上人类创造的、赋予象征意义并延传至今的所有事物的复合整体，我们可以把它叫作"传统文化"。狭义的传统则是指世代相传、延续至今的社会理想、宗教信念、价值观念、思维方式、行为方式和审美情趣等，属于精神层面。在我国典籍中关于传统的概念，主要是就这个方面而言。故古人有"道统""政统""学统"之类的讲法。我们今天讲要继承与弘扬中华优秀传统文化，也主要是就这个方面而言。据此我们又可以把传统叫作"文化传统"，即文化的传统。它体现着一个民族特有的民族精神、价值理想、民族性格、民族气质和民族心理。

　　传统或传统文化具有两个显著的特征。一是世代相传事物的同一性。无疑，由于传统或传统文化是世代相传、从过去延传到现在的事物，它本身就是一个变化着的文化链条；但它的这种变化总是围绕一个或几个被接受和延传的主题展开，进而形成了有着不同变体的时间的链条。这样，它虽然在世代相传中发生了种种变异，始终处于流动状态，但其中又有着某种共同的渊源、共同的主题以及相近的表现形式和出发点。也就是说，它的各种变体之间由于存在着某种共同的脉络，又表现出某种变中不变的同一性。这种同一性在观念上具体表现为某种相对稳定的问题意识、解题路径、解题方式和相近的价值取向与价值目标。二是世代相传事物的持续性。这种持续性首先表现在它是世代相传、相承相因的；其次表现在它现在还存活着，还在这样或那样地影响与制约着人们的思想和行为，从这个意义上可以说它是"存在于现在的过去"。正因如此，它作为过去人们所创造的事物的表意象征，同时又是现今社会的文化遗产。这种文化遗产使得一个国家、一个民族的代与代之间、不同历史阶段之间，始终保持着某种连贯一致的持续性。

那么，传统或传统文化是怎样形成的呢？这也是一个常常容易被人们误解甚至扭曲的问题。事实上，传统或传统文化的形成并不是某种外在力量强制或法律规定、行政命令的结果，也不能简单地把它理解为只是少数圣贤明哲的主观设计或纯粹外在灌输的产物，而是一个民族群体在长期共同生活和社会实践中形成的价值共识和道德认同的产物。确切地说，它是一个国家、一个民族主流社会意识的价值倡导和引领，及广大社会成员基于社会生活实践的需要而形成的价值共识和道德认同相统一的结果，是合规律性与合目的性的统一。正是这种价值共识和道德认同，经过时空的过滤和筛选，世代相传，最终才积淀形成了一个国家与民族的传统或传统文化。

二、传统或传统文化和现代人

传统或传统文化和现代人到底是什么样的关系？这是一个长期被一

些人忽略甚至误读的问题。有的人常常自以为很现代、很时尚，把自己民族的传统或传统文化视为"敝帚"，认为传统就是落后、保守，甚至给讲传统的人戴上"食古不化""抱残守缺"的帽子。他们极端反传统，认为中国近现代之所以落后于西方国家，就是我们国家的传统造成的。他们宣扬中国的这种黄土地的"黄色文明"已经没有了存在的理由，必须用西方的"蓝色文明"取而代之，"黄色文明"只有自觉地接受"蓝色文明"的阳光雨露的滋润，才能继续生存与发展下去。为此，他们对中华民族几千年的文明发展历史进行大肆歪曲和轻率贬斥。这种思想以极端的形式延续了我国自 1840 年鸦片战争爆发以来，由于西方列强侵略，我们国家长期处于落后挨打局面，而在一部分人中慢慢滋生的一种文化自虐、文化自残的病态心理。"外国的月亮才是圆的"，西方一切都好，成为某些人宣扬、标榜"现代"与"时尚"的理由。

为了澄清这个问题，很有必要反思一个基本的问题。那就是，一个国家、一个民族的传统或传统文化，同现代人的真实关系到底是怎样的。理论和实践告诉我们，对于现代人来说，一个国家、一个民族的传统或传统文化是不能被简单地否定和抛弃的，而应该理性地对待和科学地选择。这里讲的理性地对待，就是要在重视、尊重自己民族的传统或传统文化的前提下，对其进行分析、鉴别，站在现代社会发展需要的立场上，区分其精华与糟粕，吸其精华，弃其糟粕。用习近平总书记的话来说，就是要处理好继承和创造性发展的关系，重点做好创造性转化和创新性发展。为什么必须如此呢？

首先，从一定意义上说，任何一个现代人不管其自觉与否，在其原初意义上都是一个传统人。

关于这一点，美国著名的社会学家爱德华·希尔斯（1910—1995）在其专著《论传统》中就作出了专门论述。这本书的第一章的标题就是

"在过去的掌心中"①。

　　一个基本的事实是，人是用语言来进行思维的。"语言是思维的物质外壳"，语言也"是一个民族存在的家园"。瑞士著名语言学家索绪尔就提出，语言是人类的共性，它有其共时性的结构性质。各个民族都有自己的语言。语言作为一个民族认识外部事物，对外部事物作出判断、进行思考，实现人际交流的工具，仔细分析就会发现，它本身就积淀了一个民族群体由于长期共同生活和社会实践而形成并传承的价值观念、思维方式、审美情趣和宗教信仰等的内涵，可以说它是一个民族群体传统的价值观念、思维方式、审美情趣和宗教信念等固化和形式化了的一种文化符号。这就是为什么在日常生活中，同是赞美人、贬斥人，或者同是表示喜悦、悲恸等意念层面的内容，各民族的语言表达方式有着截然不同的深刻根源。现代语言学对此可以作出充分的证明。

　　其次，人是一种文化的存在物。一个国家与民族的传统或传统文化乃是这个国家、民族成员认识和处理同外部事物的关系，实现其作为文化的存在物的价值和进行文化创造的文化基因。

　　"基因"一词源于古希腊语，意思是"生"。在古希腊时期原本是一个哲学概念，后来成为现代生物遗传学上的一个基本概念，指一个生命体的内部组织结构的特殊方式。正是这种特殊的组织结构方式作为在上下代之间传递遗传信息的基本单位，决定着一个生命体的生命性状和发展轨迹，"种瓜得瓜，种豆得豆"正是因为此。那么在文化上有没有基因呢？也有。这种基因和生物学上的基因性质一样，正是有了它才能够解释，一种特殊的文化类型其何以如此，将来大致可能的走向如何，及为什么它不同于别的文化类型。

　　讲到这里，有必要了解一下皮亚杰的发生认识论的基本思想。皮亚

────────────

① （美）希尔斯（Shils, E.）著. 论传统 [M]. 傅铿，吕乐，译. 上海：上海人民出版社，2009：37.

V

杰是瑞士杰出的心理学家、生物学家和哲学家，他通过对儿童心理和儿童道德判断的研究发现，人的认识并不是像照镜子一样是对客体对象的消极反映和模写，而是对主体与客体关系的一种把握，是主体意识的一种建构过程。这种建构是主体为了适应外界对象及其变化而对自身意识中原有的"文化图式"进行的某种调适，皮亚杰把这种调适叫作"顺化"或"顺应"。与"顺化"或"顺应"相对的是"同化"。具体来说，本来作为主体的人在接触外部对象时，总是试图以自己原有的相关的"文化图式"去同化客体对象，然而在同化过程中主体就可能发现，自己原有的"文化图式"与客观对象并不完全一致。于是主体只好对自己原有的相关的"文化图式"作出调整，以顺应客体而形成关于客体的观念。所以，人的认识过程就是一个主体对客体对象进行同化或顺应的过程。这一过程实质上就是主体在意识层面的一种观念建构过程。那么，主体意识中原有的"文化图式"是从哪里来的？当然是主体出生后在后天生活中习得的，这和主体后天的生活环境、行为活动、学习教养等都密切相关，但这一切都以主体后天习得的语言为中介。无论是皮亚杰所说的"文化图式"还是现代社会心理学家所讲的"文化心理结构"，都是以一个国家、一个民族的语言为中介的。既然语言乃是一个国家、一个民族的成员所特有的价值观念、思维方式、审美情趣和宗教信念等的一种固化、形式化了的文化符号，这就不难理解为什么传统或传统文化乃是一个国家与民族的成员认识和处理同外部事物的关系，实现其作为文化存在物的价值和进行文化创造的文化基因了。

从这个方面说，人们能够摆脱和抛弃传统或传统文化吗？不能。任何一个现代人都只能面对，只能对其进行理性的选择。这一点，现代信息科学也作出了进一步的诠释。实际上一个人所具有的"文化图式"或"文化心理结构"，乃是一个信息处理系统。外部对象对主体的刺激，其信息是要通过主体这个信息处理系统进行处理的。人们接收到的任何信息，都要经过这个信息处理系统的筛选、加工和改造，才能为主体所认同和接受。这也是对于同一事物会"仁者见仁，智者见智"的缘故。同样，对于不同的国家和民族也是如此。

再次，传统或传统文化也是人们生存和处理同外部世界的矛盾的一种特殊的文化力量和文化途径。它赋予人们的生活某种秩序和意义，不仅是人们民族身份认同感和归属感的重要形成机制，且已成为人们的一种内在的心理需要。

"每逢佳节倍思亲"，这是中国人植根于传统的一种特有的心理需求，它也表征着中国人对生命意义和生活秩序的独特理解。在现实生活中，亲情常常成为中国人解决特定范围人际矛盾的特殊文化力量。那么，为什么传统或传统文化能够在现代人的生活中起到这样一种特殊的作用呢？究其根本，就在于一个国家、一个民族的传统或传统文化，乃是这个国家、这个民族群体在长期的共同生活和社会实践中所形成的价值共识和道德认同的产物。这种价值共识和道德认同经过时空的过滤和筛选，世代相传，最终积淀为历史经验和生存智慧。它们在传承和发展中不仅赢得了人们的广泛支持，深入人心，而且逐渐上升为历史理性而获得某种特殊的权威性、神圣性，甚至被赋予某种传奇的存在形式。

爱德华·希尔斯在《论传统》一书中提出了"实质性传统"的观念。他所讲的"实质性传统"，是指那些能够长期受到人们的敬重、为人们所依恋，并对人们的行为具有强大的道德规范作用和感召力的传统。他认为这些传统之所以能够发挥如此巨大的作用，是因为它们往往具有一种神圣的"克里斯玛"特性。"克里斯玛"一词最初出现在《新约·哥林多后书》中，原指受神恩而被赋予的天赋。19世纪法国哲学家用它来指称基督教的超世俗性质，后来著名社会学家马克斯·韦伯全面扩展和延伸了克里斯玛的含义，既用它来指称某种具有神圣感召力的人物和事件的非凡精神特质，也用来指称一切与日常生活或世俗生活中的事物相对、被认为是超自然的神圣事物。爱德华·希尔斯认为，许多实质性传统都是人类原始心理倾向的表露，如敬重权威和道德规范，思念过去，依恋家乡，渴求家庭的温情，等等。爱德华·希尔斯写道："实质性传统还继续存在，这倒不是因为它们是仍未绝灭的习惯和迷信的外部表现，而是因为，大多数人天生就需要它们，缺少了它们便不能生存下去。"① 正因为如此，他认为不仅创建一种传统需要克里斯玛的想象力，破除一种传统同样离不开克里斯玛特质，甚至需要有双倍的克里斯玛特质。因为破除一种传统必须同时创建一种更适合时宜和环境也更具有想象力的新传统。只有新传统的克里斯玛力量压倒了旧传统的习惯势力之后，旧传统才会退出历史舞台，新传统才会赢得人们的广泛支持，才能深入人心，否则是不可能凭空破除旧传统的。传统是既有的解决各类人类问题的文化力量和途径，如果没有更好的、更具有克里斯玛力量的传统出现，旧传统即使表面上被破除了，也仍然会死灰复燃。在这里，不是不破不立，而是"不立不破"。

应该指出的是，爱德华·希尔斯是站在文化保守主义立场上来研究传统或传统文化的，他对问题的分析和论述不无可以质疑之处；但是他强调传统或传统文化是人们既有的解决各种人类问题的文化力量和途径，是一种对人们的行为具有规范作用和道德感召力的文化力量，则是值得重视的。因为传统或传统文化毕竟包含着一定国家和民族群体在长期的共同生活和社会实践中，世代相传、不断积淀而形成的历史经验和生存智慧，任何社会、任何人都不可能完全破除或抛弃其传统的影响。很显然，人们不可能一切都从头开始或简单地完全代之以新传统。如果是这样，人们就会失去对其文化的认同感和归属感。一个失去文化认同感和归属感的人，就会变得如同没有根的浮萍，随波逐流，无所依归；就会如同没有母亲的孤儿，感到身世飘零，无家可归。这是不可想象的。人类文明发展的历史证明，人们只有在已有的传统的基础上对其进

---

① （美）希尔斯（Shils, E.）著. 论传统［M］. 傅铿，吕乐，译. 上海：上海人民出版社，2009：327.

行创造性转化、创新性发展，传统或传统文化才能相承相因、继往开来，与时俱进、发扬光大。现代人应该自觉地具有这样的文化品格和文化自觉。

三、传统或传统文化和现代化

所谓现代化，是指人类走出传统的农业社会，逐步走进工业化、信息化时代，实现现代社会工业化、信息化的历史过程，简单地说，就是用现代的"工业-信息"文明代替传统的以小生产为基础的农业文明的历史过程。这无疑是一个社会结构急剧变化和转型的变革过程。那么走出传统社会是否意味着要抛弃或者简单地否定传统文化呢？显然不是。正如现代化和现代性是两个有联系但又不同的概念一样，传统社会和传统文化也是两个有联系但又不同的概念。传统社会主要是就社会结构、社会形态而言，而传统或传统文化则是一个更为广泛的具有总体性的文化概念。应该看到，无论是走出传统社会还是走向现代社会，它的主体还是人，人的现代化才是社会现代化的最重要、最根本的问题。"走出"传统社会、"走向"现代社会，本质上是人的生产方式和生活方式的一种变革。无疑，对于承受和担当这种变革的人来说，为了适应现代社会的要求，就必须站在现代的立场上去面对自己原来所浸淫的传统或传统文化，反思自己所承受的传统或传统文化。在这里理性地对待传统或传统文化，对其进行认真的价值评估，是十分必要和非常重要的。为此，对传统或传统文化进行创造性转化和创新性发展就成为现代人的一种重要的社会责任和历史使命。这本身就是对传统或传统文化同社会现代化的相互关系的选择问题，而不是简单的二律背反式的相互否定的问题。

世界历史发展证明，世界上每个民族和国家在面临社会急剧变化和转型的关头，在迎接新的历史挑战、走向新的历史阶段的过程中，都曾经遇到过如何认识和对待自己民族和国家的传统或传统文化的问题。中国从奴隶社会向封建社会过渡的春秋战国时期，就有百家争鸣特别是儒法之争，其中的焦点之一就是"法先王"还是"法后王"，即如何对待已有的传统或传统文化的问题。这一争论前后延续了上百年，直到汉武帝尊崇儒术才算收官，才奠定了往后中国封建社会的基本思想政治格局。西方社会在走出中世纪、走向近现代社会的历史过程中，也曾经重新审视它们民族和国家的传统或传统文化，并通过对其作出新的评估、进行新的诠释，才最终建构了西方近现代的工业文明。这一过程始于14—16世纪的欧洲文艺复兴运动，直到18世纪法国资产阶级革命才算告一段落，前后经历了几百年的时间。

在当代，伴随着西方的所谓新、旧现代化理论之争，我们清楚地看到，一些地方例如拉丁美洲国家，就曾经试图拒绝自己国家的本土文化资源，抛弃自己民族的传统，简单地移植和嫁接已经实现现代化的西方发达国家的价值观念、文化模式和制度规范，以期实现本国的现代化。其结果如何呢？不仅没有实现现代化，反而导致国家发展长期停滞、社会动乱和人民生活贫困。这正是拉丁美洲一些国家反美情绪长期高涨的深刻根源。同样，某些西方国家进行的"价值观战争"，也造成了中东地区的长期乱局、难民危机，并导致恐怖主义滋生。对此尽管人们可以作出各种各样的解释，但它们证明了西方旧现代化理论的破产却是一个不争的事实。它们也证明，对于任何一个国家或民族来说，社会的现代化都不可能通过抛弃本土的文化资源，割断自己国家、民族的传统文化的血脉和纽带，简单地从外部嫁接和移植而来。现代化必须立足于自己国家和民族的文化根基，尊重文化自身发展的规律，正确处理好本来和外来、民族化和国际化的辩证关系，且这只能是一个依据时代发展的需要，吸收外来先进成果，对自己国家和民族的传统文化进行创造性转化和创新性发展的历史过程。

为什么必然如此呢？因为如前所述，所谓现代化归根到底还是人的现代化。一个国家、一个民族的传统或传统文化，本质上就是这个国家、这个民族群体的自我意识。就个体而言，每个人之所以是他自己而不是别人，是因为这个"自我"就是由他所特有的自我意识系统构成的。那么，一个国家、一个民族群体有没有"自我"呢？有。这个"自我"就是这个国家、这个民族群体在长期的共同生活和共同社会实践中所形成的，世代相传的传统或传统文化。古人云："人贵有自知之明。"对于一个国家、一个民族群体来说，只有认识"自我"才能走向"新我"。因为这个"自我"中蕴含着其特有的文化基因，是其处理同外部世界关系的独特的文化力量和途径，也是其对生活秩序与意义的一种特殊把握，并形成了其所特有的问题意识、解题路径、解题方式和价值目标。但是这些又毕竟是在过去的特定生存境遇和历史条件下形成和发展起来的，必然会打上深刻的历史烙印，存在这样或那样的同现代社会发展不相适应的局限。因此，面对新的历史条件和新的生存境遇，一个国家或民族群体首先必须继续保持"自我"，因为是它自己而不是别人走向新的历史时期和社会形态；其次，一个国家或民族群体又不可能完全保持原来的"自我"，因为它不可能以不变应万变，而必须在应变中、在迎接各种新的挑战中去保持"自我"、创造"新我"。这是一个社会历史的发展和作为这一发展主体的人之间双向互动、相互促进的文明发展过程，也是人们常说的"人创造了历史，历史又创造了人"的辩证过程。

在如何认识和对待传统或传统文化与现代化的关系问题上，澄清所谓西化论的理论是非，对于我们来说仍然十分重要。西化论在我国自近代以来一直不绝于耳，至今仍为一些人所信奉和宣扬。这种理论认为，在当今世界上任何国家或民族要实现现代化就必须走西方化的道路。美国著名学者费正清教授把它概括为一个模式——"冲击-反应"。按照这个模式，任何发展中国家要实现现代化，就必须接受西方发达国家的先进文化的冲击，并对此做出单向的反应。这就是说，对于已经实现现代化的西方国家来说，现代化就是进行积极的自我扩张和发展，是不断地甚至强行地推销和输出其价值观念、文化模式和制度规范的过程。而对于发展中国家而言，似乎出路只有一条，那就是放弃自己国家、民族的文化传统，否认自己能够遵循社会发展的内在规律自主地走上现代化道路，抛弃本土资源，去被动地接受西方发达国家文化的冲击，似乎只有这样才能实现国家的改造和转化，才能走向现代化。不难看出，这种西化论的基本立足点是"西方中心主义"。其理论基础是社会达尔文主义，其思维模式则是西方特有的二分法。这种理论人为地把整个世界划分为西方和非西方、现代和非现代或者说是传统和现代化两个部分。显然，这种人为的二分法实际上一开始就预设了一个前提或者说一种价值取向，即西方"优于""高于"非西方。在这种理论看来，历史是进化的，是一种由低级向高级的线性发展过程，既然西方已经处于进化的高端阶段，而非西方还处于进化的低端阶段，那么，西方当然就要优于、高于非西方。而非西方要进化就必须接受西方的冲击和改造，也即"适者生存，优胜劣汰"。这就是西化论的理论逻辑。显然，这种理论是十分错误的。

首先，这种理论的前提是虚假的。正如印度著名学者德赛所指出的，西方学者这种西化论是以两个假设为前提的。一是将美国和欧洲发达国家的资本主义社会看作典型的现代化社会，并将其作为现代化的唯一模式。二是这种理论所使用的"现代化"概念实质是对资本主义生产方式框架内社会转变过程和转变方式的描述。也就是说，这种理论将资本主义生产方式发生学上的一个概念，偷换成了一个具有普遍意义的实质性概念。这就把特殊夸大为普遍、把个别夸大为一般，从而使西方资本主义生产方式成了唯一的现代化模式。正是基于这种错误的逻辑，才得出了只有西方化才能实现现代化的荒谬结论。

其次，这种理论否认和拒斥人类文化发展的多样性、多元性。有句谚语说，"条条大路通罗马"。世界各国各民族由于国情不同、文化传统有异，其走向现代化的道路必然是多样的。历史地说，人类走出原始的野蛮状况、走向文明社会的历史道路本就各不相同。古希腊、古罗马走的是"家庭—私有制—国家"的道路，而亚洲的许多国家则走的是"家庭—国家—私有制"的道路。关于这一点，在马克思主义经典著作中有过充分论述。马克思把这两种不同的道路分别概括为"古典古代"和"亚细亚古代"。同样，人类走出中世纪、走向现代化的道路也必然是多样的、多元的。这是人类文化和文明发展的规律。实践证明，所谓现代化就是西方化的说教，不过是以美国为首的西方国家为其推行殖民主义、霸权主义而张目罢了。

再次，这种理论违背了社会发展和文化交流的客观规律，否认并拒斥非西方国家走向现代化的内在动因和本土资源。历史发展表明，在中国，早在明代中期就出现了资本主义萌芽，明清之际这种萌芽更是得到了进一步的发展。正如毛泽东所指出的，"如果没有外国资本主义的影响，中国也将缓慢地发展到资本主义社会"①。20世纪60年代以来东南亚经济奇迹的出现，更是有力地证明，传统或传统文化并不是一个国家、一个民族走向现代社会的历史包袱和障碍；相反，只有充分重视本土文化资源，发挥其在现代化中的积极作用，真正做到不忘本来、吸收外来、面向未来，对本国本民族的优良传统文化进行创造性转化、创新性发展，才是走向现代化的必由之路。在当代，我国人民在中国共产党的领导下，通过不断增强文化自信、文化自强和文化创新，创造了举世瞩目的中国经验、中国道路和中国模式，更是有力地宣告了西化论的破产。

习近平总书记指出："中华文明绵延数千年，有其独特的价值体系。中华优秀传统文化已经成为中华民族的基因，植根在中国人内心，潜移默化影响着中国人的思想方式和行为方式。今天，我们提倡和弘扬社会

---

① 毛泽东著. 毛泽东选集：第2卷［G］. 北京：人民出版社，1991：626.

主义核心价值观，必须从中汲取丰富营养，否则就不会有生命力和影响力。"① 正因为我们的血液中流淌着这样的文化基因，我们才能形成民族世代相传的世界观、人生观、价值观和审美观，也才能在新时代以"富强、民主、文明、和谐，自由、平等、公正、法治，爱国、敬业、诚信、友善"等新形式，实现对中华优秀传统文化的传承和升华。中华优秀传统文化既有着自身的连续性和稳定性，又与时俱进；既传承了民族特色，又彰显着时代价值。认清什么是传统与传统文化，把握传统文化和现代人的真实关系，处理好传统文化与现代化的联系等问题，对于我们培育和践行社会主义核心价值观具有重要的理论意义和实践意义。

唐凯麟

2022 年 6 月

---

① 习近平著. 习近平谈治国理政 [G]. 北京：外文出版社，2014：170.

总　论
正确对待中国传统伦理道德文化

　　要实现现代化，走向世界，从文化学的意义上说，首先就意味着一种新的民族文化和现代伦理道德的营造和建构，意味着一代新生文化主体的培育和塑造。因此，从时代的课题出发，立足现实、面向未来，应该成为我们总的出发点和基本的价值取向。也唯其如此，如何对待我们的传统文化包括传统伦理道德文化的问题就变得不可回避，因为任何一种新的民族文化和现代伦理道德的营造和建构，都必须解决好当代人的价值观念的形成、确立和发展同本民族文化传统包括伦理道德传统的联系问题；任何一代新生文化主体的培育和塑造，都离不开这一文化主体同本民族整体的代际传承和历史延续。因此，正确地对待传统文化包括传统伦理道德文化，坚持把批判继承和超越创新统一起来，以加速现代化建设的步伐，努力建设有中国特色的社会主义新型文明，才是我们应有的理性精神和科学态度。

一

　　在当代中国，如何对待传统文化包括传统伦理道德文化，从根本上讲是一个如何认识和处理现代化和民族化的关系的问题，而问题的实质则是走什么样的现代化的道路。现代化建设要坚持走有中国特色社会主义的道路，正确对待传统文化包括传统伦理道德文化，就

I

是一个十分重要、十分现实的问题。

传统文化的突出特点和功能就在于，它具有极大的相对稳定性。这就使它成为一个影响和调节社会生活的稳定系统，表现为一种内控自制的历史惯性运动；它不是少数圣哲贤人的观点或一部分人的思想倾向，而是反映和代表了一个民族的社会整体意识和行为的总的倾向。这也使它成为一种特殊的社会文化信息系统，成为一定的社会经验得以传播和积累的中介。当然，在不同的社会历史条件下，传统文化的这些功能得以发挥的程度和所产生的社会效用是极不相同的，但它已成为一个民族面临新的时代挑战、进行新的历史创造活动的文化环境和心理背景。因此，每一个民族在走向新的社会时，都有一个如何对待传统文化包括传统伦理道德文化的问题。西方走向近代的开端，就是以古希腊、古罗马文化的复兴为旗帜的。在这一旗帜下，西方通过对其传统文化包括传统伦理道德文化作出新的认识和诠释，创建了近代资产阶级的工业文明。我国"五四"前后也曾出现过所谓中西文化之争。这些都历史地表明，传统文化包括传统伦理道德文化作为一个民族历史经验的积淀，是回避不了的，只不过不同的阶级对它所采取的态度不同罢了。

坚持现代化和民族化的统一，这是我们对待传统文化包括传统伦理道德文化的基本出发点。因此，我们既坚决反对民族虚无主义、"全盘西化论"，又坚决反对传统保守主义、复古主义。对于这两种错误的思潮，早在新民主主义革命时期，毛泽东就作出了深刻的批判，指出"'全盘西化'的主张，乃是一种错误的观点"①。同时，毛泽东又强调不能搞复古主义。他说，我们继承历史文化遗产，"是给历史以一定的科学的地位，是尊重历史的辩证法的发展，而不是颂古

---

① 毛泽东著. 毛泽东选集：第 2 卷［G］. 北京：人民出版社，1991：707.

非今，不是赞扬任何封建的毒素"①。毛泽东对上述两种错误观点的批判，为我们继承和发扬中华民族的优良文化传统和伦理道德传统，创造科学的、民族的、大众的新文化、新传统，奠定了理论基础，指明了正确的方向。

在我国社会主义建设的新时期，邓小平创造性地继承和发展了毛泽东思想，总结了新中国成立以来正面的经验和反面的教训，提出了建设有中国特色社会主义理论，科学地解决了社会主义建设中现代化和民族化统一的问题。

"有中国特色社会主义"是一个科学的概念。它强调必须坚持社会主义的基本原则，体现社会主义的共同的性质、方向和道路，但在内容和形式上又必须反映中国历史发展的特殊性，带有中国化、民族化的特色，凝结着中国人民的独特创造，从而使中国的社会主义不仅在形式上而且在内容上都具有自己的特殊规定性。因此，以马列主义、毛泽东思想为指导，从国情出发，正确地对待传统文化包括传统伦理道德文化，继承和发扬中华民族的优良传统，既是有中国特色社会主义的一个重要的构成因素，又是建设有中国特色社会主义的必然的客观要求。

民族传统是一个民族世代积累、相对稳定的群体的历史经验，虽然就其整体而言，不可避免会被打上深刻的历史烙印，但其中所包含的精华部分，却往往能够超越历史时空的界限，成为一种文明的积累。它凝结着一个民族的智慧和力量，是一个民族迎接新的时代挑战的历史前提和内在动力。它能够唤起全体人民的历史责任感和民族使命感，激励全民族在新的历史条件下不断前进。社会主义如果忽视了对中华民族优良传统的继承和发扬，就会失去历史的根据，脱离民

---

① 毛泽东著. 毛泽东选集：第 2 卷［G］. 北京：人民出版社，1991：708.

族精神的依托，最终变成一种外在的强加。只有把中华民族的优良传统作为一个必要因素，本质地包含在社会主义之中，这样的社会主义才是有中国特色的，才能更好地释放民族的潜能，成为人民群众进行新的历史创造活动的旗帜。

建设有中国特色社会主义离不开建设有中国特色的社会主义精神文明。正确对待传统文化包括传统伦理道德文化，继承和发扬中华民族的优良传统，乃是建设有中国特色的社会主义精神文明的重要内容和重要任务。任何时代的精神文明都是对前代精神文明的继承和发展，把前代人的终点作为起点，继往开来，推动精神文明从低级向高级不断前进，这是人类精神文明发展的一般过程。"中国的长期封建社会中，创造了灿烂的古代文化。"① 它为我们的社会主义精神文明建设提供了丰富的营养。

正确地对待传统文化包括传统伦理道德文化，继承和发扬中华民族的优良传统，还是保证改革开放顺利发展的必要条件。我们的改革是社会主义制度的自我完善和发展，它是在当代中国和世界的交叉点上进行的，也是在中国的历史和现实的交叉点上进行的。这就要求我们的改革必须从我国的国情出发，充分考虑人民群众的心理承受能力，因势利导，努力寻找传统和现实的结合点。只有这样才能认清改革的实际步骤，找到改革的具体形式，把握改革的驱动机制。而要做到这一点，一刻也离不开正确地对待传统文化包括传统伦理道德文化。同样，实行对外开放，也始终有一个扬长避短、趋利避害的问题。在这种情况下，只有正确地对待传统文化包括传统伦理道德文化，继承和发扬中华民族的优良传统，才能保持和增强我们民族的自尊心和自信心，提高对外来文化的消化功能，增强对西方腐朽生活方

---

① 毛泽东著. 毛泽东选集：第 2 卷 ［G］. 北京：人民出版社，1991：707.

式、价值观念侵袭的免疫力。否则，我们就可能对一切外来的东西都失去理性的态度，忘记民族的"自我"，丧失民族的主体性，丢掉自己的立足点，陷入迷茫之中，从而背离社会主义方向。前些年在这方面的教训，就是这样启示我们的。

二

传统文化包括传统伦理道德文化是人创造的，它既是前代人和后代人在文化联系上的纽带，又要靠后代人的自觉选择和创造才能传承和发展。它并没有超越历史的绝对的合理性，它的合理性存在于人类不断选择、不断创造历史的发展过程之中。因此，正确地对待传统文化包括传统伦理道德文化，还必须坚持马克思主义的批判继承的方针，这也是关系到我们能否真正继承和弘扬中华民族的优良传统、建设有中国特色社会主义的重大问题。

人类文化的传承是一种文化自身的客观延续性和文化主体（一定阶级、社会集团和民族、国家）的主观选择性相统一的辩证过程。前者决定了对待传统文化的继承性，后者则必然表现为对待传统文化的批判性。批判和继承是同一过程的两个不可分割的方面。否定继承的批判，是民族虚无主义的做法；没有批判地继承，则会犯传统保守主义的错误。这两者割裂批判和继承的统一，都违背了人类文化传承的客观规律，都是片面的、错误的。批判和继承之间并没有不可逾越的鸿沟，我国近现代史上这两者的相互转化是不乏其例的。所以，毛泽东和邓小平都反复强调坚持批判继承方针的重要性，认为继承只能是批判地继承，批判是继承的前提和基础，继承是批判的结果。所谓批判地继承，就是分析、鉴别、取舍和改造。

分析是揭示事物的特点、弄清事物的本来面貌的一种基本的认态自有其深刻的历史渊源，它是在西方传统文化背景上自然而且必然地生长出来的。中国的社会主义现代化也应当从中国自身文化传统背景的创造性转化中有机地、合乎逻辑地生长出来。社会主义的新的文化道德建设也是如此，这本身只能是一个继承优良传统，超越旧传统，创造新文明、新传统的过程。

超越创新，就意味着突破，意味着创造一种既适应时代前进步伐又不失民族文化特质和民族精神的，既优于和高于资本主义文明又适应当代科技、工业、市场经济要求的新文明、新传统。所以在这里，超越创新和批判继承是相辅相成的。批判继承是超越创新的基础性步骤，没有批判继承，所谓超越创新就是一句空话；反过来说，超越创新构成批判继承的目标指向，不能实现超越创新，所谓批判继承就毫无意义。这两者的辩证统一，对我们来说，就是要立足于现代和未来，既批判地继承传统伦理道德文化中的精华，使之内化为我们民族的主体意识，又从时代的课题出发，赋予它现代意义，使之同时代精神相融合，努力建设有中国特色社会主义的新型文明。

建设有中国特色社会主义的新型文明，这是一个复杂而艰巨的任务，也是历史赋予我们的使命。完成这一使命，也许需要上百年甚至更多的时间，我们生逢其时，理当为之努力奋斗。为此，做到如下几点是至关重要的。

第一，要正确认识和处理好伦理文化、思想道德建设中的"软"和"硬"、"虚"和"实"的关系。作为观念形态的伦理文化、思想道德，相对于社会政治、法律等制度因素来讲，乃是一种"软件"。一定社会的伦理文化、思想道德总是一定社会的经济、政治制度的反映，并反作用于这一社会的经济、政治制度。因此，它们之间既是一种被决定和决定的关系，又是一种互动、互补、互促的关系。这就要求我们把加强社会主义的伦理文化、思想道德建设同加速社会主义政治、经济体制的民主化、法制化的"硬件"建设有机地结合起来。事实上，思想文化作为一种"软件"，只有在一定制度的"硬件"中才能正常地生长，有效地发挥作用。制度是思想文化作用于经济的一个重要的中介，在不同的制度条件下，即使是同一思想文化，其发挥作用的性质、功能及方式也是不一样的。只有在民主化的政治和完善化的法律制度的条件下，民族传统文化的优良成分才能得到有效的继承、改造和升华，并充分地发挥积极作用。同时，就伦理文化、思想道德建设本身而言，使其由"虚"变"实"，做到真抓实干，努力在实际、实事、实行、实功上花功夫，在强化其实际操作性上下力气，也是十分重要的。只有这样，才能坚持批判继承和超越创新的辩证统一，使建设社会主义的新文化、新文明落到实处，收到实功。

第二，要正确认识和处理好伦理文化、思想道德建设中的民族性和世界性的关系。人类文化发展的历史表明，不同民族和国家的异质文化的碰撞和交流、冲突和融合，乃是文化发展的一条重要规律，这在当代更是成为一种世界性的文化现象。因此可以说，在当代，一个民族文化的生命力就在于它既能保持本民族文化的优良传统，又能充分地吸收其他民族文化中适应时代发展要求的积极成分和合理因素。所以，当代文化发展和文化建设只能是也应当是"民族意识"和"全球意识"的有机结合，是民族性和世界性的统一。不能坚持这种统一，我们就不可能站在世界发展的高度来看待文化问题，就不可能反映当代历史发展的要求，相反还可能使我们的文化建设脱离当代人类文化发展的轨道。这样的文化是不可能有生命力的，更不是我们要努力建设的社会主义的新文化、新文明。因此，只有坚持民族性和世界性的统一，具备面向世界的广阔的文化胸怀和着眼于未来的深邃的文化视域，把对民族传统文化的批判继承和对外来文化积极成分与合理因素的引进汲纳有机结合起来，在综合中创新、在创新中综合，我们才能更好地坚持批判继承和超越创新的辩证统一，才能建设人类历史上迄今为止最先进、最科学的社会主义新文化、新文明。

第三，要正确认识和处理好文化建设与新生文化主体的培养造就的关系。人是实践的主体，也是文化的主体。传统文化是人创造的，它既是前代人同后代人在文化联系上的纽带，又要通过后代人的自觉选择和创造才能传承和发展。因此，要实现批判继承和超越创新的辩证统一，完成中华民族传统文化的创造性的转化，建设社会主义的新文化、新文明，其首要的前提和最终的落脚点就是必须培养和造就一代新生的文化主体。只有这样，才能为实现批判继承和超越创新的辩证统一找到现实的承担者，提供建设社会主义新文化、新文明的主体动因。实践表明，随着社会主义的理想和道德的日益深入人心，随着人们的科学文化知识的逐渐增长和纪律意识的日益增强，人们不仅将越来越珍视人类文明的一切优秀成果，自觉地把继承和弘扬本民族的优良文化传统视为己任，而且将越来越主动地提出和实现更高的道德目标，成为建立适应时代发展要求的新的良好的道德关系、创造新的崇高道德价值的自觉的承担者和开拓者。

正是基于上述认识，我们从中国传统伦理道德文化的主要构成成分——儒、佛、道三家的思想学说中，选取了一些在历史上对于我们民族精神的形成和发展产生过重要作用，且在今天的现实生活中仍然具有某种积极因素的伦理命题和道德思想，进行一番历史的挖掘和现代的诠释，以期为批判地继承传统伦理道德文化、实现批判继承和超越创新的辩证统一，提供一些可供借鉴的思想资料。我们在编写这套丛书时，对于上述伦理命题和道德思想的选择，力图从儒、佛、道三家的伦理道德思想体系的内在逻辑出发，努力避免主观性和随意性；对于这些伦理命题和道德思想的诠释，则尽可能地着眼于其在我们民族历史发展中已经获得较广泛认同的视角来立论，并立足于现实作出必要的阐发。诚如不少专家所指出的，在中国传统文化和传统伦理道德文化中，不但精华与糟粕杂陈，而且精华的东西中也可能包含着糟粕，因此要在杂物堆中选取珍珠，其爬梳、清理工作是十分艰巨的，即使选取出来的是珍珠，如何使它重新显示应有的光泽，也有一个用现代意识去加以观照和磨砺的问题，要完成这一任务更是有如攀登蜀道。因此，我们编写的这套丛书只是试图作出一些初步的探索和尝试，肤浅在所难免，不当之处一定很多，权作引玉之砖，以期专家和读者指正。

唐凯麟

1998 年 6 月

目　次

第一章　佛法弘传——佛教的产生、演变及其在中国的发展

佛教是与基督教、伊斯兰教并著于世的世界三大宗教之一，公元前6世纪至前5世纪由释迦牟尼于古印度创立。佛教虽然派别繁多，但都尊奉"三宝"即佛、法、僧。佛指释迦牟尼，也泛指尽虚空、遍法界、十方三世一切诸佛；法指佛陀教义，实际上包括一切佛典；僧指依诸佛教法如实修行、弘传佛法、度化众生的佛教教徒。三宝是佛教的教法和证法的核心，佛教就是由佛、法、僧三者构成的宗教综合实体。

关于佛教何时传入中国这一问题，学界始终没有一致的结论，不过大多数研究者认同佛教是在两汉之际传入中国的，大约在公元初。佛教在中国的传播发展大体上经历了这样几个阶段：依附于中国文化；与中国文化发生矛盾和冲突；融合于中国文化。经过中国僧伽几百年以本土文化为依托对佛教教义进行诠释、改造和创新，到隋唐以后，出现了若干影响力极大的中国化佛教宗派，其理论带有鲜明的中国文化色彩，并渗透到中国社会生活的各个层面，成为中国传统文化的一个重要组成部分，对中国社会和文化发展包括伦理道德的发展产生了重要影响。

第一节　佛教的产生、演变及发展

佛教产生于公元前 6 世纪—前 5 世纪的古印度，其创始人悉达多·乔答摩因为是释迦族人，故又被称为"释迦牟尼"。"释迦"是族姓，"牟尼"指明珠，喻为圣人，释迦牟尼的意思就是"释迦族的圣人"。释迦牟尼成道后被称为佛陀（梵文"Buddha"的音译），简称"佛"，意为"觉悟者"。所谓"觉悟"，是指对人生真谛、解脱人生痛苦的正道与生命本真价值的彻底觉悟。按照佛教典籍的描述，佛已达到"正觉、等觉、无上觉"三觉圆满，不仅自己大彻大悟，而且帮助他人觉悟，自觉觉他已臻无上境界，故佛教信徒又尊称佛陀为"世尊"，意为佛举世独尊。

自从公元前 1500 年左右雅利安人侵入印度征服了土著居民后，便在印度推行社会等级制度。他们以婆罗门教作为统治工具，宣扬"吠陀天启"即天授神权，鼓吹人的命运由"梵天"（天神）决定。到吠陀时代后期，形成了以婆罗门、刹帝利、吠舍和首陀罗四大种姓为核心的种姓制度，构成了壁垒森严的等级体系。婆罗门是执掌宗教的僧侣阶级，是梵天在人间的代表，并通过神权控制世俗政权。刹帝利是王公贵族和武士，司职世俗政权、军事，不担任神职，故受婆罗门制约。吠舍属于自由民，主要从事生产和经营。首陀罗则是奴隶，大部分为印度土著居民，是社会的最下层，为前面三个种姓服务。这四个种姓等级极为森严，代代世袭，不可变更。

随着社会的发展，刹帝利和吠舍的力量逐渐强大，首陀罗也开始反抗压迫，由种姓制度导致的社会矛盾日益尖锐。在这种形势下，反对婆罗门教和种姓制度逐渐成为一股社会思潮，并出现了与婆罗门教相对立的顺世论、耆那教、怀疑派（或称不可知论）等学说和派别。佛教也是批判婆罗门教社会思潮的产物，释迦牟尼顺应这一历史潮流创立了佛教。

佛教是当时批判婆罗门教的生力军，且不断从各派理论中吸取养分。如耆那教的因果报应、轮回、戒律、涅槃等等，都被佛教进行改造后予以发展。佛教还接受了原来婆罗门教的部分思想，如造业与轮回转世，认为此生的苦乐都是缘于前生所造之业，并在此基础上提出了统治阶级和被统治阶级均可接受的思想。如：主张废除当时的社会等级制度，提倡众生平等，反对杀戮；提出修行以五戒为主，即戒杀生、戒偷盗、戒邪淫、戒妄语、戒饮酒，不主祭祀，不拜偶像，传教用语通俗；提出了"四谛"，也就是佛教认为的四个真理——"苦谛""集谛""灭谛""道谛"，劝告统治阶级善待被统治阶级，劝告被统治阶级消除欲望，放弃斗争，忍受痛苦，寻求真如。

一、释迦成佛

关于释迦牟尼的生卒年，现在已不可确考，一般认为他大约生活在公元前565—前486年（也有作公元前624—前544、公元前623—前543的）。相传他的父亲是当时古印度北部迦毗罗卫国（在今尼泊尔南部提罗拉科特附近）的国王净饭王，其生母摩耶夫人为当时天臂城善觉王的长女——摩诃摩耶公主。传说在净饭王年逾五十的时候，年已四十五岁的摩耶夫人夜里梦见一头六牙巨象从自己的肋部进入腹内，未过多久便怀有身孕。即将分娩，摩耶夫人按照习俗回娘家待产，回家途中在迦毗罗卫城的蓝毗尼园小憩时动了胎气，太子降临人世。相传这一天为我国的农历四月初八，后来四月初八也就成了"佛诞日"。传说释迦牟尼刚刚降生便行走七步，步步生莲。他一手指天、一手指地道："天上地下，唯我独尊。"净饭王非常疼爱自己的儿子，为他取名为悉达多，意为"一切义成就者"。在太子出生七日后摩耶夫人便去世了，以后由其姨母摩诃波阇波提将他抚养成人。

释迦牟尼属于刹帝利种姓，自幼聪颖好思，其父净饭王希望他将来建功立业、继承王位，内强邦国、外御强邻，成为名播天下的转轮王（印度古代称能以威望统一四方天下的明君圣主）。少年时，他接受婆罗门教的教育，修习吠陀经典和五明（声明，音韵训诂之学；工巧明，工艺技术之学；因明，逻辑论理之学；内明，宗教信仰之学；医方明，医药之学），并向武士学习兵法和武艺，成为学识渊博、思想深邃的文武全才。

佛经上说，一位很有名望的预言家、名叫阿私陀的仙人曾来到王宫给释迦牟尼占相。阿私陀看到释迦牟尼太子，先是非常惊喜，转而又悲伤地流下了泪水。净饭王问他，为何又喜又悲？阿私陀仙人回答："太子的相貌太好了，人间找不出第二人来！将来如果继承王位，一定是位转轮王，因此我为国王高兴；但据我的观察，太子必定要出家学道，并能得到最高成就，成为人天至尊的导师，拯救世人脱离苦海，可惜我已经老了，听不到太子的教诲了，所以我为自己悲哀。"

净饭王听到占相仙人的话，也是又喜又忧。他希望自己的儿子成为统一天下的转轮王，于是从此千方百计阻止太子出家修道。他为释迦牟尼建造了三座豪华的宫殿，一座冬天防寒，一座夏天避暑，一座雨季防潮，合称"三时殿"；又选来上百名美丽的少女随时为太子歌舞。在释迦牟尼十六岁的时候，便做主让他娶表妹耶输陀罗公主为妃子，婚后生子罗睺罗。净饭王企图用生活的享乐束缚释迦牟尼，让他放纵情欲，沉迷娱乐。当发觉自己的儿子对人世间的苦难情景思虑太重后，净饭王又下令在遥远的山上新建一座城池，将年老、虚弱和悲痛的受苦民众迁居于此，让释迦牟尼远离那些使他忧虑的根源。

但是这一切都无济于事。尘世繁华并未能引起释迦牟尼的兴趣，反而使他感到太喧嚣，更引起他深远的思考：人世间有数不尽的苦痛和忧虑都未能解决，一味地追求享乐就能解脱吗？人的生命是短暂的，享乐又能到几时呢？因此，释迦牟尼经常躲开喧哗的歌舞，独自到幽静的树林和河边去散步思考。

释迦牟尼见到农夫在烈日下辛勤劳作，全身满是汗水泥水，十分可怜；耕田的牛颈上笼着绳索，被鞭打得遍体鳞伤；田里的小虫被飞鸟啄食……这一幅幅图景强烈地震撼了他的心灵，使他感受到世间的惨痛与生命的悲哀。后来他又见到苟延残喘的老人、痛楚不堪的病人和惨白僵冷的死人，更感到人生的痛苦和命运的无常。这一切让他陷入极大的惶恐与痛苦之中：为什么人生会充满痛苦？如何才能摆脱所有这些痛苦？有一次他遇到一个沙门，听他说出家修道可以摆脱人世间的生老病死之苦，于是便产生了出家的念头。

净饭王的一切举措、劝阻都未能留住他。二十九岁时释迦牟尼毅然抛弃王子的地位和豪奢的生活，丢下娇妻爱子，剃发出家，寻师学道。

离家之后，释迦牟尼曾拜阿罗逻迦罗摩和优陀罗罗摩子为师，跟随他们修习禅定和戒律。数月之后，他觉得很不满足，认为禅定虽有助于修行，但不是目的，于是便决定通过苦行来求得觉悟和解脱。他逐步减少饮食，直至每日只吃一粒谷、一粒麦，或七天只吃一顿。他以鹿皮、树皮为衣，卧于荆棘、粪便之上，拔除须发，不洗污垢。如此连续坚持了六年，弄得身体消瘦、形同枯木、精神委顿，却没有发现任何真理，也没有摆脱任何痛苦，相反，只是加深了痛苦和烦恼。

经过这一痛苦的磨炼，释迦牟尼认识到，苦行并非寻求真理和解脱的正确途径，于是他开始净身进食，沉思大道。他来到尼连禅河，用河水彻底洗净了六年的老垢，并接受了牧女送来的鹿奶，调养身体，恢复元气。据说与释迦牟尼一同苦行的五个侍从见此情景还误以为他动摇了苦行修道的意志和决心，便离他而去，在深山继续修行。

经过一段时期的调养，释迦牟尼恢复了精神。他渡过尼连禅河，来到伽耶（今菩提伽耶），在一棵毕钵罗树（后称菩提树）下向东结跏趺坐（双足交盘而坐），端心正意，殚思苦虑，并发大愿说："我今若不证，无上大菩提，宁可碎是身，终不起此座。"① 据说，他经过七天（一说为四十九天）夜以继日的思虑后，终于彻悟了生命的真谛，成就了正上正觉的智慧——超越了自身视力和听力的局限，打破了时间和空间的障碍，洞悉了过去、现在和未来，觉悟到宇宙和人生的真实，把握了终极真理，获得了彻底的觉悟和解脱。此后，他便被称为"佛陀"。释迦牟尼悟道这一年三十五岁。此后，他的创教活动主要集中在两个方面：一是传法弘道，二是建立僧伽生活制度。释迦牟尼的创教活动历时四十五年，最终他于八十岁时涅槃于拘尸那迦城（今印度北方邦境内）附近的希拉尼耶伐底河边的婆罗林中。释迦牟尼逝世后，他的遗骨（舍利）被奉为圣物，受到信徒们的顶礼膜拜。

二、佛法初传

释迦牟尼悟道后，发誓要让佛教的真理照亮每个人的心灵，引度苦海中的芸芸众生。此后的四十五年间，他全身心投入传道、创教工作，栉风沐雨，足迹遍及恒河两岸。

传说释迦牟尼悟道后，首先赶到婆罗奈城郊的鹿野苑，寻找离他

---

① 地婆诃罗译. 方广大庄严经（第8卷）.

而去的五个侍从——憍陈如、摩诃男拘利、阿说示（意译"马胜"）、跋提、十力迦叶，向他们传授佛道。由于释迦牟尼从三个不同的角度耐心细致地向他们阐述了佛教，故佛典称之为"三转法轮"；又由于这是佛祖首次布道，故又称"初转法轮"。憍陈如等五人接受了佛祖的布道，茅塞顿开，心悦诚服，于是虔诚地拜倒在佛祖座下，成为佛祖最初的弟子，被称为"五比丘"。比丘就是受具足戒的男性出家人，这五人便是世间最早的比丘。从此，佛教具备了组成宗教团体的三个要素——领袖、理论、参加人员，释迦牟尼是领袖，佛法是理论，五比丘是参加人员。佛教管这三个因素叫作"佛、法、僧"三宝。因此，释迦牟尼鹿野苑初转法轮这件事就被认为是佛教成立的标志。在度化了五比丘之后，释迦牟尼便率领他们向大众宣讲自己所悟到的生命真谛，增加比丘人数，扩大僧团规模。

释迦牟尼所悟所传之道，主要是关于人生真谛、人生解脱的理论，如造成世间苦难的"缘起"说和摆脱苦难寻求解脱的"四谛"圣法。他从生命的挣扎、争斗和生长、衰亡过程，领悟到现实生命的短暂多变，认为人们在世俗社会追求的一切都是虚幻的，不具有永恒的价值，人的欲望永远无法得到满足；人生的真实是苦，生活充满了痛苦和烦恼，如生、老、病、死。佛陀慈悲，哀悯世间苦难众生，于是通过传道给众生开示佛所知道的真理，希望众生也能够领悟这个真理，从而离苦得乐直至成佛。

释迦牟尼依缘起说解释现实人生，认为人们现实的生活是自己行为的结果，这种决定人们人生的行为称为"业"。人在过去世作了什么样的业，现在世就会有什么样的果。众生根据自己所造的善恶之业在天、人、阿修罗、畜生、饿鬼、地狱六道中轮回，永远摆脱不了生命的痛苦。苦缘于生，生缘于业，业缘于无明。所谓"无明"，即对宇宙和人生的真实的无知，根源于过去世人的妄想执着本性和贪爱之欲所带来的无尽迷惑与烦恼。人正是因为贪欲太盛，蒙蔽了灵魂、心智，从而无法认识和把握人生的真实，才被困于六道，生死流转不息，永远不得解脱。为了来世不再受恶果报应而获得解脱，人们在现世生活中就应该"诸恶莫作，诸善奉行"，积德行善。

释迦牟尼的这种理论把整个宇宙看作一个因果链条无限延展的过程，在世界的因果链条中，根本没有梵天的位置，任何种姓都不享有特权，佛法面前，众生一律平等。他说："今我弟子，种姓不同，所出各异，于我法中出家修道，若有人问：'汝谁种姓？'当答彼言：'我是沙门释种子也。'"① 因此，人人皆有成佛开悟之性，人人皆可仿照释迦禅定之法门，每日用功增进禅定之力，终至开悟，达实证宇宙、了悟实相之境界；人人皆可通过修行改变自己的未来，甚至最终获得解脱，而不是像婆罗门教说的那样，只有高级种姓才能实现与梵天的同一而获得再生。佛陀以一个真正觉悟者的体证，为天、人、阿修罗、畜生、饿鬼、地狱六道的众生，指出了一条虚幻的通往幸福的解脱之路。

释迦牟尼指出，了悟人生的真实为无常和痛苦，并非要人们逆来顺受地接受命运的安排，而是要探求解脱的途径。既然人所有的一切均为自己作业所致，那么，解脱之路也取决于自己，而不是祭祀、祈祷梵天，也即释迦牟尼所言此法"向内求"，而非向外求。最根本的是要超脱轮回，灭绝一切导致轮回果报之因，其正确途径即是皈依佛教，根据佛教义理进行修持，熄灭生死轮回而实现最终解脱。具体说来，即消灭一切贪欲、无明和烦恼，达到超越生死的精神境界。

释迦牟尼认为，人们之所以害怕生老病死是因为想要追求永恒，然而"诸行无常"，从来没有一成不变的事物。无常中求恒常，是根

---

① 佛陀耶舍共竺佛念译. 长阿含经（第6卷）.

本无法实现的，不过是我们人最深的贪念和执着。因此，生命全部的痛苦、烦恼，都是从"我执"这个根上发芽长枝的。想要摆脱生命中所有的痛苦、烦恼，就必须解决"我执"的问题。此外，贪欲是人生之苦最深层的原因。由贪欲的遮蔽而导致无明，由贪欲的不满足而产生烦恼，故解脱修持的首要之务即戒贪欲，反对纵欲享乐。但他又反对苦行，而主张"舍此二边，有取中道"。他强调指出，极端地放纵、追求自己的肉体欲望是邪恶的；但一味自我虐待、毁形残身也对修道无益，只能加深痛苦。正确的方法是取其中，专注于学习和思虑，而不把心思放在纵欲或禁欲上。

从以上简述中不难发现，释迦牟尼的理论是对古印度流行的主要学说如婆罗门教、耆那教、顺世派等的学说的综合、改造和创新，鲜明地表现了佛教理论的独特个性，并且更适应社会的发展和大众的需要，因而能够广泛流传开来。

释迦牟尼创立的理论，一直是他在向弟子和其他信徒布道时口头传授的，并没有文字记载之经典流传，弟子们所奉持、弘传的佛法也各据其耳闻身受。随着弟子渐众，各人所依不免有异。为了统一佛法，防止外道异说渗入，使弟子永有依奉，佛教徒便在释迦牟尼逝世后对佛祖教义进行了结集。相传佛灭后的四百年间先后共进行了四次结集。第一次是在佛灭三四个月后。由弟子摩诃迦叶召集500位曾经亲耳聆听过佛祖说法的比丘在王舍城附近的七叶窟集会，选多闻有道之僧背诵佛在世时所传之法，经大家补充认可后，形成佛教最早的佛法结集。这次结集仍只口诵而无写本，但后来的经典写本皆以此为基础。以后又进行过三次结集，一方面形成了小乘佛教的基本典籍，另一方面也因在结集中对经典理解的差异而形成了佛教早期的不同派别。

可见，所谓佛法虽然都挂名在释迦牟尼头上，但绝非他一个人的创造，而是由不同历史时期的众多僧人集体创造的。现传佛教典籍由经（名义上为释迦牟尼所说的教义）、律（为僧侣制定的戒律威仪）、论（各大德高僧对教义的阐释）三部分构成，统称"三藏"。经过两千多年的积累，现存佛教典籍极其繁多。仅汉文系统的《大正新修大藏经》（含续藏），即收录 3493 部 13520 卷；《中华大藏经（汉文部分）》共收录经籍 1939 种，分 106 册。目前《中华大藏经（汉文部分）·续编》也已出版一部分，预估总规模最低 320 册。

三、确立仪轨

释迦牟尼弘道创教的一个重要内容，就是广收信徒，建立僧伽制度。去世前的四十五年间，他带领着弟子们四处游化，对有缘的众生说法布教，度化众生，信徒队伍不断壮大。相传他共有弟子 1250 人，其中著名者有十人，即舍利弗、目犍连、摩诃迦叶、阿难陀、优婆离、罗睺罗、须菩提、富楼那、迦旃延、阿那律。

佛教信徒分为在家信徒与出家信徒两类。在家信徒男称"优婆塞"，意为清信士、近事男、近善男；女称"优婆夷"，意为清信女、近事女、近善女。这种在家信徒俗称"居士"（梵文"迦罗越"的意译），而向僧尼布施的人则被称为檀那或檀越，意为施主。但是，并非所有声称信佛的人都可称为居士。要想成为正式在家信徒，也须经过一定手续，如要有法师证明、皈依三宝，并按三宝教导修行。若从法师受五戒，则成为五戒优婆塞、优婆夷；受菩萨戒，则成为菩萨戒优婆塞、优婆夷。如释迦牟尼悟道后寻找憍陈如的途中，曾为谛婆娑和跋利迦等商人授法，他们就成了佛教最早的优婆塞。

正式出家信徒则分别称为沙弥、沙弥尼、式叉尼（式叉摩那）、比丘、比丘尼。沙弥，指应受比丘教戒、息恶行善的少男出家者，他们虽然还不必受具足戒，但也要受许多佛教戒律的约束。比丘，意思是乞士，指托钵乞食之人，是对正式出家的男性佛教信徒的称呼。比丘要受具足戒，即对正式出家的佛教徒规定的较完整的戒律。出家人七岁才能受沙弥戒，到二十岁受比丘戒即具足戒，成为正式僧侣。释祖最先度化的比丘是其五个侍从，最先度化的沙弥是其子罗睺罗。沙弥尼，意思是勤策女，对七岁以上、二十岁以下少女出家者的称呼，她们虽然不受具足戒的约束，但也有很多行为规范要遵守。式叉尼意为学戒女、学法女、正学女，系年满二十岁的沙弥尼在受具足戒前两年受六法（不杀生、不偷盗、不淫欲、不妄语、不饮酒、不非时食）时的称名。比丘尼，意思是乞士女，对正式出家的女性佛教信徒的称呼，比丘尼也要受具足戒。

在中国，比丘尼俗称尼姑，比丘又称僧人。僧是梵文"僧伽"的略称，意为众，实为僧侣的复数名词。又古印度各教派对出家修行者称沙门（意为止息一切恶行），佛教徒亦属沙门；在中国，沙门为佛教徒的专称。世俗还称比丘为和尚，意指宗教师、师父，本为对佛教师长、高僧的尊称，后成为对僧人的通称。另外，和尚还有法师之称。

释迦牟尼在创教传道时，并未有意识地制定任何系统的僧团生活仪轨。这一则因为当时各派宗教并不都要求教徒过团体生活，如婆罗门教即是如此。二则因为当时信徒人数不多，散居各地，多半过着随师父云游四方的生活，难以统一轨则。所以，佛教的戒律和轨则往往是因具体事件而由释祖判定后成为律法的。故其戒律除五戒由耆那教教义演变而来外，其余多为随事而发，缺乏系统性、严密性，非常芜杂。到第一次佛法结集时，律藏就已成为重要的组成部分。

释迦牟尼还根据气候特点和自己的生活方式等为僧侣规定宗教生活方式。据佛典记载，佛陀每天黎明起床坐禅，近午时外出乞食，饭后坐禅思虑，不再进食，黄昏和晚上向弟子或俗人宣法。古印度大部分地区属于热带季风气候，有明显的雨季和旱季，雨季一般从每年5月延续至8月。因此，佛陀和僧侣在一年中的大部分时间都在云游布道，而在雨季那几个月则停止外出，安住一处修行，这一制度被称为"雨安居"。后来，他就把云游乞食、雨季安居和自恣忏悔规定为僧侣的生活制度。

随着教徒增多，团体生活、雨季安居需要有专门的住所，便出现了最初的寺院。释迦牟尼在世时，就已经有人替他修建住所，供他居住、坐禅和讲道。一是频毗娑罗王在王舍城迦兰陀长者赠献的竹林所建的精舍。竹林精舍不仅是佛陀传道的第一根据地，更是所有寺庙的前身与建筑原型。二是憍萨罗国舍卫城的须达多（人名，别名"给孤独长者"），在买下的波斯匿王太子祇陀（又名逝多）的花园修建的精舍，称为祇树给孤独园，又称祇园精舍。这两处精舍合称"佛教两大精舍"。后来佛教徒便仿照这两处精舍建立了寺院，并形成了相应的寺院制度。但最初的寺院并没有偶像崇拜，仅是供僧人修行的场所。

四、演变发展

佛教在印度几经演变，大致经历了由原始佛教（佛陀及其亲传弟子）到部派佛教（公元前4世纪—前1世纪），再到大乘佛教（公元前1世纪—6世纪），最后变为密教（7世纪—12世纪）的演变过程。

原始佛教时期，指释迦牟尼创教及其弟子继承教旨并传教的阶段。这一时期佛法的弘传主要是通过师徒口头相授。原始佛教的基本教义是"缘起""四谛""八正道"和"十二因缘"，其核心内容是

讲现实世界的苦难根源和解决苦难寻求解脱的方法。此外，又从
"缘起"出发，提出了"诸行无常""诸法无我"和"涅槃寂静"学
说。随着僧徒日众、流传地域渐广，各人各地所传佛法难免出现歧
义，便产生了两个不同的派别，出现了佛教史上的所谓根本分裂。佛
教的发展由此从原始佛教进入部派佛教时期。

所谓部派佛教，是从原始佛教分化而成的各个教派团体的总称。
由于僧众对佛说的戒律和教义理解不同，产生分歧，便有了经典的结
集。大约在佛灭后一百年，由长老耶舍比丘主持，在毗舍离城波利迦
园召集 700 名比丘进行了佛教经典的第二次结集。在这次结集中，根
据僧众对佛教戒律的不同理解，初步分化出来两个不同的部派，即
"上座部"和"大众部"。一部分僧侣固守原始佛教的教义，较少变
通，由于这部分僧侣多为佛教中的长老，故称为上座部；而一些普通
僧侣则主张变通、发展佛说义理，成为与上座部相对立的大众部。后
来的四百年间，这两大派又继续分化，形成众多部派，这就是古印度
佛教发展的部派时期。

部派佛教的理论分歧，对佛教的发展有着重要影响。其中大众部
逐渐向大乘佛教特别是大乘空宗转化，而上座部除说经部衍生出大
乘有宗外，其余各部较多地保持了早期佛教的风格，形成小乘佛教。

大乘（梵文"Mahāyāna"的意译，音译为"摩诃衍那"）与小
乘（梵文"Hīnayāna"的意译，音译为"希那衍那"）相对而立。
乘是乘载之意，如以车船乘载。大乘佛教认为早期佛教只追求个人的
证悟与解脱，只成就阿罗汉果，而宣称自己能解脱众生，超度众生从
苦海的此岸到达菩提涅槃的彼岸，成就佛果、离苦得乐。因此，它称
自己为大乘，而把早期佛教贬为小乘。

严格说来，大乘佛教的理论是对佛教义理的进一步发展，并不构
成与小乘佛教的根本区别。作为同一宗教，二者不同之处主要表现于

下述几个方面。第一，在对待释迦牟尼的问题上。小乘把释迦牟尼尊为唯一的佛祖、教主、祖师爷，僧伽中达到彻底觉悟者，虽然也将其神化，但还是保留了历史上真实人物的影子。大乘则彻底神化释迦牟尼，以他为威力广大、法力无边、全知全能的佛，信徒崇拜的偶像，在殿堂供奉其金身，让信徒们顶礼膜拜。小乘以释迦牟尼为唯一的佛，大乘则认为十方三世有无量诸佛。第二，在理想境界上。小乘偏于自度自利，注重个人解脱，以修证阿罗汉果为最高目的。大乘不仅自度而且度人，不仅自利而且利他，"念念上求佛道，心心下化众生"[①]，宣扬以大慈大悲之心普度众生，以解脱众生的苦难、建立佛国净土为最高目的；主张众生皆能去无明而成佛，并把解救他人的僧伽称为"菩萨"，视其为成佛的准备阶段。小乘则根本不承认菩萨是一种修行境界。第三，在修持方法上。小乘主张严守戒律、遁世禁欲，通过自我苦行来了却烦恼，获得解脱。具体的修行方法为戒（严守戒律）、定（修习禅定）、慧（获得智慧）"三学"和正见、正志、正语、正业、正命、正精进、正念、正定"八正道"。大乘则强调积极参与现实社会，不使宗教修行与现实生活相脱离，坚持在现实生活中求得解脱；强调修行"菩萨行"而脱离苦海、救度众生，具体方法包括"六度"（布施、持戒、忍辱、精进、禅定、智慧）和"四摄"（布施、爱语、利行、同事）。总的来说，小乘奉行自我苦修，而在大乘那里，出家与苦行不再是修行的必要条件。第四，在理论特点上。小乘固守传统，囿于佛说，反对变通。大乘虽然也讲"如是我闻"，但主张积极创新。所以，大乘佛教的出现给佛教注入了新的生机，使佛教进入发展的黄金时期。

印度佛教从 5 世纪开始即已出现衰败迹象，大乘佛教的中兴也未

---

① 彭际清重订. 省庵法师语录（第 1 卷）.

能挽救这一颓势。婆罗门教在社会上的影响越来越大，而佛教的信徒越来越少。由于失去了群众基础，佛教逐渐从社会上退缩到几个大的寺院之中。僧伽静守寺院，皓首穷经，对经典进行繁琐的注解和争辩，日渐脱离群众和生活，走上了经院化的道路。到 7 世纪以后，印度佛教仅仅依靠大乘佛教的几座寺院（如著名的大觉寺、那烂陀寺）苦苦支撑局面，并逐渐神秘化，形成了密教。

密教是印度佛教走向神秘化的结果。"密教"一词来自梵文"Guhya"，有秘密、神秘、隐秘、深奥等义。它主张身、语、意三密相应，以修证追求的果报，即以手结神秘的印契（身密）、口诵神秘的真言咒语（语密）和心作神秘的观想（意密）三者相结合进行修行，认为通过这种修行就能使身、口、意三业清净，断除烦恼，即身成佛。

密教相较于其他佛教大宗，有着以下三个特点：一是神秘性。实际上，作为一种宗教，佛教一开始就带有许多神秘的色彩，如"五通"——神足、天眼、天耳、他心、宿命，还有咒语、巫术等等。经过一番理论论证，佛教的神秘倾向逐渐系统化、理论化，终于在 7 世纪以后，密教代大乘佛教而主于教坛。二是融合性。不同时期、不同地点，密教都会结合当地固有宗教或是门派对自己进行改造。比如不断吸收外道包括婆罗门教等的一些方术，举凡星象、咒术（陀罗尼）、布坛作法（曼荼罗）、手势召神（印契）、灌顶（洗礼）、书符以及对各类佛、菩萨、罗汉、天神、魔神的崇拜等等，无不包罗其中，后来又把瑜伽的内证观想与"大日"的外部修持相结合。三是入世性。密教相比于其他佛教大宗更加入世。在古代，密教功能有召请、降伏、息灾、疗病、灭罪、护国、护法等。

密教的出现和主宰教坛，反映印度佛教神秘化已达于顶点，理论创造、宗教思维都已枯涸。密教最终从神秘主义走向纵欲主义。密教在印度乃至整个佛教文化地区都曾显赫一时，但在绝大部分地区，它的这种影响均由于低级趣味而不能持久。12世纪末，穆斯林大举入侵印度，极力摧毁作为伊斯兰教异端的佛教。13世纪初，印度最后一座佛教寺院——密宗的超行寺被毁，标志着佛教在其本土印度的消亡。直到19世纪末，印度才出现了佛教复兴运动——上座部佛教从斯里兰卡反传入印度，重新开始在印度传教。经过百来年的发展，佛教在印度的传教活动取得了不小的成就，但就其对社会的影响而言，远不如印度教和伊斯兰教。

第二节　佛教在中国的传播

公元前3世纪印度孔雀王朝阿育王时期，统治者大力提倡佛教，鼓励、派遣僧伽到各地传教，印度佛教开始向外传播。佛教外传有两条大的路线。一条是南传，即向南传入斯里兰卡，再入缅甸、泰国、柬埔寨、老挝、马来西亚、印度尼西亚等地，中国西南边陲一些地区也受到影响。南传佛教主要是小乘上座部，经典为巴利文系统，它在上述国家和地区发展极为鼎盛，至今不衰。另一条是北传，又分为两细支。一支经中亚细亚传入中国，再入朝鲜、日本、越南等国；另一支传入中国西藏后形成藏传佛教，又传入蒙古、俄罗斯、尼泊尔、锡金等地。北传佛教以大乘佛教为主，其经典主要是汉文和藏文系统。本书所述只限于汉传佛教，而不及于西藏喇嘛教。佛教传入中国之后，在外来沙门与中国僧伽的共同努力之下，不断使佛教义理与中国传统文化相结合，逐渐在中国扎下根来，并得到很大的发展，成为中国传统文化的一个重要组成部分。

一、中土闻教

佛教传入中国的准确时间现已很难确定。目前学术界一般认为，大约在两汉之际佛教传入中国。其根据有二：一是《三国志》裴松之注引鱼豢著《魏略·西戎传》的记载，汉哀帝元寿元年（公元前2年）博士弟子景卢受大月氏王使伊存口授《浮屠经》，并述"《浮屠》所载临蒲塞、桑门、伯闻、疏问、白疏问、比丘、晨门，皆弟子号也"[①]。二是据《后汉书·楚王英传》，永平八年（65），汉明帝诏令天下死罪者可奉缣帛若干赎罪，明帝兄弟楚王刘英奉缣纨三十匹以赎罪愆。明帝降诏说："楚王诵黄老之微言，尚浮屠之仁祠，洁斋三月，与神为誓，何嫌何疑，当有悔吝？其还赎，以助伊蒲塞、桑门之盛馔。"据此，则楚王刘英已信奉佛教，表明佛教已初传中国，依附于黄老，在当时皇室及贵族上层流传。传《四十二章经序》和《牟子理惑论》皆述汉明帝夜梦金人，遣使求法，路遇大月氏沙门迦叶摩腾、竺法兰，恭迎二僧来华，以白马驮负佛经佛像还洛阳。后明帝下令在洛阳郊外建造白马寺——中国第一座寺院——供其居住译经。这是佛教界普遍认定的佛教初传中国的史话。

综合以上二说，佛教当于两汉之际约公元1世纪时传入中国。由于传统文化和社会背景的差异，产生于印度的佛教在中国传播与发展的过程实际上是一个不断中国化的过程。当时，中国社会黄老之学、神仙方术、图书谶纬流行，统治者把它们作为夺取政权和巩固政权的思想工具。这种现象一方面为佛教的传入提供了有利的社会环境，使得佛教很快能被中国人尤其是统治者接受；另一方面又影响了

---

① 杜斗城. 正史佛教资料类编［G］. 兰州：甘肃文化出版社，2006：1.

中国人对佛教的理解。严格说来，佛教初传中国，并没有被当作一种宗教学说，而是被视为当时民间流行的方术、信仰或巫术。在教义上，人们认为它与黄老之学并无根本分别，常常把二者连在一起说，即"佛道"。东汉桓帝延熹九年（166）襄楷上疏说："又闻宫中立黄老、浮屠之祠，此道清虚，贵尚无为，好生恶杀，省欲去奢。"①《牟子理惑论》说："道者九十六种，至于尊大者，莫尚佛道也。"《四十二章经》也自称"佛道"，且内容也与黄老相似。如第一章说："阿罗汉者，能飞行变化，旷劫寿命，住动天地"②；第三十五章说："学道之人，去心垢染，行即清净矣"③。

这种现象表明，佛教初传中国之时，其精神奥妙的教义并未被人们真正理解。一方面，由于当时不允许汉人出家，佛寺僧侣多为外来沙门，这就必然妨碍中国人对佛教义理的认识，而把佛教与当时的神仙方术等量齐观。另一方面，当时佛教所讲的主要内容，也多与中国道术和本土原有思想相似。例如"灵魂不死""因果报应"等思想与中国固有的"有鬼论""福善祸淫"等说法相贯通。《牟子理惑论》记载傅毅对佛的描述："臣闻天竺有得道者，号之曰佛，飞行虚空，身有日光，殆将其神也。"④ 又说："佛之言，觉也。恍惚变化，分身散体，或存或亡。能小能大，能圆能方。能老能少，能隐能彰。蹈火不烧，履刃不伤。在污不染，在祸无殃。欲行则飞，坐则扬光。故号为佛也。"⑤ 袁宏《后汉纪》说："又以为人死精神不灭，随复受形，生时所行善恶皆有报应。故所贵行善修道，以炼精神而不已，以至无（为）〔生〕而得为佛也。"⑥ 佛教本来否定长生不死，而时人却根据

---

① 杜斗城. 正史佛教资料类编［G］. 兰州：甘肃文化出版社，2006：233.
② 续法述. 四十二章经疏钞（第1卷）.
③ 续法述. 四十二章经疏钞（第1卷）.
④ 杨衒之著，范祥雍校注. 洛阳伽蓝记校注（第1卷）.
⑤ 梅鼎祚辑. 释文纪（第2卷）.
⑥ 袁宏. 后汉纪（第10卷）［M］. 张烈，点校. 北京：中华书局，2002：187.

神仙方术把佛教的灵魂不死、轮回报应理解为肉身成仙、羽化飞升、变化无穷。

要使人们真正接受佛教，就必须使人们了解它的教义，这样就有了佛经的翻译。据传最早的译经是迦叶摩腾和竺法兰翻译的《四十二章经》，但经考证后这一说法被否定了。如吕秋逸先生（即吕澂）在对《四十二章经》与三国时代译出的《法句经》进行比较研究的基础上，得出该经是后人对《法句经》的改抄这一结论，其改抄年代应在 306 至 342 年间。① 比较确定的说法是，在中国最早翻译佛经的是两个外国僧人，即安息国的安世高和大月氏的支娄迦谶（简称支谶）。他们先后于公元 147 年（也有说是 148 年）和 167 年来到洛阳，并从事佛经翻译工作。安世高所译诸经，大多属于小乘上座部经典；支谶所译，则主要是大乘般若（bōrě）学的经典。后来在中国流行和发展的佛教，主要是大乘佛教。随着译经工作的展开，中国人逐渐认识、接受了佛教，并在本土文化的基础上对佛教进行改造，推动了佛教在中国的发展。

二、玄佛合流

三国两晋时期，佛教在中国得到广泛流传。据《释氏稽古略》，西晋时，洛阳、长安两京等地，有寺院 180 所，僧尼 3700 余人，说明佛教发展已具备一定规模，并在中国站住了脚跟。

佛教这一时期的发展，以经典的翻译为基础。佛教徒们在研习旧译经典时，感到译典不完备、译文不完善，为了进一步理解佛学，于是就有了西行求法和翻译佛典的双重工作。中国僧人朱士行、月支

---

① 　吕澂. 中国佛学源流略讲 ［M］. 北京：中华书局，1979：21-22.

（即月氏）侨僧竺法护先后赴西域，访求佛典特别是般若学的真本、全本。他们带回了许多典籍，掀起了佛经翻译的高潮。其中著名的译者有支谦、朱士行、竺法护、鸠摩罗什等人，尤以竺法护和鸠摩罗什影响最大。据统计，东汉年间共译佛典292部、395卷，而从三国到东晋的二百年间，共译出佛典702部、1493卷。

佛教经典的翻译有利于汉人对佛教义理的理解，促进了佛教在中国的发展。翻译一方面是对佛教义理的介绍，另一方面又是对它的改造和加工。佛教是一种外来文化，它的思维方式、概念名词，甚至用语习惯都与中国传统文化有很大差异。翻译是把佛典由梵文或其他西域文字改写为汉文，以汉文中相应的概念去代替原文用语。要使译文被人接受，运用的概念必须是大家都明晓的，否则就无法读懂，这本身就是一个改造过程。另外，无论译经、读经，都是行为者在自己既成的知识背景中进行，他的理解不可能与经典完全一致。因此，佛典的翻译与传播，必然受到当时社会思潮与学术特点的影响。佛典的翻译，既是中国人对佛教的学习与宣传，同时也是佛教作为一种外来文化，在其传播过程中与中国本土文化的交融。

魏晋时期玄学占据思想界的主流，为佛学的兴盛提供了契机。它一反两汉经学寻章摘句、训诂考释的作风，主张超越文字的束缚，不从字面上诠释经典，而着重发挥蕴含于经典中的义理。因此，学者们奉《周易》《老子》《庄子》为主要经典，称它们为"三玄"，寻绎本体、探幽究远，追求玄深、玄远、玄妙、玄静。玄学讨论的核心问题是"本末有无"等思辨性极强的抽象理论，佛教特别是般若空宗的"空有"理论与玄学比较接近，二者之间自然会相互影响。玄学吸收佛学思想以加强自己的思辨性，佛教则利用谈玄之风扩大自己的影响。当时佛教般若空宗流行，显然是受到了玄学的影响与推动。玄学讲虚无，佛学谈空无，二者思想旨趣十分接近，讨论的是同一个问题。佛教徒在阐释佛教义理时，往往以中国哲学特别是玄学的固有思想比附、解释佛教的名词概念，使其理论带上玄学的色彩，这种方法叫作"格义"或"连类"。如支谶的再传弟子支谦把《般若波罗蜜经》译为《大明度无极经》，也可以看出佛教徒为扩大佛教义理的影响而迎合以老庄思想为核心的玄学思潮。"大明"取自《老子》的"知常曰明"，比附"般若"智慧之意；"度无极"是指达到与道合一的境界，比附"波罗蜜"到彼岸之意。再如般若学的核心概念"性空"就被译为"本无"，将"空"与"无"等量齐观。据载，当时般若学在玄学的影响下，围绕对于"无"的理解，形成了不同的派别，即所谓"六家七宗"：本无、本无异（与本无为一家二宗）、即色、含识、幻化、心无、缘会。其中较重要的有本无派、即色派和心无派。一直到东晋，佛教都是依附于玄学而不断发展，故被称为"玄佛"。

玄学讲"无"只说无名无形，而究竟何者为"无"、为什么为"无"等问题却没有涉及或很少涉及。佛教各派也讲"无"，但比玄学讲得更彻底。本无派认为"无在万化之前，空为众形之始……一切诸法，本性空寂，故云本无"[1]。世界本质上就是无，不仅本体为无，万物也是无。道安借用传统的元气论来说明"无"并不是绝对的空无，不是无中生有之无，而是在"万化之前""众形之始"的一种廓然无形、无变化的状态。本无并不是说"虚豁之中，能生万有"，而是说"一切诸法，本性空寂"。即色派认为"色之性也，不自有色。色不自有，虽色而空。故曰：色即为空，色复异空"[2]。意思是说事物无自体、无自性，故称之为"无""空"。心无派则认为心体本无，只要无心于物，则外物即为"无"，主张不执着于外物。

---

① 吉藏撰. 中观论疏（第2卷）.
② 梅鼎祚辑. 释文纪（第7卷）.

后来，僧肇（384—414）著《不真空论》指出上述三派理论上的缺陷，认为万物是亦有亦无、非有非无，宇宙的真实不在于有无，而在于真假，般若之"空"，乃指存有之"不异"（没有差别）、"自虚"（没有自性）和"假号"（假名）。佛教这些理论比玄学的有无之论更加玄妙、更加深刻，在玄佛合流中，佛教逐渐取代玄学占据了主导地位。

除般若空观之外，佛教宣传的教义还有神不灭论、因果报应论和生死轮回论。如果说知识界对佛教感兴趣的是思辨、玄奥的义理，那么，对于普通民众而言，吸引他们的便是佛教对现实生活的解释——适应了当时民众朝不保夕、普遍关注个人生死祸福的精神需要。如神不灭论使他们把在现实社会中得不到的幸福寄托于虚幻的未来，因果报应论和生死轮回说则让他们在面对社会中的不合理时有了些许心理上的平衡。此后，佛教逐渐深入社会的各个阶层，在南北朝时期得到了迅速发展。

三、南北共进

据唐法琳（572—640）《辩正论》载，东晋共有佛寺1768所，僧尼24000人，到南朝梁时，已有佛寺2846所，僧尼82700人。百余年间，佛寺增加千余所，僧尼增加两倍多，正如古诗所说"南朝四百八十寺，多少楼台烟雨中"。《魏书·释老志》更说到东魏末年550年时，仅东魏一国"僧尼大众二百万矣，其寺三万有余"①。尽管这个数字可能不准确，但却反映了佛教在南北朝时期的兴盛。

南北朝时期，中国社会处于分裂状态，佛教却得到迅猛的发展。

---

① 魏收. 魏书（第114卷）[M]. 北京：中华书局，1974：3048.

这一方面是因为当时国家战乱频发，社会急剧动乱，广大民众在现实生活中饱受苦难，寻求安定与幸福无果，只能把希望寄托于虚幻的天国；另一方面则得力于统治者的大力提倡与扶持。

南朝的统治者大多信佛、佞佛，其中最典型的是南朝梁武帝萧衍。他曾经先后四次舍身同泰寺为奴，让臣下以亿万巨资赎身，施舍庙宇动辄千万。所谓舍身，是佛教所宣扬的一种修行方法，即施舍资财，或献身自愿入寺为僧众执役，以示对佛的虔诚。梁武帝舍身事佛，为寺院积攒了大量财富，夯实了寺院经济，有力地推动了当时佛教的发展。他创三教同源说，以孔子、老子为佛的弟子，喻佛为日，儒、道为众星，亲自编纂佛教典籍，亲自讲解佛教经义，并宣布"道有九十六种，唯佛一道是于正道，其余九十五种皆是外道。……公卿百官侯王宗室，宜反伪就真，舍邪入正"①，公开号召朝野信佛，大有以佛教为国教之势。其他如宋明帝刘彧、齐宰相竟陵王萧子良等，都是佛教的笃信者和积极鼓吹者。

北朝佛教与南朝佛教的发展有所不同。在佛教与政权的关系方面，表现为国家政权对佛教的控制强化，统治者对佛教采取既利用又限制的态度，因此北朝的佛教更多的是依附于政权发展，其独立性不如南朝佛教。4世纪末北魏统治者初到中原时，大都尊重流行于中原地区的佛教，准许其流传，奉行支持佛教的政策，为北魏佛教的繁荣发展奠定了基础。直到太平真君七年（446），太武帝听信了谤佛言论，转而奉天师道，下诏灭佛，烧毁寺庙、诛杀僧尼。《高僧传·昙始传》描述太武帝灭佛的情景："分遣军兵，烧掠寺舍，统内僧尼，悉令罢道。其有窜逸者，皆遣人追捕，得必枭斩。一境之内，无复沙门。"② 494年北魏孝文帝迁都洛阳，在政治、经济、思想、文化等方

---

① 梅鼎祚辑. 释文纪（第20卷）.
② 释慧皎. 高僧传（第10卷）[M]. 汤用彤, 校注. 北京：中华书局, 1992: 386.

面全面汉化，以巩固政权、稳定社会，又转而支持佛教，并将推行佛教作为汉化政策的内容之一。后北周武帝为了讨伐北齐，施行富国强兵政策，下令废佛，大力整顿佛教寺院，没收寺院财产，毁坏佛像，但不再诛杀僧尼，而是勒令僧尼还俗。北朝一共发生了上述两次激烈的灭佛事件，每一次灭佛都对佛教的发展有负面影响，但灭佛之后佛教总能较快恢复并迎来更大规模的发展，也反映了当时社会需要佛教，佛教的存在有其客观必然性。

从东晋到南北朝时期，佛教的发展及成就，主要表现在下列几个方面。第一，大量翻译佛典，继续完善佛教义理体系。南北朝时期共译出佛典近 700 部、1450 卷。特别是《大般涅槃经》的翻译，为佛教义理的传播提供了极为重要的载体，对后来中国佛教的发展产生了极为深远的影响。第二，掀起了西行求法的高潮。西行求法取经、瞻仰圣迹者多达数十人次。其中最著名的是法显，他历时十五年，游历包括印度在内的大小二十九国。西行僧伽不仅带回了大量经典，更促进了中外文化的交流。第三，改变了早期对佛典生吞活剥的现象，开始初步消化佛教义理。这一时期，僧伽不仅翻译佛典，还开始对佛教义理进行讨论、解释与研究。他们为佛典作了大量的注疏，充分发挥其义理；自己撰写佛教文章，总括其要义，不再拘泥于佛典的章句；与儒家和道家进行理论上的争辩，既加速了儒释道三教的交融，也促进了佛教义理的深化和中国化。第四，与第三点相联系，产生了一批学问渊博和知识专精的有道高僧，如成实师、涅槃师、俱舍师、摄论师、三论师、十诵律师、地论师、四论师、四分律师、楞伽师等。著名高僧有慧远、法显、鸠摩罗什、竺道生、僧肇、慧琳、僧祐、慧皎等人。这些著名高僧在研究佛经、传播佛教义理方面起到了重要作用，同时，在相互讨论、交流中他们自己的思想也不断深化和发展。对佛教义理的消化和大德高僧的出现，以及研讲佛典专门化的趋势，都为隋唐佛教宗派的创立，打下了坚实的基础。

这一时期的佛教发展还带有地域色彩。相较而言，南方比北方更为稳定。从东晋到隋兴的两百多年间，南方只经历了东晋、宋、齐、梁、陈五个朝代，而北方则产生过前赵、成汉、前凉、后赵、前燕、前秦、后燕、后秦、西秦、北凉、南燕、西凉、北魏、东魏、北齐、西魏、北周等二十多个政权。北方政权更迭频繁，战火不断，导致大批士人南渡，文化中心随之转移。另外，北方统治者多为少数民族，孔武不文，这种状况也造就了南北佛教的不同特点。一般说来，南方佛教偏重于理论，崇尚慧观，大乘教义得以长足发展；而北方佛教着意践行，推重定止，禅风盛行。直到隋朝统一，打破南北的对峙与隔阂后，这种局面才改变。

第三节　佛教的本土化

在儒、佛、道三家中，儒家和道家是中国本土的固有文化，而佛家则属于外来文化。佛教在中国传播发展，必须回应本土文化的批判与挑战。一方面它要不断完善自己的学说，另一方面它也必须不断地与本土文化融合，实现其理论的中国化、伦理化。佛教传入中国后，虽然最初是依附于中国的传统思想文化，但随着后来逐渐发展壮大，它和中国传统思想文化的冲突日益明显。这一过程便具体表现为儒、佛、道三家在理论上相互辩难，在思想内容上相互改造、相互吸收，而在社会影响上互有消长的历史过程。

一、道佛争辩

佛教在传入中国之初，为了能在中国获得立足之地，曾依附迎合中国传统文化，尤其是在诠释和传播佛教教义方面。佛教在中国最开始是作为道术被接受的，因而，它理所当然地首先受到本土道教的排斥。矛盾和冲突是多方面的，但首先表现为"佛道先后问题"，于是就产生了关于"老子化胡说"问题的争论。东汉桓帝延熹九年（166）襄楷自家诣阙上疏曰："闻宫中立黄老、浮屠之祠……或言老子入彝翟为浮屠。"① 这是目前可以看到的最早记载老子至西方教化而有浮屠之教的材料。三国时，不仅出现了老子到西方教化胡人的说法，甚至出现了老子是佛的老师的说法："《浮屠》所载，与中国《老子经》相出入。盖以为老子西出关，过西域，之天竺教胡。浮屠属老子弟子别号，合二十九，不能详载，故略之如此。"② 晋惠帝时，为了抬高道教、贬低佛教，天师道祭酒王浮著《老子化胡经》，谓老子西出函谷关，经西域至天竺（古印度），化身为佛，教化胡人，因此产生佛教。一时间，"老子入夷狄为浮屠"、佛道同源、老子转生论、"老子化胡"等说法在社会上广为流传，影响极大。此说虽纯系子虚乌有，引起佛教徒的强烈不满，但当时佛教初传东土，势力弱小，为了发展，佛教徒尽可能不与中国传统文化产生冲突，于是暂且没有提出反驳。

到东汉时，《牟子理惑论》一书出，开始提出佛教高于道教之说。该书主要记述了佛祖悟道成佛、传教事迹，佛教戒律，佛教关于生死的观点以及佛经的卷数等，并针对佛教传入中国后所引起的种

---

① 古今图书集成选辑（第 55 卷）.
② 杜斗城. 正史佛教资料类编［G］. 兰州：甘肃文化出版社，2006：1.

种议论和疑难，分别加以辩解，还提出了佛教高于儒、道的观点，称："佛乃道德之元祖，神明之宗绪。"① 道教之于佛教，"比其类，犹五霸之与五帝，阳货之与仲尼；比其形，犹丘垤之与华恒，涓渎之与江海；比其文，犹虎鞞之与羊皮，斑绋之与锦绣也。道有九十六种，至于尊大，莫尚佛道也"。这也可以看作佛教向道教的挑战。西晋中叶后，佛教实力渐强，不能再容忍道教"老子化胡"的说法，开始反驳。上至朝臣奏疏，下至世俗论著，皆时有论争。《弘明集》卷一《正诬论》中说："夫尹文子即老子弟子也，老子即佛弟子也……以此推之，佛故文子之祖宗，众圣之元始也。"② 不难看出，晋时佛教徒已经开始为佛教争取地位，对抗道教。东晋名僧支遁在《释迦文佛像赞》的序中把佛说成是老子的祖师："昔姬周之末，有大圣号佛……逞百练以就粹，导庶物以归宗，拔尧孔之外犍……络册周以曾玄。"③ 佛道双方都试图通过伪造历史、神话祖师爷来提高自己的地位，关于"老子化胡说"的争论也因此埋下了历时数个朝代的佛道争辩的种子。

　　佛教起源于印度，而道教是中国本土宗教，这两种宗教产生的地理环境和社会、政治、经济、文化背景存在很大差异，因此宗教教义、观点也有所不同。佛教初传入中国，必须依附于中国固有的文化而发展，因此两种宗教的矛盾和冲突还不明显。随着佛教典籍的汉文译本越来越多、越来越准确，人们对印度佛教原意的理解逐渐加深，两种宗教所包含的思想文化矛盾冲突也逐渐显现出来。其中，生死问题作为人们众多的痛苦根源之一，无可避免地成了各宗教必须面对并解释的问题。佛道对于生死问题的观点就有根本不同。佛教主张超

---

① 梅鼎祚辑. 释文纪（第2卷）.
② 僧祐撰. 弘明集（第1卷）.
③ 梅鼎祚辑. 释文纪（第7卷）.

越生死轮回，获得涅槃，脱离苦海。佛教创始人释迦牟尼认为众生根据自己所造的善恶之业在天、人、阿修罗、畜生、饿鬼、地狱六道中轮回，生死流转不息，永远不得解脱。为了来世不再受恶果报应而获得解脱，人们在现世生活就应该"诸恶莫作，诸善奉行"，积德行善。最根本的是要超脱轮回，灭绝一切导致轮回果报之因。其正确途径即是皈依佛教，根据佛教义理进行修持，熄灭生死轮回而实现最终解脱。佛教将人世间的苦难总结为"八苦"，即生、老、病、死、怨憎会、爱别离、求不得、五蕴盛。其认为人生痛苦首先就在于"生"，有生接着才有其他痛苦，在获得涅槃前只能在六道轮回中受苦；只有精神与肉体相分离，超脱生死轮回，精神永归寂灭，才能真正获得解脱。"佛法以有生为空幻，故忘身以济物。"① 道教的核心思想是神仙信仰，追求长生不死，主张通过道术、方术等手段修炼成仙。道家代表人物庄子在《齐物论》中谈论生死的关系："方生方死，方死方生。"意思是说，世间万物一旦产生，就开始走向死亡；一旦死亡，也就开始产生新的过程。这就是生死矛盾的一体两面，从某种意义上说它否定了"生"与"死"的对立。从古代神仙信仰演变而来的道教，吸收道家的哲学思想，杂以阴阳五行、谶纬迷信及巫术等方术，其所要解决的中心问题就是生死问题。与其他宗教追求来世的幸福不同，道教关注修炼成仙以长生不死，永享幸福快乐。由于对死亡的恐惧，众多的修炼成仙的学说和方法应运而生，以满足人们对神仙信仰、长生不死的狂热迷信和极度崇拜。《太平经》中说："古今要道，皆言守一，可长存而不老。"② 《老子想尔注》中也说："归志于道，唯愿长生。"③ 道教内部还存在着一个以修炼丹药、长生

① 梅鼎祚辑. 释文纪（第37卷）.
② 王明. 太平经合校［M］. 2版. 北京：中华书局，2014：734.
③ 饶宗颐. 老子想尔注校笺［M］. 香港：苏记书庄，1956：38.

成仙为目的的丹鼎派。为巩固根基，道教开始构建一套完整严密的神仙谱系，并虚构出人们心驰神往的仙境——神仙居住和活动的地方，类似佛教所描述的西方极乐世界，以使信徒坚定自己对"修炼成仙""长生不死"的信仰。

此外，佛道还有许多观点的争辩，如与生死问题相关的神形关系、担负惩善扬恶功能的"承负说"和"轮回说"、出世与入世等等论题。两教在不断变化的历史环境下，在不同观点的相互碰撞下，走过了一个从互相排斥抵制到融合共存的发展过程，共同造就了中国传统思想文化的繁荣。

二、儒佛诘难

汉代自武帝尊崇儒术之后，儒学即成为占统治地位的意识形态，它所宣扬的纲常伦理，成为社会根本的政治伦理原则。佛教要在中国立足，起初不敢与儒家伦理学说正面对立，并且在基本的政治伦理观念如忠、孝、仁、义上屈从于儒学，只有儒学据此伦理对佛教的批判和佛教对儒家批判的自我辩解，尚未发生佛教对儒家的主动批判。

在《弘明集》一书中，当被责以弃周孔之道而学佛为不智时，牟子回答说："书不必孔丘之言，药不必扁鹊之方，合义者从，愈病者良。"[①] 整篇文章认为儒学与佛教均为救世之良方，佛教不仅与儒学之道不相冲突，而且在维护社会秩序方面更有独到的作用。尽管作者极力抬高佛教的地位，但其宗旨在于证明佛教不违儒学。这一方面反映了当时佛教已受到儒学的批判与诘难，另一方面也反映了佛教仍屈从于儒学。佛教屈从于儒学，究其原因，乃是汉魏佛教只有依附

---

① 僧祐撰. 弘明集（第1卷）.

于传统文化，并以儒道经典证明其合理性才能够得到中国人的认同。

佛教自两汉之际传入中国起，就面临着与儒学理论接触时产生的种种矛盾。儒佛之间的冲突首见于《牟子理惑论》，该文以回答问难的形式阐述了儒佛关系。此后，儒家对佛教的诘难越来越多，而佛教也作出了回应与反击。

首先，儒家认为佛教的出世哲学不利于维护政治稳定。佛教把现实世界归为"空"，认为现实社会的一切现象均为幻景，主张摆脱现实社会去寻求极乐世界，提倡信徒出世修行，超脱一切世俗的事务和关系，不参与社会生活，专心向佛。于是，便形成一个寄生于社会、置身于伦常王法之外的特殊群体，导致国衰民穷、赋税不足、徭役短少。它与传统的"溥天之下，莫非王土；率土之滨，莫非王臣"的观念不相符合，当其势力大盛时，往往和世俗政治发生冲突。因此，儒家认为佛教的教义违背了中国传统的纲常伦理，扰乱社会治安、毁坏社会民风，损害了国家利益，不利于社会稳定。而佛教则一再强调自己的社会政治功能，称出世与治世并不矛盾，出世间法具世间法，道在日用之中，佛法不违世法，佛教教义同样具有惩恶扬善、提高信徒个人道德品质修养、维护社会稳定的道德功能，乃是在更高的层次上维护君国之治。

其次，儒家从夷夏之防的正统立场出发排斥佛教。中华文化源远流长、博大精深，这就使得古代中国人存在中国中心主义的思想，认为自己民族的文化最为优越，对任何外来文化都有着天然的排斥情绪。比如"中国"一词的提出就是指代华夏，意为"中央之国"，而称外国、外族为"蛮夷"，佛教因此被视为蛮夷之"邪教"。当然，这种对外来文化的排斥并非拒绝，而是贬抑、批判。魏太武帝斥责佛教为"西戎虚诞，妄生妖孽"①。韩愈提出以尧、舜、禹、汤、文、武、周公、孔、孟一脉相传的道统来对抗佛教宗派的法统（又称祖统），证明儒学相比佛教历史更悠久，道义更纯正。他说："佛者，夷狄之一法耳，自后汉时流入中国，上古未尝有也。"② 儒家认为，中国文化早已建立起系统完善的传统文化价值体系，而从蛮夷之地传入的佛教会混淆和损害这一体系。佛教方面对这种以地域来判定文化价值的观点作了许多反驳，并着重宣扬其理论体系的价值；另外，为了缓和与本土文化的矛盾冲突，也积极吸纳本土传统文化，力证二者的一致。

最后，儒家从伦理角度责难佛教的孝亲观。"孝悌"自古以来就是中国儒家伦理思想中的重要内容，其根源于宗法血缘，体现着中国传统文化最基本的价值观念和伦理道德。而佛教提倡出家修行，斩断情感，离开父母妻子，严重违背了儒家伦理道德所强调的孝亲，因此遭到儒家的激烈责难。如韩愈最为批判的便是佛教"不知君臣之义、父子之情"③。他说："今也欲治其心，而外天下国家，灭其天常；子焉而不父其父，臣焉而不君其君，民焉而不事其事。"④《牟子理惑论》中也记载了儒学对佛教"削发悖礼""无后违孝""弃亲悖德"的批评。佛教面对儒家的批判尽力为自己辩护，说自己要求信徒遵守礼法，上忠孝于君亲，下仁爱于臣民，贬斥任何违背忠孝的行为。唐代居士李师政指出，佛教僧伽"虽迹背君亲，而心忠于家国。……虽易服改貌，违臣子之常仪，而信道归心，愿君亲之多福；苦其身意，修出家之众善；遗其君父，延历劫之深庆。其为忠孝，不亦多

① 魏收. 魏书（第114卷）[M]. 北京：中华书局，1974：3034.
② 念常集. 佛祖历代通载（第15卷）.
③ 念常集. 佛祖历代通载（第15卷）.
④ 志磐撰. 佛祖统纪（第41卷）.

乎"①。就是说，从形式上看，僧伽改形易服，自居为方外之人，但其修行的实质，与忠孝的根本精神完全一致。

佛教作为外来文化在中国广泛传播的过程中，其思想与中国传统的儒家思想产生了许多矛盾和冲突，表现在政治、经济、伦理道德等多方面。但总体来说，由于中国传统文化在这个时期对外来文化采取了欢迎的态度，故而佛教能在彼此的矛盾冲突中不断吸收养分，并最终实现本土化，成为中国文化的一部分而融于璀璨的中华文明之中。

三、弘道创宗

经过南北朝的发展，到了隋唐时期，佛教不仅在中国有了相当大的规模，而且理论上也已基本成熟。中国僧伽在移译、了解佛教基本教义之后，开始了自己的独立发展。这一发展沿着佛教传入中国后与中国传统文化相结合的路向继续前进，在更加深入的层面上用中国传统文化特别是儒家伦理道德学说阐释佛教教义，从而形成了不同于印度佛教的中国佛教学说，诞生了具有中国文化特点的唯识宗（又名法相宗）、天台宗、华严宗、禅宗、净土宗等佛教大宗。它们一道把佛教在中国的发展推向顶点，形成了中国传统文化中儒、释、道三教鼎立的局面，对中国传统文化包括传统伦理道德产生了重大的影响。

隋唐时期，佛教在中国的发展达到鼎盛，并在与传统文化的交融中形成了自己的宗派。这一时期佛教的发展具有如下特点。

第一，统治者大力提倡佛教，并利用佛教为其统治及政治斗争服务。南北朝末年，北周武帝曾经为富国强兵而禁止佛教，没收寺院资产。开皇元年（581），杨坚即位以隋代周后，下令恢复佛教，听任

---

① 念常集. 佛祖历代通载（第 11 卷）.

信徒出家，营造经像，通过大力推行佛教，为自己的政权抹上一层佛的灵光。唐代帝王虽然尊奉道教，企图以此提高自己李姓家族的历史地位，但从太宗到睿宗，都同时对佛教采取肯定和支持的态度。如太宗晚年曾诏令广度僧尼，一次剃度竟达 18500 余人。终唐之世，把佛教推向顶点的是武则天。她利用佛教编撰的神话为自己夺取李唐政权大造舆论。当时沙门进《大云经》《宝雨经》，或在疏中说经云"以女身当王国土"者，兆应武则天；或在经中添加佛"现女身为自在主"的内容，正可为武则天所用，因而得到大力支持。武则天当皇帝后立即宣布把佛教提升到道教之上，这种扬佛抑道的举措，带有鲜明的打击李氏宗室的政治意图。晚唐宪宗也是一位佞佛的皇帝，他曾派僧侣从凤翔（在今陕西扶风）法门寺迎佛骨至宫中奉养，并送京师各寺院礼敬，在全国掀起了一股宗教狂热。在统治者的大力提倡和支持下，隋唐佛教得到迅速发展。一方面，佛教竭力与世俗政权相结合，为封建皇权服务；另一方面，它又在皇权的庇护下扩展了自己的势力。如法相宗受到唐太宗、唐高宗的支持，华严宗、禅宗则得到武则天的推动。

第二，佛典翻译规模化、正规化，理论研究已臻成熟。佛教的兴盛总是伴随着典籍的翻译。隋代译出佛典 59 部、262 卷，唐代共译 372 部、2159 卷。加上此前所译，印度佛教大乘要典已基本上翻译成中文。隋唐译经已走上规模化、正规化的道路，一般由朝廷设立译馆，组织大德高僧共同翻译。如隋朝设长安大兴善寺、洛阳上林园两个译馆，唐朝亦在兴善寺和弘福寺等地设立译场。举凡译经大师，如彦琮、玄奘、义净、不空等人，不仅深研义理，而且汉梵文字皆精，所译典籍之质量，均非前代可比。唐代译场设译主（总负责人）、笔受（笔录）、度语（为译者宣示义理）、证梵本（校对）、润文（刊定文辞）、证义（研究译文之义理）、梵呗（开译时以示庄严的仪式）、校勘（检查译本的文字）和监护大使（一般为钦命大臣）等九种职司，各个环节密切配合，以保证译本的质量。玄奘等人还对翻译中的一些技术问题进行深入研究，提出许多规则，大大提高了翻译的水平。

同时，佛教理论研究也取得了丰富的成绩。一是目录整理，编成《众经目录》《大唐内典录》《开元释教录》等大批目录文献。二是为佛典作注疏，几乎对所有重要经典都写出了详尽的注疏，仅音义一项，见于著录者就有20余部。这一方面为信徒理解佛典提供了极大的方便，另一方面也反映了中国僧伽对佛典理解的深入。三是撰写了大量佛学论著。注疏是对经典的诠释，而论著则是对佛教义理的创造性发挥，它表明理论研究已经成熟。四是经籍纂集。根据经典的内容和性质进行汇编，极大地方便了理论研究。

隋唐时期中国佛教实际上已达到佛教发展的最高水平。尽管仍然有不少人如玄奘、义净、玄照等西行求法，但中国僧人的理论水平已超过了印度僧人。玄奘在印度那烂陀寺戒日王为他举办的五印论师大会上宣示义理，六千余人十八日内竟无一人能够向他发问争辩，声震五印，被尊为"大乘天"和"解脱天"。从此之后，中国佛教走上了自己发展的道路。

第三，寺院经济有了长足的发展。按佛教教义，僧伽应以乞食、由他人布施为生，一年大多数时间在外云游。有了寺院特别是其经济有了一定发展后，僧伽的生活来源便有了基本保障，游方已徒具形式，并被视为苦行。僧伽不事生产却过着舒适、安逸的生活，并且不受世俗徭役之苦，这是吸引民众出家的重要原因。

北魏时设佛图户和僧祇户，承认寺院为特殊的独立经济实体。唐代寺院经济发展达到最高峰。寺院财产以土地为主，其经济来源有三：一是朝廷敕赐。唐初实行均田制，凡僧给田三十亩，尼给田二十亩，稍大一点的寺院，田产动辄上千亩。朝廷敕建大寺或兴办法事，往往长期供养或一次性赐予大量财富。如长安西明寺、慈恩寺等，一切皆由国家供养，并另有敕赐田庄。唐高宗曾赐西明寺田园百顷、寺奴百户。二是信徒特别是宗室与富豪的布施。开元年间金仙公主施舍田庄并果园一所，以及环山林麓给云居寺，著名诗人王维也将自己的"别业"施舍为清源寺。《广弘明集》曾描述当时寺院的状况说："既营之于爽垲，又资之以膏腴。擢修幢而曜日，拟甲第而当衢。王公大人助之以金帛，农商富族施之以田庐。"① 还有不少富豪为逃避赋税，带产剃度。三是寺院自身的经营、兼并。如慧范"恃太平公主势，逼夺民产"②。僧侣们利用自己的优势巧取豪夺，成为社会上最富裕的阶层。有的寺院"田一万三千亩，跨三都五县，有庄三十六"③；有的寺院放高利贷，号曰"长生库"，其利率高达月息20%。《旧唐书》中描述寺院的富有说："十分天下之财而佛有七八。"寺院经济的发达保证了僧侣生活的稳定性，使得他们有更多的时间和精力研究佛理，并形成了独特的寺院生活规范。

隋唐佛教发展最大的特点和最有意义的事件是佛教宗派的形成。关于隋唐佛教宗派，学术界有多种说法，一般认为有天台宗、三论宗、三阶教、法相宗、华严宗、律宗、净土宗、密宗和禅宗等，其中对中国文化影响最大的是天台宗、法相宗、华严宗和禅宗四大宗派。

天台宗在隋代形成，是中国创立最早的佛教宗派，因创始人智顗（538—597）住浙江天台山，故名。所崇经典为《法华经》，故又称法华宗。该宗推印度龙树菩萨为始祖，其法统为：龙树→慧文→慧思→智顗→灌顶→智威→慧威→玄朗→湛然，而实际创始人是智顗。天

---

① 道宣撰. 广弘明集（第14卷）.
② 司马光. 资治通鉴（第210卷）［M］. 北京：中华书局，1956：6665.
③ 释德介撰. 天童寺志（第9卷）.

台宗教义的中心是止观学说。止为禅定，即止息散心、净心静虑；观为智慧，即精修般若智慧。南北朝对峙导致佛教风格异趣，南重义学，北重禅息。隋统一全国后，南北合流，智颢发扬其师慧思（515—577）学贯南北的精神，提出止观并重、定慧双修的理论："泥洹（涅槃）之法，入乃多途。论其急要，不出止观二法。"① 认为禅定与慧观如车之双轮、鸟之双翼，不可偏废。静虑有利于集中精神研习义理，若离慧而定，则即使做到心如止水也无助于了悟大道。同样，慧观有利于培炼心性的纯洁性，若离定而慧，则读书再多也无法摒除心中的魔障。它的哲学基础是"三谛圆融"和"一念三千"。三谛指空、假、中，三者都是真实，称为三谛。三即一，一即三，三一融通无障无碍，是为三谛圆融。智颢用其与十法界（六凡四圣：天、人、阿修罗、畜生、饿鬼、地狱和声闻、缘觉、菩萨、佛）、三种世间（即五阴世间、众生世间、依报国土世间）相配，构成"一念三千"的理论。每一法界的众生又具性相体用等十如是因素，十法界一一互具成百法界。而十法界又各具有三种世间，于是成三十种世间。依此推算，百法界共有三千种实相变化，而所有这一切，都存在于一念心之中。世界虽纷然杂陈、千奇百怪，但一念俱备，故曰"一念三千"。这种观点强调法性本有，三千种世间只不过是一念心的变化。

在佛性论上，智颢从藏识有染净两类种子引申出性具善恶说，认为性具善、恶、无记，众生与佛都没有区别。后来湛然更提出"无情有性"说，认为不仅一切有情众生皆具佛性，即使无情的事物、无生命的存在也具佛性。这种观点已背离印度佛教原旨，而源出《庄子》"道无所不在"的思想。

---

① 智颢述. 修习止观坐禅法要.

　　法相宗由玄奘（600—664）和其弟子窥基（632—682）所创，因以三法相解释万有性相，故名。又因主张万法唯识，不承认有心外独立之境而称唯识宗，因以《瑜伽师地论》为根本经典而称瑜伽宗，因玄奘和其弟子窥基二人常住慈恩寺而称慈恩宗。此宗属印度大乘有宗，即瑜伽学派，其理论基本坚持印度佛教教义，殊少创造。其特点是重思辨、重逻辑，理论层次较高。此宗以"三自性"（遍计所执性、依他起性、圆成实性）和"三无性"（相无性、生无性、胜义无性）解释诸法实相，认为世界万有皆虚幻不真，人们执着于万物之间现象上的区别而妄断其为真，认识到事物的"依他起性"，便能把握其不真的本质。故空无并非绝对虚无，而是宇宙的绝对真实、真空妙有。它依"八识"（眼识、耳识、鼻识、舌识、身识、意识、末那识、阿赖耶识）说把世界万有说成是观念的变现，认为世间现象都由人的第八识即阿赖耶识（梵文"Alayavijnana"的音译，意译为"藏识"）所变现，而前七种识再据以变现外境影像，缘虑执取，以为实在。阿赖耶识包含着整个宇宙，其潜在状况称为"种子"，直接外显时叫作现行，世界的运化就是阿赖耶识的种子与现行之间的流转。故唯心，故唯识。另外，该派对印度哲学量论与因明的介绍、研究，对中国佛教乃至中国文化都产生了很大的影响。

　　华严宗以奉《华严经》为根本经典而得名，因其宣扬法界缘起论，又称法界宗。武则天曾赐号法藏为"贤首"，故又称为贤首宗。其承传系统为杜顺→智俨→法藏→澄观→宗密，而实际创始人为法藏，但传统上以杜顺为初祖。该宗主要教理为法界缘起说。它把事物分解为总相、别相、同相、异相、成相、坏相六种性相，认为六相圆融无碍，一切法理事无碍，事事无碍，一切互不相碍互相融入，并以"一多相容"说明万有差别的相对性和统一的绝对性。归根到底，万有皆统一于一心，百千大劫皆具一念心之中，一即一切，一切即一。

修法界观，以高度平等的眼光体察万事万物，消除差异、对立、矛盾，安置于人的内心，凭此证入一真法界，即得佛智。宗密（780—841）把法界缘起理论发展得更加精致，他在《注华严法界观门》中把整个世界分为四种法界：一曰事法界，指宇宙间森罗万象、各具差别的万事万物，即现象界，作为认识的对象，虽有却非实在，不在佛智范围内；二曰理法界，指诸法的本性、本体，是现象界的共性和普遍本质，此界尚未达到真如的境界，所以并不彻底和完全；三曰理事无碍法界，即事物的现象与本体之间圆融无碍、一体不二，如同水与波的关系，然而这也并非佛智的最高层次；四曰事事无碍法界，指万有皆缘起于理，由于理事圆融无碍，故由同一理缘起的此事与彼事之间以不同方式互相交涉，圆融无碍，无穷无尽，故称事事无碍重重无尽，又作无尽法界。华严宗的这一理论，对宋明理学产生了重要影响。

禅宗，主张修习禅定而得名，又因为自称"传佛心印"，以觉悟众生本有之佛性为目的，所以亦称佛心宗。该宗的形成在佛教史上有着极其重要的意义。禅，是佛教中"禅那"一词的简称，梵文"Dhyāna"的音译，意译为"思维修"或"静虑"，是佛教的一种修持方法。思维修意指一心思维研修为因，得以定心，故谓之思维修。静虑有两层含义，一指静其思虑，二指静中思虑，前者属止，后者属观。在静坐中集中思虑观想佛相佛理，本是佛教的基本修持方法之一。以禅名宗是中国佛教的特产，易言之，禅宗是完全中国化的佛教宗派。

禅宗的传承以佛陀灵山会上拈花，迦叶会心微笑为起始。佛陀拈花，迦叶微笑悟其义，言其教外别传，心心相印。迦叶以至于菩提达摩，共传二十八人，称为西方二十八祖。在中国，则有东土六祖。他们分别是菩提达摩、慧可、僧璨、道信、弘忍和慧能。菩提达摩既是西方第二十八祖，又是中土之初祖，而真正开创禅宗的是六祖慧能（638—713）。这样，禅宗就将自己的法统直接与佛陀联系起来。禅宗代表性经典为《六祖大师法宝坛经》（简称《六祖坛经》）。

禅宗主张佛性本有，每个人都具至善的成佛根性，圣凡之间的区别不在有性无性或性善性恶，而在悟与迷。觉悟不应向外假求，而是明心见性、顿悟成佛。西方净土不在梵天、不在佛典，而在人人心中；佛教真理也不在佛典、不在师说，而在人人心中，悟此本心即可成佛。禅宗强调，前念迷即凡，后念悟即佛，迷悟之差只在刹那间，放下屠刀，立地成佛。因此，禅宗主张自悟本心，反对读经念佛，反对拜佛的偶像，甚至反对坐禅。为了启迪人们觉悟，禅宗设计了许多的禅法，其中包括机锋和棒喝。

禅宗的产生，把僧伽从经典和戒律的束缚之下解脱出来，极大地简化了修行的法门。它注重修行者个人主体能动性的发挥，否定一切权威，包括佛、佛典、祖师的权威。这种思想特质对于后世中国产生了深远影响。而在佛教内部，它一方面起到解放思想的作用，推动了佛教的发展与普及；另一方面，又破坏了佛、法、僧三宝的神圣性，导致佛教理论研究与发展的式微。

以上各宗，除禅宗外，其余各派于唐代鼎盛后迅即衰落。整个佛教也不复盛唐之隆，尤其是在理论发展上走向了平缓，到近代才又复兴。

第二章 三教互补——佛家伦理
道德与中国传统文化

在中国古代，佛教既非第一种外来文化，也不是最后一种外来文化。但是，除了佛教之外的所有外来文化，都没有真正扎下根来。唯有佛教以其"不可思议之妙说"赢获了无数中国人的认同，与中国儒家、道家思想一道，成为中国文化不可分割的重要组成部分，对中国传统伦理道德、中华民族精神产生了极为深刻的影响，以至于离开了佛教，我们就很难完整、深入地认识和理解中国传统文化，领会中华民族精神。本章拟对佛家伦理道德与中国传统文化的关系作一番考察，试图论证佛教在传统文化中的地位和作用，使我们更加准确地把握佛家伦理道德的实质，从而更加准确地把握中国传统伦理道德的实质。

第一节 三教鼎立的思想格局

在中国历史上曾经出现过许许多多的学说，它们都对中国传统文化作出过重大贡献，共同构成了中华民族辉煌灿烂的古老文明，其中对中华民族的民族精神和道德传统影响最大的就是儒家、道家和佛家，它们在中国历史上被称为"三教"。注意，这里的"教"并不等同于宗教，而是指儒、佛、道三家思想理论体系。尤其是"儒"，它本身并不是宗教，但儒家思想长期以来被中国传统文化奉为最高信仰，故也被称为"儒教"。儒、佛、道之所以并称为"三教"，是就三者的社会功用而言。所谓"三教互补""三教鼎立"，是指它们在社会功能上的互补与思想理论方面的各成体系。在儒、佛、道三教或三家中，儒家和道家是中国本土的固有文化，而佛家则属于外来文化。它何以与儒、道两家形成鼎立并存局面，影响延续至今？首先，是由于无数佛教僧侣苦心研道、传道、弘道，坚定不移地信仰与坚韧不拔地传承。其次，是由于佛教义理为人们逃避残酷现实、摆脱苦难提供了一种精神安慰和精神寄托，进而吸纳了大批虔诚的信徒。再次，佛教有着固定的组织与严格的戒律，对信徒起着有效的约束和教化作用。最后，佛教学者积极吸收中国本土文化，将佛教义理与中国传统伦理道德相结合，必要时迎合统治者的利益与需求，使佛教得到推广与普及，并逐渐得到中国人的认同，与中国文化相契合，从而为其发展奠定了坚实的基础。

一、本土化中求发展

中国文化有着悠久的历史和深厚的根基，这种坚实、博大的文化传统，让古代中国形成了一种"中国中心主义"世界观。体现在文化上，就是强烈的文化优越感和文化中心主义，即以自己的礼仪风俗、道德思想等为文明的标准，并力图将外来文化兼容于本国传统文化之中，纳同斥异，以"我已有之""古已有之"的心态对待外来文化。

佛教作为一种外来文化在中国的传播和发展，总的来讲是在统治者的利用和支持下进行的，但这也不是一帆风顺的。它一直受到来自两个方面的阻力：一是统治者取舍态度的变化；二是中国本土文化的排斥。

自汉以降，在中国历史上就有过四起大规模的限佛毁佛事件，即中国佛教历史上的所谓"三武一宗"法难。三武指北魏太武帝、北周武帝、唐武宗，一宗指周世宗。"三武一宗"的限佛毁佛，是中国最高统治者亲自发动的对佛教的严厉打击。前三次都是力图从根本上摧毁、铲除佛教，最后一次则是以敕令的手段将佛教的发展严格地约束在统治者的控制之下。

从根本上说，统治者限制、打击佛教，主要是从政治得失的考虑出发。首先，佛教徒号称"方外"之士，不从王化、不事生产，是社会的寄生者。僧伽人数如果太多，对社会很不利，甚至会对社会经济的发展构成威胁。如史称东魏末年"僧尼大众二百万矣，其寺三万有余"①。这样一大批人不从事生产，却耗费大量的剩余产品，是社会的沉重负担，导致赋税不足、徭役短少、国衰民穷。其次，随着佛教僧侣人数增加、经济势力增强、影响力在社会各阶层中逐步扩大，其与封建国家、世俗地主阶级间的利益冲突也日益尖锐。最后，寺庙浮滥且缺乏管理，导致弊端丛生，如僧尼不端正自己的行为，利用百姓的迷信心理大肆敛财，扰乱社会治安，败坏社会风气。

除了政治原因外，上述几次限佛毁佛还具有深层次的文化意义。北周武帝等几位君主或崇儒或尊道，而视佛教为蛮夷之"邪教"。魏太武帝斥责佛教为"西戎虚诞，妄生妖孽"，声称自己毁佛是"承天绪，欲除伪定真，复羲、农之治"②，即根据天意铲除伪教，澄清真理，恢复光大伏羲、神农以来中华文化的文明之治。北周武帝曾多次集众讨论儒、佛、道三教的优劣异同，尽管有佛教徒佞言"我不事二家，唯事周祖"，以周主为如来，"事帝不事佛道"，但北周武帝仍

① 魏收. 魏书（第114卷）［M］. 北京：中华书局，1974：3048.
② 司马光. 资治通鉴（第124卷）［M］. 北京：中华书局，1956：3923.

然推重儒学，耻同胡夷之佛教。唐武宗更指斥佛教"遗君亲于师资之际，违配偶于戒律之间"①，淆乱伦常，导致"风俗浇诈"。周世宗即位后"延儒学文章之士，考制度，修《通礼》，定《正乐》，议《刑统》"，大力倡导儒家政治伦理思想，废淫祠，整顿佛教，革除陋弊。他在禁止私度诏令中说："僧尼俗士，自前多有舍身、烧臂、炼指、钉截手足、带铃挂灯诸般毁坏身体、戏弄道具、符禁左道，妄称变现还魂坐化、圣水圣灯妖幻之类，皆是聚众眩惑流俗，今后一切止绝。"② 明确地把文化的整顿、道德风俗的饬治作为禁佛的重要内容。

这几次打击给佛教狠狠敲了几记警钟，同时也让其深刻认识到：若想在中国获得生存与发展，就必须得到本土文化的认同，要使自己的学说适应中国人的生活和精神的需要，尽量避免与传统的伦理道德观念相对立；应当设法证明其伦理道德与中国本土传统伦理道德的一致性，以获得民众的认同，争取统治者的认可与支持。因此，"三武一宗"对佛教的打击并未能消灭佛教，而是加速了佛教中国化、伦理化的进程。

佛教作为一种外来文化，它的思维方式、价值观念、理论格局及对教徒行为、生活方式的规定等都与中国本土文化有着很大的差异。双方在相互认同、相互改造之前，许多方面都存在着尖锐的对立。因而，佛教在其传入之初受到了中国本土文化的排斥与批判。它在中国传播发展的过程中，必须回应中国本土文化的批判与挑战，一方面它要不断完善自己的学说，另一方面它也必须不断寻求被本土文化认同，将自己的理论中国化、伦理化。

佛教在中国开始是作为道术被接受的，其学说并未引起人们的

---

① 刘昫，等. 旧唐书（第18卷上）［M］. 北京：中华书局，1975：605.
② 杜斗城. 正史佛教资料类编［G］. 兰州：甘肃文化出版社，2006：500.

注意，因而，它首先受到的是道教的排斥。汉魏之际，中国方术有所谓方仙道、黄老道、五斗米道、太平道等，它们后来综合演化为道教。佛教传入后，被视为方术诸道的一种。由于它是外来道术，理所当然地受到本土道术的排斥。道教极力坚持异族神祇不能为华夏所祭奉。为了抬高自己、贬低佛教，西晋惠帝时王浮著《老子化胡经》，说老子西出函谷关后去了天竺，以道教度化胡夷，释迦牟尼受老子教化而创佛教。此说虽纯系子虚乌有，为佛教徒所痛恨，却反映了当时佛道斗争的情况。在这种背景下，佛教不得不屈居道教之下，并在其庇护下得以传播。汉人之所以能容忍、接受佛教，此说也起过一定作用。

儒学与佛教的理论接触，首见于《牟子理惑论》。梁代僧祐编《弘明集》，题该文为汉牟融著，近代以来学者多疑其伪，但仍肯定它属于佛教早期著述。该文认为儒学与佛教均为救世之良方，佛教不仅不与儒学之道相冲突，在济世利民、修身养性方面还稍胜一筹。作者极力抬高佛教地位，不过是想说明佛教理论并不违背儒学伦理，希望佛教能被中国传统文化所接受，为佛教在中国的传播开拓道路。

三国之际，佛教与道教分立，开始表达其独特的宗教伦理观，对道教进行批判。它宣扬生死无常，有生必有死，追求涅槃的不生不死的理想，而指斥道教追求长生不死是一种虚妄荒诞之说。而对于占统治地位的意识形态儒学，佛教的态度则完全不同，基本处于屈从地位，只有儒学据其伦理对佛教的批判和佛教对儒家批判的自我辩解，尚未出现佛教对儒家的主动批判。

这种状况自东晋开始发生变化。慧远（334—416）宣称儒道皆为"糠秕"，唯佛教方为真理。他为建立独立的佛教作出了极大的努力。一方面他极力完善佛教的理论体系，以"神不灭论"论证业报轮回学说，宣扬佛教的社会教化作用，积极为巩固封建统治和纲常秩序服务。另一方面，他又以佛教为内道，以儒学为外道，认为"内外之道可合"，极力强调二者的一致。

慧远的"神不灭论"很快引起了佛教与儒家的第一次理论大辩论。何承天首先起而攻之。他指出，精神不能离开人的肉体而存在："形神相资，古人譬以薪火，薪弊火微，薪尽火灭，虽有其妙，岂能独传？"① 认为生死乃属于自然现象，有生必有死，既死不再生，轮回报应之说没有任何根据。但这种理论又被佛教徒用来证明灵魂不灭，因为虽然薪尽火灭，但火是可以传递的，此薪虽尽，但其火可以传递给下一个薪，故灵魂可以转世。

神灭还是不灭，不是一般的理论问题，它涉及佛教一个极为重要的教义。佛教以业报轮回解释现实生活，给出未来的希望。但轮回的流转、作业的报应必须有一个承受的主体，并且它必须与现实生活中的主体相一致，否则，业报轮回就失去了任何意义和说服力。于是，佛教就提出神（灵魂）不灭论，认为人死神不灭，仍然在六道中轮回，承受果报。齐梁时期的范缜撰写了著名的《神灭论》一文，彻底批判佛教神不灭论思想。他提出"形质神用"的命题，认为精神与肉体密不可分，是肉体的属性，人死之后形骸毁灭，精神也随之消失，不存在离开形体而独立的灵魂。当时齐竟陵王萧子良和稍后的梁武帝萧衍曾组织大批人对范缜进行围攻，但范缜始终坚持自己的立场，毫不动摇。范缜的批判使佛教的神不灭论遭到沉重打击，使得佛教徒逐渐降低了对形神理论的兴趣，而转向本体论、认识论、心性论和修养论的研究。

唐代佛教发展达到高潮，对儒学在思想界的统治地位造成威胁，于是有儒家学者起而反佛，其中最著名的要数"唐宋八大家"之一

---

① 僧祐撰. 弘明集（第3卷）.

的韩愈，他一度因轰轰烈烈的倡儒排佛而扬名于世。他从儒家伦理道德和夷夏之防的正统立场出发排斥佛教，竭力从佛教对社会政治、经济和纲常伦理造成的破坏来论证佛教不适应于中国，中国不需要佛教，并直接呼吁"人其人，火其书，庐其居"。为了和佛教相抗争，韩愈在《原道》中以尧、舜、禹、汤、文、武、周公、孔、孟一脉相传的道统来对抗佛教宗派法统，证明儒学历史更悠久，道义更纯正。佛教宣讲心性之学，韩愈则从儒家典籍中选出讨论心性的《孟子》《大学》予以推崇，提高二书的地位，这对后来儒家"四书"的确定影响极大。

从唐晚期到五代，经过长期的社会动乱和佛教的冲击，传统儒学规范人心的作用被大大削弱。宋代诸大儒接过唐代韩愈的大旗，掀起了一个复兴儒学的理论高潮，对佛教进行了全面、彻底的理论批判。其中最有代表性的人物就是理学奠基人之一张载（1020—1077）。张载年轻时曾访求佛老之书累年，对佛教义理有很深刻的理解，这为其批判佛教提供了理论基础。张载通过阐述"知太虚即气，则无无"①的气化宇宙观，从根本上否定了佛教的轮回与解脱一说，也即佛教的生死观。佛教全部错误的最终根源就在于否定宇宙万有的客观实在性，颠倒了心物关系。佛教对宇宙万有的根本态度是"空"。"空"为般若学、大乘佛教的核心概念。佛教认为世界为幻化，究其实质，万有（相）只不过是人心的变现和幻相，虽有，但为假有，实际为空。它正是由此出发，否定现实世界和现实人生的积极意义，并引申出它的全部宗教理论。张载揭露佛教否定世界存在的真实性的实质是以心法起灭天地，即从观念上否定万有的存在。佛教并不说万有不存在，而只说它们不真实，只是心的幻相。其实人心是微小的，作为

---

① 李峰. 正蒙［M］. 郑州：河南大学出版社，2016：84.

人的一种属性、功能绝不能成为宇宙的根本。如果因为事物的本质无法穷尽就说它虚幻不实，这与夏天昆虫从未见过冰即否定冰的存在属于同一思维模式。张载认为，宇宙万有是客观存在，气就是世界统一的物质性基础。他从元气本体论出发，论证了宇宙万有的客观实在性，否定了佛教的哲学基础。后来的理学家如二程（程颢和程颐）、朱熹等沿着张载开启的理论视角继续批判佛教，着重揭示其对儒家伦理道德、纲常名教的违背和理论上的虚妄，以儒学的"实理"否定佛教的"虚理"。

宋代以前，儒学对佛教的批判主要集中在政治伦理方面，宋以后儒学对佛教的批判则从本体论、认识论、伦理观等方面全面展开。这种批判不再是简单地摘取其缺失、错误，而是深掘其内在的理论根源，揭示其理论基础、思维方式的根本错误，以动摇其理论根基。同时，理学的批判也并非简单的排斥、否定，而是一种辩证的扬弃，它以儒学的基本价值观念和理论诠释佛教讨论的问题，建立了高度思辨的伦理思想体系，从而取得了理论上的优势。

儒、佛、道三家就这样在理论的斗争中相互促进、相互吸收，最后相互融合。

二、以出世之心入世

不同于儒家教人如何在现实生活中实现其"修身、齐家、治国、平天下"理想的积极入世态度，佛家主张出世，脱离、舍弃世俗的生活，使自己的一切思想、言论和行为都符合宗教仪轨，远离一切世俗的纷扰、烦恼，专心致志地修行向佛。其实质则是抛弃一切世俗的价值追求，培养佛家的思想意识。但佛教自从来到中国以后，面对中国传统文化尤其是儒家伦理文化的诘难，为了在中国扎下根来，也不得不用各种方式肯定世俗的现实利益。经过不断的探索和改进，也就逐渐增加了入世色彩。因此，在本质上，佛教的出世并不等于对世俗生活的彻底否定，而是以出世之心入世。

世人普遍认为佛教是出世的宗教，追求超越的境界，把生活中的一切都看作虚幻的、没有实际价值的，对现实社会生活采取消极的态度。这大抵是因为佛教宣扬世间痛苦和矛盾的根源是人的贪欲，要求信徒消除对世俗生活的一切欲望即"去执"，从而达到超越生死轮回的涅槃境界。实际上，它又以慈悲之心怜悯众生，故又在不同程度上表现出对现实生活的热情和关注，并积极参与社会生活。佛教的惩恶扬善、普度众生、因果报应等教义都与儒家伦理中的"内圣外王"思想有相同旨趣。如大乘佛教宣扬大慈大悲、自利利他、自度度人，以普度众生作为最终目的，这就要求信徒多做对他人、社会、国家有益的事，体现了"以天下为己任"的社会责任感。又如佛教倡导修善止恶，以其特有的道德学说对民众起着教化作用，与儒家道德有着共同的旨趣，起着惩恶扬善的功能。此外，部分佛教典籍对政治伦理也有所阐述，在《长阿含经》《增一阿含经》《佛说孛经钞》《佛为优填王说王法政论经》《仁王护国般若波罗蜜经》等数十种佛经中多有具体内容，涉及了国家的民主制度、法律制度、教育制度和家庭伦理、个人修养、尊卑差别、利益分配等各个方面。因此，遵循佛教的教诲行善，不仅是立身行事之本，也是辅助王化、匡扶国家的重要途径。①

印度佛教倾向于以出家为解脱觉悟的必要条件，要想修成正果（入圣）必须出家，如佛陀的弟子们就成了罗汉。不出家的人修持佛法，只能增益善业，以获来生福报，不能断灭生死烦恼，不出家本身就表示没有对人生的究竟真实彻底觉悟。中国佛教则根据本土文化

① 丁小平. 儒佛"内圣外王"思想辨析［J］. 广州大学学报（社会科学版），2017，16（10）：66-71.

的特点，不再以出家为涅槃的必要条件，提出涅槃之道入乃多途，甚至放下屠刀就可立地成佛，觉悟在于心灵的超越和对真谛的明彻，而与生活的样式没有必然的联系。① 《万善同归集》中说："本末一际，凡圣同源。不坏俗而标真，不离真而立俗。"② 《圆悟佛果禅师语录》说得更加明确："佛法即是世法，世法即是佛法。"③ 高度肯定宗教生活与世俗生活的一致性，认为离开世俗生活不可能实现真实的超越，没有超越的真实也无法建立理想的世俗生活。各个时代的禅师们更是不穷义理，随处指点佛法，即事了悟心性，认为穿衣吃饭、油盐柴米就是禅，离开日常生活即无法了悟心性。在此倾向的影响下，佛教禅宗传法也向大众化、口语化方向发展，产生了大量语录体的佛学著作。这些著述语言生动活泼，与日常生活比较接近，虽在理论上无甚建树，却在促进佛教教义通俗化、普及化方面起了很大的作用，有利于佛教被普通民众所理解、接受。

出世、离世并非断绝与世俗生活的联系，更非否定世俗生活的存在，而是要把握世俗生活的本质，认识到虚假、烦恼就是世俗生活的真实，不执着于世俗生活，以出世的态度处世，不为世俗生活所累，这就是所谓"以出世之心入世"。因此，出世与入世的区别不在形式，而在实质，即在于生活的价值观念，在于对生命与生活真实本质的觉解。明僧真可（1543—1603）说："出者有隐者之心，处者有出者之情，皆惑也。夫出而不决，为忠不彻；处而不果，是谓大惑。噫！大惑不除，虽处于幽岩深壑之间，何异市朝？"④ 这就是说，出世并非隐世，超越不等于逃避；处世并非敷衍，生活不能否定。把隐世当作出世，把出世当作处世，都属于错误观念。怀抱着这种错误观

① 张怀承. 简论佛教伦理思想的基本观点 [J]. 伦理学研究，2006（5）：43-49.
② 延寿述. 万善同归集（第1卷）.
③ 绍隆等编. 圆悟佛果禅师语录（第5卷）.
④ 德清阅. 紫柏尊者全集（第9卷）.

念，即使幽处于远离人世的深山，也如同厕身闹市，根本无法实现对生活的超越。

在佛教看来，出世与入世只是生活的形式，最终价值都是为了实现生命的完善。只要把握了生活的真实，出世与处世就融通无碍。出世间法具世间法，道在日用之中，佛法不违世法。《维摩诘经》中"生死涅槃不二""世间出世间不二""不尽有为，不住无为"等立论和大乘菩萨行，都体现了大乘佛教慈悲为怀、普度众生的入世精神，完美地展现了佛教出世与入世二重属性的有机结合。在中国佛教中，主张入世觉悟的主要代表是六祖慧能及由他开创的禅宗。在禅宗看来，入世与出世是圆融无碍、没有分别的。《六祖坛经》中说："佛法在世间，不离世间觉，离世觅菩提，恰如求兔角。"① 佛教以悟真表示一种高迈的超越，能够正视社会生活，了悟它的真谛，从而积极参与并改造现实社会，以求得菩提正等正觉，促进众生的共同觉悟。因此，佛教的出世包含着明确的入世思想，正是以出世之心入世。

近代高僧太虚大师（1890—1947）更是发动了"人间佛教"革新运动。他弘扬大乘佛教大慈大悲、普度众生的精神，强调更多地关注现实生活中的问题，并对禅宗的出世与入世观点进行了继承与发展。他提出了教理革命、教制革命及教产革命，致力于推动社会的进步和整个世界的完善。他所创立的"人间佛教"理论，大大加强了出世与入世之间的联系。他说："世法皆是佛法，佛法不是佛法，善识此意，任何经论皆可读也。""我们毕竟是人世间的人，我们不是披毛戴角的动物……我们从生身起以至老死，……这些资生的赠与，都是仗人类互助的能力——大众的力量而得到的。……换句话说：你

---

① 宗宝编. 六祖大师法宝坛经.

的生命完全倚靠社会大众的能力来维持、资养。所以你要去服务社会，替社会谋利益，凡是社会各种辛苦事业，你要耐劳的去做。"①太虚大师正是从人的社会性出发，引申出人的社会责任感与救世精神，深刻体现了佛教的入世关怀与社会价值。

易言之，佛教的总体精神便是在入世中出世，以出世的情怀入世，通过入世去追求出世的目的，即不断提升现实社会中人的境界，在现实生活中实现人生的价值与完善。

三、相互吸收成鼎立

佛教在中国的传播发展过程中，不只是受到中国文化的批判，它也深刻地影响了中国文化。佛教在中国的发展，既是儒佛道三家相互抗争、相互诘难的过程，也是三家相互吸收、相互融合的过程，其结果是印度佛教不断与中国文化相结合，产生了中国佛教。

从中国佛教的发展历程来看，它在宗教形式上，吸收了道教的一些"道术"；在理论内容上，则容纳了道家的许多观念。如支谶在东汉灵帝年间翻译佛经，就把"真如"译为"本无""自然"等。时人对佛教的印象是，"此道清虚，贵尚无为，好生恶杀，省欲去奢"②。若不经指明，很难分辨此段话是对佛教还是对道家或道教的评价。

到了魏晋时期，玄学流行，儒道合流。玄学家们把道家的哲学思辨与儒家的纲常名教巧妙地结合在一起，探幽览玄，自标高迈。在这种思想背景下，佛教的玄思显露出它特有的深奥、缜密，它讨论的问

---

① 释太虚著，《太虚大师全书》编委会编集. 太虚大师全书（第3卷）[G]. 北京：宗教文化出版社，2015：152-153.

② 杜斗城. 正史佛教资料类编 [G]. 兰州：甘肃文化出版社，2006：233.

题逐渐与玄学合流。般若空宗趁势流行，对玄学的有无之论作了深刻的阐述和总结，以其巨大的理论优势确立了自己的地位，并促进了中国哲学本体论的发展。

随着传播的日渐广泛，佛教在社会上的影响也越来越大，于是它开始注意建立自己完整、独立的理论体系，以适应社会的需要。一方面，中国佛教徒加速了佛经的传译，深化了对佛经的研究，并围绕一些经典形成了不同的派别；另一方面，他们又致力于对印度佛教教义的改造，以使其适应中国现实社会，其中最重要的即是以中国传统儒家伦理解释和理解佛教教义，从而为教化民众、维护社会安定、巩固封建皇权服务。

有唐一代，佛教的发展达到鼎盛，中国化的改造基本完成，各派学说也趋于完善。李氏统治集团虽然以儒家纲常名教作为政治统治的根本指导思想，但又尊奉道教，借太上老君李耳来抬高李姓的身份，同时还大力支持、提倡佛教，促使了三教鼎立文化格局的正式形成。佛教上述地位的获取，固然同统治者的扶助有关，但根本原因还在于佛教自身理论的成熟与完善。它已经完成由超越的精神回向现实生活的过渡，提出了自己独特的济世利民的伦理道德学说，从而才得到统治者的支持。

在此鼎盛时期，佛教不仅能与儒、道相抗衡，而且大有取代儒学而占据理论统治地位之势。终唐之代，儒学基本上是汉代儒学的余绪，理论上殊少成就，甚至连思想大家也寥若晨星。少数的几个儒家学者如刘禹锡、柳宗元、李翱等的思想都深受佛教影响，就连反佛的韩愈，对佛教也怀着某种程度的尊敬。其他儒者大多只是塾师、经师。在某种意义上可以说，隋唐时期思想的光辉并非由儒学而是从佛教学说中闪现出来的，也正因此才有了宋代的儒学复兴运动。

宋明理学的建立，重新确立了儒学在意识形态上牢固的统治地位，但它在反佛兴儒的过程中，却吸收了佛教许多理论的养分。儒学历来重践履、轻思辨，重人伦、轻本体。宋明理学强调思辨，无疑受到佛教的影响，它对本体的关注、对心性的张扬，就是在佛教理论的刺激下展开的。华严宗的理事说对二程、朱熹一系的天理观、体用论有着重要影响，所谓"理一分殊"之说，更是直接来源于佛教理论。陆王（陆九渊、王阳明）心学的许多观点甚至整个理论体系，均带有明显的禅宗思想的痕迹。总之，佛教的本体论、认识论、方法论、修养论等，都已经深深地融合于儒家的理论体系之中，成为中国传统儒学乃至传统文化不可分割的组成部分。

佛教作为外来宗教，它在中国的发展和成熟就是不断与中国传统文化结合、不断本土化（中国化）的过程，亦即世俗化、伦理化的过程。从总体上看，它并没有同化中国文化，而是被中国文化所同化。同时，它又不断调和、吸收本土文化特别是作为中国传统主流文化的儒家文化，宣扬儒、佛、道三教同源，三教同善，认为儒、佛、道各有不同的社会作用，即儒学治国、道家治身而佛教治心。佛教不仅深刻影响了中国古代学术思想，而且影响了中国的文学、艺术、建筑、风俗习惯，已经深深融入中国人的社会生活与民族精神之中，是中国传统文化中的重要遗产。离开了佛教，我们将难以准确把握中国社会的演变与文化的发展，也无法深入理解中国人的生活与民族精神。今天我们研究佛教，研究佛家伦理道德，绝不是肯定、鉴赏其宗教精神和理论的奇诡，而是把它作为对中国社会产生过复杂影响的文化现象，批判其虚幻、谬误，梳理其蕴含的精华，立足于时代，对其进行辩证的扬弃，以将其作为传统思想文化资源，促进社会主义精神文明的建设。

第二节　扬善抑恶的共同旨趣

佛教能够与中国本土的儒、道三足鼎立，除了其理论上的特点之外，主要是因为它与儒、道一样积极主张扬善抑恶，教化社会大众。统治者正是看中了佛教的这一社会道德教化功能，才予以大力扶持。毫无疑问，佛教的伦理思想具有超越性，它追求对生活的超越，追求人在绝对意义上的终极完善。然而，这并不表明它不关注现实生活，恰恰相反，它是在充分而又深刻地探讨了现实生活的意义之后，才提出超越的价值追求。

一、处俗劝善

严格说来，佛家伦理道德由两个部分构成，一是处世之德，二是出世之道。慧远说："佛经所明，凡有二科：一者处俗弘教，二者出家修道。处俗则奉上之礼、尊亲之敬、忠孝之义表于经文，在三之训彰于圣典，斯与王制同命，有若符契。"① 他强调佛教的处俗之德与王化之制即社会的道德纲常并不矛盾，事君有礼，侍亲有敬，忠孝之义亦为佛教所许。确实，佛教在涉及现实生活时所执的善恶价值观念，与世俗之德具有很大程度的一致性。任何现实的道德学说都不能够与生活本身完全对立，如果佛教道德与现实生活的价值观念格格不入，它就不可能得到民众的认同。慧远接着说："出家则是方外之宾，迹绝于物。其为教也，达患累缘于有身，不存身以息患；知生生

---

① 梅鼎祚辑. 释文纪（第 4 卷）.

由于禀化，不顺化以求宗。求宗不由于顺化，故不重运通之资；息患不由于存身，故不贵厚生之益。此理之与世乖，道之与俗反者也。"①就出世之道而言，佛教伦理才具有超越或说超迈性。但这种超迈并非脱离或违背生活，而是把握了生活的本质，是对人生终极价值的领悟。佛教认为，人的一切痛苦与不幸都与"我"（身）即个体的自我存在有关，要消灭痛苦就必须无我，对于有利于生存的一切东西都不觉得珍贵。它觉悟到生命源于自然之化，但并不主张复归于自然。在此，出家领域的道德价值观念便与世俗的思想产生了分歧。它向人们宣示的并非生活的道路，不是教人如何去生活，而是教人如何完善。因此，出家之道与世俗之德的歧异乃是两种不同层次、不同境界的差别，而非价值观上的根本对立。从根本上说，二者具有高度的一致性。"如令一夫全德，则道洽六亲，泽流天下，虽不处王侯之位，亦已协契皇极，在宥生民矣。是故内乖天属之重而不违其孝，外阙奉主之恭而不失其敬。"②在慧远看来，按出世之道修行，不仅可以实现个人的自我超越与完善，而且能够极大地利益众生、德泽天下。

为了感化民众，争取统治者的支持，佛教一再强调它所宣扬的伦理道德与世俗的价值观念并不冲突，二者完全一致。佛教学者经常以"五戒"比附"五常"。唐僧宗密说："故佛且类世五常之教（天竺世教，仪式虽殊，惩恶劝善无别，亦不离仁义等五常，而有德行可修。例如，此国敛手而举，吐番散手而垂，皆为礼也），令持五戒（不杀是仁，不盗是义，不邪淫是礼，不妄语是信，不饮酒啖肉，神气清洁，益于智也），得免三途，生人道中。"③宋僧契嵩（1007—1072）进一步解释说，"不杀"指应当珍爱一切生命，不能残害任何

---

① 梅鼎祚辑. 释文纪（第4卷）.
② 梅鼎祚辑. 释文纪（第8卷）.
③ 宗密述. 原人论.

生命，而不只是禁止吃肉，故可称为"仁"；"不盗"指不能非法占有他人财物，其实质是不义不取，不仅仅是不拿他人的东西，故可称为"义"；"不邪淫"指在两性关系上节制有礼，对非配偶的异性不作非分之想，更不作非分之举动，故可称为"礼"；"不妄语"，指说话诚实，言行一致，不以言欺人，而不仅仅是不随便乱说话，故可称为"信"；"不饮酒"，指酒会乱性败德，使头脑昏沉、思想混乱，不饮酒，保持头脑清醒、思维明晰，故可称为"智"。因此，佛家五戒，"以儒校之，则与其所谓五常仁义者，异号而一体耳。夫仁义者，先王一世之治迹也。以迹议之，而未始不异也。以理推之，而未始不同也。迹出于理，而理祖乎迹。迹，末也；理，本也。君子求本而措末可也"①。即是说，五戒与五常名虽异而实同，二者只在形式上有一些外在的差别，精神实质或者说在根本之理即价值取向上，二者完全一致。

其实，以五戒比附五常，是中国佛教徒对儒家纲常名教的认同，表现了佛教学说中国化、伦理化的倾向。究其精神实质，除"不杀"与"仁"基本相似外，其余"不盗"与"义"，"不邪淫"与"礼"，"不妄语"与"信"，"不饮酒"与"智"有着根本的不同，有些甚至是风马牛不相及。但是它们也的确有着共同的旨趣，即都属于各自学说体系宣扬的基本德目，都有扬善抑恶的功能。所以，契嵩强调指出："不杀必仁，不盗必廉，不淫必正，不妄必信，不醉不乱，不绮语必诚，不两舌不谗，不恶口不辱，不恚不仇，不嫉不争，不痴不昧。有一于此，足以诚于身而加于人，况五戒十善之全也？"② 这即是说，修持佛教的五戒十善，就能做到道德高尚，心怀仁义慈悲，自信信人，兴廉正、息纷争，使人己融洽、社会和乐。

---

① 契嵩撰．镡津文集（第1卷）．
② 契嵩撰．镡津文集（第1卷）．

　　佛教和其他宗教一样，倡导修善止恶，以其特有的道德学说对民众起着教化的作用。正因为它有这种社会功用，才得到统治者的扶持。五代、北宋间僧人延寿（904—975）曾详细阐述了佛教教化民众、利乐社会的功能。他说："佛法众善，普润无边；力济存亡，道含真俗。于国有善则国霸，于家有善则家肥，所利弘多，为益不少。所以《书》云：'积善之家，必有余庆；积恶之家，必有余殃。'……'夫百家之乡，十人持五戒，则十人淳谨；千室之邑，百人修十善，则百人和厚。传此风训，已遍宇内；编户千万，则仁人百万。夫能行一善，则去一恶；去一恶，则息一刑。一刑息于家，万刑息于国，陛下所谓坐致太平也。'是以包罗法界，遍满虚空；一善所行，无往不利。则是立身辅化，匡国保家之要轨矣。若以此立身，无身不立；以此匡国，无国不匡。近福人天，远阶佛果。"① 在延寿看来，佛法无边，是最广泛、最普遍的善，是最高最大的善。它滋润着无量诸众生，有益于统治的巩固、国家的兴盛、个人的完善。如果一个国家大兴佛教之善，则国家必定强盛；如果一个家庭能行佛教之善，则家庭必定兴旺——佛教之善利国利民。之所以能够如此，就是因为佛教教人修持五戒十善，训导人们行善去恶，人人行善就可息刑罚、淳风俗，安定社会。也即，遵循佛教的教诲行善，不仅于个人立身处世有益，于国于家也是大有裨益。

　　佛教通过僧伽的传道，将其伦理道德观念广泛传播到民间。同时，由于其独特的理论体系，佛教的劝善惩恶功能得以充分发挥，对民众产生了其他学说不可替代的独特影响。唐代居士李师政在其《内德论》中指出："惟佛之为教也，劝臣以忠，劝子以孝，劝国以治，劝家以和。弘善示天堂之乐，惩非显地狱之苦。"② 他认为佛教

---

　　① 延寿述. 万善同归集（第3卷）.
　　② 道宣撰. 广弘明集（第14卷）.

与世俗社会并不矛盾，相反，它极大地有利于世俗社会。佛教教人行善，要求臣忠子孝、国治家和。值得指出的是，佛教劝善惩恶的功能与其报应轮回学说密切相关。它告诉人们，行善必然会得到福报，作恶必然会遭致罪报。行善者来生享福，甚至进入天堂，享受净土的极乐；作恶者来生受罪，甚至堕入地狱，遭受残酷的折磨。于是，佛教对行善者作了幸福的许诺，引导人们行善；对作恶者发出了严厉的警告，使人畏惧罪报而不敢作恶。尽管它无法在生活中被证实，但也无法被证伪，从而为人们提供了关于未来的两种选择——要么为善得福，要么作恶受罪，未来的生活完全取决于自己。

在此，佛教实际上向人们灌输了修善止恶的道德意识。人为什么要讲道德？为什么要行善去恶？学者们可以作出种种回答，如完善自己的本性，实现生命价值的永恒，等等。然而，现实生活中的民众，他们并不十分关注本性的完善与超越，而只盼望过上好的生活。可是，由于古代政治、经济、文化等的限制，对绝大多数人而言，上述要求只不过是一种美好的愿望，无法在现实生活中实现。佛教的报应理论告诉人们，一个人无论做出何种行为，终将产生一定结果。行善不是无谓的牺牲或纯粹的利他，而是为今后的幸福生活（来生）撒下了种子；作恶也绝不只是给眼前带来快乐，它是来生受罪的祸根。因此，人们为了幸福的未来，为了免遭罪苦的报应，就会积极、自觉地行善去恶。佛教的这种扬善抑恶的说教，可谓恩威并施，很容易被普通民众所接受，它所产生的巨大影响，是一般宣扬心性完善的学说所无法比拟的。

二、援儒入佛

佛教想要在中国扎下根并得到长足发展，就必须得到民众的理解和信服，得到统治者的支持与扶助。为达到这一目的，除了用儒家常用词句、术语来解读佛教经典，还需论证佛教教义与儒家伦理的一致性。佛教的扬善是训诫人们的行为要遵守佛教的和世俗的道德。而在中国古代社会，世俗的道德主要是儒家倡导的纲常名教。宣称自己不违背世俗道德，实质上就是强调佛教与儒家在伦理道德上根本一致，都是扬善抑恶，有益于个人的道德完善和社会的和乐。

但是，佛家道德又毕竟和儒家道德不同，无论是在价值观念上还是在行为规范上都存在不少差异。为了说明这些差异是表层的而非根本的，佛家学者提出了儒佛相资的理论，认为佛家与儒家的伦理道德各有其特点，相互补充，二者不可偏废。如上所述，佛教以拔苦与乐、救世济民为宗旨，不仅佛家学者极力渲染劝善惩恶，与儒家并行不悖，不少儒家学者也积极肯定佛教的这一社会功能，承认儒佛相资互补。

慧远曾阐述儒佛融合论："以为道训之与名教，释迦之与周孔，发致虽殊，而潜相影响；出处诚异，终期则同。"① 佛教徒"内乖天属之重而不违其孝，外阙奉主之恭而不失其敬"②，而且"悦释迦之风者"以"奉亲""敬君"为先："是故悦释迦之风者，辄以奉亲而敬君；变俗投簪者，必待命而顺动。若君亲有疑，则退求其志，以俟同悟。"③ 慧远以佛教教义攀附儒家伦理道德，摆明为封建统治阶级服务的态度，以缓和协调佛家与儒家的矛盾，取得统治者的信任与支持。

元代刘谧在其《三教平心论》中也极力阐释儒佛二教的一致性。他说："释氏设教非与儒教相背驰，故释氏化人，亦与儒者无差等。

---

① 梅鼎祚辑. 释文纪（第8卷）.
② 梅鼎祚辑. 释文纪（第4卷）.
③ 僧祐撰. 弘明集（第12卷）.

儒者阐诗书礼义之教，而辅之以刑政威福之权，不过欲天下迁善而远罪耳。然固有赏之而不劝，罚之而不惩，耳提面命，而终不率教者。及闻佛说为善有福、为恶有罪，则莫不舍恶而趋于善。是佛者之教，亦何殊于儒者之教哉？"① 在刘谧看来，不仅儒佛均扬善抑恶，有益于社会的治化，而且佛教在某种意义上比儒学更有效。一般说来，个人利益总是行为的根本出发点，正是利益驱使着人们行善或者作恶。一般社会成员都有一定的善恶观念，恬不知耻、大胆妄为的仅仅是极少数，大多数人都知道作恶是不对的。为什么有人明知此理，仍然冒着遭受惩罚的危险去作恶呢？这就是利益的驱动。利益越大，人们越是敢于冒险，因为如果侥幸能逃脱惩罚，则可能带给自己通过正当行为无法获得的巨人利益。所以，尽管社会大力劝善惩恶，总有一些人不服教化。佛教的报应论摧毁了人们的侥幸心理，它指出，行善必将给自己带来利益，作恶必将遭致相应的罪苦；善有善报，恶有恶报，不是不报，时候未到，时候一到，一定要报。这就把行善去恶建立在利益原则的基础之上，符合一般人特别是普通民众的行为心理，因而收到了儒家纲常名教无法比拟的效果。"小人不畏刑狱而畏地狱。若使天下之人，事无大小以有因果，不敢自欺其心；无侵陵争夺之风，则岂不刑措而为极治之世乎！"② 这就充分说明，要扬善抑恶、教化民众，仅仅有儒家的纲常名教是不够的，佛家伦理道德是儒家纲常名教的重要补充，二者各有其特殊功能，不可或缺。

当然，佛教与儒学教化民众、扬善抑恶的功用虽同，但其道德观念却存在一定差异，以五戒比附五常，亦只是神似而已。佛教讲的仁不止于爱人，而是慈悲怜悯一切众生。它讲的义，不是群体、民族、国家的共同利益，而是宇宙和人生的真实。它讲的礼，不是纲常名

① 刘谧撰. 三教平心论（第 1 卷）.
② 刘谧撰. 三教平心论（第 1 卷）.

教，而是各种戒律。它讲的智，不是客观的认识，而是般若智慧、妙识圆智。它讲的信，不是守诚，而主要是对佛教的坚定信仰。明末僧人智旭（1599—1655）曾指出：“儒以忠恕为一贯之传，佛以直心为入道之本。直心者正念真如也。真如无虚伪相，亦名至诚心。真如生佛体同，亦名深心。真如遍一切事，亦名回向发愿心。此三心者，即一心也。一心泯绝内外谓之忠，一心等一切心谓之恕。故曰心佛众生，三无差别。”① 儒家以尽己之谓忠，推及之谓恕，佛教则以无己之谓忠，平等之谓恕，其实质是对真如本体的彻悟。所谓“真如”为梵文“Bhūtatathatā”的意译，指遍布于宇宙的真实本体，又作“如如”，它是诸法之实性，超越一切差别，不可言说，不可思议。据此本体为心，对待众生能无我、平等，就是至诚之忠、至平之恕。显然，这种理解带有浓厚的宗教色彩。

也正因为佛教与儒学在伦理道德上存在一定差异，它们才有互补的功能，也才是不可相互替代的。佛教对二者的不可替代性，从两个方面作了阐释和强调。

第一，在社会教化方面，儒佛有不同的分工，即儒学主要追求治世，而佛教则着重追求出世。明僧袾宏（1535—1615）曾说：“儒佛二教圣人，其设化各有所主，固不必歧而二之，亦不必强而合之。何也？儒主治世，佛主出世。治世，则自应如《大学》，格致、诚正、修齐、治平足矣，而过于高深，则纲常伦理不成安立；出世，则自应穷高极深，方成解脱，而于家国天下不无稍疏。”② 儒家以治国平天下为己任，其最高的追求是“为天地立心，为生民立命，为往圣继绝学，为万世开太平”，它关注的是现实社会、现实人生。因而，儒家学说具有极强的现实感，是对生活原则的概括与抽象，殊少关心幽

---

① 智旭著. 凌峰蕅益大师宗论（第2卷）.
② 袾宏著. 云栖法汇（第13卷）.

玄之境，因为如果理论过于深奥，反而会削弱其规范现实生活的功能。而佛教的追求不在现实生活中，它要在现实社会之外寻找极乐世界，要求人们解脱人生苦难，超越现实生活，因而积极探寻宇宙和人生的究竟、真实本性，在理论上穷高极深，而对现实生活的关怀远远不如儒家热切。

当然，这并非说佛教不关注现实人生，而是体现了佛教关注人生的特殊方式——正是出于对人生的关怀，它才追求对人生的超越。因为佛教认为，现实的人生充满着痛苦，任何理想的社会包括儒家追求的理想社会都无法消除人生可能遭受的所有痛苦，人本身就是痛苦的根源。社会的进步只能在某个方面缓解人生的苦难，而要根除人生的苦难，就必须实现对生活、对人本身的超越，了悟人生的真实价值，获得生命的终极完善与永恒。

第二，在个人修养方面，儒学重在治身，佛教则重在治心。宋代僧人智圆（976—1022）竭力证明儒佛的一致，认为二者相为表里，并自号"中庸子"，以彰显其对儒佛的折中。他说："夫儒释者，言异而理贯也，莫不化民，俾迁善远恶也。儒者，饰身之教，故谓之外典也；释者，修心之教，故谓之内典也。惟身与心，则内外别矣……故吾修身以儒，治心以释，拳拳服膺，罔敢懈慢，犹恐不至于道也。"[1] 此处的身心不能照通常的意义去理解。所谓身，指现实的存在，它包括人的物质存在、感性欲望和理性活动；而所谓心，也并非指思虑，而是指人的本性、本质、本根。在智圆看来，儒家的伦理道德强调人的存在的完善，它以人的存在为前提，也以人的存在（确切地说，是更好地存在）为目的。而佛教的伦理道德则追求人的本质的完善，它以超越人的存在为前提，以觉悟真实本性、实现价值永

---

① 智圆著. 闲居编（第19卷）.

恒为目的。

治身与治心，二者不可或缺。不治身，人为欲望、妄见所累，固执于我，困于无明，根本不可能觉悟到真实的本性。而不把握人的真实本性，仅仅停留在治身的层面，则只能强行压制私欲邪见，无法保证它们不重新泛滥，只有彻底根除、消灭一切物欲、思虑，才能使身得以真正完善。因此，治身是治心的前提，治心是治身的继续和保证。

由此便可得出明确的结论：儒家与佛教的伦理道德相资互补，不可或缺。近代大德印光（1861—1940）曾说："尽性学佛，方能尽伦学孔；尽伦学孔，方能尽性学佛。试观古今之大忠大孝，与夫发挥儒教圣贤心法者，无不深研佛经，潜修密证也。儒佛二教，合之则双美，离之则两伤。以世无一人不在伦常之内，亦无一人能出心性之外。具此伦常心性，而以佛之诸恶莫作，众善奉行，为克己复礼，闲邪存诚，父慈子孝，兄友弟恭之助。由是父子兄弟等，相率而尽伦尽性，以去其幻妄之烦惑，以复其本具之佛性，非但体一，即用亦非有二也。"[1] 儒学安伦常，佛教治心性。现实中的人总是生活于特定的道德关系之中，他的存在与完善都与其所处伦常密切相关，佛教的伦理道德有助于完善儒家倡导的人际道德关系。同样，完善的伦常与人的本性并不矛盾，它有助于人们把握宇宙和人生的真实，断除一切妄惑，觉悟自己的本性。

三、三教同归

当中国传统文化呈现儒、佛、道三足鼎立的格局后，为了维持并

---

① 释印光. 印光法师文钞（上）[M]. 北京：宗教文化出版社，2008：166.

适应三教鼎立的文化格局，佛教便进而提出了三教同善的思想。

所谓"三教同善"，是指儒、佛、道三教或三家均扬善抑恶、教化民众，共同起着安定社会、维护社会秩序的作用。契嵩说："古之有圣人焉，曰佛，曰儒，曰百家。心则一，其迹则异。夫一焉者，其皆欲人为善者也；异焉者，分家而各为其教者也。圣人各为其教，故其教人为善之方，有浅，有奥，有近，有远，及乎绝恶，而人不相扰，则其德同焉。"① 在他看来，任何一种学说的根本宗旨都是扬善抑恶、教化民众。儒释道三家也不例外，均积极对民众进行道德教化，以期其向善绝恶。它们之间的差别只是形式上的，即在具体推行教化的方法上有所不同，有的浅显，有的深奥，有的贴近现实，有的凸显理想，但这只说明各派各教力图以各种各样的方法，通过各种各样的途径达到同一个目的——扬善抑恶、教化民众。因此，儒、佛、道三教相互补充，不可或缺，"亏一教，则损天下之一善道；损一善道，则天下之恶加多矣"②。

三教鼎立的文化格局确立之后，各家之间虽然仍不断争辩、诘难，但一般都承认三教均为社会之所需，共同维护着社会的安定与秩序。元代刘谧说："大抵儒以正设教，道以尊设教，佛以大设教。观其好生恶杀，则同一仁也；视人犹己，则同一公也；徵忿窒欲，禁过防非，则同一操修也；雷霆众聩，日月群盲，则同一风化也。由粗迹而论，则天下之理，不过善恶二途，而三教之意，无非欲人之归于善耳。故孝宗皇帝制《原道辩》曰：'以佛治心，以道治身，以儒治世。'诚知心也，身也，世也，不容有一之不治，则三教岂容有一之不立？"③ 所谓治世、治心、治身，是强调儒佛道三教的侧重点和社

---

① 契嵩撰. 镡津文集（第2卷）.
② 契嵩撰. 镡津文集（第2卷）.
③ 刘谧撰. 三教平心论（第1卷）.

会功用上的差别，而且正因为有此分别，三者才缺一不可。儒佛道三教的精神实质则相同，它们都关注人的道德培养、道德完善和社会的安乐。具体说来，三教同样倡导仁民爱物、公正平等的价值观念以及涵养身心、惩恶劝善的道德践履，它们共同对民众进行道德教化，共同建立和维护纯正的社会道德风气。

为了论证上述观点，刘谧进而分别对儒佛道三家进行了考察。他说："儒教在中国，使纲常以正，人伦以明，礼乐刑政四达不悖，天地万物以位以育，其有功于天下也大矣。故秦皇欲去儒，而儒终不可去。"① 儒学作为中国文化的主体，起着建立名教、规范基本伦常的作用。它主张仁、义、礼、智、信，确立并维护着基本的道德秩序，协调着基本的道德关系，并以礼乐刑政等一系列原则，为统治者提供治国安邦、经世济民的基本方针。一言以蔽之，儒家的伦理道德维系着天人、社会的基本秩序，极大地有利于社会的安定、民众的康乐。因此，秦始皇尊法坑儒，不仅不能消灭儒学，反而加速了自己的灭亡。

道家则以另一种方式显示了自己的理论优势。刘谧说："道教在中国，使人清虚以自守、卑弱以自持，一洗纷纭轇轕之习，而归于静默无为之境，其有裨于世教也至矣。故梁武帝欲除道，而道终不可除。"② 道家主张淡泊名利、顺应自然、以柔刚强、崇尚大道、返璞归真等，以"出世"的哲学扫除功名利禄的纷尘，在精神的天地中求得一份宁静。儒家强调"穷则独善其身，达则兼善天下"。道家的伦理道德比儒家的学说更能使人在穷厄困顿之时独善其身，其清静无为的人生态度正是儒家进取刚强的重要补充。正是由于这一原因，中国历史上许多知识分子入仕时是儒家，落魄后却往往以道家自慰。

---

① 刘谧撰. 三教平心论（第 1 卷）.
② 刘谧撰. 三教平心论（第 1 卷）.

梁武帝崇佛灭道，而道家终于无法消灭。

佛教作为外来文化要在中国扎下根来，并与儒道二教相鼎立，更需要有独特、坚实、具有说服力的理论体系和社会作用。刘谧说："佛教在中国，使人弃华而就实、背伪而归真，由力行而造于安行，由自利而至于利彼，其为生民之所依归者，无以加矣。故三武之君欲灭佛，而佛终不可灭。"[1] 佛教主张众生平等、因果报应、生死轮回。在伦理道德上，佛教以其充满思辨性和哲理性的教义为儒家的伦理纲常提供了理论基础和论证。隋朝僧人真观曾说："若谓永无报应、顿绝因果，则君臣父子斯道不行，仁义孝慈此言何用？"[2] 此外，佛教在伦理道德上综合了儒道二家的长处：一方面，它以大慈大悲之心利乐众生，拔苦与乐、自利利他，以天堂净土之极乐奖善，以无间地狱之惨烈惩恶，维持世俗的纲常名教和社会秩序，使人安分守己；另一方面，它又探究宇宙和人生的真实，引导人们去妄归真，觉悟佛教的真谛。佛家追求的真比道家的真更加深刻，是一种究竟真实，而仅仅是对自然存在的概括。因而，它是古代人们安身立命最好的指导思想。北魏太武帝、北周武帝、唐武宗等强行灭佛，而佛教最终还是没有被消灭。

正是在此意义上，宋代宗本（1020—1099）也说："有一人，故奉三教之兴；有三教，故助一人之理。犹天之三光、世之三纲、鼎之三足，皆阙一不可也。"[3]

唐代名僧宗密力言儒佛道三教同源，殊途同归，并分判三教高下，以佛教为优。他指出："孔、老、释迦皆是至圣，随时应物，设教殊途，内外相资，共利群庶。策勤万行，明因果始终；推究万法，

---

① 刘谧撰. 三教平心论（第1卷）.
② 梅鼎祚辑. 释文纪（第31卷）.
③ 宗本. 归元直指集（第1卷）.

彰生起本末。虽皆圣意，而有实有权。二教唯权，佛兼权实。策万行，惩恶劝善，同归于治，则三教皆可遵行；推万法，穷理尽性，至于本源，则佛教方为决了。"① 他认为，在劝善惩恶、教化民众、安定社会方面，儒佛道三教具有同样的功能，能够互用互补，共同有利于民众和社会。然而，在求根究本、探讨宇宙和人生真实、完善自己的本性等方面，则只有佛教才给出了根本解答。故儒道二教只是治身心、济世利民的权宜之策、方便说法，唯有佛教兼具方便与本实。用佛教的语言说："以是知有世间法，有出世间法。儒、道二教，世间法也；佛教则始于世间法，而终之以出世间法也。"② 三教虽同善，但佛教兼蓄儒道之善，并以其超越的追求，高居于儒道之上。

从根本上说，佛家伦理道德属于宗教伦理道德，必然与世俗伦理道德不相吻合。但佛教出于对人生的关注，它出世而未绝世，并以利乐有情、普度众生为其道德宗旨，因而能够积极入世，极力宣扬惩恶劝善的学说，以各种方式教化民众、和乐社会。无论儒家入世、道家避世还是佛家的出世，都不可能完全脱离现实生活，而只能以现实世界为基础。佛家的伦理道德要对民众和社会发生影响，它就必须提出一整套人们在现实生活中能够遵行的行为原则和规范，而不能仅仅探讨那些幽玄的问题，否则，它就只能是空谈，只能束之高阁。所以，教化民众、和乐社会也必然成为佛教伦理思想的重要内容和功能。而要实现这一目的，作为一种外来文化，它就必须认同本土文化并从中吸收养分，符合本土民众的道德心理和行为习惯，从而就出现了佛教对儒道二教的认同。而中国本土的儒道二教则在与佛教的长期辩难中逐渐了解了批判的对象，并从中吸取了不少有益的营养。在这个过程中，儒佛道三教共同促进了中国传统伦理道德的繁荣与发展。

---

① 宗密述. 原人论.
② 刘谧撰. 三教平心论（第1卷）.

第三节　三教互补的伦理精神

在古代，儒佛道三教或说三家融合互补，构成了中国传统文化三维一体的基本框架，支撑着整个传统文化的大厦，造就了中国传统文化的繁荣。这不是说儒佛道比其他学说或学派有着更强的实力，而是指含蕴于这一事实中的三教互补的精神实质。从伦理思想的角度来看，上述本质内涵上的互补，便构成了中国传统文化的核心——中华民族的伦理精神。

何谓"伦理精神"？简单地说，就是伦理思想的精神实质。它所体现的是生活的根本秩序、行为的价值取向和生命的内在追求。一个民族的伦理精神，反映着该民族基本的道德素质和道德风貌。中华民族的伦理精神，是中国传统道德文化的深层结构，也是其在民族精神和大众心理上的积淀与自觉。它是儒佛道三家伦理思想相互融合的产物，经过对中华民族的长期熏陶和影响，深深植根于中华民族的文化土壤之中。

一、天人合德的多重路径

众所周知，中国传统伦理道德文化对社会生活根本秩序的设计是"天人合德"。所谓"天"即伦理化了的宇宙秩序，是人类社会生活秩序的本根，也是一切道德原则的高度概括。因此，天人合德之天并非苍莽空间，也非纯粹自然界，而是指事物的本然，即伦理本体的实质。中国传统伦理的所谓天人合德，也就是道德主体向伦理本体的回归。

"伦理道德"虽是中国传统文化的固有名词，但其含义与现代的规定有一些差别。按其本义，"伦"者类也，"理"者治也，事物之所由也。合而言之，"伦理"指治理人际（人伦）关系的基本原则。"道"为由此及彼之路；"德"者得也，是对道的获得、占有。实际上，"伦理"一词侧重指称社会一般道德，蕴含着西方文化的理性、科学、公共意志等属性；"道德"一词则主要指个体的道德品性，蕴含着更多的东方文化的情性、人文和个人修养等色彩。

"伦理"一词，古今语文形式相同，而其内涵则迥异。现代意义上的"伦理"是指对道德的哲学概括，或者说是关于道德的理论，是内在的价值理想或者外在的行为规范。古代"伦理"一词不具备这些含义，在古代思想中与现代"伦理"一词相当的是"道"。"道"不仅指称原则、方法，更指称一切学说的根本、一切存在的本根；在伦理学上，它就是对根本伦理道德精神的概括。

道德是调节人际关系的行为规范，它确定并维护着社会生活的基本秩序。在中国古代，社会的基本秩序就是建立在血缘关系和自然经济基础之上的封建等级专制制度，儒佛道三家的伦理道德都从理论和实践上维护着这一社会秩序，只是在方式方法和理论形态上有所差异而已。

儒家的伦理学说把个人的完善与社会的完善紧密联系在一起，强调道德要兼善天下，而不能仅仅独善其身。其根本途径即《大学》所说的格物、致知、诚意、正心、修身、齐家、治国、平天下。前五个环节是"内修"，指明了个人道德修养的过程和方法，后三个环节则是"外治"，是个人道德修养的继续和完成，也是内修的目的和旨趣。这八个条目构成了儒家所崇尚的人生进修阶梯，体现了儒家积极入世的人生态度和"内圣外王"的政治理想。因而，它积极设计、确定以三纲五常为核心的基本道德秩序，并为之提供理论论证和实践方案。

儒家的伦理道德是现实的、入世的，而道家的则是超现实的、避世的。但是，道家的"超"并非超越，而是超脱。说得明白一些，道家并不否定现实社会生活的实在性，而只是否认它的现实伦理价值。在道家看来，宇宙间只有个人的存在甚至只有个人本性、精神的存在才是实在的，其他一切都具有相对性。社会生活中的一切都可能成为个人精神完善的障碍，一个人要实现自己本性的完善就应当抛弃一切世俗的追求。它从自然的角度把握人的本性，要求人们的生活顺应自然，即不违背任何现实存在的性质与秩序，这实际上就是要求人们顺应、遵守现存的社会生活秩序，做与世无争的顺民。道家把它的这一理论概括为"安时处顺"。可见，在客观上，当儒家建立起现成的社会秩序之后，道家则以超脱的形式维护着这一秩序。

佛家则以超越的形式出现在世人面前，它否定现实生活的积极价值，向人们灌输"苦"和"空"的观念，追求出世的理想。佛教素来被人们称为"空门"，原因就在于此。它要求人们放下所执，看破和放下幻妄的名利物欲而避免沦为名利物欲的牺牲品。看破的是现象的幻景，放下的是对名利物欲的贪得无厌，而不是否定现象的存在。所以佛教讲本体是空，但仍不能离开所谓幻有的现象而存在，因为若无能力看破幻景、解脱生死，终究还是要在绵长的生命中感受苦乐、经历业果。生活或许可以从理论上否定，却无法在现实中消除——除非自杀，于是佛教便遇到了超越与现实即出世与入世的矛盾。为了解决这一矛盾，佛教扩展了道德主体的生命形式和生命历程，引导人们通过苦、集、灭、道四圣谛的修行，最终脱离生死轮回，得到真正的解脱。如此，把现实生活说成是实现主体超越的必要而且重要的一个环节，从而引入世俗道德以维护世俗社会的秩序。

任何一种伦理学说都不只是对现存社会秩序的维护，还包括对现存社会秩序的论证和批判。显而易见，现存秩序的合理性不在于存在这一事实，也无法由个人的感觉、认识获得证明，而必须由个体上升到普遍，再抽绎出永恒。这种论证过程同时也是批判的过程。也就是说，对社会生活秩序合理性的论证，必须找到一个总摄人类生活一切的最一般的观念。在中国传统伦理思想中，这个最一般的观念就是"天"，天人合德就是社会生活秩序合理性的根据之所在，也是其根本的道德精神。

"天"的具体内涵，在儒佛道三家又有不同的规定。作为一个最一般的道德观念、伦理本体，天并非指客观实体性存在。儒家以理释天，道家以道代天，而佛家则直认天为真如。严格说来，天、理、道、真如等都不属于伦理范畴，而是本体范畴。但作为本体，道德是它必然含蕴的伦理属性，它们所表达的也并非一般的、普通的道德意蕴，而是根本的伦理精神。现存的社会秩序之所以合理，就是因为它体现了这一伦理精神。换句话说，只有当现存的社会秩序、社会生活符合根本的伦理精神时，它才具有必然性和合理性。当伦理精神被抽绎为普遍、绝对、永恒的存在之后，所谓"天人合德"云云，乃强调人对天的认同、遵循、内化，而不是天对人的屈从、契合。

因此，天人合德的过程，既是对社会生活秩序合理性的论证，也是道德主体自我修养的过程。这个过程即对伦理精神的把握与认同过程，也就是所谓"得道"的过程。得道即对道的获得，是主体对道的认同，或者说是道在主体意识中的内化。"行道有得于心之谓德"，得了道就有德，德是对道的获得，是道的内化。就此而言，儒佛道三家没有根本区别，它们都强调天人合德，要求人们认同、复归于道德本体。因此，儒家提倡穷理尽性，克己复礼；道家追求顺应自然，同于大道；佛家宣扬苦集灭道，觉悟真如：最终目标都是实现主体与本体的统一，即实现各自意义上的"天人合德"。

　　然而，在得什么道、如何得道等方面，儒佛道三家却表现出明显的区别。就道的实质而言，我们可以在主要特征上区别三家之道：儒家为德道；道家为心道；佛家为性道。

　　儒家讲的道，实际上是社会理想或理想社会的代名词。《礼记·礼运》："大道之行也，天下为公，选贤与能，讲信修睦，故人不独亲其亲，不独子其子……"① 古代儒家学者为天地立心，为生民立命，为往圣继绝学，为万世开太平，所追求的这个道，就是《礼运》中所述三代先王之道，也是尧、舜、禹、汤、文、武、周公、孔、孟一脉相传之道。后来朱熹、王守仁（号阳明）以心性解之，已失儒学本旨而融纳了佛家之道。所谓三纲五伦等纲常名教，就是这个道在人类社会生活中的具体表现及其行为规范。

　　道家讲的道则是绝对精神观念，是唯一独立、真实的存在，不可说、不可名，幽深玄远，是万物真实的自然本性。儒家对道的认同是在人类社会生活中实现道的道德价值。道家对道的认同与此不同，它并非追求道的现实道德价值的实现，而认为道虽然普遍存在于一切事物之中，但现实事物和现实生活都是主体与道同一的障碍，因此主张"为道日损"——摒弃现实生活中的圣智、巧利。认同于道，即以道为本性，返璞归真，等是非、齐物我，离形去智、心斋坐忘，实现绝对的精神自由，即以"心斋"而与道逍遥。它要求超脱一切人物、我他等社会生活和人际关系中的矛盾，保持道德主体精神的纯真与宁静。

　　佛家讲的道是宇宙万物的真实本性，即真如。《成唯识论订正》卷九中如此解释："真谓真实，显非虚妄；如谓如常，表无变易。谓

① 孙希旦撰. 礼记集解（第21卷）［M］. 沈啸寰，王星贤，点校. 北京：中华书局，1989：582.

此真实，于一切位常如其性，故曰'真如'。"① 儒家的得道是穷理尽性，即把握住自己完善的本性（道在人身上的表现）并扩充、外推这一本性，以在社会生活中实现道的道德价值。而佛家的得道则是了悟万有的真实本性，实现生命的超越与永恒。故唐僧法琳说："夫玄圣创典，以因果为宗；素王陈训，以名教为本。名教存乎治成，因果期乎道立。"② 所以从根本上看，可以说儒家的天人合德是在现实社会生活中实现生命的道德价值；道家的天人合德是在超脱现实生活的基础上实现生命的精神自由；而佛家的天人合德则是对生命本身的超越。三者从不同的角度反映了古代中国伦理思想的主要道德要求。

二、安身立命的三维结构

天人合德实际上是人道德完善的根本途径，儒佛道三家的观点反映了中国传统伦理思想最基本、最主要的价值取向。道德作为行为和生活的价值观念，它的根本精神不在于对行为规范的具体规定，而是为人的行为、生活与生命指出了一个明确的方向。它告诉人们，什么样的行为是正当的，什么样的生活是幸福的，以及什么样的生命是完善的。换句话说，它告诉人们如何安身立命。儒佛道三家的伦理思想，建立起了中国古代伦理文化安身立命的三维坐标。

对此，元代刘谧作了详细的阐述。他说："自今观之，儒家之教，自一身而一家，自一家而一国，自一国而放诸四海、弥满六合，可谓守约而施博矣。……故学儒者，存心养性、蹈仁履义，粹然为备道全美之士，而见诸设施、措诸事业，可以致君，可以泽民，可以安

① 释广伸撰. 成唯识论订正（第9卷）.
② 法琳撰. 辩正论（第6卷）.

国家而立社稷，可以扶世教而致太平，功成身老，名在青史。儒之极功，如此而已。曾子曰："死而后已，不亦远乎？'盖至于死则极矣。"① 这就是说，儒家以社会为安身之所，致力于社会生活的完善。它从现实生活出发，通过修身、齐家、治国、平天下建功立业，从而立命于天人合德，实现人己、人物、天人以及整个宇宙的和谐。所以，儒家的伦理道德具有极强的入世性，追求经邦治国、济世利民，以立德、立功、立言为不朽。因此，儒家的道德修养与道德实践并非仅仅致力于心性的完善，而是要"见诸设施、措诸事业"，上以事君，下以利民，安邦济世。在儒家看来，这种道德具有崇高的价值，它本身就是一种永恒与不朽。实现了道德的价值，也就实现了生命的辉煌，有志之士为此而生、为此而死，"穷则独善其身，达则兼济天下"，"仁以为己任，死而后已"。此即儒家高扬的人生的价值目标。

道家则以高迈、超逸的态度直面社会和人生。刘谧说："道家之教，自吾身而通乎幽冥，自人间而超乎天上，自山林岩穴而至于渺渺大罗、巍巍金阙，可谓超凡而入圣者。……故学道者，精神专一、动合无形，翘然于清净寡欲之境，而吐故纳新、积功累行。可以尸解，可以飞升，可以役鬼神而召风雨，可以赞造化而立玄功，寿量无穷，快乐自在。道之极功，如此而已。"②《黄庭经》云："长生久视乃飞去，盖至长生则极矣。"③ 刘谧在此所言"道家之教"，指的是作为宗教的道教。道教以道家思想为理论基础，二者既有联系又有区别。道教以得道成仙、长生不老为人生最高理想，认为世俗的一切得失、功名、荣辱都微不足道，且会损害人的本性，故主张超脱凡俗，不食人间烟火，清心寡欲，炼气食丹，最终实现长生久视、羽化升天。实际

① 刘谧撰. 三教平心论（第1卷）.
② 刘谧撰. 三教平心论（第1卷）.
③ 刘谧撰. 三教平心论（第1卷）.

上，道教是歪曲了道家的思想，把道家追求与道合一、与道逍遥改变为得道成仙，肉身不死。道家并不认为肉身可以成仙，它以精神不死为人生目的。要实现这一理想，必须灰身（焚尸扬灰）灭智，即去掉一切带有个别性特征的东西，留下一个纯粹的心性与道相融合。因而，道家要求人们顺应自然、清静无为、无欲无争，以保持纯朴的本性。在此意义上可以说，道家追求的是精神的不朽，生命的辉煌与永恒，不在于道德功名，而在于精神的独立与自由。这就是道家尊奉的人生的价值目标。

佛教是出世的宗教，它以人生的解脱为目的，对现实生活给予消极的评价，但它又以慈悲之心怜悯众生，故又关怀人们的世俗生活，特别是关怀人们行为的善恶价值，对人们进行谆谆教诲，积极地劝善惩恶。"故学佛者，识五蕴之皆空，澄六根之清净，远离十恶，修行十善……四无量心、六波罗蜜，常用熏修其间。为法忘躯，则如割皮刺血书经、断臂投身参请，而不怯不疑；为物忘己，则如忍苦割肉喂鹰、舍命将身饲虎，而不怖不畏。钱财珍宝、国城妻子，弃之如弊屣；支节手足、头目髓脑，舍之如遗脱。……圆明十号之尊，超出三界之上，是为一切种智，是天中之天，是为无上法王，是为正等正觉，超诸方便成十力，还度法界诸有情。佛之极功，如此而已。"[①]四无量心即慈、悲、喜、舍四心。"波罗蜜"为梵文"Pāramitā"的音译，意为"度彼岸"。六波罗蜜即六度，分别为布施、持戒、忍辱、精进、禅定、般若。佛教认为，宇宙万有无常无我，是虚幻不真的存在，外界一切事物只不过是人的主观幻相，因此，追求外物没有任何实际的价值。主体行为唯一的价值，在于觉悟宇宙和人生的真实。要达到这一目标，必须摒除一切俗念，止恶修善，以慈、悲、

---

① 刘谧撰. 三教平心论（第 1 卷）.

喜、舍之心修持六度，坚定对佛教教义的信仰；要断绝我执，灭除一切妄见，以无我之心待人待物，从而获得无上妙智圆慧，免受三界的烦恼业因以及生死果报，超脱生死，觉悟成佛。这就是佛教追求的人生价值目标。

在佛教学者看来，儒佛道三家的价值取向以佛家最为完善，凸显了真正的伦理价值。太虚法师说："人复真如之心，道之元也；心契本觉之性，德之全也。"① 道德价值有着不同的层次。约束个人行为、和谐人际关系为第一层次。济世利民、利乐有情为第二层次。"离过绝非，智圆福备，谓之圣；济世救物，益群利众，谓之王"②，这是世俗道德的最高层次，但并非道德的最高层次，道德的最高层次是对宇宙和人生真实的觉悟。"故道德之真本，必求之真唯心论；真唯心论，必求之佛教"③，佛教觉悟本性的价值目标，是道德价值的最高层次。

延寿撰《万善同归集》，比较儒佛道三家，力证佛教高于儒道二家。他指出："老子则绝圣弃智，抱一守雌，以清虚憺泊为主，务善嫉恶为教；报应在一生之内，保持惟一身之命。"④ 遵循道家价值取向追求长生，必至于"神仙之诳诞"。"仲尼则行忠立孝，阐德垂仁，惟敷世善，未能忘言神解，故非大觉也。"⑤ 遵循儒家的价值取向，必然致力于功名，"志乘淳朴，意尚浮华"。故在延寿看来，儒道二家的价值目标"皆违背先德，自失本宗"。也就是说，它们都无法使

---

① 太虚大师全书编纂委员会辑. 太虚大师全书（第二十一册）［M］. 台北：善导寺佛经流通处印行，1980：689.
② 太虚大师全书编纂委员会辑. 太虚大师全书（第二十一册）［M］. 台北：善导寺佛经流通处印行，1980：691.
③ 太虚大师全书编纂委员会辑. 太虚大师全书（第二十一册）［M］. 台北：善导寺佛经流通处印行，1980：691.
④ 延寿述. 万善同归集（第3卷）.
⑤ 延寿述. 万善同归集（第3卷）.

人实现生命本性的真实完善。

只有无边佛法才涵括了世间与超世间的一切善法，它既容纳了儒道二家倡导的道德，又把道德提升到一个更高的层次。唐代居士李师政说："若夫尚仁为美，去欲称高，戒积恶之余殃，劝为善以邀福，百家之所同，七经无以易，但褊浅而未深至，龌龊而不周广。其恕己接物，孰与佛之弘乎？其睹末知本，孰与佛之远乎？"[1] 他认为，佛教道德不仅高于儒家道家的道德，而且涵括了儒家道家的道德，从而比儒道二家更加深刻、更加完善，并且即使在低层次的道德价值观念上，也远比它们丰富、全面。在这种唯我独尊的心态作用下，中国佛教徒杜撰《起世界经》等，硬派孔子为儒童菩萨、老子为摩诃迦叶，说他们都是释迦牟尼的弟子。

刘谧在分析了儒佛道三教的"极功"之后总结说："是故辨三教者，不可以私心论，不可以爱憎之心论。惟平其心念，究其极功，则知世之学儒者，到收因结果处，不过垂功名也；世之学道者，到收因结果处，不过得长生也；世之学佛者，到收因结果处，可以断灭生死，究竟涅槃，普度众生，俱成正觉也。其优劣岂不显然可见哉？"[2] 从儒佛道三教倡导的价值目标所反映的精神实质来看，儒教追求的是现实的功名，以整体的利益作为价值目标；道教追求的是生命的不死，以自我的生存作为价值目标；佛教则追求生命的超越，以彻底的觉悟为价值目标。

儒家、道家、佛家的价值观念，构成了中国传统伦理文化价值目标的三维坐标，相互补充、相得益彰。儒家的道德价值目标指向现实社会生活，确定了古代社会基本的道德秩序与道德观念；道家的价值目标表现了对主体完善的关怀，支撑着个体的精神独立与心理平衡；

---

① 道宣撰. 广弘明集（第14卷）.
② 刘谧撰. 三教平心论（第1卷）.

佛家的价值目标则是对万有（包括人）的本质的探求，揭示出一种终极完善的境界。

三、终极超越的不同层次

道德使人完善，而不仅仅规定行为的规范。任何道德观念都不是对现实生活的记录或描述，而是表达了对某种理想的企求。当道德提出"应该"时，就已经预设了某种理想。由于历史上各种伦理学说预设的理想不同，从而产生了各种不同的道德体系。

道德理想最终都归结为人的完善。这种完善的理想，不是对现实存在的简单描述、概括，而是对它的抽象和超越。人作为主体性存在不同于其他一切事物，人有自我意识，其行为受自我意识支配，有着明确的目的性。尤其重要的是，人具有创造的能力。正因为人有对自身的意识，他的行为才有自觉性、目的性，才使得人的行为摆脱了自然规律的盲目束缚，超越了自然存在的层面。目的即是对未来的预设，它是当下不具有现实性的东西，也不是人的行为的自然结果。从目的的预设到其实现，需要人的创造性努力。所谓创造，就是按照人的意志改变自然存在的性状和进程。目的和创造都是对现实存在的超越。在某种意义上，人本质上是一种超越性存在，他在不断创造的过程中日新月异，日渐趋向于某种理想境界。道德正表现了人类对自身本质完善的理想境界的追求。

中国传统伦理道德也以人的完善为生命的内在追求。这个完善不是在存在层面上的生活的充实与幸福、肉体的无缺陷、寿命的长久，而是在超越的层面上的德性的完美、本性的自足、生命价值的永存，一言以蔽之，是本质的完善。在这方面，儒佛道三家的理论反映了中国传统伦理学说超越精神的内在结构和逻辑层次。

儒家实现人的完善是"尽性"。它把道德作为人的本性、本质，从而把人的完善规定为德性的完美。它认为，完美的德性是对天道天德的认同并把它内化为自己的本性，达到天人合德的境界，以至"从心所欲，不逾矩"。由于儒家讲的德是对社会整体利益、整体秩序的概括，因而，人的完善不是个体的完善，而是社会的完善，或者说，是使个体的完善寓于社会的完善之中。所谓"尽性"，就是指成就至善的本性，并把这一个体本性外化为积极的道德行为，促进社会的规范和完善。个体的道德价值在于对社会的贡献，只有把个体的生命融入社会的进步与完善之中，才能实现价值的永恒与不朽。所以，儒家讲人的完善包括了两个方面，一是对道的认同、内化，二是对道的践履、外展，二者紧密相连、相依并进。德即得道，内得于己，外得于人，但它并非纯粹认知上的学习，而是实践中的内化，"行道有得于心之谓德"。知道是为了行道，行道才能更好地知道、得道。尽性，就是在此过程中实现个体与整体、人与天、心与道的统一。

道家实现人的完善是"保性"。它认为，宇宙万物都是自然的存在，自然的存在本身就是完善的存在，各自性足，虽泰山之大而性不加多，虽秋毫之小而性不减少。"人法地，地法天，天法道，道法自然。"[①] 世界上呈现出来的种种差异都是相对的、非本质的，它们都是不可言说的自然之道的具体表现，"是亦彼也，彼亦是也。彼亦一是非，此亦一是非"[②]。必须承认万事万物存在差异的合理性，并用辩证统一的眼光在差异中看到万物源于道又复归于道的同一性。在道家看来，儒家刚健进取，力图按照自己的意志重新安排社会和生活的秩序，违背了自然之道，不符合自然的本性，并且有损于自然的本性。因而，道家反对对自然过程的任何干预，鄙弃对功名利禄的追

---

① 崇贤书院编著. 道德经200句［M］. 北京：文化艺术出版社，2018：36.
② 陈鼓应注译. 庄子今注今译［M］. 北京：商务印书馆，2016：67.

求，把儒家高扬的一切，如德、功、言等等都看作身外之物、过眼云烟。在道家看来，人的完善，并非为社会牺牲个人，而是摆脱世俗追求的负累，回避现实社会的一切纷争，保持本性的纯真、个性的独立，在与大道的同一中获得精神的自由。

佛家实现人的完善是"见性"。它认为，宇宙万有均由因缘和合而成，无常无我，只是一些现象之流，没有任何实体，即使现象也只是假象。因此，人的完善并非对任何现存的性状（包括肉体和精神、个体和社会）的任何状态的追求，而是对它们的超越。在它看来，儒道两家讲的人的完善都不是真实的完善，任何现实的存在包括人都是绝对不完善的，因而也不可能有任何完善，觉悟到人的不完善才能把握住人与万有的真实本性，也才能实现真正的完善。除了这种真实的本性（佛性、真如），人什么也不是，生命的价值就在于对本性的觉悟，只有觉悟了这一本性，即"明心见性"，人们才能也必然会实现生命的永恒与不朽。

严格说来，任何现实的个体都是不完善的。但是，这种对自身不完善的认识恰恰包含着对完善的设定，正是与此完善的设定相比较，人们才发现自己是不完善的，并因此而积极追求自身的完善。在此意义上，可以说本性的完善是道德的最高目的、生命的终极追求。宋代宗本说："若曰齐家治身、致君泽民，此特儒者之余事；若曰啬精养神、飞仙上升，此特道家之粗迹；若曰越死超生、自利利人，此特释氏之筌罤耳。"① 本性完善的理想，体现了各家伦理道德的根本精神旨归。儒家的修身、齐家、治国、平天下，济世利民，只是人的完善的必要途径。道教的修身养性、飞身成仙、虚静无为，只是人的完善的具体方法。佛教的超越生死、自利利人，也不过是人的完善的方便

---

① 宗本. 归元直指集（第1卷）.

法门。三教伦理道德的精髓即在于："儒教教之以穷理尽性，释教教之以明心见性，道教教之以修真炼性。"① 三教都归结于人的本性的完善。

在佛教学者看来，三教关于人的本质完善的理论，具有明显的高低优劣之分。宋代无尽居士张商英说："群生失真迷性，弃本逐末者，病也；三教之语，以驱其惑者，药也。儒者使之求为君子者，治皮肤之疾也；道书使之日损，损之又损者，治血脉之疾也；释氏直指本根，不存枝叶者，治骨髓之疾也。"② 在他看来，儒家境界最低，佛教境界最高，而道教居中。依儒家学说行事，可以为"名教君子"；循道家道德立身，可以为"清虚善人"；而皈依佛教，则可正觉成佛。

显而易见，上述层次划分反映了佛教学者的自许，并没有从理论上揭示出三者内在的逻辑结构。

从本质上说，人的完善是对个体存在的超越。任何现实的个体都是不完善的，他对外部世界有着太多的依赖性，受着太多的局限，无法获得自由。完善的理想，就是要超越一切局限，实现人的自主、自由、自足与不朽。借用佛教语言说，人生有着太多的烦恼，均由我执而生，断灭烦恼就必须破除我执，即超越个体。一般说来，人们在自己存在、发展和完善的过程中会遇到各种各样的矛盾，其中主要的有群己（包括人己）、灵肉、义利、德福、人物等等之间的矛盾。综合起来，可分为：第一，个体和社会的矛盾。人是一种社会性的个体生物，既是一个独立的个体，又必须生活于特定的社会群体之中。由其存在的个体性，他的利益和需要也具有个体性，不仅他人不可替代，而且与他人、社会的利益和需要有着明显的差异，有时甚至会相互冲

---

① 宗本. 归元直指集（第1卷）.

② 张商英述. 护法论.

突，从而产生群己矛盾。而由其存在的社会性，他又与社会群体有着根本一致的利益，为解决群己矛盾提供了可能。第二，精神存在和物质存在的矛盾。人是有精神、有意识的感性存在。作为生物，他有着生命有机体的一切感性自然欲望；作为有理性的高级生命，他又不像其他动物一样听命于自然欲望的摆布，而是自己自觉地设计、创造自己的生活。易言之，要对自己的感性自然欲望进行制约。这就产生了灵与肉的矛盾。第三，在道德生活中，人们又必然遇到义与利的矛盾。利益是每一个人生存与发展的基础，任何人都有希望得到满足的需要与权利。但是利益又具有个体差异性，于是，人们为了彼此之间的利益满足不相妨害，使大家都获得公平的满足，又不得不讲道德，即协调人们之间的利益关系，进行自我约束。在某种意义上，道德就是对个人利益的制约，或者至少可以说，为了维护利益公正，道德必须对个人利益进行必要的制约。第四，道德与幸福的矛盾。德性的完美是人的完善的核心内容。因此，从理论上说，德性完美的人应当是生活幸福的人，好人应当一生平安。然而，道德与幸福却往往不一致，仿佛冥冥中有什么东西在主宰着人生的祸福，而与自身的善恶无关。这种德性的完美与祸福命运之间的矛盾，曾经使人深深地苦恼。第五，人物即人与自然的矛盾。人是自然界的产物，是自然的存在，因而他必须遵从自然界的一切规律。但人又是地球上唯一的主体性存在，他要用自己的主观努力改造自然界和自身，让自然为人服务，从而成为自然界的主宰，这就构成了人与自然界之间的矛盾。

人的完善就是对上述矛盾的解决。儒家以中庸之道对待这些问题，力图调和各种矛盾，以实现生活乃至整个宇宙秩序的和谐。它主张以统一消解对立，使一方统摄、融会另一方。如：个人统一于群体，个人价值要与社会价值保持一致。利统一于义，在义的指导下去获取利。《论语·里仁》中孔子云："富与贵，是人之所欲也，不以其道得之，不处也；贫与贱，是人之所恶也，不以其道得之，不去也。"当二者不协调时要毫不犹豫地舍利取义，始终以义为行为的价值标准。肉统一于灵，人本质上是一种道德存在，肉体只是德性寄寓的躯壳，精神才是人的本质，肉体有消亡，精神却能获得完善与不朽，人的主体性、道德性在某种意义上就是以精神制约自己的肉体。福服从于德，精神的充实与完善高于物质生活享受，道德就是幸福，所谓"孔颜乐处"，就是道德完善的崇高幸福，它已经超越了物质生活。在人与物的关系上，儒家强调人与自然的统一即天人合一，以天为人的本根，而人则是天意的体现者和继承者。

儒家上述思想构成了中国古代伦理文化的基本精神，它以中庸和谐为生命追求，把个人的完善统一于社会的完善之中，究其实质，则是对个体的超越和整体秩序的构建。任何个体都是整体秩序中的一个有机环节、一个构件，个体的价值即存在于这一特性之中，而不是在于其个体性。因此，人的完善就是超越其个体性而复归于整体和谐的秩序。

然而，从理论上讲，整体和谐作为一种理想秩序应当是完善的，否则就不足以充当理想秩序。而在一种理想的秩序之中，不应当存在群己、灵肉、义利、德福、人物等等矛盾。可是现实生活就是由这些矛盾而构成，儒家的消解并不能解决这些矛盾。个人统一于整体实际上是为整体秩序而牺牲个体，它以整体秩序的理想、完善为前提，而在现实生活中，整体秩序、社会却是不完善的、非理想的。这里自然就引申出以下问题：人们究竟是否应该为一个不完善的社会牺牲个体？这样做是否值得，是否有意义？道家的回答是否定的。它认为，既然任何现实社会都是不完善的，那么所谓对完善社会的追求就是一个虚假的目标，根本不可能实现。人们所能做到的并非完善社会，而是完善自我，即不要对任何事物进行干预，任其按照自然本性发

83

展，从而保全自我本性的纯真，复归于自然（"道"）。因此，道家以无为宁静为生命追求，把个人的完善统一于宇宙大化的过程之中。究其实质，是对人的存在的社会性的超越和对自然的复归。道家认为，凡是存在的都是合理的，只有符合其本性的存在才是完善的存在，而只有自然的存在才是符合其本性的存在。由此可知，自然的存在就是完善的、理想的存在。然而，道家超越社会、完善自我并非追求感性自我的完善，对于感性自我的完善，它与儒家一样否定其意义和可能，它所追求的是人的个性独立与精神自由。

佛家追求的是空寂真实，它把人的完善归结为本质的完善。儒道二家都在现实生命中追求人的完善，一个强调对个体存在的超越，一个强调对社会存在的超越，而佛家则强调对人本身的超越。在佛家看来，宇宙万有均由因缘和合而成，都是虚妄不真实的，对现实生活中的任何追求都具有虚幻性。换句话说，现实的人由于其存在的虚幻性而不可能实现完善。人的完善不在现实社会，而在于佛的天国，它并非任何现实生活、现实存在的完满与充实，而是对宇宙与人生本质的最终觉悟。佛家对于人的完善所包含的各种内在矛盾既不是像儒家那样着意于消解，也不是像道家那样超然地回避，而是超越，从根本上否定矛盾的真实性。与此同时它又使儒家的社会使命感、道家的精神自由都在自己的宗教伦理中得到体现，并将二者规定为人生超越的必要途径和必经阶段。

总而言之，儒佛道三家是中国传统文化的主要思想要素和基本骨架，三家的冲突、融合、互补，推动了中国传统文化的繁荣和发展，构建了多维立体的中国传统文化的伦理精神。三家的结合并非简单的并列，而是一种互补的结合，其基本伦理精神已经融贯为一体。在中国传统伦理文化中，儒家思想始终是主干。自从西汉确定尊崇儒术，儒家就以其根源于自然经济和宗法血缘的道德观念提出了中国传统文化最基本的价值观念和道德精神，在社会的完善中实现人的德性完善成为中国传统伦理文化的根本精神。道家有感于儒家过于强调整体至上，使得个体被吞没，丧失了个性的独立自主，从而提倡返璞归真、自然无为，以保持个体的自立，实现精神的自由。这一理论，成为儒家积极进取的伦理精神的重要补充。佛教在其中国化过程中实现了伦理化，它一方面吸收了中国伦理特别是儒家伦理的基本内容，另一方面又影响了儒家学说的思维方式和价值观念。它的理论意义，在于以宗教道德特有的形式对儒家道德予以强化和提升，以其浪漫思辨的宗教教义为儒家道德提供理论基础和理论论证，进一步增强了儒家的说服力与道德感染力，并补足了其缺失的超越的环节。

从中国传统文化的发展进程来看，儒佛道三教合一的理论，最终促成了宋明理学的产生。宋明理学把儒家的伦常、道家的超脱与佛家的超越有机地结合在一起，建立起一个立足于现实生活，追求人的现实完善和内在超越的、结构严谨的伦理道德体系，从而结束了三教鼎立的理论局面。

第三章　四谛真如——佛家伦理道德的理论基础

　　佛教是通过修持的手段断除人生烦恼、超越世间一切，最终觉悟成佛的宗教理论。围绕这一根本宗旨，佛教在探求人生和宇宙的真相的过程中，形成了独特的思维方式、价值观念和理论观点。佛教的基本教义，主要包括三个方面的内容。一是人生论，探讨生命的究竟真实、人生的意义和价值，其结论是"苦"。人生论集中反映了佛教的伦理思想，如劝人向善、出世修行等，是佛教宗教伦理的现实基础。二是宇宙论，是佛教的哲学理论，解释世界的形成与发展、世界存在的究竟真实，其结论是"空"。它构成佛教的伦理探讨价值乃至整个佛教教义的理论基础。三是成佛论，具体讲述成佛的修行法门、成佛道路、成佛境界等。又因佛教的修行法门有"八万四千条"之说，根据其修行方法和最终成就，在传统意义上大致分为小乘、大乘、密宗三种不同派别。而在中国本土，则有唯识宗、华严宗、净土宗、禅宗等不同宗派以风格各异的修行方式传教。

　　苦、集、灭、道四圣谛是佛教教法的基础，不论小乘、大乘、密宗都承认四圣谛的教法。四圣谛开始引导人们走向觉悟；随后引入十二因缘（也叫十二缘起）的概念，让人们了解到因缘和合就是世界的形成方式，从而放下对世间的执念；最后使人们认识到万法皆空，觉悟宇宙人生的真相，悟道成佛。

第一节　苦集灭道

释迦牟尼提出的四谛说即四圣谛，"谛"即真理，"四谛"即苦、集、灭、道四种真理。一是苦谛，指出人的现世的本质就是痛苦。现在之苦果，是过去种下的因；未来之苦果，又是现在种下的因。二是集谛，说明造成人生痛苦的根源是各种因果的汇集，是烦恼业因相聚，其相聚后又得苦果而生死相续，不断轮回。想要脱离人生之"苦海"，断除无明烦恼，就要通过"灭谛涅槃"断除集因苦果的锁链。三是灭谛，是一切因寂生死的因果。四是道谛，是导引众生解脱痛苦、得灭谛之境界的修行之道。四圣谛属于佛陀时代的基本教法，是佛教小乘、大乘、密宗三乘都认可的基本概念，而在四谛中，又以苦谛为核心。四谛说紧紧围绕着人生问题展开，它涉及对生命本质和人生真实的基本认识。佛教认为人生的本质是苦，并着力探寻导致人生痛苦的原因，揭示解除痛苦的途径和方法以及对生命价值的终极追求。这是佛教人生观乃至整个佛家伦理道德的理论基础，也是佛教教义的理论基础。

一、人生即苦

人类有了对自我的思考与觉悟之后，就开始了对生活意义和生命价值的探讨。不同的人、不同的学说对这个问题的看法有着种种差异，苦谛就反映了佛教对生活的独特认识和对生命的别样诠释。

苦谛主要阐述了众生（包括人类在内的一切有生命的存在）的生命和生活的本质都是痛苦的。此处的痛苦不仅仅包含情感或肉体上的痛苦，更是泛指一种精神上的痛苦和烦恼，即"无明"。人类身处永恒流变的宇宙之中，却无法认识到事物存在的暂时性，认为有一个永恒存在的"自我"，通过拥有外界的"物"如健康、美貌、金钱等，以实现在现实生活中的自我保持。所以一旦失去这些能够证明自我存在的"物"后，人"心"就失去了寄托，仿佛失去了"自我"。这是一种灵魂上的不安，让人不可遏制地感受到空虚和恐惧。处于"无明"中的人认识不到自我无法在物质上主宰自己，更无法在物质上主宰万物，且因为将心灵寄托在无法主宰的外物之上，一边追求外物，一边又身不由己。所以佛教认为没有达到觉悟和解脱境界的众生都是在生活的"苦海"中挣扎与漂泊。佛教对苦有种种说法，有所谓二苦、三苦、四苦、五苦、八苦、一百一十种苦乃至无量诸苦等，其中最为大众所熟知的是八苦。

八苦者，谓生苦、老苦、病苦、死苦、怨憎会苦、爱别离苦、求不得苦和五蕴盛苦。

第一，生苦。此处的"生"非指生存、生活，而是指受生，即生命的诞生。十月怀胎，一朝分娩，对新生命而言都充满痛苦。生前胎怀母腹，犹如囚禁在暗无天日的牢狱之中，母亲喝一口热汤或凉水，胎儿就要受烈火焚烧或寒冰刺骨般的煎熬。出生之际，又受产道挤压，弄得浑身青紫斑斑。娩出之后，乍遇冷风，身同刀刮。中国佛教徒还附会说，因为生之苦，所以人降临世间的第一声啼哭就是"苦哇，苦哇"。从生命的形成到诞生，人受到了各种逼迫。出生之后，即产生了"自我"的概念，也就是"我执"。从生命之初就是受苦而来，又开始了无穷无尽的痛苦过程，此所谓受生之苦。

第二，老苦。老为人生的末岁，古人以50岁以上为老，是生命力自然衰竭的人生阶段。"物壮则老"，老则已。这一生命自然规律，任谁也逃避不了。佛教认为，人进入老年，人生也走入末途。一方面，体能智能逐渐衰退，发白齿落、皮松肉弛，耳目失灵、神志不清，好玩的再不能玩，好吃的再不能吃。社会总是不断发展进步，人到老年却无法享受社会发展的成果，烦恼不断。另一方面，人到老年体弱多病，面临死亡的逼迫，越老逼迫越紧，人就越来越生活于对死亡的无边恐惧之中。

第三，病苦，分为身病和心病。佛教认为万物都是由地、水、火、风（又称"四大"，相当于中国的金、木、水、火、土"五行"）四种基本要素构成，人也是如此。生病就是因为四大不调。这种看法源于印度本土宗教，反映了印度本土宗教对佛教世界观的影响。《大智度论》中云："'四百四病'者，四大为身，常相侵害。一一大中，百一病起：冷病有二百二，水、风起故；热病有二百二，地、火起故。"[①] 此为身病。佛教有"八万四千烦恼"之说。如《摩诃止观》卷一云："一一尘有八万四千尘劳门。"[②] 以烦恼能污人之真性，使人烦劳，故称"尘劳"。也因此有"八万四千法门"专门对治"八万四千烦恼"。且八万四千烦恼有根本四病：贪病、瞋病、痴病与等分病。此为心病。身病是从里到外肌体上各种各样的不适和痛苦；心病则是精神上的恐惧、担忧、悲伤等等一切烦恼。人生原本就无安乐，病更加重了它的痛苦。

第四，死苦。凡物有生必有死，死是生命的内在规定和必然结局，只有不生的东西才不会死。佛教指出，人皆有死，无法实现永恒，却企望永恒与不朽，求而不得，这就给自己带来了不可解脱的痛苦。生命无常，或寿终正寝，或疾病而死，或意外丧生。人总有一死，人注定了要死。人不想死却不得不死，这就注定了生命本身就是一个悲剧。无论哪一种死，作为生命消逝的过程本身就是一个十分痛

---

① 龙树菩萨造，鸠摩罗什译. 大智度论（第 58 卷）.
② 智颢说. 摩诃止观（第 1 卷）.

苦的过程，只要临死前神志还未被痛苦完全摧毁，这个人就会进行最后的挣扎，与死的痛苦搏斗，与死本身抗争。当然，这是徒劳的，既定的结局不可避免。另外，死亡的来临也给人带来巨大的精神痛苦。一生忙碌辛劳挣得的一切，荣誉、地位、财富，都被一抔黄土掩盖得干干净净。

第五，怨憎会苦。"会"即相遇、相聚。佛教指出，众生皆有情，作为众生之一的人总是会有好恶的，而任何人都希望远离自己厌恶的人和事，避免挫折与不快。但是，生活总难以尽如人意，憎恶的事往往纷至沓来，相互仇视的人偏偏总碰在一起，甩也甩不掉，所谓"不是冤家不聚头"，这就给人造成痛苦。

前五种苦，总名"苦苦"，是感受到生老病死等苦而更生的苦恼，可谓苦上加苦。

第六，爱别离苦。人作为有情的存在，对人和事有所厌恶，也有所喜爱。人们追求的都是自己喜爱的，可是不想要的却躲不掉。父子、兄弟、夫妇、朋友，均为人伦，但是"训有方，保不定日后作强梁"，"择膏粱，谁承望流落在烟花巷"，人生不如意事，十有八九。"多情自古伤离别"，人生总是欢聚时短、分别时长，相爱的人往往要忍受分离之苦，这也是人生不可避免的痛苦。

第七，求不得苦。人作为有机体，有着各种各样的需要。人的一切行为，也是为了追求、满足自己的需要。但是，不是所有的追求都能得到满足，甚至可能徒劳一生，什么也得不到。对任何人而言，人生一辈子，所追求的东西没有得到的总比得到的多得多。求而不得，就是一种痛苦。佛教认为，欲望越多，追求越强烈，痛苦也就越大。

第六"爱别离苦"与第七"求不得苦"又被称为"坏苦"。坏苦是指我们平常感受到的快乐，其实也是苦。所谓"苦"与"乐"其实是人生情感的双生子，得到某物的快乐会在失去它时转化为痛苦。佛教认为世间一切世俗的苦与乐皆如此，都是建立在追逐外物基础上的一体两面，乐就是苦，因此也称乐为"坏苦"。

第八，五蕴盛苦。佛教把它视为一切痛苦的汇集点和总根源。"蕴"也作"阴"，意为聚积。"五蕴"指构成人的身心的五种要素，即色、受、想、行、识。"色"为物质，在此指人的肉体；"受"指由人的肉体感官孳生的喜怒哀乐等情感和感觉；"想"指人的理性活动和概念的作用；"行"专指人的意志活动；"识"为统一前四种活动的意识。"五蕴"即指人的五种生理、心理活动，它与"取"（固执的欲望和贪爱）相结合就产生了各种贪欲，故又称"五取蕴"。佛教认为，"五取蕴"是人生之苦的总根源，因为取，才有无量诸苦。在八苦中，求不得是前六苦的原因，而求不得苦又来自五取蕴的贪欲之苦。有五蕴即有苦，人生的无量诸苦又反过来盛贮于人的身心，使得整个人生都离不开一个苦字，都只能归结为苦。中国僧人还附会说，人的面貌就昭示着人生之苦：眉毛一皱即是草头，鼻眼相交合而为十，下面一张大口，活脱脱一个"苦"字，时刻告诉世人，人生就是痛苦的同义语。

五蕴盛苦又称"行苦"。俗世之人认识不到世界的迁流变化，因此想要永久保存自我，这种认识与事实的相悖产生了"行苦"。行，谓迁流变化。世间一切都在不断地运动和流转，但世人执迷于自我的保持，妄图追求永恒不变的存在，甚至错以为人生的一个阶段会永恒不变，直到骤变（失去健康、金钱、亲友等）来临，幻灭的痛苦如泰山般压倒而来。

佛教对现实生活中痛苦的分析，虽包含荒诞的成分（如生苦），却深入细微，从一个侧面反映了生活的实际。人生的苦难同社会进步发展的程度成反比。在古代社会，生产力水平低，社会等级压迫、专制统治、豪强盘剥等等，给广大民众带来了深深的痛苦。特别是在古印度种姓制度下，整个社会对于最下层种姓而言，就是一座人间地狱。佛教思想就是这种社会现实的反映。在更一般的意义上说，对于任何人而言，生活都不是一首动听的歌。佛教的苦谛对生命和生活给予否定的评价，向人们昭示了人生之痛苦及其原因，迎合了人们的部分思想需要。但是，佛教容易给人一种错觉，即认为人生只有痛苦的、消极的方面，而没有积极的、快乐的方面。事实上，苦和乐、幸福和不幸，都不是孤立的、绝对静止的精神状况，幸福与快乐的真谛，就存在于人们战胜、克服不幸和痛苦之中：这正是生活的辩证法，也是人类主观能动性的表现。而佛教"人生即苦"的说教却消磨了人们的积极进取精神，把人引向避世、遁世。佛教为了把人生之苦无限夸大和绝对化，把世界形容为茫茫苦海，每个人一生下来就掉入这片苦海之中，如同失去航标的小舟，在苦海的惊涛骇浪中漂泊、挣扎。佛教认为，自己的职责，就在于解脱苦海中的众生，把他们引渡到幸福的彼岸。

二、十二缘起

十二缘起是集谛的核心内容，又称为十二因缘、十二缘起支、十二有支、十二缘生，是释迦牟尼为解释世间众生生死流转的规律而提出的概念。佛教不承认命运，反对人生由天神主宰的观点，认为一切事物都是条件的集合，都产生于因果关系。因此，人的生活乃至生命都有其原因，生活中的一切不决定于天神，不决定于他人，而决定于自己。任何人的现实生活都是自己行为所造之因产生的结果，这就叫作"因果报应"。在苦谛中，佛教以五蕴盛为人生痛苦的聚合与根源，但对人为什么会有五蕴，为什么会产生取欲，没有作进一步的解释。在集谛中，佛教把人生分解为许多相互关联、因果循环的部分，并在阐述其因果流转中解释人生痛苦产生的原因。佛教曾提出过五分、九分、十分、十二分等概念，其中最有影响的是十二分。"分"也称为"缘"，十二分即佛教常说的"十二缘起"，指无明支、行支、识支、名色支、六处支（又称六入支）、触支、受支、爱支、取支、有支、生支、老死支等。其具体内容和因果流转如下所述。

第一，无明支。佛教认为"无明"是人的根本烦恼之一。如《华严经·十地品》："世间受生皆由著我"，"于第一义谛不了故名：无明"。[①] 众生由于执着于五蕴实有的"自我"而苦恼，不了解在流转变幻的世间，根本没有一个主宰、自在实体的固我，这就是无明之义。佛教认为，万物皆无常无我，人生亦如此。任何人都由条件、因素（五蕴）集合而成，没有自性，没有自体，都不能长生不死。而人们却不懂得这一真理，往往追求生命永恒、幸福长驻，执着于自我，把"我"看作真实的存在。正是由于这种无知的驱使，才产生了种种世俗的行为。

第二，行支。行，即身、口、意三行，亦称三业。行乃是因无明而产生的错误的身、口、意，进而造作出错误之业，在未来世现行为苦果。

第三，识支。"识"特指人托胎时的心识或精神活动，也就是人的主观认识。"缘识有名色"，"名色"指胚胎的精神和肉体。有了托胎的心识，便在母腹中孕育出了精神与肉体统一的胚胎。这一阶段，意味着新的生命的开始。《阿含经》将"识"分为三种：入胎的识、在胎的识和出胎的识。

第四，名色支。"名"指心，精神；"色"指物质，肉体。"名色"即指有意识活动的生命体人。这一阶段表明新的生命已经形成。

---

① 实叉难陀译. 大方广佛华严经（第37卷）.

"名色缘六处"指胎儿由身心混沌一体逐渐发展成熟。"六处"也作"六入""六根"，即人的眼、耳、鼻、舌、身、意或心。

第五，六处支，又名六入支。"处"有生长意，六处则是指眼、耳、鼻、舌、身、意六种感官生长，令胎儿的身体六根圆满，达到出胎的标准。这是名色之后的阶段，但这个时期，六处对外界还只有直观的生理反应。

第六，触支。"触"指触觉。胎儿出生后，上述六种官能开始与外界接触，有根、境、识三事和合，还没有明辨外境苦乐的能力，但已经有接触外界的欲望。这一时期相当于生命成长的婴儿阶段。

第七，受支。"受"是依触支而生的感受。随着年龄的增长，与外界接触增多，心识渐开，不仅对外界事物有了直接的生理反应，而且逐渐领会了外界事物对自身的意义，从而产生了苦、乐和不苦不乐三种主观感受。这一时期相当于童年阶段。

第八，爱支。爱以受支为因。"爱"指贪欲、贪爱。有了苦乐的分别，人便开始求乐避苦，对外界事物产生了好恶的情感，厌恶那些可能给自己造成痛苦的事物，而对能够带给自己快乐的事物产生了贪欲。这一时期相当于人的青年阶段。

第九，取支。"取"指执取、索求。贪欲是对自己所喜好的事物的一种强烈的占有欲，它驱使人们无穷无尽地去索求、攫取自己喜爱的东西，并力求把它们据为己有，不肯有丝毫的舍弃。有了"取"，就表明人已经进入成年阶段。

第十，有支。"有"指业，即人的思想和行为。由于一味地索求、执取并产生了种种思想和行为，给自己埋下了未来生活的种子。"有"是能够产生果报的善恶之业。

第十一，生支。生依有支为缘，业力起用、五蕴升起即是生。

第十二，老死支。生缘老死，有生必有死。现世作业决定了来世托生，托生之后又必将以死为结局。如果无明不断，则将重复由识到有的全部过程，永远在十二因缘中循环流转。

十二缘起支以无明支开始，以老死支结尾，支支相连、环环相扣，令众生循环生死，无始无终。如《华严经·十地品》中讲道："复次，无明缘行者，是观过去；识乃至受，是观现在；爱乃至有，是观未来。于是以后展转相续，无明灭行灭者，是观待断。"[①] 了知缘起性空，知世间一切皆如昙花一现，断除我执，破除无明，证得灭谛，即可达涅槃、得解脱。

可见，上述十二缘起支是佛教解释众生生死流转因果联系的理论。其中，无明支、行支、识支是讲前世因缘，生支、老死支讲来世因缘，其余的则是现世因缘。根据十二缘起说，佛教把人生痛苦的终极根源归结为"无明"，即对人生真实、对佛教真理的愚昧无知。因而，要彻底摆脱痛苦就必须灭尽无明、皈依佛教，按照佛教的指引觉悟宇宙和人生的真谛，最终超脱生死轮回，达到涅槃的境界。

三、寂灭解脱

"灭"指人生烦恼与苦难的灭寂与解脱。灭谛又称"爱灭苦灭圣谛"。"爱"即贪欲，它是苦的根源，灭尽贪欲也就灭尽了苦难，达到了人生的解脱。佛教认为，世人因为无明而产生贪欲，在贪欲的支配下追求事物的常住，执着于事物的假象真实，而事物却无常无我，故而生出种种矛盾和痛苦。人们执迷于此，不明真谛，只能随因果迁移，依轮回流转。但这并非意味着人生没有任何希望。佛教指出，只要依法修持，觉悟佛教真谛，就可以灭尽因果、灭尽痛苦，超脱现实

---

① 李通玄造论，志宁厘经合论. 华严经合论（第60卷）.

的人生而达于涅槃的境界。灭谛是佛教所揭示的人生追求的最高理想，它用"涅槃"表达这一理想境界。

"涅槃"是梵文"Nirvāna"的音译，又作"泥洹"，意译为"灭"或"灭寂"；唐代玄奘以后，又译作"圆寂"。所谓圆寂，指功德圆满、烦恼寂灭，其实质是指人生苦难的最终解脱。世间俗人因僧伽去世称"涅槃""圆寂"，便以为这两个概念内涵就是死，并引申出道教贪生、佛教趣死的结论。这是一个极大的误解。涅槃虽然也有肉身灭寂的含义（也有佛教徒主张不必灭寂肉身即可成佛），但它绝不等于死。死并不是终极解脱，它只是因果流转的一个必经环节。涅槃作为终极解脱，是指不仅灭尽了人生的苦难，而且灭尽了生死的因果，进入了不生不死的境界。

佛教对于"涅槃"主要有四种说法：本来自性清净涅槃、有余依涅槃、无余依涅槃和无住涅槃。

第一，本来自性清净涅槃。谓宇宙间一切有情众生皆具佛性，自性清净，皆有证得涅槃的资质。这是佛教宣示了苦谛之后，为了唤醒众生对未来的希望，提点人们虽然众生皆苦，但可以消除生命之苦，其可能性就在于众生皆具有成佛的可能性，自性本清净。这是佛教涅槃成佛的基本理论。后面三种涅槃理论都是对涅槃的具体阐释。

第二，有余依涅槃。指断除了爱欲和烦恼，生死的因已经灭寂。达到这种境界的人不再陷入生死轮回，但作为前世之业的果报的肉身还存在，灭寂尚未彻底。它是此生此世活着的人所达到的涅槃。

第三，无余依涅槃。是有余依涅槃的更进一步，不仅生死之因已经灭寂，连生死之果也灭寂无余，灰身灭智，肉体与思虑均不复存在；也是断尽生死苦而显现的一种境界，烦恼全部断尽，残余的所依亦灭，所有苦果永远寂灭。某种程度上会被人理解为一种虚无的境界，因此大乘佛教中观派祖师龙树反对此境界，而提出"实相涅槃"。他认为，涅槃与世间在本质上是一致的，即都是"空"。当然，这个"空"并非绝对虚空，而是一种妙有。他说："涅槃与世间，无有少分别，世间与涅槃，亦无少分别。涅槃之实际，及与世间际，如是二际者，无毫厘差别。"①　这就是说，既然涅槃与世间具有本质上的一致性，那么二者并不矛盾，追求涅槃并不必超越世间。无余依涅槃离弃世间去追求涅槃，仍对世间的有无有所执着，永远也不可能达到真正的涅槃。他认为，所谓涅槃不在于离弃世间的生活，而在于把握世间万有的实相（即空），真正觉悟到二者本性上的一致；能如此，也就达到了涅槃的境界。无余依涅槃追求自我解脱，而实相涅槃则强调众生的共同解脱。后者以自度度人为己任，积极参与社会生活，打破了此岸世界与彼岸世界的绝对界限，把涅槃学说建立在现实生活的基础之上。这种学说，后来成为中国佛教思想的主流。

第四，无住处涅槃。也称大般涅槃，或简称大涅槃。《成唯识论》中说："无住处涅槃，谓即真如出所知障，大悲般若常所辅翼，由斯不住生死涅槃，利乐有情，穷未来际，用而常寂，故名涅槃。"②意即无住处涅槃是一种断尽所知障、无生无死的状态，是诸佛所证得，不住生死亦不住涅槃境界，也是涅槃的最高状态。

涅槃是一种通过宗教修持所达到的境界，或者说是修持的正果。佛教把这一正果区分为四个层次，称为"四圣"，即佛、菩萨、缘觉和声闻。它们与轮回中的天、人、阿修罗、畜生、饿鬼、地狱六道合称为"四凡六圣"，是宇宙间一切生命表现的十种形式。上述四种涅槃，第一种本来自性清净涅槃凡夫也具有，前三种涅槃是声闻、缘觉、菩萨都可以证得，第四种大涅槃则只有佛才可以具有。

---

① 释印顺著. 中观论颂讲记（第 2 卷）.
② 释广伸撰. 成唯识论订正（第 10 卷）.

四、修持正道

道谛的"道"指道路、途径或方法，意即引导众生灭寂痛苦、求得涅槃的正道。佛教的修持体系十分繁杂，共有所谓"七科三十七道品"（七类三十七项），但最基本的修持方法是"八正道""三学"。八正道的次第是慧而戒，戒而定；三学的次第是戒而定，定而慧。

所谓八正道，即八种修持成佛的正确途径，又称"八圣道""八支圣道"等，是七科中最重要的一科。其具体内容如下：

第一，正见。为八正道的主导者。它要求破除一切妄见，信仰佛教学说，觉悟佛教的四圣谛，培养佛教的纯正智慧，灭尽无明。要修成正见，须先闻慧，即对因果、四谛、三法印等有具体的听闻和理解，建立正确的信解。正见又分为世间正见和出世间正见。世间正见是指普通的善恶因果，出世间正见则是对四谛真理的如实知见，是朝向解脱的精进、专一的正见。

第二，正思维。又作"正思""正志"。它要求灭除一切世俗的迷思妄想，不作执着于爱欲幻妄的观想，专意于佛教纯真智慧的思索，化正见为自己立志要去实现的理想目标，从智性方面讲是思慧的结果，从情意方面讲是主观意愿努力的方向。正见和正思维都属于慧学。

第三，正语。要求语言纯净，符合佛法。不说虚假的语言，不说侮慢不敬的语言，不恶语伤人，不造谣毁谤，不讲乖巧的话，不讲粗暴的话。总而言之，不胡言乱语，远离一切戏言。

第四，正业。业即行为。它要求行为端正，符合佛教的教义，一切活动、工作都不违背善，不杀生、不偷盗、不邪淫，不做任何恶行。

第五，正命。即过正当的生活。它要求按佛教的教诲以正当手段谋求生活的必需品，不从事任何不正当的职业，特别是星相占卜等歪门邪道。

第六，正精进。也作"正方便"。它要求修持者朝着正确的方向努力，去恶从善，以期解脱；劝诫人们时刻防止恶心生起，阻断它的继续发展，努力促进善心的生起和完善；主张积极努力，刻苦奋进，反对昏沉懈怠和庸俗。正语、正业、正命、正精进专为止恶行善说，为戒学。

第七，正念。即正确的记念。它要求修持者在头脑中保持对佛法的记念，牢记佛教真理。

第八，正定。即正确的禅定。它要求修持者正身端坐，做到身心俱静，保持心中空明和思想高度集中，专注于佛法佛相，以佛教的智慧观解宇宙和人生的真实，觉悟四圣谛，以求得身心的解脱，达到禅定的成就。正念与正定是为定学，同时也是修慧的阶段，由慧与定互相印证、作用而产生无漏慧，才能完成正觉的解脱。

八正道的修行，即戒、定、慧三学的次第增进，也是闻、思、修三慧的渐进过程。八正道不仅是开启智慧法门的途径，也是对治凡夫邪道的良药，使众生离邪向正，朝向解脱修行。八正道是佛教最基本的修持原则，涵盖了人的精神生活和物质生活两个方面，其根本精神是要求人们按照佛教义理的规定去学习、去工作、去活动、去生活。它的具体贯彻，又表现为戒、定、慧三学，又称为三无漏学或增上三学。它既统摄小乘、大乘、密宗三乘的修行次第，又是佛法的基本教义之一。增上，是指增胜上进，加强力量。三学相依相因，三足鼎立，缺一不可，且都是修行解脱者的必修之路。无戒不成定，无定不成慧，无慧不解脱。

所谓"戒"，即端正仪容、纯洁行为、庄严操守，是八正道中正语、正业、正命的具体化，目的是完善个人道德品质；所谓"定"，指禅定、修定，即空明静虑、专注一境，观想佛相佛理，是八正道中正念、正定的具体化，致力于达到内心的平静；所谓"慧"，即智慧，特指通过觉证佛教智慧断除妄惑，增长智慧，觉悟成佛。戒、定、慧三者相互依止，紧密联系。"戒"乃正身正行的戒律，"定"为正念正心的修持，"慧"是决断疑惑的佛教真理，三者共同构成了庞大、复杂的佛教修持的理论和实践系统。在这一修持系统中，佛教阐述了其道德修养的根本途径、主要手段和基本方法。关于这一点，后面我们将在佛教的修持理论中作专章阐述。

第二节　因缘和合

四谛说是佛教的人生论，它揭示人生的真谛，把人生规定为苦，指出断除烦恼、超脱苦海的途径和方法，描绘人的终极追求的境界，为佛教的伦理道德奠定了理论基础。而因缘论则从理论上进一步揭示了人生疾苦产生和现实生活状况形成的原因。

佛教的因缘和合理论是佛教解释世界如何形成的理论，可以说是佛教哲学中的"宇宙论"。佛教的其他一切理论都是以"因缘和合"的世界观为基础建立起来的。佛教认为，世间万法都归总于因缘，万物都由因缘和合而成。整个宇宙都是元素和条件的聚合，处于普遍的相互依存、相互促进、相互转化的因果联系之中。就人类生活而言，生老病死、富贵贫贱、福祸寿夭乃至一言一行，都是人们自己种下的业因的结果，同时又是将来生活际遇的原因。概而言之，人的存在与命运并非上帝的意旨，而是自己行为的必然结果，每个人都必须为自己的过去、现在和将来承担全部的责任。正是根据因缘论，佛教提出了业报轮回的学说，为其修行法门提供了理论基础，引导人们觉悟宇宙人生的真相。

佛教的"因缘论"揭示了现实世界的虚无，但正是这种生活虚无论，可能会导致某些人恣情纵欲、醉生梦死。为防止出现这种情况，佛陀创立了"三法印"教法。这一教法不仅为人们提供了鉴别佛法真伪的标准，还赋予了佛教教义极大的灵活性。佛教能够彻底中国化，至今仍然具有强大的生命力，可以说"三法印"教法起到了至关重要的作用。下面分别讨论因缘论与三法印的内涵及意义。

一、因缘论

（一）万法因缘

因缘论坚持宇宙万有俱由因缘和合而成，任何事物及现象的产生、存在、发展、变化和灭亡都是有原因的，有因必有果，有果必有因，由因生果，由果更生因，因与果辗转相生，永无止息。因此，因缘论也就是因果论，它解释事物之间的因果关系，在佛教义理中具有双重内涵：一指因果律，即万有的本质联系；二指因果报应，是因果律在人生中的具体表现。

佛教认为，宇宙间任何事物的产生和变化都是有原因的，绝不会无缘无故地发生。其发生是因为各种条件的因缘际会，被称为"众缘和合"。如《杂阿含经》中说："此有故彼有，此生故彼生……此无故彼无，此灭故彼灭。"① 某种现象所需要的条件都具备了，这种现象自然就会出现，而当条件消失，那么这种现象也会消失。同时，

① 求那跋陀罗译. 杂阿含经（第10卷）.

任何事物或现象的产生，都有其意义之所在，必定对其他事物产生影响。换句话说，任何一个事物，它既是某一事物或现象的结果，同时也是另一事物或现象的原因。由结果可以推知原因，由原因可以预知结果。一方面，事物既产生、现象既发生，就必定存在着某种原因，没有既定的原因就不会有现在的结果。另一方面，事物既产生、现象既发生，就会对周围世界产生影响，这个影响不消失，就必会产生某种结果。此即所谓"已作不失，未作不得"，已经产生、发生的，在未得结果之前不会消失，没有作某种业因，也绝不可能产生相应的结果。一言以蔽之，任何事物既是某事物的结果，同时又是他事物的原因，宇宙万有就处于这种循环无端的因果链条之中。

不仅外境如此，观念、人生也都处于普遍的因果联系之中，而且这三者之间也存在着必然的因果联系。在这里需要注意的是，因缘和因果是不一样的。因果指的是原因与结果，也是指因果规律，是佛教体系中用来说明世间一切关系的基本理论。诸法形成，"因"能生，"果"所生。因果关系从时间上而言，因在前，果在后，此为异时因果；从非时间关系上而言，也可以说超越人类想象的时间维度，此为同时因果。因缘则更加偏重对事物形成的详细解释。"因"是产生结果的内在直接原因，"缘"是处于外界帮助形成"果"的间接条件。例如，一朵花开，种子是它的直接之因，而阳光、水、土壤、空气则是助它开花的缘。由此，因缘又有内外因缘、亲疏因缘的分别。独因，不能生果，独缘，不能生果，世界一切法皆为因缘和合而生。如佛教中常见的"业"为"因"，"烦恼"为"缘"，则结"迷"之果；"智"为"因"，"定"为"缘"，则结"悟"之果。

前述十二因缘（十二缘起），就是众生流转的因果循环。基于这种认识，佛教一方面强调现实世界和现实生活中的一切都有其必然性，该来的无法逃避，要去的无法留住；另一方面又通过因缘论告诫人们，要灭除现实人生苦难之果，必须断绝产生苦果之因。但是，它不是从社会历史、现实生活中寻找产生痛苦的根源，而是把苦难的原因归结为意识——无明，即对佛教义理的无知，认为只要皈依佛教，觉悟真谛，就能够灭绝产生痛苦的因果，获得人生的终极解脱。佛教这一理论的消极作用在于，它掩盖了造成人生苦难的社会历史根源，为不平等、不公正、不合理的社会现实作歪曲的辩护，麻痹了人们积极进行社会改造的斗争意志。它的积极意义则在于，因缘论否定了神灵、命运、偶然性对人生的主宰，把生活中的一切都看作自己的"业报"，要求人们对自己的现实生活和未来负责，凸显了主体自身的道德责任，鼓励人们自己改变自己的生活，自己把握自己的命运。

因缘论是业报轮回学说的理论基础。它告诫世人，我们每说一句话、每做一件事，不能听凭一时的任性、欲望或情感的冲动，不能只追求当下的满足，而应当注重这种言行可能造成的结果，努力追求它的积极影响，尽力避免它的消极后果。在佛教看来，人的存在及其活动都处于普遍的因果联系之中，特定的原因必然产生特定的结果，而特定的结果只能由特定的原因产生。所以，人们要想追求某一结果，就必须积极促成能够产生这一结果的原因，只要有了原因就必然会有相应的结果。同样的道理，人们若想避免某一结果，就应当竭力消除导致这一结果的原因，原因既灭，结果不生。善业得善果，恶果产生于恶业。根据这一理论，一个人要改变自己的生活、追求美好的未来，就必须为善去恶。只有积善才能得福报，为恶必然遭祸殃。

（二）诸因缘果

因缘论作为佛教世界的方法论原则和基础理论，在佛教的基本教义中有着十分重要的地位，所以，佛教徒对因果理论作了大量阐述和深入分析。这种阐述和分析也是佛教哲学独有的特色，其分析之细致入微，在古代哲学中实属罕见。为了让人们更加详细地了解因缘和合的理论，佛教对因、果作了不同的分类和阐释，其中最有代表性的是"六因""四缘""五果"。佛教以因、缘为事物产生、发展、变化和灭亡的原因，但二者又有细微区别，近者为"因"，远者为"缘"，"因"与"缘"和合就会得到"果"。

"因"是主要根据和最根本的原因。佛教将"因"总结为六种：能作因、俱有因、同类因、相应因、遍行因、异熟因。"缘"是次要条件，是助因、辅因。佛教将"缘"归纳为四种：亲因缘、等无间缘、所缘缘、增上缘。事物产生、发展、变化和灭亡都非由单一原因起作用，而是多种原因共同作用的结果。另外，同一原因在不同的情况下也可能产生不同的结果。因此，佛教又将因缘和合所得之"果"，总结为五种：异熟果、等流果、士用果、增上果和离系果。其中，"因"和"果"是最根本的，根本的"因"在"缘"的辅助之下得到了"果"，因此，"因"与"果"有直接的联系。而"缘"与"因""果"虽然没有直接的联系，但"因"离开了"缘"也无法生成"果"。下面我们对"因""缘""果"三者进行详细分析。

首先分析"六因"。

第一，能作因。某物生时，凡是一切不对它造成阻碍的事物，都是该事物的能作因。能作因又分为两种，一种是在某物生时给予助力的，称为与力因；一种是在某物生时不给予障碍的，称为不障因。因具有生果的功能，果为因所作，能作是因的最根本的性质。严格说来，一切因都是能作的，佛教在对原因进行分类时，根据因的特性把它们分为不同类型，而把所有无法归入特殊类别的因统称为"能作因"。因此，能作因的范围最为广泛，一切与某事物有联系、对其有影响的其他事物，都是它的能作因。

第二，俱有因。俱有指同时俱有和同处俱有。在前一意义上指互为果俱有因，后一意义上为同一果俱有因，即互为因果和一果多因。

佛教认为，万有万相中有些事物存在着紧密的相互依存关系，两种或两种以上的事物互为因果。辗转同时互为因果者，称为互为果俱有因。如生与死，一方面，生是死的原因，死是生的结果，有生方有死，有生必有死；另一方面，死又是生的原因，生是死的结果，有死方有生（转世），有死必有生。另外，一种事物和现象的产生往往并非单一原因所致，而是多种原因共同作用的结果。多种因同时作用而得同一果者，称为同一果俱有因。如地上竖棍，独棍不立，二棍不支，只有三棍相依才能不倒，三棍即不倒的俱有因。

第三，同类因。指与其结果有相同性质的原因，但非就一般事物而言，而特指道德上的善恶同类。善念善行产生善果，恶念恶行产生恶果，不善不恶无记行产生不善不恶无记果。即通常所说的"善有善报、恶有恶报"的业因，故又称"自种因"。

第四，相应因。指认识主体和认识活动同时相应而生。佛教认为，任何具体的认识的产生，都依赖于认识主体（心）与认识活动（心所）的共同作用，心依心所而生识，心所依心而辨境。故相应因是俱有因在心所法中的具体表现。相应因专门解释心所法，俱有因则贯通于宇宙万有。

第五，遍行因。即通遍的原因，是从同类因中划分出来的恶念恶行之因，具体指心所法中所称贪、瞋、痴、慢、疑、恶见等各种烦恼，它们是人生产生痛苦的最普遍的原因。

第六，异熟因。指因与果不同时，会招感三世报的善恶业因。善因生乐果，恶因生苦果，但苦乐的结果并非皆能在今生就获得，有些业因必须等到来世才有果报。另外，苦乐本身也不同于善恶，果与因并不完全同类。这种因果异时异类的原因就叫作异熟因，也称为"报因"，是佛教业报轮回中最重要的因。

再看"四缘"。四缘指一切事物所由生起的四类能作条件。《中论·观因缘品》中说："一切所有缘，皆摄在四缘，以是四缘，万物得生。"[①] 强调了四缘对于世界产生的重要性。

第一，亲因缘。指因就是缘，是起主要作用的缘，万物直接由它产生，是事物内在的因缘。如制木为器，器以木为主要条件，木就是木器的因缘。大乘佛教以这种因缘为事物不可或缺的根本原因、最终的真实原因，称之为"亲因缘"。

第二，等无间缘。指认识、思维活动形成的条件，特指其精神条件。佛教认为，一种意念的发生，以已有的意念为基础，前念促进后念产生，是后念之缘。意念的展开前后相连。一方面，前念规定着后念的内容、性质，前后等同，具有一致性，故称为"等"；另一方面，前念既灭后念即起，其展开具有连贯性，没有中断、隔绝，故称为"无间"。

第三，所缘缘。指认识产生的原因，特指外境，即认识对象。佛教认为，心是能缘即认识和思虑，外境是所缘即对象。外境虽由心思产生，但心思必须有所依托才能变现为外境。有所缘才能发起能缘，故所缘之外境又成为能缘心思之缘。通俗地说，由因缘产生的外境是心思、认识产生的外部条件。

第四，增上缘。指任何一个事物对其他一切事物的影响和作用。佛教认为，宇宙间一切事物和现象都存在某种相互联系和作用，其中有的决定着某一事物的产生，而大部分虽对某事物的产生无决定作用，却有促进作用。这类不是事物根本原因，但对其产生、发展、变化、灭亡起促进和辅助作用的原因，就称为"增上缘"。在物质世界中，只要有亲因缘和增上缘二缘就可以产生结果，而在心识层面，则需要四缘具足才可以产生结果。

---

① 龙树菩萨造，梵志青目释，鸠摩罗什译. 中论（第 1 卷）.

在上述四缘中，最根本的是亲因缘，它与增上缘解释宇宙万有的产生，等无间缘和所缘缘则解释精神现象的产生。相应于六因四缘，佛教对结果也作了归类，把它们分为"五果"，其具体内容如下：

第一，异熟果。也叫"报果"，指众生前世所作善恶之业招致的果报。善有善报，恶有恶报。善因得乐果，恶因得苦果。此果与其因在时间上有间断，因与果不同时存在，也非因灭果即随生，而是前造因今世得果；因果的内容和性质也存在一定差别。如人，今世行善来生变为天，今世作恶来生变为畜生。故被称为"异熟果"。

第二，等流果。即与其产生的原因在性质上相同或相似的结果，主要指人们的思想行为所引致的同类结果。如病痛本身是苦，它又引起新的痛苦，后苦就是前苦的等流果。在业报轮回学说中，它强调的是一报还一报。如前生曾种杀人因，今生必得短命报；前生救人命，今生必增寿。

第三，士用果。"士"指人，"用"指造作。士用果（又称"士夫果"）就是通过人的主观努力运用各种手段所得到的一切结果。简单地说，就是人的创造物。人类在现实生活中所拥有的一切用品，都可以称为士用果。

第四，增上果。指由增上缘产生的结果，它是由对事物的生长有积极影响的一切因素所产生的结果。世界上的一切事物，除了由人的直接造作所产生的士用果之外，都可以称为增上果。它有着最广泛的原因、最广泛的范围，是能作因的产物。佛教认为，世界上的一切事物都处于因果链条之中，相互间直接、间接地产生着影响。在此意义上，可以说任何事物都是既已存在的其他一切事物的增上果。

第五，离系果。"系"，意为羁绊、束缚，特指烦恼的束缚。脱离一切烦恼的束缚就称为离系。离系果是人生痛苦的解脱，它并非四缘六因产生的结果，而是通过佛教修持断灭一切烦恼、超脱生死轮回而获得的"正果"。它是最高的结果，又称解脱果，其实质就是涅槃。

六因五果之间的关系是：能作因得增上果，俱有因与相应因得士用果，同类因与遍行因得等流果，异熟因得异熟果。

因果论是佛教义理的核心内容之一，是佛教认识、解释世界的根本方法。佛教根据因果论说明宇宙万物发生、发展和灭亡的原因，解释现实社会生活的必然性，论述人生苦难的根源。它最终落实到人生际遇的因果上，认为人的生活状况也是有原因的，并指出超脱因果报应轮回的途径，为宗教出世提供理论依据。

四谛说是佛教伦理思想的重要内容。佛教的根本精神就是通过探讨生命的意义和价值，揭示现实生命的迷茫、烦恼及其原因，指出超越现实生命困顿的根本出路在于出离世间，并告诉众生实现真正福乐、解除生命苦痛的方法和途径。佛教认为人生是苦，苦就是人生的真实。空论则是佛教的宇宙论，认为宇宙万有的真实是空。为了把人们引向宗教的彼岸世界，佛教不仅把人生说成是苦，而且把万有说成是空，对现实生活、现实世界都予以否定。毕竟，"空"这种独特的宇宙论是佛教人生论乃至其整个教义的哲学基础，正如龙树菩萨在《中论》第二十四品"观四谛品"中所说，"众因缘生法，我说即是无。亦为是假名，亦是中道义"[①]。就是说佛教讲"空"，并非说宇宙万有不存在，而是说它们不是真实的存在，是条件、元素的聚合或心之幻相，是一种真空妙有。

二、三法印

"三法印"是佛陀独创的佛教教法，是佛陀送给其门人的一把标

---

① 龙树菩萨造，梵志青目释，鸠摩罗什译. 中论（第4卷）.

尺，主要作用是辨别佛教教义的真假。其具体内容是"诸行无常""诸法无我""涅槃寂静"三条基本的教义。出自《大智度论》："一者，一切有为生法无常等印。二者，一切法无我印。三者，涅槃实法印。"① 在《成实论》中也有详细的记述："又佛法中有三法印：一切无我、有为诸法念念无常、寂灭涅槃。"② 佛教本身提倡修行有"八万四千法门"，佛陀为了防止邪说混入，教导门人用"三法印"来鉴别佛教教义的真伪。

"三法印"是佛教的核心教义，高度凝练和概括了佛教最基本的内容，是小乘和大乘佛法共同认可的教法。"法"在佛教中有"持轨"之意，表示一个事物能够在一定时间内保持自己的外形，有所"存在"。从现实世界角度而言，一切有形的、能够被感官捕捉的都可以称作"法"；从心灵层面而言，人的想法、刹那的心念也是"法"。所以"法"其实就是存在于物质和精神层面上的世界中的一切。"印"表示所说与事实相符合。"三法印"则是印证世间一切符合诸行无常、诸法无我、涅槃寂静的教法。不论是什么内容，只要能印证"三法印"，佛教徒便承认其是佛陀所传之法。

"法印"这一概念确实罕见于宗教教义之中，它对佛教而言不仅仅是一把判明教义的尺子，且还是佛教与其他宗教的区别所在，是它将佛教与印度本土其他宗教区别开来，使佛教拥有了属于自己的独特性。更为重要的是，"三法印"允许在不违背这三条基本教义的原则下，对佛教其他相对次要的教义进行变更。这也是佛教徒的戒律根据国家、地区、时间的不同而有所变化的原因。这样的教法使得佛教的内涵越来越丰富，也使佛教能够快速适应异地的风土人情而更好地传播，但同时也造成了佛教的分裂、派系繁多等问题。不过总体而

① 龙树菩萨造，鸠摩罗什译. 大智度论（第15卷）.
② 诃梨跋摩造，鸠摩罗什译. 成实论（第1卷）.

言，这种固定原则与灵活教法相结合的教义，使佛教成为在全球范围内广泛传播的宗教之一，足见佛陀之智慧。

"三法印"总结了佛教最基本的世界观。"诸行无常"指世间的一切存在都是暂时的；"诸法无我"要人们破除"我执"；"涅槃寂静"则是在认识了前二者的基础上达到的对宇宙人生的觉解、对生命真相的领悟，是从此一切烦恼皆寂灭的解脱境界。下面将详细讨论三者的内涵。

（一）诸行无常印

诸行无常印，其根本含义在于揭示世间之"空"，与之前所讨论的十二缘起支、因缘和合等概念相似，认为世间的一切不过是因缘和合而成，也会随因缘的消逝而消逝。正如《金刚经》中所说，"一切有为法，如梦幻泡影"[①]，所有的一切都会消逝，所余唯空。

"诸行"是指"有为法"，世界上一切造作之法。诸行之"行"在这里指造作，故称有为法。行之造作因缘而起、随缘而变，任何事物都不具有恒常性，时刻变动不居，故众生面对生命与社会的际遇时不必执着，面对事物的变迁时不必挽留和遗憾。"无常"是相对于"常住"而言，指世间一切万有皆处于变动状态，随因缘迁流变动而不常住。"诸行无常"则是指包含宇宙万物的诸行都是不可常住的存在，人的身体都要经历生、老、病、死，任何事物都将经历成、住、坏、空。

在这里有一个需要注意的问题，"诸行无常"并不是"诸法无常"，其中的"行"并不是指一切"法"。"法"是指宇宙万物中的一切法，其中包含着"有为法"与"无为法"。有为法是指造作之法、世俗之法；无为法是指符合涅槃寂静的解脱法。而"诸行无常"

---

① 洪莲编. 金刚经注解（第4卷）.

中的"行"只代指造作的有为法，而不包含无为法。因此"无常"的只是世俗造作的有为法，无为法则具有永恒性。

第一法印"诸行无常"揭示了佛教"外境皆空"这一教义。如果以现在为原点，对"诸行无常"进行具体分析，那么，"诸行"在具体的时空下可以理解为是过去种下的"因"、造作的"业"，而现在所经历的就是过去的"诸行"结成的"果"。同时现在也在"行"，又在种下现在的"因"和"业"，将结成未来的"果"。这样不断流变的过程则是"无常"的体现，外境不过是"因""业""果"的流变。

（二）诸法无我印

诸法无我印，其根本含义在于揭示自我之空，更加通俗易懂的讲法是"破我执"。这是佛教最根本的教法之一。梁启超在《说无我》中总结："佛说法五十年，其法语以我国文字书写解释今存大藏中者垂八千卷，一言以蔽之，曰'无我'。"① 梁启超认为"无我"是佛教最根本的教义。

"我"是指一个常、一、不变的主宰。认为于世界中存在一个常、一、不变的主宰，并执着于此，就是"我执"。"诸法无我"之"我"不是反身自指之词，而是指万法的自性、自体。佛教认为，诸法因缘起，只是条件要素的聚合，没有一个存在于诸法之中不变的、永恒的实体。《中论》说："从因缘生法，我说即是空。亦为是假名，亦是中道义。"诸法皆缘生缘灭，无固有之实体或者自性，因而呈现在我们眼前的三千大千世界并非真实的存在，它们只是一个"相"，或者说感官感知的只是现象，这个"相"因为无自性，故只是一种假象。山非山，水非水，我们称之为"山"、称之为"水"只是方便

---

① 梁启超. 佛学研究八十篇［M］. 上海：上海古籍出版社，2001：85-86.

之名，"山"不是它所指称的那个平地高耸的土堆，"水"也不是在地上流淌的液体。"山"与"水"只是名，是指代指称对象的概念，概念和它所指称的对象之间不具有同一性，因而，名只是借名或假名（假者借也）。最后的结论是，万法因缘而起、因缘而灭，无常无我，故"空"；万法因缘聚起，但无自体自性，缘生而起的只是一个相，故相是名相、名是假名，此即为"假"。在现实生活中，每个人均受无明困扰，认为一切事物包括生命都有一个不变的"自我"存在，今天的我与昨天的我是同一个我，这个"我"贯穿于生命的始终，确保着我就是我，不是你或他。为了保有这种"自我"，生起了许多的"有为法"，从而导致了许多烦恼。

"诸法无我"中的"法"是指一切法，包含了有为法与无为法。佛教认为一切法中都不曾有一个"我"存在，不仅外境皆空，自我也是空，真实存在的只有解脱寂灭的"无为法"。

值得注意的是，如果没有一个"我"存在，那么佛教所讲的"轮回"的主体，或者说受到"业报"的主体是谁呢？佛教在破除常、一、主宰、自在的"我执"的基础上，提出了一个"假名我"。佛教认为人是色、受、想、行、识五蕴在因缘和合下形成的。在这五蕴因缘和合而成的身心中，虽然没有一个常、一、主宰、自在的"我"，但却有一个称为"我"的"假名"。这个假名"我"是无常流变的，是自性本空的。

（三）涅槃寂静印

涅槃寂静印，指在"外境空"和"自我空"的基础上真正达到"空性"，也就是觉悟解脱的境界。一切以涅槃寂静为最高修行目标的教法，佛教都认可其为佛法。"涅槃"翻译为中文是"圆寂"。"圆"为圆满，"寂"为寂静、寂灭，"圆寂"就是指圆满的寂灭。其主要内涵是指灭除一切烦恼，不再受生死轮回的桎梏，达到圆满一切清净功德的境界。

　　涅槃是建立在"无我"前提上的，涅槃的关键就是"无我"。袁经文在《如来藏"我"与"无我"义考》中专门对这个问题进行了分析，他认为，"若欲以凡夫意识心之'我'，如是知觉地体验出世间，是无异于妄想的"①。这里的"出世间"就是指涅槃寂静的状态，所以不能问是谁涅槃了，如果说有一个"我"涅槃了，那么就不是真正的涅槃境界。正如《金刚经》中所讲，菩萨"应灭度一切众生，灭度一切众生已，而无有一众生实灭度者"②。菩萨灭度一切众生，但实际上没有众生灭度，因为众生也根本不存在。有人涅槃了，但又没有人涅槃，因为涅槃"无我"。

　　进一步思考，既然涅槃"无我"，那么修行者也就不能执着于进入涅槃的境界。因为一旦执着于进入涅槃境界，就必须有一个主体"我"涅槃，这也是另外一种对于"我"的执着。因此，只要真正达到了"无我"的状态，也就是进入了涅槃的状态。

　　三个法印之间的关系并不是相互割裂的，而是互相补充、缺一不可的，其基本内涵就是表达佛教的"空"观。欧东明在《印度佛教的"空"观念与龙树的中观学说》一文中也提出："'三法印'包含的'诸行无常，诸法无我，涅槃寂灭'，所说的实际上无非就是佛教关于'空'的思想。"③ "三法印"用十二个字从物质、精神、境界三个层面对佛教"空"观进行了阐释，并规定符合这三方面对"空"的理解的教法，都可以承认为佛陀的教法。也可以说，"三法印"是佛陀为了让其门人更好地理解"空"这一佛教最根本的内涵而提出的。

---

① 袁经文. 如来藏"我"与"无我"义考 [J]. 世界宗教研究，2011（5）：74.

② 鸠摩罗什译. 金刚般若波罗蜜经（第1卷）.

③ 欧东明. 印度佛教的"空"观念与龙树的中观学说 [J]. 南亚研究季刊，1999（2）：53.

第三节　万法皆空

一、缘起性空

"缘起性空"是佛教最基本的概念之一，与"三法印"一样，也是为了让门徒更好地理解"空""空性"而提出的。很多人简单地认为是因为万物"缘起"，所以万物"性空"，所以一切法缘生就是一切法无自性，这其实是对缘起性空的误解和简化。佛教的缘起性空可以从修行方法和本体境界两个方面来进行详细的解释。

从修行方法上，正宗的佛教缘起性空讲的是"四重缘起"。

第一，业因缘起。就是通常所讲的因缘和合生成万物。如一朵花除了它本身的种子以外还同时需要土壤、阳光、空气和水等外界条件因缘和合，才能最终绽放。

第二，相依缘起。是指心识与外境相依，外境是心识的变现，而心识没有外境就不起功能。外境依心识而变现，心识依外境而作用，彼此相依，因此被称为相依缘起。这时成立的一切法都为相依而有，因此相依缘起否定了业因缘起。

第三，相对缘起。心性与法性相对，心性是凡夫的有漏心识，法性是佛的无漏智慧。因此在这个阶段就要求智识双运。人在世间，就是在识境之中，由人的心识所变现所住的识境，但是这个识境必须依附于法界才能成立。但法界并不是一个显现的界，而是佛内自证智的境界。因此，识境依附于智境而显现，由此达到了智识双运的境界。这里是由相对缘起来否定相依缘起。

第四，相碍缘起。这也是最殊胜的一重。我们的心识受局限，外境一切事物也受局限，所以内外一切行相都是在适应局限的条件下成立，无有例外。相碍缘起之中又有四重：外相碍、内相碍、密相碍、密密相碍。外相碍是指外界事物之间的界限和分别，如声音不能变成颜色，颜色不能变成声音。内相碍是指我们感官之间的界限和分别，如我们的眼睛不能听，耳朵不能看。《楞严经》中讲的六根圆通，就是突破内相碍的境界，六根之间的功能可以互通。密相碍是指心性和法性的相碍。我们日常生活中运用很多的概念来认识世间万物，最简单的如用"床""桌子""椅子"来命名和定义这些东西。所以当我们的心识想到"床"的时候，其实想到的不是实体的"床"的相，而是"床"的概念的相，这就给我们的认识造成了障碍。如果能够离名言与概念，心性就变成法性，觉受也就是本觉，这一境界修行起来极为困难。最后是密密相碍，是指法界、法身对于没有证得此境的人来说是存在而不显现的。这个法界分明存在，一切识境都依法界而显成，可是法界本身不显现。我们说世间万物、万法的成立都要适应局限，这些局限就是相碍，在这里，一切法相碍有就否定了相对有。

从本体境界方面来理解之前，我们首先要了解的是，佛教哲学与西方哲学和一些中国哲学流派不同，它的理论中并没有一个不动的"本体"存在。佛教所谓的"真如"其实是在功能上实有，但本性为空，"真如"实际上就是"空"的别名。"一切法皆以无性空为趣。"[①] 世间一切法，本性都是空无的。而这种在功能上实有是侧重于世俗层面，在本体上性空则侧重于胜义谛，这就是所谓的"缘起性空"的完整表达。

---

① 玄奘译. 大般若波罗蜜多经（第316卷）.

二、法我境空

古代印度哲学有一种理论，认为宇宙万有皆由地、水、火、风四种基本元素构成，它相当于中国古代的五行论，带有肯定万有客观实在性的唯物主义倾向。佛教吸收这一思想，却抽掉它们的实在性，用以否定万有的客观实在性，认为事物只是元素的聚合，没有独立的实体，因而是空，甚至地、水、火、风"四大"本身也是空。在万有皆空的问题上，佛教总结起来主要有三种观点：人我空、法我空、外境空。

第一，人我空。又称人空、生空、人无我、众生无我。"我"不是指自我，而是指主宰、实体。这种观点认为，人与万有都不是实体存在，既非物质实体又非精神实体。大乘佛教认为凡是有情之体，都因五蕴和合而成，是生灭变化之法，如五蕴分离，即有情的生命消逝，主宰所认为和执着的不过是无常生灭之物。《大乘义章》卷一中阐述"我"与"空"的关系："众法成生，故曰众生。生但假有，无其自性，是故名为众生无我。众生性相，一切皆无，说之为空。"[①]它认为，人体是由众多因素或条件和合而成，没有确切的规定性，既无自性，也没有一个永恒不变的实体。人的存在本身就虚幻不实，俗人不明真谛，永堕六道轮回；只有依法修持，才能求得正果。但在这里，依轮回、解脱论，众生必须有一个接受果报的实体——灵魂，它在轮回流转中不变，在解脱后获得永恒；而依缘起论，万有皆由因缘和合而成，人不应当也不可能有永恒不变的灵魂实体。在两汉时期，佛教是主张人是具有不灭的灵魂的，东晋慧远还作有《形尽神不灭

① 慧远撰. 大乘义章（第1卷）.

116

论》阐述这个观点。但后来随着大量佛经的翻译和对佛教理解的不断深入，发现佛教其实否认灵魂实体的存在。如大乘佛教认为并没有人我，只有法我，生死轮回的因果即依靠法我而成立。

在佛教看来，不仅人无我，整个宇宙都是由因缘和合而流转不息的，不存在任何物质或实体。人们面对的大千世界，只有元素、因素、条件的不断流转、聚合、离散，所谓事物不过是各种元素的功能和作用的显现。佛教还指出，构成事物的诸元素本身也不是实体，而是一种非实体性的功能和力量。这些元素具有一种神奇的"能作"功能，因此能在因果联系中和合、聚散、流转而为大千世界的万有。归结于一点：世界上的事物都是因缘和合而成、生灭流变的，没有永恒存在和不变的事物存在。

第二，法我空。又称法无我。"法"泛指一切存在。佛教人我空的理论从万有皆无自性出发，不承认任何实体存在，否定了事物存在的真实性。所谓法我空，即是说一切存在都是无自性、不真实的。《中论·观四谛品》云："未曾有一法，不从因缘生。是故一切法，无不是空者。"① 没有一种事物不是因缘聚合而成，所以世间的一切也都是生灭无常的，构成事物的元素既然相互依止、在因缘中流转，就也是无常无我的非真实存在，而由此不真实的元素构成的事物当然也就更加不真实。所以，人们面临的一切、宇宙万有皆虚幻不实，都是空。小乘佛教认为，只有独立自主的无因素无条件、不可分解的存在才是真实的，所以小乘佛教承认法体是真实存在、永恒不变的，只说我空而不说诸法皆空。大乘佛教则承认法我二空，认为诸法皆空。

第三，外境空。大乘瑜伽学派不同意中观学派彻底否定一切的观

---

① 龙树菩萨造，梵志青目释，鸠摩罗什译. 中论（第4卷）.

点，认为外境（外部世界的万有）虽空，关于外境的观念却是真实的。如果连观念都一并否定，那么佛教的义理、真谛都将失去其存在的价值。因此，他们指出，宇宙间只存在观念的世界，根本没有什么客观的外境世界，外境所呈现的一切都只是观念的产物，或者说只是观念的变现。

然而这也不是说佛教承认所有的观念都是真实的。瑜伽学派把观念分为三类，即幻相观念、相对真实观念和绝对真实观念。在佛教的眼识、耳识、鼻识、舌识、身识、意识、末那识、阿赖耶识八识中，世俗的观念（如外境）为幻相观念，前七识为相对真实观念，只有第八识阿赖耶识才是绝对真实观念。阿赖耶识是一种仓库意识（store ideal），又称为"藏识""种子识"，它既是所有意识活动的根源，又是宇宙间一切存在和现象的本体。阿赖耶识也被解释为能够集藏宇宙万物、各段生死轮回等有漏无漏法种的第八识如来藏，它本身具有能藏、所藏、执藏这三义，依次对应因、果、自三相。它在自己的活动过程中把自己一分为二，即见分和相分，自己设立自己的对象，一旦觉悟到对象只不过是它自身，就把握了世界的真谛，获得了超越的永恒。

三、不真即空

佛教的"空"和道家的"无"都是对现实存在的否定，但二者有着不同的理论内容。道家以"无"为万有的本质、本体，这个无并非绝对虚无，而是一种抽象的否定。佛教以"空"为万有的本质，这个空也不是绝对虚无、虚空，而是讲万有无常无我，属于非真实的存在。不真即空，空就是不真实，就是假有。

《中论·观行品》："问曰：云何知一切诸行皆是空？答曰：一切

诸行虚妄相，故空；诸行生灭不住，无自性，故空。"① "诸行"即法。被誉为"解空第一"的东晋僧人僧肇，在其所著《不真空论》中详细阐述了这一思想。所谓不真空，非言空之不真，而是说因为不真，所以空。他认为，一切事物皆因缘而起，是原因和条件的聚合，故不真实。"夫有若真有，有自常有，岂待缘而后有哉？譬彼真无，无自常无，岂待缘而后无也？若有不自有，待缘而后有者，故知有非真有。有非真有，虽有，不可谓之有矣。不无者，夫无则湛然不动，可谓之无。万物若无，则不应起；起则非无。以明缘起，故不无也。"② 这就是说事物待缘而起，即有其产生的原因和存在所依赖的条件，不是绝对独立的自有。自有即不待因缘而有，应为常有，常有故不灭。但任何事物都不可能长久不灭，它们既非自有，也非常有，而只是因缘条件的复合，除了这些因缘条件便什么都不存在。因此，事物有不是真有，不可以说是有。同理，事物无也不能说是真无。若是绝对无，就应该什么都没有，既无实体又无感应。但万物却因缘而起、因缘而灭，故无不是真无，也不可以说是无。由此便得出如下结论：事物本质上即有即无、亦有亦无、非有非无、不有不无。事物因缘而起，是条件的复合，无常无我，故不能称为有；而事物又毕竟因缘而起了，已经有了条件的复合，故不能称为无。其实有无均为不真实的方便假名，世界只是一个幻相。幻故不真，相故不无。空只是断定万有不真实，而并不执着于它们的有无。

僧肇指出，宇宙万有实质上都不过是一些假名，而非实有。人们所说的事物其实只是一些概念，外部世界根本不存在与这些概念相对应的实体。他说："夫以名求物，物无当名之实；以物求名，名无得物之功。物无当名之实，非物也；名无得物之功，非名也。是以名

---

① 龙树菩萨造，梵志青目释，鸠摩罗什译. 中论（第2卷）.
② 僧肇. 肇论.

不当实，实不当名，名实无当，万物安在?"① 事物是以概念的形式存在于人们思想中的，人们无法认识和想象没有概念的事物，但概念不等于它所表达的事物。在僧肇看来，二者不仅有本质区别，而且相互间根本不存在符合一致的对应关系。循名不可得物，"饭"并不能饱腹。实质上，名只是人们对于对象的一些假定，而与对象有无与名相符的实体无关。同样，循物也不可得名，人们把煮熟的大米吃掉、嚼碎、消化、吸收甚至排泄出来，也无法从中找出一个"饭"字。名不是事物自身固有的属性，而是人的观念加给对象的假定。名实之间不存在相互一致的内在根据，人们所说的万有，其实都是一些假名，根本就不存在。

僧肇说："以物物于物，则所物而可物；以物物非物，故虽物而非物。是以物不即名而就实，名不即物而履真。"② 在此，第一句话中的第二、第七个"物"和第四、第九个"物"为动词，意为"称"或"称之为物""以物称之"等。用"物"这一概念去表达某一对象，那么该对象即可获得物的概念的规定；但如果用"物"表达的对象不是物，那么即使它获得了这一概念的规定也绝不会因此而成为物。对象（物）不因为有其名便有其实，名也并不因为赋予了某一对象而变得真实起来。名与实不相符合。人们说的万物其实都只是名，根本不存在与之相对应的实，故称之为"假名"。《不真空论》认为客观世界就其本质而言是虚幻不实的，因此本体是"空"是"无"，但这虚幻不实的客观世界又表现出种种不同现象，所以就这些现象而言又是"有"，但这种"有"只是虚假的现象，故称"假有"。这样，"有"和"无"是事物的两个不同方面，是现象和本体的有机结合，故不能偏执一方，不能只说"无"而不说"有"，或只

---

① 僧肇. 肇论.
② 僧肇. 肇论.

说"有"而不说"无"。既不能执着于世俗的"有"，也不能执着于胜义的"无"。

　　僧肇上述理论看似玄奥，其实带有宗教理解的偏执。他以缘起论否定事物的存在，看到了事物现象与本质之间存在一定差别，却将这种差别无限夸大，把二者对立起来，以一切现象为假象，从而否定其存在的真实性。我们认为，本质与现象是对立的统一，本质比现象稳定、深刻，现象比本质活泼、丰富，它是暂时的、表面的、多变的。但本质必须通过现象表现，现象必定表现着某一特定的本质。即使是假象，也以歪曲的形式表现着事物的本质，不能以现象的暂时性、多变性否定本质的真实性。另外，虽然事物的存在是有条件的，处于普遍的相互联系之中，但这绝不构成否定其真实存在的理由，恰恰相反，事物正是在相互联系中证实了自身的存在。但是，僧肇想要表达的以般若智慧看待世间的态度是符合佛教所说的"不落二边"的境界的。以往那种执着于事物的"空无"而不见"假有"的意识，是邪见；而那种视万物为实有而不见"空无"的意识，则是世俗之见：这两种都是不正确的偏见。如果说万物的现象是"有"，那么这种现象是由各种因缘合和而生，并非事物自体实有；若说事物是"无"，但它的现象又存在，有现象就不是无，因缘合和又非实有。只有这样理解，才能懂得"不真空"的真正含义。

　　同时，僧肇的名实观看到了概念与其所表达的事物之间的差异，认识到不能把二者等同起来，就如画饼不能充饥，这是其正确的一面。但他把名实不可能完全相符夸大为绝对不相干，以此来断定名皆是假名，不存在与名相应的实，显然是错误认识。名虽然并非事物的固有属性，却是对确切对象的规定。名是物之名，其作用就是揭示对象的本质规定，把对象从其他事物中区别开来。名实之间有着一一对应关系，二者具有一致性。

四、真如性空

"空"是佛教对宇宙万有的基本判断，是佛教对宇宙真实的基本认识。关于万有的本质，佛教最初称之为"如性"（Bhūtatahatā），意即"就是那样"。这是一个空洞、抽象的概念。它表示，宇宙万有如其本性存在着，对此本性，感性无法察知、理性无法认识，只能直观体认，即只能"悟"，故佛之言"觉"。这里蕴含着佛教的一个基本观点，即宇宙万有并非可以感知或解释的实体存在，宇宙的真实就是那样，而当人说出它是怎样的时候，它已经不是那样了。因此，宇宙万有之空，与人们认识到是否空无关，它是"自性空""当体空"。在此意义上，空只是万有存在的真实状态，而并非讲它是宇宙的本体。

因为中国最初的佛经都是从印度翻译而来，不同的文化背景和生活形式，再加上中国传统思想比较注重实际，对抽象的领域思考较少，这就使得在翻译概念时遇到困难，有一些概念从道家借鉴而来，同时也影响了道家概念的解释和发展。"真如"在最早的翻译版本中被译为"本无"。"本无"是最早的汉译佛经中出现的代表宇宙本体的词。关于"本无"一词是佛教借用了道家的概念，还是佛教对魏晋玄学的一种影响，这是中国哲学史上比较难以考证的一个问题。但根据支谦改译《大明度经》的时间（222—241）早于王弼、何晏提倡"本无论""贵无论"可知，在正始玄学兴起之前，《大明度经》的翻译就已经用了"本无"一词。所以，在"本无"这一概念的使用上，可能确实是佛教影响了魏晋玄学。后来随着人们对佛教理解的不断加深，"本无"又被翻译为"如性""真如"。"如性"与"本无"的含义并非完全一致。前者着重揭示万有存在的状况"就是那样"，后者则说宇宙万有本来就无（空），已经蕴含了对事物本质和本体的认识，加上与道家固有的思想相混淆，就导致了对"如性"原意的曲解。其结果，就是中国僧俗不仅把它视为宇宙的真实，也视为宇宙的本体。

隋唐以后，"如性"改译为"如如""真如"，与印度佛教原概念的含义比较接近了。但译名改了思想并没有改，仍然认为真如是宇宙万有的本体，万有均由真如产生。这种现象说明，中国佛教哲学并不是印度佛教哲学的再现、移植，而是中国哲学与印度佛教哲学相结合的产物。

佛教认为，宇宙万有均由因缘和合而成，无常无我，处于永恒的因果流变之中，因而是不真实的。这种不真实，就是宇宙万有的真实。另外，它又指出，宇宙万有虽因变迁不住而空，但整个宇宙却是一个不动的整体，它没有产生、消灭，是一种绝对真实。这种绝对真实就是宇宙万有如如不动的整体，故称之为"真如"。中国佛教徒赋予了"真如"双重含义：一是毕竟空，二是唯一的、绝对的真实。前者指万有的本质为空，这种空乃自性空，即无常无我，虚假不实；后者指宇宙的本体、万有皆由真如决定，由真如产生。

华严宗把真如的本体意义概括为融摄四法界的"一真法界"（真如法界、真心法界），认为理法界、事法界、理事无碍法界、事事无碍法界都是一真法界圆融无碍的义相，是真如的表现形式。

《大般若波罗蜜多经》卷一百六十称有真如、法界、法性、不虚妄性、不变异性、平等性、离生性、法定、法住、实际、虚空界、不思议界等十二名。《大乘阿毗达磨杂集论》卷二说有真如、空性、无相、实际、胜义、法界等六名。《妙法莲华经玄义》对"真如"列出十四种名称：实相、妙有、真善妙色、实际、毕竟空、如如、涅槃、虚空、佛性、如来藏、中实理心、非有非无中道、第一义谛、微妙寂灭。①

《解深密经》卷三分为流转真如、相真如、了别真如、安立真如、邪行真如、清净真如、正行真如等"七真如"。据《成唯识论》卷十记载，从初地开始证悟到菩萨地了知真如之理，依次以其所悟内容之深浅，有十次第真如：遍行真如、最胜真如、胜流真如、无摄受真如、类无别真如、无染净真如、法无别真如、不增减真如、智自在所依真如、业自在等所依真如。以上十者为顺次从初地至十地行十波罗蜜、断种种邪见障碍而达菩提之果。

大乘起信论则主张：真如原为众生心之本体，其中杜绝以语言诠释、以思想思维者，称作离言真如；勉强可以言语表现者，则称作依言真如：二者合称为二真如。离言真如，因其自体具足无限清净之无漏清净功德，又称为如实不空、不空真如。依言真如又称为如实空、空真如。且同时，众生心（真如）具有绝对不动之心真如门，与缘于无明而起动生灭，形成染净现象之心生灭门；故称不动之真如为不变真如，随缘而现之染净等现象为随缘真如，以上二者亦合称为二真如。一般对万有生起之法，若依真如之不变或随缘而说明者，即称真如缘起或如来藏缘起。

《华严经探玄记》卷八中提出一乘真如和三乘真如，别教真如和同教真如，顿教真如和渐教真如等。《佛地经论》卷七举出一切法真如发挥法空无我、实性无颠倒性等教义，提出两种真如（生空无我、法空无我）、三种真如（善、不善、无记）乃至十种真如。

又诸佛之自性（真如）或众生未被染污的本真佛性，称为无垢真如或出缠真如；而众生之本真佛性被烦恼所染污，则称有垢真如或

---

① 智顗说. 妙法莲华经玄义（第 8 卷）.

在缠真如。二者又合称两垢如如。由于佛教各派解释不同，真如的分类也各异。各宗都对真如有各自的阐发和理解，其内容纷繁复杂、博大精深，非精深钻研者不能窥其全貌。

综上所述，佛教以"空"否定宇宙万有的客观实在性，把外境看作假象世界，只承认真如的绝对真实性。它讲的"空"，并非绝对虚无，而是真空妙有。这一基本认识构成了整个佛教义理的哲学基础。它从观念上否定宇宙万有的存在，实际上就根本否定了现实世界和现实生活的积极价值。佛教认为，不识真实，执着于万相的假有就是所谓"无明"。世人由无明所累，在无常无我、流转不息的大千世界中追求有常有我，以幻相为真实，企图使瞬间变为永恒，从而给自己带来了无穷的烦恼：使肉体受累于贪欲，使精神桎梏于幻相，永堕苦海而不得解脱。要解脱人生的苦难，获得终极超越，就必须灭除无明，证悟佛教真谛，即体悟人生的真实和宇宙的真实，不为虚假的世俗生活所累，觉悟成佛。

当然，佛教将"空"作为其学说的宇宙论基础绝不仅仅是揭示世界的存在状况，而是落脚到现实的人生与生活。在佛教看来，人类社会的一切包括人的生命存在和宇宙万有一样，都是因缘和合而成，是没有自性与实体的幻相。人们执此幻相为真实，导致世俗生活对幻境的追求，故永远陷入痛苦之中。其实，世俗社会的贫富、贵贱、寿夭等都不过是镜花水月、海市蜃楼，每个人都是永不止息的生灭流转中的匆匆过客，你方唱罢我登场，反认他乡是故乡。因此，在佛教看来，由于万有虚幻不实，人在现实社会生活中找不到自己的真正归宿，得不到真正的幸福，相反，只有轮回流转的无尽烦恼。人们要想获得真正的幸福，断除烦恼，只有听从佛教的指引，把握宇宙与人生的究竟真实，从幻想、妄见中解脱出来，实现对现实存在和现实生活的超越，获得生命的永恒与不朽。这就是佛教空论宇宙观的伦理意义。

总而言之，佛教的基本教义，由其人生论、宇宙论和方法论三个主要部分构成，它们是佛家伦理道德的理论基础。其中，人生论是它的核心。作为一种宗教，佛教的根本宗旨就是求得人生痛苦的解脱，追求终极超越。为了把人们引向彼岸世界，佛教夸大了人生的痛苦，对现实生活给予了否定的评价，把现实生活看作通向天国的手段，完全抹杀了现实生活和现实人生的积极价值。但是，它在引导人们超脱苦难的过程中，肯定人们必须自己对自己的生活负责、自己创造自己的未来，鼓励人们积极进取、扬善抑恶，凸显了主体自身的道德责任，整个学说洋溢着浓郁的道德精神。佛教的宇宙论是其人生论的哲学基础，它以"空"印证"苦"，反对一切对现实世界和现实生活的执着，劝导人们去追求终极超越。而因果论，则是佛教用以说明人生之苦和世界之空的理论工具，它使得整个佛教义理蒙上一层思辨的色彩。当然，这种思辨是一种宗教哲学的思辨。

第四章 修善成佛——佛家伦理道德的总体建构

佛教以解脱人生苦难为根本宗旨，其伦理思想紧紧围绕这一宗旨而展开。一方面，佛家伦理思想以世界的"究竟真实"即人生之苦和宇宙之空，特别是人生之苦的观念为其理论基础，另一方面，它又是佛教引导人们解脱人生苦难的信念和方法。整个佛教义理中，充满着浓郁的伦理道德气息。佛教在中国的长期发展中，积极吸收本土文化，不断与中国传统伦理文化相融合。同时，为了适应现实社会生活，其伦理道德思想也在不断调整和完善，逐渐形成了具有中国特色的佛家伦理道德体系。就近代而言，为了适应社会的发展，太虚大师提出了以"今菩萨行"为主旋律的"人间佛教"思想，以期顺应时代的变化与发展。这一思想在现实生活中仍然发挥着佛教惩恶扬善、教化民众的作用。

从整体上说，佛家伦理道德体系以涅槃成佛为终极价值目标，以因果报应为道德调节的形式，强调止恶修善的道德精神。佛家的所有伦理学说和道德观念，都围绕这三个方面展开，它们集中反映了佛家伦理道德独有的特征。

第一节　涅槃成佛的终极价值目标

涅槃一般指破除我执、熄灭无明烦恼、断绝因果后所证得的宗教境界。佛教认为，一旦证得涅槃，就进入了不生不死、永恒的安乐境界，人的一切修持和活动都是为了最终进入这一境界，也就是所谓"觉"。也有人比喻个人是一滴水，真如是大海，涅槃就像一滴水融入汪洋大海之中，看起来是消失不见了，实际上是融入了更广阔的存在，是一种与更高"存在者"的融合。

二乘经典之中认为涅槃有两种，分别是有余涅槃和无余涅槃，因为二乘即声闻乘和缘觉乘本质上来说都是追求个人生老病死的解脱，所追求的涅槃就是达到无烦恼的寂灭境界。大乘经典之中则有四种涅槃——本来自性清净涅槃、有余依涅槃、无余依涅槃、无住处涅槃，在《成唯识论》中有详细的界定。这四种涅槃是根据"真如"被烦恼障、所知障所遮蔽的状态而建立和区分的，其中"第二、三两种，特别为声闻、缘觉二乘无学者所有；而佛世尊则四种皆有。唯第四种反映了大乘涅槃观的特点"①。

涅槃是佛家伦理道德所追求的最高目的。佛教虽然对世俗社会道德（例如儒家伦理道德）的善恶观念持肯定态度，但却把它当作最低层次的道德要求，认为它是可以也必然遭致果报的"业因"。在佛家伦理道德中，只有涅槃才真正实现了人的价值完善和生命永恒，它是对世俗社会一切善恶观念的绝对超越。

---

① 任继愈. 佛教大辞典［M］. 南京：江苏古籍出版社，2002：410.

一、人生追求的最高目的

人生究竟有什么意义？能回答出这个问题的人很少，但现实生活中不同的个体都有自己不同的看法。总体上说，有乐观主义的看法，认为人的生命是宇宙中最具有价值的存在，这种价值就在于人能够创造自己的生活、创造自己的生命，未来一定比现在更美好，明天的希望是支撑人们在现实生活中努力活下去的精神动力；也有悲观主义的看法，认为人的生命是有限的，避免不了死亡的命运，在有限的生命中根本无法实现无限的精神追求，生命的存在就是一种悲剧。佛教学说是悲观主义人生观的典型代表。在物质财富没有达到极大丰富的社会中，生活的欠缺与烦恼是一种常态，大多数人会认为生活是辛苦的。佛教评价人生为苦，认为人来到世间就是为了受苦，这是佛教能够得到众人共情之处。但佛教并不否定生命的价值，并不认为人将永堕苦海。它认为，人的生命的价值就在于能够超脱苦海，并在自我脱离苦海之后，进一步帮助他人脱离苦海。因此，佛教认为，任何现实的人生都可能沿着两个截然相反的方向发展：一是由于无明产生种种烦恼和痛苦，不能理解产生诸种烦恼的原因，无法找到消灭烦恼的方法，只能在现实生活中与物相逐，在苦海中漂流沉浮，陷入轮回往复之中，这种趋向称为"流转"；二是根据佛教的指引，把握人生与宇宙的真实，领会佛教的真理，按照佛教的修持方法破除无明，断绝产生烦恼和痛苦的一切原因，阻断因果轮回，远离诸苦，超越生死，进入永恒的极乐世界，这种趋向叫作"还灭"。

显而易见，在佛教看来，只有第二种趋向"还灭"才是正确的人生态度，也是人生一切活动的终极目的。但趋向"还灭"时还有境界的区别，小乘专注于自我解脱，大乘专注于让世间一切有情众生都解脱。本质上小乘佛教与大乘佛教所追求的目标是一样的，但小乘佛教偏重于自我的证悟解脱，或者可以说，小乘佛教认为有情大众总有一天都会得到解脱，所以并不关注帮他人解脱；而大乘菩萨道在践行证悟的同时，也致力于帮助更多的有情大众证悟解脱，如地藏菩萨的"地狱不空，誓不成佛"，就是帮助有情大众解脱的典型。

学界通常认为，小乘和大乘是修行过程中的不同环节。小乘作为第一级的环节，宣传的观点普遍能够为大众所接受；而大乘作为高一级的环节，所追求的才是实际上最终修行的目的。且佛教世界体系非常庞大，经文数量浩瀚，果位众多，设立不同的修行次第都是为了更好地让大众接受和了解。佛教将"还灭成佛"定为最高的道德价值目标，通过宣扬"还灭"的方式引导众人，让人们认为个人的价值就在于能够通过自己的道德修养和道德实践实现"还灭"的目的，达到涅槃之境。

证得涅槃之境之后就会感受到"常""乐""我""净"涅槃四德。"常"是指人我在证悟佛心、佛性，远离贪瞋痴，出脱五阴（即五蕴）后，解脱无常因缘，因而为常；"乐"是因佛没有一切苦，只有乐，故称乐；"我"即佛无我无人，我亦无谓；"净"是佛离一切不净，自然清净。因此，佛之常乐我净是"涅槃"四德，是证悟无余涅槃后的常乐我净，非凡夫四颠倒之常乐我净。同一个"我"，凡夫之我是"我执"之我、贪瞋痴之我、执我相之小我，佛之大我是八大自在我、涅槃解脱生死之我、破我执之我、无我之我、无贪瞋痴之我、破法执之我、无四相之我。

佛教认为，实现这一目的是一个漫长而又艰难的过程。元僧明本（1263—1323）曾以"四易四难"对此作了描述。他说："自己是佛，不用别求师资，若欲供养佛，只供养自己，一易也。无为是佛，不用看经礼像、行道坐禅，饥飧困卧，住缘随运，二易也。无著是佛，不用毁弃形体、捐弃眷属，山林市井，处处自在，三易也。无求是佛，不用积功累善、勤修苦行，福慧二严，元无交涉，四易也。"[①] 四难则为信难、念难、悟难、修难。所谓信，指对佛教的坚定信念、信仰，"众圣慈悲，广施方便，开晓群迷，令其由信门入"[②]。所谓念，指在精神上对佛教义理的持久专注，只观想佛相佛义，摒断一切妄见，"其身如槁木、如顽石、如死尸、如土偶，唯心心在道"[③]。所谓悟，即对佛教义理、人生真谛的觉悟，"念道本于持久，悟道在于须臾。因缘未熟，时节未到，机关屡启，无所遇也"[④]。所谓修，指持守，即对佛教正道的依循，"多劫薰习，未遽除尽，惟宜修之，修到无修，然后同于诸佛"[⑤]。"四易"强调每个人都具有成佛的可能性，成就涅槃之道并不神秘，人人都可以做到。"四难"则强调这一过程的艰辛，要求人们坚定信念、刻苦修持，全心全意地去证悟成佛，进入涅槃，实现人生的终极目标。上述四难凸显了佛教终极价值目标实现的艰难，它包含着佛教道德信念、道德意志、道德认识和道德修养的全部追求。

明僧德清（1546—1623）说："由是证知，孔子，人乘之圣也，故奉天以治人；老子，天乘之圣也，故清净无欲，离人而入天；声闻缘觉，超人天之圣也，故高超三界、远越四生，弃人天而不入；菩萨，超二乘之圣也，出人天而入人天，故往来三界、救度四生，出真而入俗；佛则超圣凡之圣也，故能圣能凡，在天而天，在人而人，乃

---

① 天目明本禅师杂录（第1卷）.
② 天目明本禅师杂录（第1卷）.
③ 天目明本禅师杂录（第1卷）.
④ 天目明本禅师杂录（第1卷）.
⑤ 天目明本禅师杂录（第1卷）.

至异类分形，无往而不入。"① 这里讲的"三界"即欲界、色界、无色界，"四生"指六道中除天、人之外阿修罗、畜生、鬼、地狱四道中的众生。佛教认为，天与人虽然是六道中的善道，但未能灭绝烦恼、超脱生死轮回，并非佛教道德的最高追求。声闻、缘觉、菩萨与佛则是涅槃的不同境界。佛教的一切道德追求、一切修持，就是要实现觉悟成佛的终极目的，只有成佛才是其终极意义上的价值目标。

二、空寂解脱的价值标准

所谓价值，是标志主客体关系的范畴。在日常生活中，价值通常与人们对客体事物或现象好坏、利害、美丑、真假、善恶等的判断联系在一起。从一般意义上来说，价值是客体事物或现象对于主体存在和发展的意义，而所谓道德价值，就是客体事物或现象以及人的活动对人的存在、发展和本质实现的意义。凡是对人的存在、发展和本质实现具有肯定意义的事物、现象和行为就具有正面的、积极的道德价值，反之，则具有负面的、消极的道德价值。显而易见，从价值的内容规定来看，它本身就内在地包含着一个价值判断的标准问题，即如何评判客体对象及人的行为是否具有价值、具有什么样的价值，以及具有多大价值的尺度的问题。正是依据一定的尺度，人们才能断定对象对主体存在、发展和本质的实现是否有意义，有何种意义以及意义的大小。不同的伦理学说之所以具有不同的价值观念，就是因为它们有着不同的道德价值标准。因而，对同一个对象，不同的伦理学说就可能给出不同甚至相反的道德价值判断。

在中国传统伦理思想史上，儒家追求社会的完善，以道义即国家

---

① 福善日录，通炯编辑. 憨山老人梦游集（第45卷）.

的整体利益为道德价值的标准；道家追求个人的心灵超越，以自然即主客体无差别统一的清静无为的本性作为道德价值的标准；佛教追求人生的终极超越，以空寂解脱作为道德价值的标准。儒家以治国平天下为人生最高理想；道家以返璞归真为道德的最后完善；而涅槃之所以成为佛教的终极价值目标，就在于佛教认为它是人生的终极解脱。

在佛教看来，世俗社会的一切都不具有恒常的价值，世人追求的喜乐安逸，其实都虚幻不实，现实的人生只有烦恼，根本不存在真正的安乐。在佛教看来，身有生老病死之苦，心有求不得、爱别离、怨憎会之苦，世间的一切皆流转不住，任何安乐都无法常住，暂时的安乐无法逃避人生诸苦，并且由于诸苦的不可逃避性，保住安乐本身也会转变为深深的痛苦。因此，任何世俗的事物、现象都不能充当价值的标准。换句话说，按照佛教的价值标准来衡量，世俗社会的一切物质、享乐、权力、地位都不具有真正的价值，只有达到涅槃境界才能超脱轮回之苦，世俗社会的一切都可以被认为是达到涅槃前的考验。

那么，真正的价值标准是什么？佛教的回答是空寂解脱。隋末唐初僧人灌顶说："要断烦恼，使苦乐不复随身、忧喜不复随心，得有余、无余，灰身灭智，隔别生死，入于涅槃者，则与六道别也。"①人生之所以有价值，不在于人能够在世俗社会中去苦求乐，而在于他能够断灭一切烦恼、息除生死轮回的因果，获得人生苦难的彻底解脱。对于佛教来说，是否有利于解脱，才是最根本、最真实的道德价值标准。

佛教用空寂解脱这一标准来衡量一切事物、现象和人的行为的价值高低，对于不同生命形式价值的分析也是如此。佛教对生命形式

---

① 灌顶撰. 大般涅槃经玄义（第1卷）.

有独特的分类，它把众生划分为十类，或称十界，即所谓"六凡四圣"（也作"四圣六凡"）。它们依受苦和解脱的程度构成了生命价值的十个等级。"众生身有毒草，复有妙药王。毒草即六道界，药王即四圣界，是六道即生生也，二乘即生不生也，菩萨界即不生生，佛界即不生不生。"① 从总体上说，六凡未断因果，不离生死循环，生生为苦。四圣则已离生死轮回，进入涅槃境界："六道界即生死，四圣界即涅槃。"② 六凡未能解脱，不具有积极价值；四圣则依其解脱的程度而确定涅槃作为佛教道德追求的终极价值目标，属于抽象的通名，其内涵的价值标准就是解脱苦难，求得永恒的安乐。灌顶依此标准，概括出安乐即涅槃的结论。他在《大般涅槃经玄义》中，对涅槃作了详尽的描述。他指出，寒地狱遇暖风、热地狱遇凉风所得安乐为涅槃，饿鬼得食的安乐为涅槃，畜生畅性的安乐为涅槃，阿修罗得所归依的安乐为涅槃，人类贫得富、病得瘥、苦得乐、欲得足的安乐也为涅槃，此类涅槃是依欲界果报法所得的涅槃。无想定属色界，非想定属无色界，若断得欲界贪、瞋、身见、戒取、疑五结和色界、无色界，色爱、无色爱，掉（心念动荡而退失禅定），慢，无明五结，就能摆脱烦恼的束缚，获得安乐涅槃，此乃用善因为涅槃；而三十三天常乐我净的安乐，则为用善果之涅槃。二乘（声闻、缘觉）、修不净观、数息、慈心、念佛所得安乐，名方便法涅槃；断欲界、色界、无色界三界烦恼所得安乐为果法涅槃。菩萨以发心普度众生为涅槃，佛之觉悟则为大般涅槃。

但空寂解脱这一价值标准如果被过分地强调，就会导致对世俗生活的否定和抛弃，这是任何社会伦理体系都不愿看到的。实际上，

---

① 灌顶撰. 观心论疏（第2卷）.
② 灌顶撰. 观心论疏（第2卷）.

从宋明时期开始，佛教就一直存在空寂解脱这一价值标准被过度强调的问题。因此，佛教也一直被宋明理学所排斥，理学家们力图破除佛教所提倡的"空""无"的价值标准。后又经历了禅宗"狂禅"之流弊，以致这种趋势在近代愈演愈烈。佛教几乎完全沦为"死人的佛教""鬼神的佛教"，认为完全指向来生，与现实生活毫无关系，这正是过度强调"空寂解脱"的后果。在这种情况下，为纠正认知偏差、拯救佛教发展，太虚大师提出了"人间佛教"理念。太虚大师特别强调佛教的入世性。他指出，大乘佛教本就是入世的，其核心就是自利利他、未度己而度他的，只不过在历史的发展过程中走偏了路。太虚大师提倡的"人间佛教"正是要在空寂解脱的境界主张和世俗菩萨道践行中找到一个平衡点，以拉近佛教与世俗生活的联系。在太虚大师看来，如果过分强调涅槃空寂的价值标准，就会背离佛教的根本精神。

实际上，中国哲学所追求的"境界"一向都具有超越的价值取向。儒家追求的"孔颜之乐""吾与点也"，道家追求的"道通为一"，都具有超越世俗物质利益的超越性价值取向。佛家伦理重视其所追求的"空寂解脱""涅槃寂静"的价值标准的现象，某种程度上也是佛教中国化的结果。

普遍认为，伦理追求的是幸福。与其他伦理学说一样，佛家伦理也追求幸福。但如果从超越的视角来看，佛教所追求的幸福直接指向终极的解脱——涅槃。但是涅槃已经不能用"幸福"这个世俗的概念来形容了，这种胜义的超越的境界已经没有言语可以确切表述。因此，如果说佛教追求幸福，那么它只能是从世俗层面来讲的"中道"的幸福，是属于修行佛教的人的追求目标。正如《心经》中所讲：

"色不异空，空不异色，色即是空，空即是色。"① 佛教修行人追求的其实是在趋向空寂解脱和世俗实践之中找到"中"的平衡点，"要求人们认识到空、假、中是'一而三''三而一'内在相连的，要求人们照看空、假两面而达到中道"②。如果片面地追求空寂解脱，那么必然会走向虚无主义的陷阱；如果一味地强调世俗之事，又会沦陷于物质之中。守持中道，不仅能够稳步修行，也不会与世俗脱节，其实也正是太虚大师所提倡的"人间佛教"，正符合菩萨道的践行思想。

除了这种"守持中道"的幸福，一般宗教都会将幸福寄托在彼岸，如死后进入天堂或者极乐世界。佛教也不例外。尤其是天台宗和净土宗的经典之中，有大量对彼岸世界、往生净土的详细描述。如净土三部经《佛说无量寿经》《佛说观无量寿佛经》《佛说阿弥陀经》中描述西方净土极乐世界（又叫安乐国、安养国、清泰国）说，往生到极乐世界的人都会在七宝池的莲花中化生，相貌都与阿弥陀佛一样庄严，身如金刚，健壮坚强，永无病苦；极乐世界黄金铺路、珠宝无数，建筑雕梁画栋，令人心旷神怡；等等。佛教的这种思想与西方人信仰上帝天堂的彼岸路径类似，但实际上不适合东方土壤。这些对西方极乐佛国的描述被六祖慧能所批判。他说："东方人造罪，念佛求生西方；西方人造罪，念佛求生何国？"③ 中国文化传统的此世性决定了，佛教在中国化的过程中要与中国本土观念相适应，就不能过分追求彼岸或天堂。因此，中国佛教一改往日之闭门静坐，产生了担水砍柴无不是修行、红尘之中无不是佛的禅宗。禅宗可以说是最符合"幸福"之道的佛教派别，是在日常生活中持守中道和在精神取

---

① 玄奘译. 般若波罗蜜多心经.
② 张方玉著. 现代德性幸福的探寻：儒家传统幸福观的转型研究 ［M］. 长春：吉林人民出版社，2021：156.
③ 宗宝编. 六祖大师法宝坛经.

向上趋向超越的统一，是宗教精神和现实生活的完美结合。

三、世俗善恶的宗教超越

任何道德价值都表现为善与恶的形式，佛教伦理也不例外。凡符合某种伦理学说价值标准的事物、现象或行为，在该学说体系内即为善，否则即为恶。但是，由于不同的伦理学说体系所确立的价值标准不同，对善恶的判断标准也就不同，并且善恶的内涵、本质也会有种种差异。佛教的善恶理论就有其独特性。一方面，它在世俗生活中扬善抑恶，其世法认同现实世界的善恶观念；另一方面，它最终追求的是出离世间，最高的善又超越了世俗的善恶观念。

佛教以涅槃为终极价值目标，以空寂解脱为道德价值标准，因此在佛教看来，一切有利于解脱烦恼束缚、获得安乐的行为都具有善的价值，否则就具有恶的价值。众生的解脱因其觉悟程度差异而有不同层次，与之相应，善也就有不同层次的规定。五代、北宋间僧人延寿曾在《万善同归集》中将佛教的善分作四类，即自性善、相应善、发起善、第一义善，又将这四类归为第一义的理善和六度万行的事善。前面四类从善的根源上说，自性善指众生本性中所具成佛的善根，相应善指由本性之善引发的善心善念，发起善则指由善心善念所发起的行为之善，而第一义善则属于最胜义的本体之善。后面两类从善的性质上说，理善指本体之善，事善则指修持行为所表现的善。它们是不同形式、不同层次、不同性质的善，分别具有不同的伦理意义。

按照佛教的教义，它所宣扬的善实际上具有三个不同层次，即方便善、解脱善和本体善。

第一个层次是方便善，指人们为了获得解脱所做的一切善行，亦即延寿所说的"事善"。这类善的内涵规定与世俗伦理学说所规定的善完全一致，或者说，它就是世俗观念中的善。佛教认为人生的际遇也和世界上所有存在一样，处于因果联系之中，人生中所发生的一切都有其原因，而当下的行为又必然导致未来生活的结果。因此，每个人都必须对自己的现在和将来负责，为了构建自己美好的未来、求得理想的果报，应当修善止恶。

和世俗伦理学说不同，佛教的方便善本身并非行为的目的，而只是摆脱现实苦难的必要手段。换句话说，这种善本身并非人们追求的目的，而是达到目的的手段、技巧，其道德价值不高。佛教之所以承认世俗之善具有一定道德价值，只是因为它能在一定程度上解脱人们在现实生活中所受诸苦，使人们在有限的范围内获得尽可能多的安乐。

第二个层次是解脱善，即解脱烦恼束缚、获得真实安乐的涅槃境界所具有的道德价值。尽管佛教也说安乐涅槃遍布十法界，但又一再强调六凡所获得的安乐并非真正的安乐，它们没有灭尽烦恼的恶因，必然招致生死苦果。只有解脱后进入四圣境界，才断灭了无明烦恼的束缚、超越了生死轮回，获得真正的、永恒的安乐。这也是人生的意义、价值之所在。解脱善不再是手段，而是人生道德追求的目的。首先，解脱超越了生死，不再受轮回之苦的困扰，苦因、苦果均已灭尽，获得了永恒的安乐，是人生价值的彻底实现。"既无生死，潜神玄默，与虚空合其德，是名涅槃矣。"① 其次，解脱是对无上智慧的大彻大悟，它不仅"了悟"了人生的真实，而且"洞悉"了宇宙的真实，"断除"了世俗的无明和一切妄见，使精神、生命与宇宙合而

---

① 梅鼎祚辑. 释文纪（第10卷）.

为一。"夫大患莫若于有身，故灭身以归无；劳勤莫先于有智，故绝智以沦虚。"[①] 这就是说，解脱彻底砸碎了人生的枷锁，灭生灭智，消除了产生烦恼的根源，实现了精神的绝对超越。

解脱作为第二层次的善，乃是人的本质的绝对完善，它涵括了世俗之善的根本规定即人的完善，又注入了高迈超越的内容。世俗伦理学说认为，人的完善乃是本质的完善，即人全面占有自己的本质和人的本质力量的充分实现与发挥。中国儒家认为，人的完善是与天的合一，即把握人的本性与天地万物本性的同一。儒家把这一共同本性规定为仁、义、礼、智等社会道德原则，对这些社会道德原则的把握绝不仅仅是精神上的彻悟与超越，更是在现实生活中的积极践履，即格物、致知、诚意、正心、修身、齐家、治国、平天下，而立德、立功、立言三不朽则标志着人的本质力量的充分实现与发挥。在这里，人的完善与社会的完善不可分离。佛教则与之相反，它从根本上否定现实社会和生活的一切积极意义，认为在现实生活中永远也不可能实现人的完善，相反，现实生活只是人实现自身完善的障碍，人的完善只能在超越的领域中进行，并且只有当人超越了世俗生活之后，才有可能实现人的完善。

自从人类有了自身的觉悟之后，就一直追求着自身的完善，它关涉什么样的人最理想即理想的人格是什么，以及如何使现实的人成为理想的人等重大问题。儒家提出的是圣贤，道家提出的是真人，而佛家的理想人格则是佛。古代社会的等级制度导致了人与人之间的对立，使人本身成了人的本质完善的障碍。因此严格说来，儒释道三家关于人的完善的理论都是虚幻的，但作为人类对自身完善的理论探索，又都或多或少包含着一些合理成分。就佛教而言，它正确地指

---

① 梅鼎祚辑. 释文纪（第10卷）.

出，在充满苦难的现实社会中，人的完善是不可能实现的，要实现人的完善，必须消灭人生痛苦。但是，它找不到消除人生痛苦的现实途径，不愿意揭示更无法铲除造成人生痛苦的社会根源，而把痛苦的根源简单地归结为主体的错误观念，认为只要消除了这一错误观念，就能实现精神超越，从而实现人的完善。这就把人们追求自身完善的努力导入了歧途。

第三个层次是本体善，即绝对的、终极的善。这种善与其他一切存在、现象没有任何联系，它是一种自在的善。如果说，解脱善虽然具有超越性，但毕竟还包含着世俗之善的内容的话，那么，本体善则属于绝对超越之善，是人生解脱——涅槃的最高境界。

佛教认为，人生的意义在于涅槃，人生的价值也在于涅槃，空寂解脱是衡量一切事物、现象和行为的唯一价值标准。但是，空寂解脱有着不同的层次，因而具有不同的道德价值。灌顶说："灭有三义，谓性灭，圆灭，方便灭。性灭者，理性至寂，非生非起，生起不能喧动，故名性灭。圆灭者，照无不遍，发无不足，明穷境极，故名圆灭。方便灭者，权巧妙能，逗必会，取必克，故名方便灭。"[1]"灭"即涅槃。"性灭"是从自己的本性把握了宇宙空寂的本质，生死一如，如如不动；"圆灭"是以佛教智慧洞悉了宇宙的空寂，无所遗漏地把握了万有性相的本质；"方便灭"则指通过各种修持，在佛教义理的导引下把握了宇宙的空寂。与三灭相应，构成了三种解脱："无缚无脱，是性净解脱；因果毕竟，是圆净解脱；巧顺机宜，无染无累，是方便净解脱。"[2]觉悟了本性的真实，就会发现束缚与解脱其实都是

---

① 灌顶. 大般涅槃经玄义（卷上）[G] //石峻，楼宇烈，方立天，等. 中国佛教思想资料选编（第二卷第一册）. 北京：中华书局，1983：200.

② 灌顶. 大般涅槃经玄义（卷上）[G] //石峻，楼宇烈，方立天，等. 中国佛教思想资料选编（第二卷第一册）. 北京：中华书局，1983：200.

假名，本来就无缚无脱；断灭了生死的因果，便获得功德圆满的解脱；遵循佛教义理，不被妄见幻相所累，就是所谓方便净解脱。

性灭、性净解脱是涅槃的最高境界。在此境界中，主体完全融入了本体，宇宙间的一切都如如自在，不再有生死、苦乐、真妄、迷悟的区别，生死即涅槃，烦恼即菩提。这是佛教追求的终极价值，也即佛教教义下人生价值的终极形式、人的本质的最终完善。在此境界中，主体以融入本体而获得永恒，实现了对现实的终极超越。

这种最终价值形式的本体善属于无对待之善，它超越一切善恶对立，与世俗道德之善具有完全不同的性质。明僧德清曾对此作过详细阐述。他说："自古以来，人人知见，只晓得在善恶两条路上走，只管教人改恶迁善。此是旧来知见，有何奇特？殊不知善恶两头，乃是外来的对待之法，与我自性本体了不干涉，所以世人作恶的可改为善，则善人可变而为恶，足见善不足恃也。"[1] 这是对世俗之善的分析。他认为，这种善与本体不相干，而与恶对待，相互比较、相互依存。善离不开恶，恶也离不开善，善中有恶，恶中有善，这种善永远也摆不脱恶的纠缠，永远无法从根本上彻底消除恶。因此，善不足恃，它随时都可能向其对立面转化，善恶的规定内含着其对立的因素，包孕着其对立面的种子。一方面，作了恶的可以改过迁善；另一方面，无论什么样的善人都具备作恶的可能性。佛教这一理论触及了一个常常令人迷惑的社会现象，即好人也会做坏事，坏人有时候也会做好事。人们在日常生活中习惯以二分法看待好坏善恶，倾向于认为好与坏、善与恶之间有着不可逾越的鸿沟，二者不可能相互转化。因此，当一个社会公认的好人做了坏事或坏人做了好事之后，人们便困

---

① 德清. 大学纲目决疑题辞［G］//石峻，楼宇烈，方立天，等. 中国佛教思想资料选编（第三卷第二册）. 北京：中华书局，1987：340.

惑不解，便试图努力去证明做坏事的好人本来就是个坏人，好人是伪装的，而做好事的坏人本来是个好人，骨子里、本质上并不坏。佛教的善恶对待观点，有助于我们理解上述社会现象。它告诉我们：好与坏、善与恶是相对的，它们随时可能相互转化，我们不应根据某人的一时一事便断定他是好人或坏人，而应看其本质和一贯表现；即使好人、坏人的评价是根据其本质和一贯表现判定的，也并不意味着好人十全十美，没有缺点过失，不会作恶，同样也不意味着坏人恶劣透顶，没有优点成绩，不会行善。善与恶、好与坏都非绝对的，它们在人的一生中不断流转、变化。故曰"善不足恃"。

对待之善不足恃，它并非佛教追求的终极价值，佛教的终极价值，是破对待、无对待、不对待的绝对至善。"今言至善，乃是悟明自性本来无善无恶之真体，只是一段光明，无内无外，无古无今，无人无我，无是无非，所谓独立而不改。此中一点著不得，荡无纤尘。若以善破恶，恶去善存，此犹隔一层。即此一善字，原是客尘，不是本主，故不是至极可止之地。只须善恶两忘，物我迹绝，无依倚，无明昧，无去来，不动不摇，方为到家时节。……无善可名，乃名至善。"[①] 至善是本体之善，具有绝对的超越性，是本体在主体本性的自然呈露，或者说，是主体融于本体后的一种绝对超越。它超越时间、空间，超越一切存在而独立，不因善而有所增益，不因恶而有所减损；不因悟而光明，不因迷而晦暗；不因有而圣，不因无而凡。它如广纳百川之大海包容万有，似冰水交融泯灭物我，如如自在，不再为善，不再为恶，动止生灭皆是本性真体的自然呈现，没有任何依赖。善恶的分别也不再具有任何意义，生命获得了永恒，人的本质实

---

① 德清. 大学纲目决疑题辞［G］//石峻，楼宇烈，方立天，等. 中国佛教思想资料选编（第三卷第二册）. 北京：中华书局，1987：340-341.

现了终极完善。

儒家也讲至善，《大学》开宗明义的三纲领就是"明明德""新民"（采朱熹义）和"止于至善"。儒家讲的至善虽然也是最高之善，但却是现实生活中最完美的道德之善，朱熹解释为"事理当然之极"。明僧德清讲的至善则是对儒家世俗至善的超越。在他看来，无论儒家的至善如何完善，终究只是"事善"，而不是终极之善。佛教追求这种绝对至善，是为了寻找一种独立且永恒的价值，或者说，为世俗道德中的善设立一个终极本根。佛教认为，人的一切行为只有与这一本根相即相入时，才具有真实的价值。因此，这一绝对至善被视为佛教价值观的本体原则，而人的一切道德追求，最终都要复归于这一本体。

人类自古以来就追求绝对至善，向往消灭一切恶、只有纯洁的善的理想社会。尽管不同时代、不同学派对这一理想社会的内容和形式的描述有着种种差别，但有一个共同点，即都相信有这样一种纯善无恶的理想社会。其实，这是一种善良的愿望、美丽的空想。人的完善和人类社会的完善都不存在什么理想的终极境界，它是一个永无终极的过程，甚至人和人类社会本身的终极也并不等于它的终极。在现实生活中，善永远与恶相对待，因为恶的存在，善才具有价值，人因为不完善，才会去追求完善，任何预设的终极境界，都将被人的发展不断超越。佛教似乎觉悟到了这一点，它对现实生活和现实社会都予以否定，而把价值定位在超现实的领域，并把终极价值的预设，从现实社会提升到绝对超越的境界。尽管这种预设同样是虚幻的，却提升了这一伦理问题的理论层次，从一个侧面反映了传统价值观的发展进程。儒家王守仁"无善无恶心之体"理念以及后来心学提出的"无善无恶乃为至善"等观点，都深受佛教这一思想的影响。

第二节　因果业报的宗教道德调节

因果论是佛教的核心义理。因果业报是具有宗教道德调节作用的基本教义。在佛教看来，宇宙万有都由因缘和合产生。任何事物的产生、发展和灭亡都是某一原因的结果，同时又是另一事物产生、发展和灭亡的原因，整个宇宙就处于永不间断的因果链条之中。佛教在用因果论解释人类社会现象时，坚持人生际遇无论贫富、贵贱、寿夭都由先在的原因所决定，而不是人在现实生活中所能够决定或改变的。但是，这个原因并非外在于人的天命或天理，而是人自己先前（包括前世）的行为，即所谓"因果报应"。这种观点显然属于命定论范畴，不过它并非外在决定的宿命，而是自己所造之业的果报，人们虽不能改变现在，却可以决定将来。因此，一个人应当对自己负责，对自己的将来负责，多造善业以求福报。可见，报应论虽然是一种宗教理论，但在佛家伦理道德中却成为对人们的道德行为进行引导的有效方法。

佛教把产生人生现象的原因称为"业"，而把其结果称为"报"。"业"，梵文"Karma"的意译，音译为"羯磨"；意为造作，泛指众生一切有意识的活动，一般多指身业、口业、意业三类活动。身业指身体、手足的一切行为；口业指口中说的或吟唱的；意业指思想、心理活动，包括审虑、抉择、思维、想象、欲望、意念等。从行为的道德性质上，则可以划分为善业、恶业和无记业三种。对自己和他人今生后世有益、顺乎佛教义理者为善业，对自己和他人今生后世有害、违背佛教义理者为恶业，不善不恶的则称为无记业。需要注意的是，佛教认为善业、恶业之间没有对等可言，是不能相互抵消的。一颗种子种下去，何时长成只是时间问题，并不是说做了善业，就可以抵消那颗已经种下去的种子的恶了。如，放生自然有放生的功德，但并不能抵消过去已经杀生的恶业。

"业"是佛教独有的思维模式。当一个人起心动念，就会形成一种无形无相的牵引力量，这种力量与各种事物在条件配合之下呈现相应的活动现象。刘朝霞在《佛家业力因果的认知方式及认知能力培养解读——以汉译四部〈阿含经〉为例》一文中提出："从认知上来说，要认识业力的关键作用才能明了两件事情之间作为因与果的真实联系；从行为上来说，塑造人生要依业力法则。"① 该观点肯定了业力的重要性，认为本质上因果轮回的法则就是以业力论为基础发挥作用的。而就人生而言，现实的生活遭遇由自己过去的行为所造成，而现在的行为又必将产生未来生活的结果，这就称为业报，或因果报应。

一、三世轮回的善恶因果

万物因缘生，佛说其因缘。在佛教看来，世界万物处于普遍的因果关联之中，因果联系是宇宙间最普遍的联系。人的生死、贫富也是如此，人的一切行为、生活既是某一原因的结果，也必然是某一结果的原因，在获得彻底解脱之前，每个人都在因果往复中流转。

佛教的因果报应说基于三世轮回理论。三世其实就是指过去、现在和未来。众生在灭尽生死因果之前，都会因为自己所造的业在六道中轮回，永无止境。这种业报轮回说并不是释迦牟尼自创的，而是脱胎于印度本土宗教。它是沙门运动中反抗婆罗门教的种姓、等级制度

---

① 刘朝霞. 佛家业力因果的认知方式及认知能力培养解读：以汉译四部《阿含经》为例 [J]. 宗教学研究，2015（2）：90.

的一种思潮、理论。因此，佛教的缘起思想和因果报应思想是有区别的。第一，从时间维度上看，缘起论特指"近因"，而因果论往往不是近因，甚至是跨越生死世代的。第二，因果论由于时间和空间的跨度较大，内容比缘起论复杂得多。缘起论一般就是描述诸行的几个环节，比如"十二缘起"；而因果论涉及的事情则非常多。第三，缘起论与因果论认可的业因不同。缘起论主要是为了揭示在无明的笼罩下，我执是造业的根因；而因果论则认为是旧业造新业。第四，在教义传播上侧重点不同。缘起论注重传播四圣谛，教人成佛之理；因果论则衍生出消业论，教人消除过去恶业，不再新造恶业。随着佛教的广泛传播，这两种思想逐渐混合，消业论被人们普遍接受，甚至出现了提到佛教时人们只知因果报应却不知缘起论的情况。

首先，佛教认为一定的业因将产生同类相应的报果。善业得福报，恶业得祸报，有如种瓜得瓜、种豆得豆，什么样的因就产生什么样的果，作什么样的业就得到什么样的报应。罪福相应，如影随形，未有为善不得福、行恶不得殃者，"是故心以善恶为形声，报以罪福为影响"[①]。人类在社会生活中的一切有意识的行为，都是为了求得某种结果，而且必将产生一定结果。因为既然某种行为已经发生，它就会对周围环境及其他事物产生不同程度的影响，受此行为影响而产生的其他现象或事物，就是该行为的结果。这一结果又将对行为者产生一定影响。这种现象使得人们在社会生活中不仅关注行为的结果，更关注行为结果对自身的影响。通常情况下，上述两种影响一般具有相同或相近的性质：如若行为对他人他物产生好的影响，那么行为结果对行为者本人也将产生好的影响；反之，如若行为对他人他物产生坏的影响，那么行为结果对行为者本人也将产生坏的影响。正是

---

① 梅鼎祚辑. 释文纪（第 8 卷）.

这一规律的客观性，使得人们相信行善不仅有利于他人和社会，也于自己有利，作恶不仅对他人和社会有害，而且终将害己。所谓"积善之家，必有余庆；积恶之家，必有余殃"，讲的就是这个道理。佛教的善恶报应观点，正是对此行为规律所作的宗教伦理概括。

其次，善恶因果报应不爽。佛教以因果为宇宙万有最一般的联系，人所造之业与其所报之间也是因果关系，果报是业因发展的必然，不可违抗，不可逃避，不可消除。佛教中国化的第一部重要著作《牟子理惑论》中就说，因果报应有着客观必然性："阴施出于不意，阳报皎如白日。况倾家财，发善意，其功德巍巍如嵩泰，悠悠如江海矣。怀善者应之以祚，挟恶者报之以殃，未有种稻而得麦，施祸而获福者也。"① 不管是公开的行动还是私下的作为，也无论是出于什么动机，只要造下了业，就必然遭致相应的果报。

近代学者梁启超曾这样评价佛教的因果报应理论："凡自己造过的'业'，无论为善为恶，自己总要受'报'，一斤报一斤，一两报一两，丝毫不能躲闪，而且善和恶是不准抵消的。……恶业受完了报，才算善业的帐，若使正在享善业的报的时候，又做些恶业，善报受完了，又算恶业的帐……又并不是象耶教说的'到世界末日算总帐'，全是'随作随受'；又不是象耶教说的，'多大罪恶一忏悔便完事'，忏悔后固然得好处，但曾经造过的恶业，并不因忏悔而灭，是要等'报'完了才灭。佛教所说的精理，大略如此。"② 从总体上说，佛教的因果报应理论有如下几层含义：第一，善恶报应在质上有着相似性，善得福报，恶得罪报，而不会为善报罪，为恶报福；在量上也有着相应性，为善大福报大，为善小福报小，作恶多得罪多，作恶少

---

① 牟子. 理惑论［G］//石峻，楼宇烈，方立天，等. 中国佛教思想资料选编（第一卷）. 北京：中华书局，1981：9.

② 徐少锦，温克勤. 中国伦理文化宝库［G］. 北京：中国广播电视出版社，1995：1113.

得罪小。一报还一报，丝毫不爽。第二，只要造了业就必定要报，做过的事情，其影响绝不会消失。一个人一生中的行为也许往往善恶相间，既行善，也可能作恶，但报应则仍以善报福、因恶报罪，而不会以善恶相抵消后再予以报应。一个人做了坏事并不因为他是好人便不得罪报，也不因为他是坏人做了好事就不得福报。这就向人们发出了警告：无论什么人，若不想得罪报，就必须一辈子做好事、不做坏事，任何人做了坏事都会遭报应。同时，它又告诉人们，即使是恶人，只要诚心行善，也将获得福报。第三，报应是自作自受、随作随受。好人应得好报、必得好报，这是古今中外一切伦理学说的共同信念，但如何报，各家各派有不同的看法。儒家讲积善有余庆、作恶有余殃，但报应不仅及于本人，更及于子孙后代。而佛教则坚持报应只及于行为者本人，自己造的业，无论善恶福罪，都必须由自己承担。西方基督教也讲报应，但它是在世界毁灭时由上帝对所有生存过的人进行末日审判，行善赎罪、灵魂圣洁的人送进天堂，作恶犯奸、纵欲恣行的人则打入地狱，故梁启超称之为"算总帐"。而佛教则认为得报应的时间有长有短，但却是随造业随报应，根本就不存在算总账的事。第四，造了业必受等值的报应，不以人的主观意志为转移。特别是造了恶业之后，即使行为者认识到它的错误与危害，痛心忏悔，也丝毫不能减轻更不能免除恶报。基督教则认为，无论作了什么恶，只要诚心忏悔就能得到上帝的宽恕，求得灵魂的圣洁。故基督教的忏悔是"洗罪"，而佛教的忏悔只不过是另作的善业，它的积极价值在于可以得福报，但不能免除已作恶业的罪报。

再次，佛教报应论的另一个重要观点是三世报应。报应不爽就是说，作多少业受多少报，为善必得福报，作恶必得罪报，而且须由本人身受。可是，现实生活中的情形却并不尽然如此。任何具有良好道德素质的人都希望好人得好报，可是生活中却经常发现好人不得好

148

报、恶人不得恶报，甚至有好人受罪、恶人却得福乐的现象。从伦理学上说，这构成了道德与幸福的二律背反，即有道德的人不一定幸福，而幸福的人不一定有道德。儒家承认这一现实，它并不单纯强调身报，更强调他报，即由儿孙受报，故祖宗积德未受身报，儿孙则可享受福报，这就对上述道德与幸福的冲突作了调和。同样，佛家也不得不承认这一现实，但却并不以之否定、怀疑报应的必然性，相反，它认为这一现实恰恰说明了报应的必然性。其根本原因就在于生命的更替具有连续性，人死之后形灭神不灭。形体只是神灵或说灵魂寄寓之处，此形灭后，神灵又转生于另一形体，只要因果尚未灭尽，神灵就永远在不同形体中轮回流转。因此，生命有过去、现在、未来三世乃至多世，报应则有现报、生报、后报三种形式。受报应的主体并非某一特定的形体，而是寄生于该形体中的神灵或灵魂。

东晋佛学大师慧远为了消除人们对佛教报应论的怀疑，特作《形尽神不灭论》《三报论》《明报应论》等文，系统阐述了"三报"思想。他说："业有三报：一曰现报，二曰生报，三曰后报。现报者，善恶始于此身，即此身受。生报者，来生便受。后报者，或经二生三生百生千生，然后乃受。"① 所谓现报，即一个人所作之业，在他生命终结之前，就以此身承受其果报，故又称"身报"。所谓生报，指此生造业，今生虽未受报，但来生必将受报。如今生救人性命，来生长寿；今生残害生灵，来生折寿；等等。所谓后报，指今生造业，今生来生都不受报，但无数世后一定受报，这就是报应论时限的定中不定、不定中之定。这种理论强调，任何人都不能逃脱自己所造之业应得的报应。恶人得福、善人遭殃，不仅不能说明报应不灵，恰恰揭示了应报不爽。今生所受一切，皆由前世造业所定，是前世之

---

① 弘赞编. 解惑篇（第2卷）.

业的果报。前世造善业，今生得福报，并不因今生作恶而减少福祚；前世造恶业，今生得罪报，同样不因今生行善而减少应受之罪罚。"世典以一生为限"，把一生的时间作为检验报应的区域，当然会觉得应报不灵，会产生好人不得平安、坏人不遭天谴的道德与幸福二律背反的结论。

明白了佛教三世报应理论，一切疑惑都自然烟消云散，一切问题都似乎迎刃而解了。

佛教指出，由于报应受各种业力的影响，又不受时间空间的限制，因而就出现了极其复杂的情况。一般而言，报应不爽以身报与生报的形式表现出来。"今我疾苦，皆由过去；今生修福，报在将来"[1]。但具体的果报，却呈现出各种形式："'有业现苦有苦报，有业现苦有乐报；有业现乐有乐报，有业现乐有苦报。'或余福未尽，恶不即加；或宿殃尚在，善缘便发。又若善多恶少，则先受乐而后受苦，则福尽祸生；或善少恶多，则先受苦而后受乐，则灾消庆集，此皆并是后报。"[2] 根据这种解释，佛教认为，人们在现实生活中没必要过分执着于自己的遭遇，无论福罪，皆是前生所定，真正值得关注、应该仔细思虑的是现实生活中的前因后果，应努力积善以求福、去恶以消灾。

三世报应论对现实社会道德与幸福二律背反的现象作出了无法证实的解释，并坚决彻底地否定了二者之间的矛盾。它认为，这个矛盾是不真实的假象，其之所以不真实倒不在于生活本身的虚幻，而在于它割断了善恶福罪因果间的无限链条，只从中抽取极其有限的一段——人的一生来分析，这就必然得出错误的结论。如果我们在善恶福罪因果的无限链条中考察道德与幸福的关系，就会发现，二者之间

---

① 智顗说. 妙法莲华经玄义（第6卷）.
② 延寿述. 万善同归集（第3卷）.

根本不存在任何矛盾，好人行善一定得福报，坏人行恶必将得罪报。"善有善报，恶有恶报；不是不报，时候未到；时候一到，一定要报"，这一观念成了中华民族普遍的道德信念，也是多数国人行善去恶的一种精神动因。

二、六道轮回的祸福流转

善有善报，恶有恶报。佛教对善恶福罪的业报作了十分具体的描述。

首先，为善必得福，为恶必得祸。

"不杀生"能成就对众生普施无畏，起大慈大悲之心，永远断除瞋、恚恶习，身体健康、无病无灾，寿命长久，得到天神的保佑，从不做噩梦，能够消除他人对自己的怨恨，不堕入恶道，生命终结后转生天界等十种"离恼法"。

"不偷盗"能成就财富盈积、终生不散、永远享受不尽，被许多人爱戴、怀念，不会受别人的欺侮，受到社会的普遍赞誉，自己的利益不会受到他人的损害，美好的名誉广为流传，在人际交往中心怀坦诚、无惧无畏，能够增强自己各个方面特别是获取资财的能力，胸中常有广施众生的善念，死后生于天界等十种"保信法"。

"不邪淫"能够成就眼、耳、鼻、舌、身、意六根与男根、女根诸根调顺，避免世俗喧闹，为世人称赞，妻子贞节、凛然不可侵犯等四种"智人所赞法"。

"不妄语"能够成就口常清净香洁，获得世人普遍信任，所说之言凿凿有据而得人与天的爱敬，经常能用充满爱意的温柔语言安慰众生，得到最真实的快乐、做到三业清净，说话准确无误，说话尊重他人，以及语言充满智慧、在言语交际中无往不利等八种"人天所赞法”。

"不两舌"能够成就不损害自己的身心，不危及自己的眷属，不销毁自己的信誉，不有损自己的正当行为，不危害引导自己修习佛法的师友等五种"不可坏法"。

"不恶口"能够成就说话不乖度怪诞，语言能带来利益，所说的话符合正理，言谈文雅、语句优美，说话受欢迎、被人接受，说话诚实、讲信用，自己说的话不会受到他人的讥讽和反驳，语言表达出爱心和快乐等八种"净业"。

"不绮语"能够成就为世人喜爱，定能以智慧知识如实回答一切问题，在人天中取得最高的威信、成就最高的品德等三种"决定"。

"不贪欲"能够成就身、口、意三业，带来五种"自在"：没有烦恼，身心自在；财物自在，不求而得；福德自在，幸福不招而至；王位自在，功名不慕而降；所获得的，超出自己所付出的百倍。

"不瞋恚"能够成就没有烦恼，没有愤怒怨恨，没有争强好胜，心地柔和正直、平静如水，对众生怀着高尚的慈悲，经常以利益满足众生的安乐，相貌庄严而为世人尊崇，加速升入梵天的进程等八种"喜悦心法"。

"不邪见"能够成就获得真实的善德与快乐，深深相信佛教因果报应学说，一心皈依佛教，获得真实的本心和正确的见解，恒久地生于人天二界，福贵与智慧同步增益，永远脱离妄见而行于佛教圣道，破除我执而舍弃诸恶业，常获没有障碍的真知灼见，不堕入诸种烦恼苦难等十种"功德法"。

世人的一切行为，依此果报，只要造了善业，就会获得有益于福乐的报应。作十善得以上诸种福报，而作十恶则必将得相应的罪报。佛教认为，作十恶业必将令众生堕于畜生、饿鬼、地狱三恶道，经作善业超出恶道再生为人之后，恶业之报还未消尽，每一恶业还要分别获得两种果报："杀生"得折寿短命、多痛多病报；"偷盗"得贫穷困顿、共财不得自在报；"邪淫"得妻子不贞洁、找不到并无法照料好眷属报；"妄语"得经常被人诽谤、遭受诳骗报；"两舌"得亲友离心、眷属不和报；"恶口"得经常遭受呵斥、说话往往引起纠纷报；"绮语"得说话无人相信、谈吐含糊难解报；"贪欲"得所求永远不得满足、贪得无厌报；"瞋恚"得被他人说长论短挑毛病、被他人恼恨损害报；"邪见"得生于愚昧荒诞人家、其心阴险虚假报。

其次，生命根据主体自身行为即业的善恶性质及大小在六道中轮回。善恶报应包括两种含义，一是为善得福、作恶得罪，主要指人的善恶行为对其生活内容的影响；二是为善可入天堂、作恶必下地狱，生命形式根据主体行为的善恶在"天、人、阿修罗、畜生、饿鬼、地狱"等六道中升降。

轮回。梵文"Saṃsāra"的意译，指众生生了又死，死了又生，犹如车轮周而复始地转动不止。佛教认为，众生若未领悟佛法、灭除无明、断绝因果，就无法获得生命的永恒，只能在六道中据其业果而生死相续。

地狱。梵文"Naraka"的意译，又作"不乐""苦处"等。地狱不是指某类众生，而是受罪处，指众生若造杀生、偷盗、邪淫、妄语等恶业死后受罪的地方。佛教对地狱有着各种划分和描述，有所谓"八大地狱"（又作"八热地狱"）、"八寒地狱"和"十六小地狱"（又作"十六游增地狱""十六眷属地狱"）等。其中阿鼻（梵文"Avīci"）地狱最为恐怖，乃地狱中最苦之处，为造五逆及毁佛、害佛、害阿罗汉、害父母等"五无间"重罪者死后受罚之所，故又称"无间地狱"。众生于此受着最残酷之苦，并且永无间歇。

饿鬼。梵文"Preta"的意译，又略译为"鬼"。此类众生的生活仰仗于他人，受人施舍残羹剩饭而生存，为众生吝啬、贪婪、嫉妒等恶业所受的果报。因为多数鬼经常受饥渴交迫之苦，甚至千百年不得一食一饮，故称为饿鬼。它们散居于人间、冢墓及阎摩王界，可分为各种各样的类别，佛教对此有二种、九种、十种、三十六种等不同说法。

畜生。梵文"Tiryac"的意译，又作"傍生""旁生"，指各种卵生、胎生、湿生的蠕行、伏走、飞腾、泳动的动物。此类众生由于其业不正而受到负天而行的果报。其行非正，故曰"旁行""旁生"。佛教认为，畜生愚痴不得自在，难悟佛法，多遭被同类异类杀戮甚至吃掉的业报。

阿修罗。梵文"Asura"的音译，亦作"阿须罗""阿素洛"等，略称"修罗"，意译为"非天""无端""无酒"。此类众生受修戒布施但未绝瞋恨、嫉妒、谄曲之业的果报。又说本为天神，因犯戒而被逐出天界，贬入魔道。佛教说此类众生福报似天而无天之德，无天酒之报；男者相貌狰狞丑恶，女者面容姣好艳丽：故称为"非天""无酒""无端"。它们是一种魔神、战神，好战斗，经常与天争战，抢夺美女、美食以及天界的统治权。它们所具神力、所享寿命、所居宫殿均较人类为优胜，但陷于魔道，修学佛法较人为难，故其在六道中的地位处于人之下。

人。梵文"Mānusa"或"Manusya"的意译，又作"意"，音译为"摩奴沙""末奴沙"等。人在六道中思虑最多，有智慧、业果胜、意细微、能正觉、智慧增上、能别虚实、圣智正器、聪明业所生八义。《长阿含经》说人"能造业行""勤修梵行"，"佛出其土"。就修习佛法而言，人最为殊胜。实际上，佛法即为人而设。

天。梵文"Deve（提婆）"或"Sura（素罗）"的意译，意为光明、自然、清净、自在、最胜，受人间以上的胜妙果报，共有三界二十八天，即欲界六天、色界十八天、无色界四天。其中帝释天为欲界下二天之主；色界初禅天梵王为一小世界之主，二禅天梵王为小千世界之主，三禅天梵王为中千世界之主，四禅天梵王（大自在天）为大千世界之主。最高的天为非想非非想处天，但未超脱生死轮回。

再次，六道轮回依为善渐次上升、依作恶逐步下降流转。六道中地狱、饿鬼、畜生为三恶道，凡作恶者均堕此三道；阿修罗、人、天为三善道，行善者入此三道。这实际上反映了佛教学说下述道德观念：道德和幸福有着无可怀疑的统一性，行善多，获得的幸福必然多；作恶多，遭致的痛苦也必然多。六道轮回就是这种统一的具体表现形式。

"轮回"本质上是众生内心迷惑的显现，根源就在凡夫心中。也就是说，在凡夫心中具有六道众生的心理特质，当这些心理外化，便呈现出流转轮回的种种状态。很多人不相信有六道存在，认为六道是看不见的虚设，但实际上，人间已然有六道之别。

饿鬼的特征为渴求无度，不知餍足。而很多人对地位、金钱、感情也存在着病态的渴求，无论拥有多少都不会感到满足，在心中认为自己"缺"，这与饿鬼的心理特征无异。畜生的特征是愚痴，通常我们认为人是具有理性思维的生物，而动物只是凭着本能生存、享乐。有的人就是处于类似畜生的生活状态，就如臧克家曾讽刺的，"有的人活着，他已经死了"，也就是我们常说的行尸走肉。他们活着是为了生存，生存是为了活着，对人生再无更多的思考和追求，与动物的生存状态相差无几。地狱的特征是身心时时处于极度痛苦中。这世间也有不少人就陷入了这种苦不堪言的境地，有些是被剧烈的病痛纠缠，有些是被无尽的烦恼折磨。现代社会心理疾病频发，一些年轻人患上抑郁症、躁狂症，身心备受煎熬。这样的生活状态，难道不正是"人间地狱"的写照吗？阿修罗的特征是瞋心极重，以争斗为乐，但凡不符合自己心意，便会争斗、挑衅，并且沉浸其中。他们似乎只有在争斗中才能感受到自己的存在，才能实现自己的人生价值。这些现象在现实生活中比比皆是，正是"六道"的另一种表现形式。

善恶福罪报应基于六道轮回法则而运作，造了什么业必得什么报。佛教坚信道德与幸福的绝对一致性，以宗教的形式高度肯定了道德对于人的意义和价值。它认为，一个人行为的善恶，不仅关系到主体自我发展的精神充实与完善，更决定着其未来的生命形式和生活内容。

三、因果自造的道德责任

因果论是佛教对宇宙间一切存有和现象的本质联系及其存在、变化、发展的必然性的认识。佛教虽然追求超越，但却否定一切超越众生的主宰，在涉及人类生活与道德行为时尤其如此。古今中外许多思想家都承认，宇宙间一切事物和现实的产生、存在、变化和发展都并非偶然的、杂乱无章的，而是具有客观必然性、有序的。他们或者认为冥冥中有一个超自然的神灵主宰，把一切委诸天意神旨；或者坚持宇宙间有一种未知的力量决定着一切，从而听从命运的安排；或者宣示宇宙万有皆以某种绝对精神为本，而宇宙则是此天理的逻辑展开；或者断言自然界的秩序只不过是思想本身的内在结构，是主体精神的逻辑呈现；或者相信自然就是必然，事物的产生、发展、变化本于自身的逻辑。佛教的理论接近最后一种观点，它以事物自身的因果联系析解、论证其产生、发展和变化的必然性，否定一切超自然、超越事物自身的主宰。因果报应学说是这一理论在道德论中的具体表现。除了上述涉及善恶与福罪的关系的内容外，它的另一积极的道德意义就是凸显了主体的道德责任。

第一，佛教不承认上帝的存在。和其他宗教如基督教、伊斯兰教不同，佛教虽然也讲神，如四圣、天，但在佛教的教义中，神只是一些精灵，属于众生中的一些类别，它否定存在一个凌驾于众生之上的全知全能的绝对主宰。释迦牟尼也不同于上帝和真主，他不像后两者那样与众生之间有着一条不可逾越的绝对鸿沟，而只不过是众生中最先觉悟者而已。易言之，只要彻底觉悟、明心见性，则人人都可以成佛。近代名僧太虚大师曾作《破神执论》，对万能主宰之神作了深刻的分析和批判。他指出，一切宗教宣示崇拜的最高主宰神都具有三种共同的规定，即"拟人实""具天德"和"有神能"。所谓拟人实，乃指主宰神照着人的形式予以描绘，其形体、居处、言行、知觉思虑、情感意志、教化刑赏，无一不是对人及人类社会生活的模拟。不是上帝按自己的形象创造了人，而是人按照自己的形象创造了上帝。所谓具天德，指主宰神具有唯一性、自在性、永恒性、普遍性等绝对超越的属性。所谓有神能，指其所具创生万物、主有万物（指占有万物之主权）、统治万物和洞晓一切的全知全能。针对这些观点，太虚批驳说，如果上帝是一种绝对的超越，无所不包，那么，他即应"无自无他、无内无外、无彼无此、无能无所，而与一切事物无有二相"①，无能创生也无须创生，无物主宰也不能主宰。若人世间一切皆由上帝创造并赏善罚恶，则人间不应有善恶苦乐罪福之别，赏罚纯属蛇足。他的结论是："诸世间人物，自立自治，互生互化。人牛种稻粱，稻粱亦还资人牛；父师传子弟，子弟亦还为父师，初无待乎别有一造作宰治者。故汝所执造万物者、作万物者，都无用处！"② 这就把主宰之上帝清除出了人类的道德生活。

第二，佛教不承认命运的主宰，认为命运可以通过修行的方式改

---

① 太虚大师全书编纂委员会辑. 太虚大师全书 [G]. 台北：善导寺佛经流通处印行，1980：308.

② 太虚大师全书编纂委员会辑. 太虚大师全书 [G]. 台北：善导寺佛经流通处印行，1980：311.

变。佛教鼓励人们积极改变自己的命运，通过行善和修持去开创未来。中国儒家讲天命，认为宇宙间虽无至上神主宰，但冥冥之中有一种客观且不可抗拒的力量决定着人世间的一切，这就是天命。如"生死有命，富贵在天"，"四十而不惑，五十而知天命"，等等。所谓天命，实际上是对某种客观必然性的概括，在理论上属于预定论、决定论。它认为，宇宙间的一切包括人类社会生活事先都已由天命决定，现实生活中已经发生的、正在发生的与将要发生的一切，都只不过是预定之天命的现实展开。虽然佛教因果论也讲预定、决定，但它只承认现实生活中发生的一切都是有原因的，而且这已经发生的一切必然会产生某种结果，从现在可以推知过去、预测未来。然而，因果的决定作用既非某种盲目必然性使然，更不是由超越现实与人生的客观力量所主使和预先安排的，而是人自身行为的作用和影响。易言之，命定论和因果论的区别在于：命定论强调宇宙间的一切都由某种盲目必然性或某种客观力量决定，不以人的意志为转移，人们不能抗拒、无法改变，只能接受、顺应；因果论则认为宇宙间的因果联系不可抗拒和改变，已作之因和它的未来之果也不以人的意志为转移，但是，作什么样的现因，却完全取决于人的主观意志。正因为果与因之间有着必然联系，所以，人们能够以现在的行为去创造自己美好的未来。

因此，佛教的报应论有别于机械的宿命论，它主张诸法因缘而生，空无自性，认为命运也是因缘而生，没有自性。坏的命运可以借种植善因善缘而加以改变。

既然命运是可以改变的，那么佛教就必然提倡通过当下的行为来改变未来的命运。佛教讲过去、现在、未来三世因果。过去的宿业已经注定，懊悔也于事无补，但现在和未来的命运却掌握在我们的手里，只要妥善地对待每一刻真实的现在，就可以改变未来的命运。因此，佛教反对沉溺于对过去命运的伤感之中，而主张积极追求充满无限希望的未来。

佛教希望凡夫能够以改变命运为目标洗心革面。人经常容易看到别人的缺点而掩饰自己的过失，佛陀的教法就是希望我们洗去心中的尘垢，还给本心一片洁净。求道的过程无非是洗心涤虑、净化生命，等到天清月现、光芒朗照的时候，就会证悟涅槃、超脱轮回，体验无上清净妙法。因此，佛教主张个人应该为自己的未来积极奋斗，朝向未来生活，也就是注重人的主观能动性的发挥，鼓励人们通过自身的努力改变命运。

第三，佛教认为，人类在生活中的任何遭际都是自己所造业因的果报，自作自受，每个人都必须为自己的行为和生活承担完全的道德责任。人生固然是被决定的，但并非被上帝决定、被命运决定，而是被自己决定的，自己决定着自己目前的生活和未来的命运。曾经种下什么因，才有目前生活的果报；现在造什么业，决定着未来生活的苦乐罪福。自己的一切必须自己负责，不怨天，不尤人。明僧德清说："佛说一切世间善恶因果报应，如影随形，毫不可爽。……人生一世，正报身命延促，依报家产资财、功名贫富贵贱，秋毫皆是前生修定。今生所受用者，不从外来，尽是自作自受耳。"[1] 今生的苦乐福罪乃前世种下的因，业因已经种下，该来的一定会来。造了善业必得福果，不因现在不作善而减其福禄；作了恶业必得罪果，不因现在行善而减其苦罪。自己种下了因就必定要承受其果，上帝、父母、他人不能赐予、不能代受。"若知安命，则贫富得失，一切委之前定，皆我自造，则穷达寿夭，皆吾命之固然。若明信因果，则今生受用一切，皆我前世修成，原非他人之可与，亦非智力之可能。"[2] 佛教也

---

① 福善日录，通炯编辑. 憨山老人梦游集（第39卷）.
② 福善日录，通炯编辑. 憨山老人梦游集（第39卷）.

讲"前定"、讲"命"，但它们是因果决定的，而非外在于人的客观力量决定的。人是自身的主宰，是自己命运的操纵者，因而，必须对自己的行为和生活负起全部的道德责任，得福得罪完全取决于自己为善为恶。凡是已经做过了的事，就必须自己承担其责任，任何逃避、改变的意图都是不切实际的，也是不可能的。由此，佛教强调现实生活状况的不可改变性，任何现实的努力都无法改变已种之因的必得之果，已造之业是现实生活的根本原因，它必然要产生特定的结果，而现在的努力包括才智等只是其助缘，能够加速、促成其果报的到来，而不能改变必来的果报。

从消极方面说，佛教上述观点与上帝主宰、命定论一样，是为现实社会生活作辩护，回避了产生现实苦难的根本原因，对人的精神具有腐蚀作用。从积极方面说，它强调人是自己命运的主人，人不仅要对自己的现在负责，更须对自己的未来负责。现在虽已无法改变，但未来的生活是苦是乐，完全取决于自己的主观努力，这就凸显了主体的道德责任。不过，它又夸大了人的责任能力。

第四，佛教强调主体的道德自觉与自愿。因果报应论确立的道德责任，并非强调主体对自身和社会的历史使命感，而是表明主体对自身过去、现在、未来三世的深切关怀和自作自受、自立自主的自觉。因果报应论的伦理意义，不仅在于它给出了对现实生活的解释，更在于它鼓励人们开创美好未来生活。往事不可追挽，未来犹可造就。"若明智之士，的信因果报应，不必计其前之得失，但称今生现前所有，以种未来之福田。"① 现在的生活只是过去的一面镜子，它证明了因果善恶福罪报应的不爽。现实既然不可改变，那么就要为未来生活努力，对未来幸福生活进行自觉而积极的追求，为之播下幸福的种

---

① 福善日录，通炯编辑. 憨山老人梦游集（第39卷）.

子，这正是人的价值的体现。这种道德上的自觉与自愿，源于对因果报应的坚定信念和去苦求乐的基本人生态度。在一定意义上可以说，它使人的道德行为有了明确的目的性、高度的自觉性，以及不计眼前得失、不畏艰难险阻的坚定性。"信有三界升沈，信有六道轮转，信有菩提可证，信有净土可生，信如是因，作如是果，是名深信因果。"① 因果报应强化了现在与未来生活、理想之间的紧密联系，给人们行善去恶注入了内在的驱动力。

梁启超在《论佛教与群治之关系》中叙述佛教信仰为"自力"而非"他力"时说："佛说现在之果，即过去之因，现在之因，即未来之果。既造恶因，而欲今后之无恶果焉，不可得避也；既造善因，而惧后此之无善果焉，亦不必忧也。……吾所已造者，非他人所能代消也；吾所未造者，非他人所能代劳也。"② 已造之业，其果不能消，人须对自己的行为负责，不能把自己的生活委诸天命、他人或任何其他主宰。未造之业不有果，任何自身以外的其他存在都无法给自己带来幸福，幸福之树要靠自己去种植，不仅要自觉，亦须自愿。因此，佛教特别强调要立大心、发大愿，拔苦与乐。正如梁启超所言，"（一）当急造切实之善因以救吾本身之堕落，（二）当急造宏大之善因以救吾所居之器世间之堕落"③。一言以蔽之，就是要求人们自觉承担起追求个人幸福，拯救众生苦难的道德责任。

佛教的道德调节方法强调善恶福罪的因果报应，要求人们完全对自己的生活和行为负责，处理任何事情首先必须考虑它可能造成的后果，主张自己掌握、创造自己的命运，提倡主体道德上的自主、自立、自觉、自愿，这是它的积极面。但是，佛教夸大了业报的绝对

① 徐少锦，温克勤. 中国伦理文化宝库［G］. 北京：中国广播电视出版社，1995：1112.
② 徐少锦，温克勤. 中国伦理文化宝库［G］. 北京：中国广播电视出版社，1995：1112-1113.
③ 徐少锦，温克勤. 中国伦理文化宝库［G］. 北京：中国广播电视出版社，1995：1113.

性，把现实生活的苦乐完全归之于主体自身行为，实际上是将个人生活抽离出现实社会，掩盖了人生苦乐的社会根源，抹杀了社会矛盾这一人生苦乐的根本原因。此外，其三世报应、六道轮回等观念，更是具有明显的荒谬性。我们对这些消极因素要有清醒的认识。

第三节　积善止恶的道德实践精神

因果报应论具有鲜明的奖善惩恶作用。随着佛教在中国的传播与发展，它逐渐深入到中国民众的意识之中，融会为中华民族善恶观念的重要内容。正是在佛教这一伦理道德观念的影响下，在世俗生活中，"善有善报，恶有恶报；不是不报，时候未到；时候一到，一定要报"的信念和行善求福、止恶去罪的心理，成为民众止恶修善的重要行为动机。

一、积善求福

如前所述，佛教的善恶观念与儒家有共通之处，但也有自己的特点，它对善的内涵规定是"顺益"。所谓顺，指顺理、顺体、顺性，即符合佛教义理、符合宇宙真实、符合人的本性（佛性）；所谓益，指有益于世，利乐众生，反之即为恶。顺理、顺体、顺性、益世四者高度一致。佛教的真谛在于对真实体性的觉悟，契合佛教义理必然对世间有益。从理论层面分析，可以将其划分为三个层次，即行为层面的利乐众生之善、心性层面的本性觉悟之善和本体层面的无对待的绝对之善。善恶报应与止恶修善之善，主要指行为层面的道德之善，它是善恶对待之善，与世俗的善恶观念基本一致，因而具有一般的道德价值。

佛教鼓励人们行善，认为行善就可以获得福报。种下善业的种子，因缘成熟后就会出现善果，想要获得福报，必须在当下行善，种下善因，积累福报，才能在后世享受。因此，佛教认为在现实生活中，人们应该顺应世法，行善积德。

第一，孝顺亲人。有人认为佛教是出世的，不提倡孝顺父母，认为血脉亲情是人间的羁绊，但实际上并非如此。如果连自己的亲人都不能爱护，连自己的父母都不能好好照顾和孝顺，那么如何爱众生呢？

第二，常怀恭敬心。佛教不论是世间法还是出世间法都提倡福报从恭敬中来。恭敬心就是要求我们待人接物要保持一颗平常心，即使对待比自己身份低微或者不如自己的人，也要报以恭敬，而不能以傲慢的态度对人。

第三，戒邪淫。邪淫并不是指正常人的普遍生理需求，而是在正当两性关系之外产生的不轨的念头和行为。因为一时冲动破坏他人家庭，是对自己与他人不负责任的行为，也是不理智的行为。所以戒邪淫，在某种程度上也是对自己的约束和负责。

第四，勤俭节约。世界上的资源是有限的，不仅人类需要资源，动物和其他生命也需要。一个人如果因为占有很多资源就铺张浪费、穷奢极欲，认为这些资源属于自己而肆意挥霍，不仅是对自身欲望的放纵，更是对全体生物共有资源的浪费。这种行为最终会导致资源枯竭，使自身乃至整个社会陷入困境。

第五，广结善缘。就是给予他人帮助和利益。佛教认为，众生生活中的所有际遇都是自己所造业因的果报，那么乐善好施是否会影响这种因果报应？这就需要从佛教复杂的因果理论中去理解。佛教讲因果有所谓"六因""四缘""五果"，业报轮回自己造的业是主因，其必受的果报无法消除，但其中增上缘、士用果等也会发挥作用。一方面是施者通过行善积累了功德，另一方面是受者获得了增福减罪的福祉。所以在日常生活中，我们应该乐善好施，尽自己所能帮助别人，积极参与利益大众的事情，如公益、慈善活动。多一点善缘，就多一分福报。

第六，乐于施舍。人们常说有舍才有得，想要得到必须先付出。"施舍"这个词与胜义谛层面上的"布施"相似，都是不求回报的给予，或者是希望他人更好的给予，这种美好的施舍必然有助于福报的积累。

第七，吃亏奉献。古人曾说"吃亏是福"，这其实和舍得的逻辑是一样的，不管是不是属于自己的东西，不论是"舍"出去，还是"亏"出去，最后都会以福报的形式回到身边。出去的越多，回来的也会更多，所以不必斤斤计较于个人得失，"失"其实是在积累福报。

综上所述，增加福报的方法其实有很多都来自我们普遍认可的优良道德品质，如自我约束不放纵欲望、心胸宽广不斤斤计较等，具有这些优秀道德品质的人会在自己的日常行为中不知不觉积累福报。

因果报应说晓喻人们：行善是有利的，它能够给人带来福乐；作恶是有害的，它必将受到苦罪的报应。要求乐去苦，就必须修善止恶。劝善警恶，体现了整个佛教伦理根本的道德精神。"诸恶莫作，诸善奉行，自净其意，是诸佛教。"[①] 这是佛教著名的"七佛通戒偈"，概括了佛教最一般的行为准则。为防止人们作恶，佛教设置了阴森恐怖的畜生、饿鬼、地狱三道，令人闻之心惊胆战，不敢以身尝试，从而禁戒恶行；为了引导人们向善，佛教又对极乐世界大肆夸

---

① 智顗说. 妙法莲华经玄义（第3卷）.

张，使人闻之心驰神往，从而积极为善。佛教学者不厌其烦地告诫人们，行善可以求得福报、正果，作恶必得罪报。"守口摄身意，慎莫犯众恶，修行一切善，如是得度世。"① 就是说，人们想要得到善果，就必须广种福田，即谨守身、口、意三业，诸恶莫作，诸善奉行。只有修善止恶，才能离苦得乐。和其他宗教不同，佛教认为，欲求未来的幸福，不能依赖于向全能的上帝或真主祈祷，而在于自己积极行善。"夫大善积而灾销，众恶盈而福灭，理之必然，信而不贰。"② "恶积则受苦，善积则受乐。"③ 所谓积善，指不断地做利乐众生和供养三宝的善行，一辈子只做好事，不做坏事。儒家讲"继善"，追求天人合德的内在完善；佛教说"积善"，积累福报，强调对人生苦难的超越。儒家的追求只有极少数人能够实现，而佛教的追求更是没有人能在现实生活中实现，但它给了人们一个希望——来世。不管一个人此生如何，来世都将根据他自己的行为重新安排，享福还是受苦取决于他自己此生行善还是作恶。佛教这一观点带有显而易见的虚幻性，任何人都无法证实它的真实性，但它同时也不可被证伪，故一般民众为了摆脱现实生活的苦难而乐于相信它，而不是怀疑它。

积善就是一点一滴地做好事，聚少成多，积小成大。山泉初出，只是涓滴细流，由于长年累月持续不断，终于汇积成滔滔大河。因此，佛教强调造善业并非一定要去舍身饲虎，只要利乐有情，事无巨细都应当积极去做，绝不能因事之细微而不屑为，否则，大事做不来，小事又不做，将终其生而与善无缘。行事不问大小，但问善与不善。只要是善，便可得福报；只要是善，便是成佛种子。事虽细微，却是种下的善因。一个人行善就是断了恶念，只要持之以恒，必成正

① 道世撰. 法苑珠林（第61卷）.
② 道宣撰. 广弘明集（第14卷）.
③ 德清阅. 紫柏尊者全集（第9卷）.

果。行善是离苦得乐的根本。根本既立，只要一心向善、一生为善，就能修得成佛正果。相反，若弃小善而不为，已离正道，如果更去作恶，则必将堕入恶道。

然而，在现实生活中，人们经常可以发现好人并不总得好报，恶人亦非总得恶报。有的人一生善良，生活却坎坷艰苦；有的人肆意作恶，却一生飞黄腾达。对于这种现象，佛教解释说，这并非表明善恶报应不灵，而恰恰证实了报应的必然性。今生行善受苦，乃是过去恶业的果报；今生作恶享乐，正是过去善因的结果。若想来生享乐去苦，就必须修善止恶。为了坚定人们行善的信念，佛教强调一业既造就永远不会消失，只要造下了善业，其业力就永不消逝，即使今生未报，历亿万劫后也必定要报。因此，行善不得福报的担心是完全不必要的。

佛教所行之善主要有"十善""六度"。所谓"十善"，指针对十种恶业而做的善事，即前讲的不杀生而具足仁恕，不怀怨恨；不偷盗而于他人慈恕；不邪淫而对正当两性关系以外的女人不生贪染邪念；不妄语，对人说老实话、真话；不两舌，不挑拨离间；不恶口，说话文明有礼，常说润泽语、柔软语、悦意语、风雅典则语等；不绮语，说话审慎不追求浮华，常作审语、实语、义语、法语，即说话严肃；不贪欲，远离欲求，洁身自好；不瞋恚，对人充盈慈悲心、利人心、哀悯心、欢喜心、和润心、摄受心；不邪见，远离一切错误见解，皈依正见，信奉佛法僧三宝。"十善"概括了身、口、意三业的主要德行，是修证三善道、四圣的基础。所谓"六度"又称"六波罗蜜"。一为布施，即以财物或自身能力、智慧利益众生，供养三宝；二为守戒，遵守各种戒律；三为忍辱，于所受到的辱骂、殴打等不起瞋恨之心；四为精进，勤修善法、利乐众生而不知疲倦；五为禅定，修习禅定，纯化意念，观想佛的庄严；六为般若，修习佛教无上智慧。十善、六度是佛教要求贯彻的主要善行，它既包括佛教的宗教追求即人生苦难的解脱，又包括利乐众生、与人为善的具体德行，是佛教伦理的基本道德规范。

佛教一方面要求人们了悟胜谛，认识佛教真理，信奉佛教，一方面更要求人们自觉向善、坚定行善，发大愿、立大志，修善止恶，以自己的实际行为利乐众生。《华严经·普贤行愿品》中的普贤行愿，就是佛教徒大力提倡的"十大愿王"或"十大行愿"：第一，礼敬诸佛。指尽一切所能礼拜十方三世诸佛。第二，称赞如来。指以"一一舌根，出无尽音声海。一一音声，出一切言辞海"，称颂赞扬一切如来的功德，即以千言万语称赞如来。第三，广修供养。指以无尽殊妙的供养具如华云、天音乐云、天伞盖云、天种种香、天衣服云、燃种种灯等供养十方三世一切诸佛。一切供养中尤以法供养为最上，即以精勤修行佛法、利益摄受众生、代众生受苦、勤修善根、不离菩提心、不舍菩萨业等善行供养十方三世一切诸佛。第四，忏悔业障。指在十方三世一切诸佛及众菩萨前，诚心忏悔过去无量劫（即过去无限的时间）中所造身、口、意恶业。第五，随喜功德。所谓"随喜"，意为见到他人行善、修持佛法，自己也心中欢喜，或赞颂表扬。此愿指随喜赞颂十方三世一切诸佛菩萨乃至所有众生的种种善行功德。第六，请转法轮。指以身、口、意三业种种方便殷勤恳求十方三世一切诸佛常为众生说佛理妙法。第七，请佛住世。指恳求十方三世一切诸佛、菩萨、缘觉、声闻乃至一切善知识（知解佛法之友）不入涅槃，常久住世以利乐众生。第八，常随佛学。指经常诚心向十方三世一切诸佛求教，学习他们所修一切难行、苦行以及种种利乐众生之行。第九，恒顺众生。指恒久不易地随顺利乐十方三世一切种类的无量众生，即尽自己所能满足众生的需要，减轻或免除众生的痛苦。如敬父母、尊三宝，做诸病苦的良医，为迷途者指明道路，于黑暗中点亮光明，为贫穷者广施财物，平等广泛地利乐一切众生。第十，普皆回向。指所修一切功德（即上述九愿）都须回向泽及众生、利乐有情，愿十方三世一切众生常得安乐、远离痛苦，欲行恶业皆不得成，所修善业皆能迅速圆满地成就福果、正果；关闭一切恶道之门，开启人天涅槃正路。如果众生有因往昔所造诸恶业而感得任何极重苦罪果报，都愿以身代之，而使众生获得解脱与安乐。

以上十愿是佛教提倡的、信徒们普遍立下的志愿、心愿。其中除第一礼敬诸佛、第二称赞如来、第六请转法轮属于宗教誓愿外，其余各愿都具有浓郁的道德意义，都属于利乐众生、随顺有情的善举。故普贤行愿从总体上说可谓佛教修善止恶的誓言，表明了佛教伦理所倡导的践履善德的宏大誓愿和道德精神。

佛教一方面给予人们世俗层面积累福报可得善果的教法，要求人们自觉向善、坚定行善，发大愿、立大志，修善止恶，以自己的实际行为利乐众生，一方面又在道德超越层面讲述了发菩提心、实践菩萨道的教法。

"菩提心"全称阿耨多罗三藐三菩提心，又作无上正真道意、无上菩提心、无上道心、无上道意、无上心、道心、道意、道念、觉意。菩提可以译为"道"，菩提心就是"道心"；菩提也可以译为"觉"，那么菩提心就是"自觉觉他之心"。龙树的解释是："菩萨初发心，缘无上道，我当作佛，是名'菩提心'。"[①] 菩提心要求修行之人"上求佛道，下化众生，利益众生"，即为了觉悟宇宙人生的真相并利益度化众生而追求无上菩提的誓愿。又因为发菩提心是成就菩萨道的种子，没有种子就无法结出果实，菩提心的重要性可想而知。一般而言菩提心有三种，分别是行愿菩提心、胜义菩提心和三摩地菩

---

① 龙树菩萨造，鸠摩罗什译. 大智度论（第41卷）.

提心。

第一，行愿菩提心。行愿菩提心又分为行菩提心和愿菩提心。顾名思义，愿是发愿，利益一切众生，希望从生死轮回之中彻底解脱，觉悟成佛；行是行动，在发愿的基础上去做利益众生的事情，在实际行动中不离六度万行。二者其实就是愿望与行动之间的关系。行愿菩提心属于菩提心中最低等的一级，但恰恰也处于世俗与胜义的交界处，是逐步走向胜义和超越的开始。

第二，胜义菩提心。指通过"止观双运"的修行方式，了悟世间万物的"空性"本质，是真正的"性空正见"。在发起胜义菩提心之前，"空性"的概念只能通过对世间事物迁流变动的观察和推理得知。胜义菩提心从初地到十地共有十个阶位。随着阶位的提升，断除烦恼障与所知障的功德逐渐增长，不仅证得了空性智慧，也标志着菩萨真正进入了见道的境界。

第三，三摩地菩提心。又称佛菩提心，是等级最高、最究竟的菩提心，代表了佛的境界和佛的智慧，是真正觉悟了宇宙人生真相的境界。其本质上是不可言说的终极境界，非要用文字描述，可谓"不生不灭，不垢不净"，且超越一切二元对立，如对错，是非、黑白、大小、多少等。行者若能住于三摩地观想凝照，即可得明朗智慧，断除一切烦恼而证得究竟真理。

那么要如何发起菩提心呢？发菩提心也需要因缘，省庵大师《劝发菩提心文》中提到了十种可以帮助众生发菩提心的因缘。

第一，念佛重恩故发菩提心。佛教认为在六道轮回之中，并不是每一世都可以获得人身，也不是每一世都可以投生到有佛法的世界。所以佛教要求人们珍惜投生成人的机会，珍惜闻得佛法的机会。故现世为人又闻得佛法者，要感念佛恩。

第二，念父母恩故发菩提心。从胜义的层面讲，宇宙中的一切有情众生都曾在过去世与父母相处过，念及父母哺育的各种艰辛，唯有发菩提心，成就道业功德才能报答。没有父母就没有个人的生命和成长，也无法修行佛法，所以应感念父母养育之恩。

第三，念师长恩故发菩提心。师者"传道受业解惑"，佛教认为父母给予凡夫肉体的生命，而师长给予凡夫灵魂的生命、智慧的生命。没有师长的教导，就无法了解佛法，就无法依法修行而证得道果，所以应感念师长传道之恩。

第四，念施主恩故发菩提心。这是针对出家人而言。出家人既不务农经商，也不担任世俗职务，衣食所需皆依赖护法居士的布施，所以应发菩提心，以佛法利益众生，报答施主的供养之恩。

第五，念众生恩故发菩提心。按照马克思主义哲学的观点，人是社会的产物，是一切社会关系的总和，人的存在始终离不开与他人的交往与联系。所以应感念众生的恩德，应发菩提心，以利益众生为己任。

第六，念生死苦故发菩提心。众生之苦多种多样，但其中最令人痛苦和恐惧的是死亡。佛教认为，死亡并非终点，今生的死亡伴随着下一生的开启，众生就是在这无尽的生死轮回之中不断沉沦，没有终点也没有归宿，这足以令人绝望。想要脱离这种轮回生死的苦海，唯有发菩提心，追求觉悟与解脱。

第七，尊重己灵故发菩提心。"己灵"是指众生自己本就具有的灵性，亦即佛性。佛教认为凡夫学佛不应该只向外求，其实最殊胜的东西就存在于凡夫个人的内在之中。凡夫应该尊重自己、相信自己，认识到自身本具的佛性，故应发菩提心。

第八，忏悔业障故发菩提心。"忏"是发露过去所作的旧恶，"悔"是知错以后决心不再重犯，"业"包括身、口、意三业。由于前生恶业造成今日苦难，所以要通过忏悔来消除业障。

第九，求生净土故发菩提心。佛教认为现实的世俗世界充满污浊和痛苦，在经文中描述了一片远离痛苦、令人向往的极乐净土，为了抵达此极乐彼岸，应发菩提心，精进修行。

第十，念正法得久住故发菩提心。所谓"正法"，即佛陀的教法。佛教认为，一个世界如果没有正法，那人们就将陷入无尽的痛苦轮回之中而永无超升之日。发菩提心求正法久住，众生就有出离苦海、摆脱轮回、觉悟真相的可能。

在这十种发菩提心的因缘法中，前五种是外在助缘，后五种是内在因缘。有了外在助缘，才有修行的条件和可能。一切有情众生都是修行的助缘，应发菩提心报答，但内在的因缘才是核心的因缘，是凡夫脱离生死轮回、往生净土的因缘。胜义层面认为发无上菩提心，是站在利益众生有情的出发点上，以最终成佛为目标而进行的修行。要想真实地发起菩提心，必须用深刻的智慧之法去体悟人生、体悟现实生活，对现实生活产生出离之心，对在现实生活中挣扎的人生起怜悯之心，在生活中行无上菩萨行，最终达到自利利他的境界，直至五蕴寂灭、功德圆满，成就究竟佛果。

随顺十方三世一切众生、利乐有情的善行，凸显了佛教与人为善、平等待人的慈悲精神，有利于引导人们修善止恶。但是，从世俗的观点来看，这种观念提倡无原则、无条件去爱，对恶人恶事也宽容与乐，实际上混淆了是非善恶。即使根据佛教自己的理论来分析，这种观念也存在极大的矛盾。一方面佛教坚持善有善报、恶有恶报，一切报应皆由自己承受，不可避免也不可由他人代受。正因为此，佛教伦理才有奖善惩恶的作用。可是另一方面，它又强调普度众生，解脱一切有情，并且要代替一切众生承受其恶行所得的任何苦罪果报，这就免除了众生作恶所应负的责任，实际上是纵容恶人恶行，从而削弱了它的奖善戒恶作用。这种现象表明，佛教伦理作为一种宗教伦理，尽管其中包含一些合理的、积极的因素，但不可避免地存在着许多理论上的缺失，充盈着大量消极的内容。

二、改过去恶

止恶修善从积极方面说是鼓励人们主动、自觉地按照佛教的道德价值观念做好事，自利利他，从消极方面看则是要求人们杜绝、改正违背佛教道德价值的行为，二者相辅相成。一方面，止恶才能修善，先去污垢，然后才能修其净；另一方面，修善即是止恶，纯净其质，才能一尘不染。止恶是基础，修善是手段，二者都是为了摆脱人生之苦，避罪求福，以得安乐正果。因此，佛教的十善均针对十恶而设，是对十恶的否定，其表述形式即简单地在各类恶行之前加一否定词"不"。如不杀生即为仁爱，不绮语即为正语，不邪见即为正见，等等。善就是对恶的否定，就是要去恶。修善是止恶的根本，佛教设立的种种戒律，都是为了防止人们作恶，要求人们按照佛教的道德规范行事，以端正身、口、意三业，"诸恶莫作"。

然而，在现实生活中，一切凡夫俗子都免不了犯各种错误，都或多或少有种种过失，按佛教的说法，即造下所谓"恶业"。根据因果报应理论，任何恶业既已造下，就产生了绝对的"业力"，必将招感相应的罪报，这一客观必然的事实不因任何人或任何事而有所改变。每一个人都必须对自己犯下的过失和罪错负责，这一点不容有任何侥幸心理。但是，承担自己行为的一切后果，只是客观必然的事实，而不是佛教提倡的对待过失和罪错的积极态度。

佛教认为，虽然造了恶业不能逃避其必然的果报，但认识到恶业必有罪报，就应尽量不造恶业，并采取一系列补救措施将此果报降到最低限度，而不是听任其自然发展，这才是对待过失和罪错的应有态度。佛教提出的改过去恶的行为措施，主要有如下几种。

第一，端正善恶观念，树立对恶的羞耻之心，佛教称之为"惭愧"。慧远说："于恶自厌名惭，于过羞他称愧。"① 人对于自己所犯罪错，在内心所产生的厌恶心理称为"惭"，而在他人面前感到羞耻则称为"愧"。惭愧就是对自己罪错的羞耻之心，它是一种内向的愤怒，是对自己行为的自觉的否定。一个人有了羞耻之心，就会对自己犯下的罪错感到难过和内疚，产生深深的自责，从而对已犯罪错产生戒惧之心，避免再犯。因此，羞耻之心是正确的善恶价值观念的心理表现，表明这一善恶价值观念已经根植于心灵深处。传说释迦牟尼圆寂之前，曾告诫其徒说："惭耻之服，于诸庄严，最为第一。"②"庄严"在此指佛法，意为羞耻之心是第一佛法。"若无愧者，与诸禽兽无相异也"③，把羞耻之心视为人与禽兽区别的标志。这种观点和儒家的思想完全一致。先秦孟子就以羞耻之心为人的"四端"之一，认为它是"义"的萌芽，有了羞耻之心，就表明道德已根植于人的本性之中。孟子同样也强调"无羞恶之心，非人也"④，把羞恶之心看作人的本质规定。可见，儒释两家都要求人们树立正确的善恶观念，并把它视为人的道德素质最基本的要求。

所谓惭愧，就是对自己缺失的不满和对自己过错的愤懑，概而言之，是对自己存在状况或行为的自我否定。但是，惭愧并非仅对罪错的简单否定，还包含对罪错的深刻认识。它要求人们不仅能承担恶业的罪报，更要对犯错本身感到羞耻，从而自觉地预防罪错、制止罪错、改正罪错、杜绝罪错，而绝非要人们因为罪错而否定整个自我，

① 慧远撰. 大乘义章（第2卷）.
② 天亲菩萨造，真谛译. 遗教经论.
③ 天亲菩萨造，真谛译. 遗教经论.
④ 杨伯峻，杨逢彬译注. 孟子译注［M］. 长沙：岳麓书社，2021：67.

自甘下流。明僧真可说："能病病者，病奚从生？以不能病病，我故病焉。"① 文中所云"病病"，意为"以病为病"，即对自身缺失过错的厌恶、愤懑、羞耻。一个人如果有了这种对过错的厌恶、愤懑、羞耻之心，就会自觉地防止过错、远离过错、改正过错。相反，一个人如果没有这种惭愧、羞耻之心，则表明他缺乏明确的善恶是非观念，不仅不能警惧、改正过失，反而会肆无忌惮，无所不为。这种观点显然也受到儒家思想的影响。孟子说："人不可以无耻。无耻之耻，无耻矣。"② 即是说，一个人若无羞耻之心，就必然会因为肆意犯错而给自己带来羞耻。中国佛教学者以此去理解、诠释印度佛教的惭愧，表现出与儒家思想的高度一致。

第二，监察反省自己的行为，对自己的缺失和过错检讨自责、决心悔改。佛教讲的惭愧，就是要求人们在道德实践中进行自我监督、自我反省、自我检查。佛教主张修善止恶，但所止之恶主要是自己所犯过失，而非他人之恶。《维摩诘经》云："常省己过，不讼彼短。"③《法句经》："不好责彼，多自损身。"④ 认为每个人在社会生活中首先应当多检视、反省自己，而不是攻他人之短。如果人人都能做到这一点，则世上既无恶行，修持也无有不成："逐日但将检点他人底工夫，常自检点，道业无有不办。"⑤ 在日常生活中，一些人往往对他人求全责备，对自己宽大为怀，要做到严己宽人，必须有高度的道德自觉。故六祖慧能云："常自见己过。即此一语，便是成佛作祖之要诀。"⑥ 在此，慧能所强调的是人们在道德上必须严格要求自己，时

① 德清阅．紫柏尊者全集（第9卷）．
② 杨伯峻，杨逢彬译注．孟子译注［M］．长沙：岳麓书社，2021：252.
③ 支谦译．佛说维摩诘经（第2卷）．
④ 赵铁信，石英主编．人生铭语·格言集［M］．北京：大众文艺出版社，2009：653.
⑤ 蕴文编．大慧普觉禅师语录（第19卷）．
⑥ 德清撰，福善日录．憨山老人梦游全集（第3卷）．

时反省自己的行为，提高预防和改正错误的自觉性。

佛教认为，有了这种道德行为上的自我监督心理机制，怀抱着对过失与罪错的惭愧，一旦发现自己造了恶业，就能进行虔诚的忏悔。所谓忏悔，为梵文"Ksama（忏摩）"与"悔"的音意合译，原为对人发露悔过、请人宽恕之意。佛教以忏悔为消除罪业、清除心垢的重要方法。中国佛教学者对它作了新的解释，认为忏与悔具有不同的含义。如明僧元来（1575—1630）说："忏谓永断未来非，悔谓耻心于往犯。故云，已作之罪愿乞消除，未来之非更不敢造。"① 禅宗六祖慧能的说法却正好相反，认为忏为赎前愆，悔为断后过，不过都是把忏与悔区别开来。实际上，这表明中国佛教学者不仅肯定忏悔原有悔已犯之过的含义，而且赋予了它誓断来非的新义。慧能说："忏者，忏其前愆，从前所有恶业，愚迷憍诳嫉妒等罪，悉皆尽忏，永不复起，是名为忏；悔者，悔其后过，从今以后，所有恶业，愚迷憍诳嫉妒等罪，今已觉悟，悉皆永断，更不复作，是名为悔。故称忏悔。凡夫愚迷，只知忏其前愆，不知悔其后过。以不悔故，前愆不灭，后过又生。前愆既不灭，后过复又生，何名忏悔?"② 在佛教看来，作为一种止恶的手段，忏悔的道德价值不在于耻于前愆，因为已经造下的恶业，并不能因为忏悔而消除其罪报，任何已造之业，其业力都必将发生作用，而不管人们是否认识到它的是非善恶。对于以往恶业的怨悔、羞耻，其积极价值在于通过对自己过失或罪错的自责自咎，引起对恶的警惕戒惧，端正认识、改正罪愆，一心向善、永不再犯。如果只是对前愆有后悔之心，前业不消，后业又继，那么，这种忏悔是没有任何积极意义的。

佛教指出，忏悔的方式有两种：理忏和事忏。元来说："洗心忏

---

① 弘瀚汇编，弘裕同集. 无异元来禅师广录（第22卷）.

② 宗宝编. 六祖大师法宝坛经.

悔者，有二种义：一者理忏，二者事忏。理忏者，如云'罪从心起将心忏，心若灭时罪亦亡，罪亡心灭两俱空，是则名为真忏悔'。……良以众生业累深厚，刹那静念，倏忽万端，若不深达实相之理，难以去除；不究缘生之法，何能灭罪！……二者事忏，谓端对圣容，广陈供养，散花行道，称佛洪名，五体投地，如大山崩，发露披陈，求哀忏悔。"[1] 所谓理忏，指从根本上了悟佛教真谛，以此般若智慧观罪性本空，恶由心生，亦由心灭，与实相相应，依此忏悔，可以永断恶根，灭尽前愆。所谓事忏，指诚心供养、礼拜三宝，以赎前愆，在佛祖菩萨或僧伽面前发露自己的过失与罪错，自责自咎、自我鞭笞，誓不再犯。具体的忏悔方式有念佛、诵经、发露、观析、礼僧拜佛、做道场等。

因果报应论警诫人们不要作恶，作恶必受罪报，鼓励人们积极行善，行善定得福报。忏悔论则告诉人们，造下了恶业并不等于决定了未来的一切，还可以通过一定的方式予以补救。前者使人不敢作恶，后者则是对已作恶之人的挽救，防止他们自暴自弃，造下更大的恶业，给他们指出了一条改过自新、救赎前愆，止恶修善、去苦至乐的道路。

第三，及时改正错误，时刻提高警惕，一旦发现自己的过失或罪错，立即改正，绝不听任其自然发展，以把影响缩到最小范围。无论惭愧或忏悔，都还只是对自己过失与罪错的正确认识和态度，只有把它们落实到行动上才具有现实的意义，这就要求随处犯错随处改正。

要做到随犯随改，首先必须树立正确的善恶是非观念。要真正认识到行善得福光荣、作恶有罪可耻，增强修善止恶的自觉意识，以"诸恶莫作，诸善奉行"要求自己、监督自己，经常反省自己的一言

---

[1] 弘瀚汇编，弘裕同集. 无异元来禅师广录（第22卷）.

一行，不放过一丝一毫的过失，立誓有过即改、有错必改，永不再犯。"他非不用频频举，己过还须旋旋除。"[1] 佛家讲修善止恶，主要是针对人们自身的行为而言，修己之善、止己之恶，而不是把它当作手电筒，只照别人，不照自己。如果每个人都能发现、改正自己的过失与罪错，那么，世间也就不会再有任何差错让人去挑剔、攻讦。概而言之，世间将不再有恶。佛教强调及时改过，不仅要改已形之过，随处有过随处改正，更要改未形之过，即改正任何作恶犯错之心，消灭一切恶的意念和动机。宗杲（1089—1163）说："十二时中遇物应缘处，不得令恶念相续，或照顾不著，起一恶念，当急著精彩，拽转头来。"[2] 他要求人们在每一天的待人接物中都高度警惕，不要在头脑中生起一丝恶念，一旦有了恶念，必须斩钉截铁断绝之，将其消灭于萌芽状态，绝不容许它化为实际行为。尽管意业一作，其业力即已发生作用，但欲而未行，还是可以避免给自己和他人带来更大的损害。不管什么人，身、口、意的恶业既已造，其果报就不可避免，改过也不能改变其果报。那么，改过去恶有什么积极的作用呢？佛教认为，人之所以不能听任恶业之既造而不理，是因为改过去恶一方面可以减轻罪报，另一方面更重要的是，改过本身就是修善。有了改过去恶的意念，就是向善的开端，能够改过去恶，就是行善积德。

三、勤勉精进

止恶修善是佛教道德的基本精神，它鼓励人们勇于去恶、积极向善，为了求得修持的正果、摆脱人生苦难而勤勉奋进，永不懈怠。这种道德上的积极进取精神，称为"精进"。所谓"精进"，是梵文

---

[1]　蕴闻编. 大慧普觉禅师语录（第27卷）.
[2]　蕴闻编. 大慧普觉禅师语录（第19卷）.

"Virya（毗梨耶）"的意译，又译作"勤"，是佛教心所法、大善地法之一，也是"八正道"之一，意为在修善去恶、舍染转净、利乐众生的修行过程中努力不懈、勇往直前，不畏艰难、永不疲厌。佛教还把它区分为始发精进和终成精进。前者指修行之初即立志勤勉，勇毅不退；后者则指修成善果之后仍不懈怠，永不满足，奋进不已。因此，精进不是达到某种目的（如求来生之福或修证善果）的手段，而是生命的一种根本精神，即"生命不息，奋进不止"的宗教表现形式，故"虽得佛果，精进不休"①。《成实论》云："今世后世世间出世间利，皆因精进；一切世间所有衰恼，皆因懈怠。"②众生今生来生的福寿，在现实世俗社会或超现实的宗教理想境界中的利乐，都是由于勤勉精进才获得，而所有一切烦恼痛苦，则皆是懈惰怠逸的结果。因此，佛教认为，人们若想在人生或修行的道路上勤勉精进，首先必须避免懈怠，做到不放逸。所谓"不放逸"，乃为梵文"Apramāda"的意译，佛教心所法、大善地法之一，与"放逸"相对，指一心努力修持善法，对自己没有一丝一毫的放纵，不因任何懈怠而心生烦恼，或者混天度日、虚耗时光。佛教认为，任何人都具有做好人和做坏人的两种可能性，为善为恶完全取决于自己，善恶只在一念之间。然而，一个人做点好事并不难，难就难在一辈子做好事，不做坏事。为善如垒土，为恶如山崩。要想为善求得正果，就必须精进不已，戒惧放逸。佛教尖锐地指出，心身一旦放逸，不仅善不能成形，还必将崩溃。因为人心善恶不两有，不为善即为恶，止作恶即修善，故放逸为善之心，实起作恶之意，止息作恶之意，即是修善之行。所以佛教强调："夫放逸者，是众恶之本；不放逸者，乃是众

---

① 延寿述. 万善同归集（第3卷）.
② 诃梨跋摩造，鸠摩罗什译. 成实论（第14卷）.

善之源。"①

不放逸就是要求人们积极向善，在道德修养和道德实践中时刻抖擞精神，永不懈怠，"一者乐善无厌，二者修道不倦"②。积善践德，利乐有情，永远不知满足；修持进德，净心悟道，永远不知疲倦。这种观念表达了如下思想：人的道德完善是一个无限发展的过程，只要人类不毁灭，它就永远没有终点。因此，佛教强调即使修成了佛果，仍要精进不已，成佛是道德理想人格的实现，并非道德完善的终结。

不放逸的精神，就是勤勉不懈、勇毅奋进。人为万物之灵，灵就灵在他是主体性存在，能够超越事物的自然发展而主宰自己的命运、创造自己的生活，在改造自然的同时改造自身，发展和完善自己。这是一种自主、自觉的积极追求，是生命运动的最高形式。在此过程中，需要人们坚定不移、持续不懈地顽强拼搏。佛教的勤勉精进，就体现了上述积极精神。慧思说道："复次初夜后夜，专精学禅，节食摄心，舍离眷属，断诸攀缘，是名精进。"③ 精进就是专心致志地修行，为实现自己确立的价值目标，抛弃一切不必要的东西，舍离各种世俗的欲求，一心一意修持行善，以求正果。"若能精勤，系念不散，则休息烦恼，不久得成无上菩提。"④ 只要专心致志地修行，勤勉不懈，就能断除一切烦恼，获得无上智慧，觉悟成佛。

总而言之，佛教讲精进，就是强调在修善止恶及修行过程中，发广大心，立坚定志，努力不懈，朝着佛教指引的方向勇往直前。

从佛家伦理思想的总体建构来看，涅槃是其终极的价值目标。其

---

① 道绰撰. 安乐集（第 1 卷）.
② 诃梨跋摩造，鸠摩罗什译. 成实论（第 15 卷）.
③ 慧思撰. 诸法无诤三昧法门（第 1 卷）.
④ 袾宏辑. 禅关策进.

衡量一种行为的善恶，标准就是是否有利于解脱。所谓"顺益"为善，"顺"即指顺于因果、真如等真实之理，"益"指有益于自己和他人，有益于今生和后世。一言以蔽之，佛教之善就是佛教根本义谛的体现，是人生苦难的解脱。因果论作为其道德调节的方法，提醒人们要注意行为的前因后果，无论作恶行善，事先都必须思考它可能带来的结果。善恶与福罪有着绝对的一致性，行善终将给自己带来安乐，行恶必然给自己造成苦罪。佛教要求人们对自己的生活、自己的行为和自己的未来负责，具有劝善警世的作用。修善止恶是佛家伦理思想的根本精神，它所阐述的许多理论、提出的许多措施，在客观上对人们端正道德认识、纯化道德行为、追求道德完善、坚定道德意志都有着一定的积极意义。

当然，佛家伦理思想作为一种宗教伦理，其中包含的错误、消极因素也是随处可见的。首先，它所追求的价值目标具有虚幻性，它把人的幸福与完善通通置于彼岸世界，从根本上否定了现实生活的积极意义。其次，其因果报应理论更是一种不可证明的虚设，三世报应、六道轮回都带有明显的荒谬性。尤其是它过于强调主体自身的道德责任，掩盖了广大民众现实生活苦难的深刻社会历史根源，为压迫、剥削者开脱责任，属于一种特殊形式的宿命论。再次，它强调修善止恶，认为只有依照佛法修持才是真正的善，实际上把道德修养和宗教修持合而为一，并且认为只有顺益才是最高的善，降低了世俗生活之善的道德价值。所有这些，都是佛家伦理思想总体建构中的缺陷，必须予以剔除。

第五章　无常无我——佛教伦理思想的主要观点

佛教伦理思想的根本精神是修善止恶，以求人生痛苦的解脱，希图追求真实幸福与人的终极完善。佛教的根本思想，从原始佛教到后期佛教，一切的教典都是从苦、集、灭、道这四谛展开而来。尽管它把理想的境界设置为彼岸世界，但它关注的仍然是现实生活，是对现实生活的超越。由此，佛教不仅讨论了人类生活中许多重要的问题，提出了自己独特的观点，并且在与其他学派思想的比较中，力图论证自己理论的正确性与优越性，从而在客观上促进了人类对自身生存、发展和理想的深入探讨。在这些探讨中，佛教的道德观点主要集中在生与死、道德主体自身的统一与超越、人和己的根本关系及人类完善的理想境界等问题上，并在这些问题的探讨中展现了佛家伦理道德的独特性。

第一节　超越生死的终极追求

人生于天地之间，为宇宙万物之中的一个种类。尽管人以其独特的属性和能力高于其他一切存在，但任何个人相对于整个宇宙及其流变而言，都是极其渺小而微不足道的。人只是无量恒河沙中的一粒，只是宇宙过程中的一点微小的火花，刹那间闪现，刹那间熄灭。

在这一点上，人与万物并不存在根本的区别。然而，人又毕竟不同于其他生命和非生命的存在。他有自觉、自主的意识，有能动的创造作用，是世间迄今为止唯一的主体性存在。人类在积极创造自己生活的同时，也在不断思考生命的意义、人生的目的、生活的本质等等问题，从而促进了人的精神境界的提升和本质的完善。佛教在生死关系上的观点，集中地反映了它对人生问题的态度。在佛教看来，人的生命也和其他存在一样，无常无我，现实的人都有生死，如果执着于生死，就会陷于无穷烦恼、永堕轮回。佛教认为死亡不是生命的结束，而是关系到众生生命意义和价值的问题，对死亡的追问是对生命的终极追问，要实现生命的永恒，就必须摆脱生死的羁绊，超越生死轮回。佛教的这种观点与儒道两家相比较，有着自己鲜明的特点。

一、人生苦短无常

从根本上说，佛教对人类现实生活的评价是消极的。它认为，人生在世充满着痛苦，人在全部生活以及整个生命活动过程中都遭受着精神上的逼迫性的折磨，生理上的生老病死，心理上的诸种不如意，给人造成无穷无尽的烦恼。其根本原因就在于诸法（万物）本来无常无我，是无自性的因缘和合的产物，可人们却追求永恒与不朽，并执着于现象的真实。诸种烦恼中最令人困惑的就是生与死的烦恼。佛经中记载，佛陀还是太子时曾乘车巡游都城。他从城的东、南、西门出发，分别看到了老态龙钟者、重病呻吟者和死亡送葬者，深感震撼；而从城的北门出发，他遇见了一个出家修道的沙门，其举止安详、威仪整肃，令他内心深受触动。想到自己将来也难免经历老、病、死，佛陀终日闷闷不乐，唯以生老病死这几件人生大事为念。这件事被称为"四门游观"，是促使佛陀出家求道的一大契机。

此后他就将全部生命投入对生死问题的探索与解决中。由此，"了生死"也就成了佛陀思想及其所创立的佛教的核心宗旨。

人生在世，草木一秋。世俗社会所执着的一切，都如虚幻月影，不具有真实性，佛教将其比之如梦。宋僧契嵩说："圣人大观乎人间世，天地夫妇常伦万端，皆以情爱所成，都一浮假如梦。贪斯著斯，苦斯乐斯，荣斯辱斯，徇斯弊斯，恩爱斯，烦恼斯，以至死不觉其为大假大梦，不知其为大患，而大宁至正之妙，诚乎亡矣。……今佛以其出家持戒，特欲警世之浮假大梦，揭人业障，而治其死生之大患也。"① 道家也讲"人生如梦"，不过是从事物存在的相对性立论，认为一切存在及其现象都不具有绝对性，它们本质上是同一的，以此相对性之物执以为绝对，就如同以梦为真。其实，对于梦与觉本身都不必过于执着。"圣人处无为之事，行不言之教"②，人的生死，都应视为自然现象而顺应之。《老子》中有"长生久视"一说，这和道家认为倘若人不太看重自己的生命反而更可以保存自己的思想有关，似是"无为"理念在生死观上的表现。而佛教讲人生如梦则从事物虚幻不真立论，宇宙万有皆是因缘和合而起，以其因缘而既起，故不无；以其起而本因缘，故不有。它们只是条件、要素的集合，甚至只是心的幻相。因此在佛教看来，世俗社会执着与追求的一切都无意义且无常无我，执着与追求的，只是人心之幻相。以幻为真，故称之曰"梦"，破幻悟真，则名之为"觉"。佛教即是在沉睡于酣梦之人的耳旁猛一棒喝，促其翻梦为醒，破妄识真，去迷得悟。

但是，佛教虽然讲众生皆苦、人生如梦，却并没有彻底否定生活的意义。南朝沈约在其佛学著作《因缘义》中说："凡含灵之性，莫不乐生，求生之路，参差不一。一尔流迁，涂（通途）径各异；一

---

① 契嵩撰. 镡津文集（第14卷）.
② 嘉兴大藏经（第三十六册）[G]. 台北：新文丰出版公司，1987：513.

念之间，众缘互起；一因一果，内有差忒。好生之性，万品斯同，自然所禀，非由缘立。"① 沈约肯定凡是具有情识灵性的生物，都对生命有积极的追求与肯定的评价，这是由生命的自然本性决定的；只是求生的道路有各种各样的区别，并且由于因缘的差异，生命的形式与生活的内容各不相同。佛教并不主张人们因为人生之苦就轻视生命、抛弃生命："故有志于养生者，生不可轻。如果重生，先养其主。主者谁？主乎生者也。"② 这就是说，人类应该重视自己的生命，不能轻生。重视生命是对生命本质的把握，而非放浪形骸。生命的价值不在于七情六欲，而在于主于生的心，故重生者尊其心、养其心，不追求世俗的物质享乐。明僧德清说："恣口体，极耳目，与物钁铄，人谓之乐。何乐哉？苦莫大焉。隳形骸，泯心智，不与物伍，人谓之苦。何苦哉？乐莫至焉。是以乐苦者苦日深，苦乐者乐日化。故效道之人，去彼取此。"③ 追求物质享受，恣口体之欲，世俗以为乐，其实，它并不能给人带来快乐，只会给人造成更大的痛苦。因为人的物欲永远也无法满足，以恣欲为乐便永远处于不满足的遗憾之中，所求愈多，痛苦愈多。真正的快乐不在于物质享受，而在于内心的宁静和精神的充实。精神的完善与崇高可以超越物质享受而带来持久的、真实的快乐。可见，在关于什么是真正的幸福问题上，佛教主张精神生活的幸福特别是精神的完善与崇高才是人生幸福的真谛，认为精神生活的幸福高于物质生活的幸福。当然，否定物质生活幸福的积极意义也是错误的，人首先是物质的存在，要维持这种存在就必须首先满足维持自身生存的物质需要。但佛教肯定精神生活的幸福才是幸福的本质这一观点，对于我们今天正确认识物质生活幸福与精神生活

---

① 道宣撰. 广弘明集（第22卷）.
② 德清阅. 紫柏尊者全集（第9卷）.
③ 福善日录，通炯编辑. 憨山老人梦游集（第45卷）.

幸福及其相互之间的关系，追求真实、高尚的幸福，无疑具有启迪意义。

人类追求幸福是对自身生命价值的肯定。每一个人都希望有辉煌的生命和充实的生活，这种对生命的肯定包含着对生命与幸福长存和永恒的企盼。然而，宇宙变动不居，任何事物都不具有常住性，任何生命都不可避免地要走向它的终结——死亡。死亡是对生命的否定，它不动声色地把生命所拥有的一切轻轻抹杀，它以一种神秘的力量召唤着每一个生命归去。人类由于意识到死亡的不可避免性，才去探求生命的意义，也才会产生对死亡的恐惧。僧肇说："生死为畏，畏莫大之。悲疾大士，何所依恃，而能永处生死，不以畏为畏乎。"① 对死亡的恐惧是人类最大的恐惧，怀生畏死乃人之常情。但是，死亡并不因为人的恐惧而有所改变。正是因为有了死亡，人在撒手西归的一刹那，才领会到生命是何等渺小、脆弱。佛教并不赞同畏惧死亡，而是强调死亡对人所昭示的生命的意义和真谛，希望人们通过死亡了悟生死，从而不执着于生死。用通俗的语言说，即认识到生与死只是一种自然现象，死只不过是生的必然结局。"是以经云，安则有危，得则有丧，合会有离，生则有死，盖自然之常势，必至之定期，推而安之，则无往不夷。"② 这就是说，对于生死要泰然处之，破除贪生畏死之心。

佛教认为，人生是短暂的，百年之期相对于宇宙过程而言只是一瞬间，微不足道；生命与生活中的一切都不具有长住性，而与万物一样处于瞬息万变之中。因而，对于人生的一切喜怒哀乐、境遇得失，都不必过于执着，强作分别。东晋郗超说："且区区一生，有同过

---

① 传灯著. 维摩经无我疏（第8卷）.
② 梅鼎祚辑. 释文纪（第3卷）.

隙，所遇虽殊，终归枯朽。得失少多，固不足计，该以数涂，则此心自息。"① 人生如同白驹过隙一样短促，尽管每个人的际遇有种种差别，如或贫或富、或贵或贱、或美或丑、或苦或乐等等，但最终都逃脱不了同样的结局——化为腐朽。死亡消灭了一切差别，达到了最终的平等。所以，生活中的得失荣辱与生命的本质、价值毫不相干，人们根本没有必要对它们斤斤计较。明白了佛教昭示的真谛，就自然会断除世俗的争强好胜之心，而专注于大道的修持，并进而实现对生死的超越。

二、不以生死为累

佛教认为，在人生所有的重大问题中，生死是头等大事，生死关勘不破，一切都无从谈起。元僧明本指出："古云：参禅无秘诀，只要生死切。何以如此？三世佛，历代祖，种种建立，种种发挥，必欲破除众生生死情妄而后已。"② 佛教度人化人，首先是破除众生的生死关，消除对于生死的妄见，因此佛教的一切劝导、一切修持都是为了超脱生死，灭除生死，最终进入不生不死的境界。"凡日用提话头、做工夫处，觉得昏沉扰扰、散乱纷纷，把捉不定处，初无一点外障，只是一个为生死之心，不真不切而致然也。但觉把捉不定时，只消猛以生死无常随处鞭逼，久之纯熟，自然合辙。或未合辙时，只向所参话上一捱捱住，但拌取生与同生，死与同死。"③ 这段话有三层含义：第一，勘破生死关。了悟生死的本质是佛教修持的重要关节，此关节不到，一切修持都无法开悟，坐禅念佛、戒止慧观都不能使心

---

① 梅鼎祚辑. 释文纪（第3卷）.
② 中峰明本著. 天目中峰广录（第5卷）.
③ 中峰明本著. 天目中峰广录（第5卷）.

收敛静净，而只如雾里看花、水中望月，昏迷朦胧，难以把捉。第二，生死无常。生死与其他万相一样，无常无我，不住恒迁。"逝者如斯夫，不舍昼夜。"众生随处均在或生或死、或死或生，此生彼死、此死彼生的过程之中。第三，顺应生死之自然。既然生死无常无我、流转不息，那么就不应执着于生死，既不贪生怕死，也不趣死轻生，而应生则随之而生，死则应之而死。了悟于此，就可称为"到家"。

因此，佛教一再强调生死是人生的头等大事，也是佛教参悟的要义。宗杲说："既不知来处，即是生大；既不知去处，即是死大。无常迅速，生死事大。"[①] 作为万物之灵，人应该明了生的意义，生命的本原是什么，人为什么会生为人；既然人总会死，那么要明了死了会如何，人死后归于何处。也就是说，人要了悟生死的本质以及生与死的究竟关系。

生由何生？死由何死？佛教的回答很具思辨性。它说生由死来、死由生来，生与死相依相化，流转不息，而从究竟意义上说，则生与死皆由无明产生。佛教生命观贯彻着佛教核心的缘起论思想，认为宇宙万事万物的生灭变化都是因缘而生、因缘而灭。《杂阿含经》卷四十五中说："此形不自造，亦非他所作，因缘会而生，缘散即磨灭。""因"是指事物生灭的根本条件，"缘"则是对事物生灭起辅助作用的条件。宇宙万物的生灭变化，必须在一定的条件下才能发生，每一事物的产生和发展，都与其他事物相互依存、相互关联。佛教的缘起论认为大千世界都是因缘和合而生，世间的一切现象和事物都是相互联系、相互作用才产生和发展的，都处于因果联系之中而且互为因果。这一理论深刻揭示了事物的普遍联系性，强调了多种因素共同作用、统一协调的思想内涵。《杂阿含经》卷十中说，"此有故彼有，

---

① 蕴文编. 大慧普觉禅师语录（第20卷）.

此生故彼生"，"此无故彼无，此灭故彼灭"，也即认为宇宙中的一切事物都是因缘和合而生，所有的事物都无法单独存在，没有独立的意义。

佛教对于生死关系的第一个观点是：生与死相互为媒，各以对方为自己存在的条件，并相互转化。真可说："少而不老，老而不病，病而不死，则生者无媒矣。生而不少，少而不老，老而不病，则死者亦无媒矣。噫，死为生媒，生为死媒，譬如环轮，端从何起？故曰：生本无生，死本无死，或者横生横死耳。"① 这段话包含如下几层意思：其一，生与死互为条件，没有生就没有死，没有死也就没有生。其二，生与死相互规定，生内在地包含着死，死也必然意味着生。会死的存在才叫生，活着的东西才会死。不生的不会死，同样，不死的也没有生。其三，生与死相互转化，生必然导向死，死又促进了新生。此生则彼死，此死则彼生，生与死之间环环相扣、流转无穷。生非死的根本，死非生的根本，而是互为根本，生死流转乃是循环无端的过程。

佛教对于生死关系的第二个观点是：生与死相互否定。生不是死，死也不是生。元僧明本说："生于无生中受生，死于无死中受死。既曰无生死，安有受生死者？盖迷却自心，而妄见有生死耳。"② 无生即为死，无死亦即生。生生于无生之中，就是对死的否定；死死于无死之中，就是对生的否定。本来不生才能有生，本来未死才会有死。但是，不生为何会变为有生，不死为何会变为有死？如果本来就无生无死，那么生死就只是虚妄的观念。

如何对待生死，佛教提出了自己独特的看法。它认为，"六凡""四圣"对此有不同的认识和追求。灌顶说："六道即生生也，二乘

① 德清阅. 紫柏尊者全集（第9卷）.
② 中峰明本著. 天目中峰广录（第4卷）.

即生不生也，菩萨界即不生生，佛界即不生不生。"① 他认为，有情中六道众生肯定生的意义，追求生本身的积极价值，即追求来生的幸福。声闻与缘觉二乘肯定不生的意义，但并未否定生本身。菩萨乘则否定了生的意义，生本身已被否定。而佛则对生与不生的意义一并否定，不仅否定了生，连不生也否定了，最终超越了生与不生。在此，"生生"相当于《中论》所谓"因缘所生法"，着眼点在修善止恶以求因作善业而得来生福报；"生不生"即《中论》所谓"我说即是空"，了悟到生的真实本质；"不生生"乃《中论》所谓"亦为是假名"，认识到了生死本无区别，都只不过是方便假名，都属于人之幻妄假象；"不生不生"则是《中论》"亦是中道义"的反映，真正觉悟到生死的真谛，生不以为生，死不以为死，彻底超越了生死。

上述观点是佛教关于生死的基本思想，从总体上反映了佛教对生死达观、超越的态度。就生与死的本质及其相互关系而言，我们可以从中得到一些启示，并作出如下引申。

第一，生与死是生命的自然现象，它们从不同角度反映了生命的本质。首先，生的意义在于它的活动与创造。正是因为有生命，整个宇宙才如此绚丽多彩、灿烂辉煌。没有生命，宇宙将会一团漆黑、死寂，不具有任何积极意义。有了生命，特别是有了人的生命，宇宙才充满活力，整个世界才变得更加美好、更加完善。佛教肯定了生命的价值和生命的宝贵。其次，五蕴说又从人的本质提出人生是苦，但是一切有情众生中也只有人才可以通过学习和开发智慧而解脱，所以要在珍惜自己有限生命的同时也爱护其他人的生命。人的生命的价值就在于它能在改造世界的同时积极主动地改造和完善自身。死是对生的否定，是生命的终结，但它并不只具有消极否定的意义，还具

---

① 灌顶撰. 观心论疏（第 2 卷）.

有丰富的积极意义和价值。一是死对生的否定并非形而上的否定，而是辩证的肯定，其中包含着对生的肯定。它证实了生的存在这一事实，只有有生才会有死。正因为凡生必有死，才凸显了生的价值与可贵。二是死对生的肯定是一种扬弃，它否定的是衰老的生命，而非生命本身，旧的生命中一切具有积极价值的因素，都通过死这一环节保留下来，遗传给下一代。在宇宙中，任何生命只有以生死更替为前提才能不断发展完善。生命的发展需要适应不断变化的环境，在改造客观环境的过程中改造和完善自身。为了实现这一目的，亲代必须死去，以将其所积累的能力遗传给下一代并衍生出更强的能力，从而在不断变化的环境中生存发展。因此，死亡对于生物的适应性、变异性而言，具有不容置疑的积极价值。就人类社会而言，子代将亲代遗传下来的文化模式内化为思想素质，老一辈人的死亡，有利于后代接替他们的位置，以更加旺盛的精力在社会生活的各个领域进行更加自由的创造，推动社会的更新与进步。死标志着生命的更新，是新的生命产生的必要前提。

第二，生与死相互依存、相互规定、相互转化。生与死是相对存在的，无生即无死，无死亦无生，任何一方离开了另一方，都无法独立具有任何肯定的、积极的价值。这种紧密的相互依存关系内在地包含于生与死各自的规定中。生包含着死，只有必定会死的事物才能称之为生；死也包含着生，任何死都是某个特定生的事物的死。易言之，生是死之生，死是生之死。因而，生与死又相互转化。生必然转化为死，死是生的自然归宿，实际上，任何生命从它诞生的那一瞬间起，就开始向死亡转化。生命的过程，就是不断趋向于最终结局——死亡的历程。同样，死也必然转化为生，没有死就不会有生，死是生的前提，此物之死就是彼物之生。死促进了生，强化了人的生存意志。"人皆会死"这一基本事实产生了人类生存最根本的紧张关系，导致了人类对死亡的抗争，使得人类一方面更加坚定了生存的意志，追求生命的积极价值，另一方面，又以各种形式追求对死的超越，尤其是以生命的传递谋求生的永恒。而死，则意味着生命的更新。

第三，对待生死的正确态度是珍生重死。所谓"珍生"，指尊重生命、珍惜生命，不虚耗光阴、蹉跎岁月，而是在有限的生命历程中充分发挥生命的能动性、创造性，创造生命的辉煌。生命的价值并不仅仅在于"活着"这一事实，珍视生命并非贪生，而是以一种顽强的生命力，体现出决不虚度此生、努力实现生命意义的崇高精神。所谓"重死"，指严肃地对待死。既然死是不可避免的，那么，活要活得光荣，死要死得伟大，不怕死，也不轻言死，而要用死给生命画上一个圆满的句号。概而言之，对待生死的正确态度，就是实现生命的价值，追求生命特有的精神的崇高与永恒。

当然，佛教的思想没有达到这一境界，它追求的是对现实生命的生与死的超越，以实现永恒与不朽。这一观点蕴含着对现实生死的否定。世俗生活中，人们通常好生恶死、贪生怕死。佛教认为这是一种未能洞察生死本质的错误观念。从根源上说，"死由生来，宜畏于生，吾若不生，何由有死"[1]。既然死是不可避免的，畏死没有任何意义，若真想摆脱死，只能不生，不生则根本不会有死。故人所应畏惧的不是死，而是生本身。

然而，生对人来说已是一种客观事实，只有有生的人，才可能谈论畏死或畏生。因此，对死的摆脱可以归结为对生的超越。东晋高僧慧远说："夫生以形为桎梏，而生由化有。化以情感，则神滞其本，而智昏其照，介然有封，则所存唯己，所涉唯动。……是故反本求宗者，不以生累其神；超落尘封者，不以情累其生。不以情累其生，则

---

[1]　道宣撰. 续高僧传（第 11 卷）.

生可灭；不以生累其神，则神可冥。冥神绝境，故谓之泥洹。"① 这段话是对老氏天地以得一为大，"得一"为万化之本，"体顺"有运通之功观点的批判。老子的观点是生死应当顺其自然；而慧远则认为，对待生死的正确态度并非顺自然之化，而应求宗探本。他指出，由运化而产生的生命受着形体的桎梏，如果人以自然之情去感应天地的运化，顺应自然之流变，则将丧失其精神的本性，使得智睿受到蒙蔽而无法把握生死的本质。于是，人被限定在小我的范围之内，循情顺化、形神受制。因此，要把握生命的本质，就不能让精神受到身形的制约，更不能以自然之情去规定生命。生命不受情的制约，情去而生可灭；精神不受生命的限制，生灭而神可息。这种生灭神息的境界就是"泥洹"即涅槃——对生死的超越。

总之，佛教既不追求长生，也不主张趣死。生命在生死流转中根本无法常住不变，而是在无常无我中瞬息万变。因此，要获得永恒与不朽，就必须实现对生死特别是对生的超越。

三、生命终极归属

生与死是人生的必然现象，也是人生最根本的环节和最关键的问题。如果以生命从无到有为生，从有而无为死，那么，无论生死都并非一瞬间的事件，而是一个与人的整个生命相始终的过程。生命诞生之后直至死亡仍在时时生（更新），故在时时死；生命刚一开始也就开始了死亡的历程（旧逝），时时在死，因而时时在生。每时每刻，人的身心都有许多东西消逝、许多东西诞生。现实生命包括生与死本身都不具有永恒性，而是流转不息的。说到底，生与死之间没有

---

① 梅鼎祚辑. 释文纪（第 8 卷）.

绝对的界限和不可跨越的鸿沟，它们是一个事物的两个不同方面，处于辩证的对立统一之中。

　　佛教的根本宗旨就是要人勘破生死关，实现人生苦难的解脱。清末著名居士杨文会曾经指出："佛法大旨，在引导世人，出生死轮回。"① 民初自号虎禅师的杨度也说："学佛之旨，在使无生无死之心，不随有生有死之身轮回转世。"② 佛教的一切理论，最终都归结于探究生死的本质，了悟生命的真谛，超脱生死轮回，求得真实的安乐与不朽，即超越有限的生命，追求精神或灵魂的永恒。在佛教看来，任何生命都免不了一死，但死的只是肉体，而不是灵魂，形灭而神不灭。当然，佛教追求的永恒并非灵魂在六道轮回中的不息，因为六道中的灵魂是不完善的，充满着烦恼，而且变动不居，还受着形体的制约。真正的永恒与不朽是使灵魂彻底摆脱形体的制约，息灭轮回，超越生死，达到不生不死的境界，这才是终极意义上的精神完善。

　　在生死的问题上，中国儒家既反对贪生，也不同意趣死，而认为生死乃自然之化，其价值不在生死本身，而在生死所蕴含、体现的道德内容，即是说，生死只有以某种道德价值为归依，才是有价值的。因此，儒家也追求不朽，并以"立德、立功、立言"为三不朽，承认有超越生死的永恒价值。这一观点和佛家的不同之处，在于它并非追求超越现实生活的永恒，而是追求现实生活中的不朽。

　　在佛家看来，儒家追求的不朽仍然是虚幻的，没有了悟生命的真谛和生死的本质。明僧道衍（1335—1418）说："儒者说个死生，只言形气聚散，而不言心识。佛氏言因缘业感，轮转生死，皆由心识所

---

① 蓝吉富. 大藏经补编（第二十八册）[G]. 台北：华宇出版社，1985：602.
② 杨度著，丘桑主编. 旷代逸才 [G]. 北京：东方出版社，1998：299.

致也。"① 这即是说，儒家以气化理论解释生死，以气聚为生，气散为死，否定了心识的作用，使得生命的产生与灭亡成为偶然的现象，不具有连续性。它无法解释同样是气化而生，为什么有的人富贵、长寿，有的人贫贱、短命，每个人的生活际遇为何有种种差别，于是便把这一切委之于命——"生死有命，富贵在天"。在佛教看来，由于不了解生死的本质，故儒家的一切追求，在大方向上已经错了。人们的生活际遇之所以不同，并非偶然，而是执假象为真实、造下种种善恶之业，进而承受相应福罪果报所致。所以，生死并非气化，而由心识所决定。就心识而言，本无所谓生死，只是由于被假象所迷惑，才幻化为生死。此幻不灭，永堕六道轮回；此幻灭时，立登涅槃之境。

生死观是人生观的一个重要问题，人们对人生的态度、对人生意义的理解，可以说无不同对生死的把握紧密相连。从这个意义上讲，生死观问题也就是人生观问题。近代名僧太虚法师在更加广阔的范围内把佛教的人生观与其他各种人生观作了比较分析。他认为，具有代表意义的人生观一共有四种。

第一种，人本的人生观。"凡以天地间人的现成生活为基本所生起的人生意义，即是此所谓人本的人生观。"② 这种人生观以人为万物之灵，以人的利益为衡量事物价值的最一般标准，重视人伦，强调群体的和谐、社会的康富，推举仁、义、礼、智、信为人道之本，以为得此五常之理，则心安性成。"但身命危脆，死灭短迫，既遮拨鬼神之有，宜有以慰其长存永在之慕，于是举出立德、立功、立言的三不朽，而以名物文史保留其痕迹，俾得垂久。"③ 即它将追求的永恒

---

① 姚广孝. 姚广孝全集［M］. 詹绪左，校点. 芜湖：安徽师范大学出版社，2019：447.

② 北京市社会科学院哲学所编著. 中外人文精神钩沉［M］. 开封：河南大学出版社，2005：239.

③ 太虚大师全书编纂委员会辑. 太虚大师全书（第22册）［G］. 台北：善导寺佛经流通处印行，1980：901.

寄托于立德、立功、立言这"三不朽"：遵循本性、依循真理的高尚行为称为立德；成就大有利益于人类和社会的事业称为立功；将关于心性与真理的言论记录下来但未付诸实践的称为立言。有此三立，即可成就不朽之声名。"此种历史生活中所存在者，分别说之，则曰德、曰功、曰言、曰名；总之，则言行的遗痕遗迹而已。"① 究其实质，此种人生观追求的不朽并非真的不朽，这些言行的遗痕遗迹是否有价值以及价值的大小，随着社会历史的发展变化而改易。它们受到历史条件的严重局限，并不具有永恒的价值。

太虚运用佛教缘起性空的观点把人看成是五蕴和合及相续的假象。他说："人，只是十八界、十二处、五蕴、六大等缘法的和合相，若是离去十八界、十二处、五蕴、六大等缘的和合，其实无人可得。从这种五蕴等和合相而假说为一个人，而五蕴等又是刹那生灭的，故人又是相续——生灭——的假相。人名所名的人，只是和合及相续的假相。"② 人只是五蕴、六大等因缘的和合体，只是一种假象，而五蕴是刹那生灭的，所以人不过是刹那生灭的相续相，并无真实的人存在。在这里太虚接受了印度原始佛教生命观对人的构成的看法，说："佛法说人，只是他过去五戒、十善所招感的一种业果，绝对不是固定的。"③

第二种，物本的人生观。可分为三种类型，即物质学的（如中国的阴阳五行说、印度的顺世论）、物种学的（如中国的列庄、西方的进化论）、物类学的（如中国的庄子、近世的科学）。这种人生观认为，"人生亦物中的一物，置人生于物中，而后有人生的名义，故

---

① 太虚大师全书编纂委员会辑. 太虚大师全书（第22册）［G］. 台北：善导寺佛经流通处印行，1980：901.

② 太虚大师全书编纂委员会辑. 太虚大师全书（第3册）［G］. 台北：善导寺佛经流通处印行，1980：201-202.

③ 太虚大师全书编纂委员会辑. 太虚大师全书（第22册）［G］. 台北：善导寺佛经流通处印行，1980：960.

皆谓之物本的人生观"①。它并不特别强调人的优越性，也不以人为宇宙的主宰，能够比较客观地看待人的一切。这种人生观的优点在于，"使人观念精深、心量远大，能察破群俗情伪，摆落功名富贵，得一较为明确的理智系统，因任自然之巧，取宇宙万有之利以为人用"②。即能够超越人类的小我，顺应自然变化，在人与自然的和谐统一中实现永恒。它的弊端在于，会让人"觉得人生无目的、无价值、无意义，遂百无聊赖"③，或放纵逸乐，听天由命、任运随缘，或恣意放纵暴恶，以早死为解脱。这种人生观对人生的评价比较消极，反对积极进取，主张全真保性，以无用为大用，其甚者可能追求享受、放纵情欲，信奉今宵有酒今宵醉的享乐主义。

太虚认为，"人生者，人类在生存中能作所作之生活"；"人生，就是生命、生活；人生，就是每个人对于生活所应秉持的态度"。④太虚把人生归结为生命及生命过程，从实质上说，这种人生只是一种生物学意义上的人生。太虚把人生归纳为"每个人对于生活所应秉持的态度"，认为人们如果以佛法为借镜，相信佛法的因果报应说，积极地修习善行，则可以得善报；如果不相信佛教的教诲，为非作恶，则会有恶报，将永远陷于六道轮回之中，永无出头之日。太虚认为人只是一种假象，而并无实人；生也只是一种缘生，而并无实生。

第三种，神本的人生观。"先认定有一个无始终、无内外的宇宙本元创造者，及人生究竟主宰者的天神，由之遂说到宇宙人生的意义

<hr />

① 太虚大师全书编纂委员会辑. 太虚大师全书（第22册）[G]. 台北：善导寺佛经流通处印行，1980：903.
② 太虚大师全书编纂委员会辑. 太虚大师全书（第22册）[G]. 台北：善导寺佛经流通处印行，1980：904.
③ 太虚大师全书编纂委员会辑. 太虚大师全书（第22册）[G]. 台北：善导寺佛经流通处印行，1980：901.
④ 北京市社会科学院哲学所编著. 中外人文精神钩沉 [M]. 开封：河南大学出版社，2005：234.

上来，谓之曰神本的人生观。"① 这种人生观相信有一个唯一的、至高无上的神，作为宇宙的创造者和主宰者，决定着宇宙包括人生的一切。尽管不同宗教设定的神不同，如基督教的上帝、伊斯兰教的真主、婆罗门教的梵天，但"皆有此一'神'以为奉戴，以为依归，以顺从'神'所以生'人'的神意，孜孜做一个信顺'神'的人，以邀'神'的恩眷，冀得到与'神'一般永久、一处快乐的效果"②。一言以蔽之，神本的人生观就是要求人们按照神的旨意去生活，它否定了人的自主性和独立性，把人变成了神的奴仆。

从广义角度来说，人生即佛教所讲的一切众生，如太虚所说："因为我们要把人生扩大起来，人只是众生之一类，在人言人，即以代表众生。因为现在居于人类，故今切近一点来讲人，亦即是讲一切众生。……所以，这里所说的人，迥不同儒家狭义之人。"③ 太虚指出，佛教所讲的人是广义的人，包括在天、人、地狱、饿鬼、畜生、阿修罗六道中轮回的一切众生。人生并非局限于人的一世的生命流转过程，而是生命在一切众生之间的相互转化、无穷流转。

由广义的角度出发，太虚进一步提出"人生即宇宙"的观点。这里的宇宙"只是人的生活与非人的生活之总生活而已"。太虚认为，"人生即一宇宙，人生各一宇宙。人生各一宇宙与一一人生各一宇宙，及一一非人的生活各一宇宙，皆有交遍涉入之调和关系而不相离绝的"④。

---

① 太虚大师全书编纂委员会辑. 太虚大师全书（第22册）［G］. 台北：善导寺佛经流通处印行，1980：904.
② 太虚大师全书编纂委员会辑. 太虚大师全书（第22册）［G］. 台北：善导寺佛经流通处印行，1980：906.
③ 太虚大师全书编纂委员会辑. 太虚大师全书（第3册）［G］. 台北：善导寺佛经流通处印行，1980：219.
④ 太虚大师全书编纂委员会辑. 太虚大师全书（第23册）［G］. 台北：善导寺佛经流通处印行，1980：22.

第四种，我本的人生观。这里的"我"即自我，相当于"近人所谓的个性"，它否定了宇宙主宰的神灵，强调个性独立自主。"如此，则人生乃是神灵不灭的我性的实现的一节；这实现的一节，亦并未割断那我性的全体，而且也就是那我性的全体。人生所有之意义、之价值、之目的，胥在乎此。"① 通俗地说，人生就是人性的实现、发展与完善，每个人都具有独立性与完整性，都能自我圆满、自我完善。人生的价值就在于它的完善性，人生的目的就是追求这一完善的实现。这种观点把"神灵不灭的我性"看作是连续的、永恒的，不朽便体现在这种连续性的永恒之中。属于这类观点的有进化论、轮回论等。

在太虚看来，上述四种人生观"皆有所是，亦皆有所非"。"为人间的安乐计，则人本的、神本的人生观为较可；为理性的真实计，则物本的、我本的人生观为较可。""四种皆有用，而皆当有需乎择去其迷谬偏蔽之处而已。"② 从总体上看，这四种人生观都没有达到佛教的真际，属于非解脱的人乘、天乘观点。尽管它们各自有不同的所"本"，但都把"生"执为真实，追求此"生"的意义和价值，实际上也就是执着追求无常无我的东西，并希冀它能永恒。所以，这些观点既不能使人获得本质的完善，也无法引导人们实现真实的幸福。

总而言之，佛教对待生死的态度是超越的，主张生死两遣，即生即死、亦生亦死，不生不死、非生非死，有生有死、无生无死，既不执着于生，也不执着于死，而要不受生死的束缚，任生任死。人生的价值就在于，人作为主体性存在能够追求永恒，而不在于生死本身；

---

① 太虚大师全书编纂委员会辑. 太虚大师全书（第22册）[G]. 台北：善导寺佛经流通处印行，1980：909.

② 太虚大师全书编纂委员会辑. 太虚大师全书（第22册）[G]. 台北：善导寺佛经流通处印行，1980：916.

生命的永恒与不朽，不在任何现实的生活之中，而在超越生死的领域。这种不为一切世俗事物所困扰而专注于绝对完善的人生态度，体现了佛教对生死的达观与超越，对于人们正确看待生活和生死不无启迪作用。但是它否定了现实生活的积极意义，把永恒与完善归结于绝对的超越，便沦为一种貌似高迈实为虚妄的学说。

第二节 物我两泯的道德觉性

了悟生死的本质是佛教把握人生真实的重要内容。生死皆由因缘和合而起，众生由于为无明所累，造善恶诸业，从而在六道中得生死福罪的果报，永堕轮回苦海。要断除人生之苦，就必须彻底觉悟，任生任死，息灭生死之因，从而达到不生不死的永恒境界。因此，佛教追求超越生死，其实质即超越自我、破除小我之私，使"我"融合于宇宙精神，在宇宙精神中实现不朽。为了向人们灌输这种思想，佛教把"我"看作贪、瞋、痴产生的根源，极力破除"我见"，启迪人们泯灭物我、了悟生命的真谛。

一、我生三毒

所谓"我"，乃相对他人和群体而言，是主体的反身自谓。它包括两层内涵：一是自我，即对自身存在、本质、需要等的独立自主的意识，表现了主体的自觉；二是小我，即主体区别于他人和群体的一切个性特征，构成主体独立存在的全部条件。从伦理学上说，"我"也具有双重的意义。

首先，"我"作为道德的主体是人类道德生活的前提。从根本上说，道德是主体存在的社会属性或主体性的行为方式，它作为人类精神的自律，其产生前提在于主体对个人利益的自我觉悟。尽管人的利益以及利益关系是由经济关系决定的，但只有人类个体意识到自己的独特利益，并且在保护和追求自我利益时与他人和社会的利益产生了关系和冲突之后，才形成制约、引导人们利益关系从而调节人们行为的道德规范。另外，道德作为主体性行为依赖于主体的独立自主，一种行为是否属于道德行为，从根本上说，并非取决于行为的客观效果，而是看它是否出于主体自觉的选择。行为的自主、自觉性乃是道德行为的根本特征。在此意义上，可以说，没有"我"就没有道德。

其次，"我"表明个体从群体中分化出来，是对个体的个性特征和个人利益的规定。因此，"我"的出现，不可避免会产生行为主体同他人、同社会之间的利益关系和冲突。正因为有此关系和冲突，人类才制定了解决利益冲突、协调人际关系的道德准则。也正因为有此关系和冲突，主体的行为才可能危害他人和社会的利益，从而受到道德的谴责和社会的惩罚，最终危及自己的根本利益。

一言以蔽之，"我"既是人类道德生活所必需的前提，同时又可能造成行为主体的自我封闭及与他人和社会的对立。佛教关于"我"的理论，着重讨论了后一个方面，指出了"我"的局限性，并强调"我"对于人的本质完善的消极作用，因而提出"物我两泯"的主张。

佛教认为，人类对个体独立自主的觉悟，产生"我"的观念，并非表现了某种进步，从根本上说，还是一种错误观念，反映了人类对自然与人自身的真实关系缺乏正确的认识，佛教称之为"无明"。所谓"无明"，是梵文"Aritya"的意译，意为愚痴、蒙昧，没有知识、不明真理，特指不明佛教所说的宇宙和人生的真谛。无明是佛教所讲的十二因缘之首，是众生生死流转的最根本原因，甚至是罗汉、缘觉、菩萨等未能圆满成佛的根源，属于根本烦恼。其具体表现即"我法二执"，意思是把宇宙万物和人自身执为真实。

执，是指由于心的虚妄分别作用，对事物或事理攀缘不舍，又称为迷执、执着、计着、着等。执可分为两种：一为我执，一为法执。"执"将人系缚于虚妄不实的对象上，从而产生种种障碍，把生命紧紧地囚缚起来，难以挣脱种种羁绊。众生之所以为物所困，就是因为不能破"执"，尤其是不能破"我执"。

《中论》有偈云："众因缘生法，我说即是无。亦为是假名，亦是中道义。"① 佛教以缘起论解释万相（法、物）的生灭流转，认为宇宙间一切事物和现象都是条件或要素的聚合，根本不存在真实、独立的实体。"诸法无我"即成为标示佛法本质内容和特征的"三法印"之一——其余二法印是"诸行无常""涅槃寂静"。"我"为梵文"Atman"的意译，它与世俗理解的指称主体自身的我不同，其本义为呼吸、生命，佛教用以指称实有、实常和自为主宰的实体，相当于自性，但比自性多一个自为主宰的意义。诸法无我，谓世间一切事物和现象皆无独立实常的自体，分为法无我和人无我。前者指客观自然事物无自体，后者指众生尤其是人无自体。

汉传大乘佛教各宗理论都认可"空"与"无我"二者的究竟内涵是一样的，因此"诸法皆空"与"诸法无我"、"缘起性空"与"缘起无我"所说的道理都一样。"通达诸法性，一切空无我。"② 唯识宗把"空""无我"都区分为两种：我空和法空，人无我和法无我。我空即人无我，法空即法无我。无我之"我"，指常一主宰的存在，即恒常不变、纯粹单一、独立自存且有支配作用的存在。所谓无

---

① 龙树菩萨造，梵志青目释，鸠摩罗什译. 中论（第4卷）.
② 释空誓撰. 正信念佛偈私见闻（第4卷）.

自性，是指因为一切都是缘起的存在，所以一切存在都没有作为其本原或本体的恒常不变、独立固有、不待因缘的实体，一切存在都是无实体而空的假有。因此无我与无自性所表达的道理基本一致。

佛教认为众生为五蕴（色、受、想、行、识）和合而成，无有实体。我执表现为于此和合之体而妄执实有主宰作用的实体个我存在。由于虚妄分别心的作用，生命个体建构出牢固的自我观念或自我意识，把自己和他人区别开来，从而也以自我为中心构造出周遭世界。这样的自我意识内在于心识之中，根深蒂固，相续不断。

世人不明了佛教真谛，为无明所累，妄执有我。按《瑜伽师地论》，众生的人我执主要有四种：其一，认为我就是诸蕴，以色、受、想、行、识为实体，认心身为我；其二，认为我与诸蕴不同，但寄寓于色、受、想、行、识诸蕴之中，我就是诸蕴中不灭的灵魂，它可以脱离诸蕴而存在，又可称作"神我"；其三，认为我并非色、受、想、行、识诸蕴，而与诸蕴有别，也非寄寓诸蕴中，而住于异蕴、无蕴法中，坚持身心之外有一个独立的我；其四，认为我并非色、受、想、行、识诸蕴，而与诸蕴有别，既非住于蕴中，也非住于异蕴、无蕴法中，而与一切蕴法都不相应，这个我不存在于身心之中，也不存在于身心之外，而是与人的身心毫无关系的自我。通俗地说，第一种我属于世俗的我，以现实的人的存在为真实；第二种我指人的精神或灵魂；第三种我指超越个体存在的独立的主观精神；第四种我则涉及宇宙的主宰，类似于宇宙的根本精神。在佛教看来，这四种观点都是错误的，不利于人的本质完善与超越。

佛教指出，有了我执，就必然受到小我之私的约束，对事物强作分别，追求自我的独立、自我的利益，从而生出贪、瞋、痴三毒。我即有别于他，既然他非我，这种分别必将引出对我的偏好，"分别故贪欲，贪欲故有身。既有身也，则善恶并陈"①。所谓我，不仅仅指自我的身心或精神，还包括自我的独立、特性以及所有的一切。"我，身之妙主也。我所、自我之外、身及国财、妻子、万物，尽我所有。"②"我"并非抽象的观念，而是一个实体及其所有。有我，即执着于自我。当这种执着延伸到我所有的一切时，便对他物产生了贪爱。执着本身就是一种贪爱，对我有利者喜之好之而求之，对我有害者瞋之恶之而避之。执着于我就表现为一种强烈的占有欲，产生对财物声色、功名利禄、荣华富贵的刻意追求。有了这种贪婪的追求就不可避免会与他人发生冲突、竞争；为了满足自己的贪欲，在竞争与冲突中则会将他人视为敌手而仇怨之，甚至不惜损害他人的利益。这种由无明引起的贪与瞋，又反过来进一步妨碍人们对佛教真谛的了悟，使人们在痴妄之见上越走越远，加深无明的程度。

显然，佛教在此是把"有我"与"有私"紧密联系在一起了，认为有我是有私的根源。而一旦有私，人们的思想行为就必然受小我的局限，被小我之私所蒙蔽，把一己的私利作为衡量事物道德价值的标准，从而对事物的本质产生错误的判断。一事当前，先替自己打算，对一己的私欲私利产生无止境的追求，使自己陷于永远不满足的烦恼之中。故慧远说："无明为惑网之渊，贪爱为众累之府。"③ 一个人如果受我执所累，就永远走不出个人的小圈子，不仅无法突破小我的局限，而且会由我生私、由私生欲，由欲生贪、由贪生爱，再由爱生瞋，永堕无明妄见之中，作善恶诸业，在六道中轮回不已。

因此，佛教特别强调我执是根本妄见，是人的本质提升与完善的根本障碍。世俗学说总把外物视为性累。其实，外物只是外在的东

---

① 方广锠. 藏外佛教文献第三辑［G］. 北京：宗教文化出版社，1997：122.

② 僧肇撰. 注维摩诘经（第2卷）.

③ 梅鼎祚辑. 释文纪（第8卷）.

西，与人的本性了无干涉，至多只能起到助缘的作用，根本就无法蒙蔽人的本性。若自心空明、我执消灭，何来外物？更不用说外物的屏障。"饮食男女，声色货利，非能障道也，障道者，惟此妄心也。"[1]有了我，才有物我之别，执着于我便生贪、瞋、痴三毒，外物才成为得道的障碍。若想消除此障，就须对外物不加分别，其根本途径不在鄙弃声色货利，而在断灭我执妄见。俗语有云："酒肉穿肠过，佛祖心中留。"此心空明洁净，物我两泯。若执着于我与外物的区别，即使行为高迈，心中仍是一团漆黑。故僧肇说："妄想颠倒，故烦恼以生。烦恼既生，不得无身。既有身也，不得无患。逆寻其本，虚妄不实。本既不实，谁受病者？此明始行者初习无我观也。"[2] 这即是说，治病尚须寻根，若人为物累，病不在物而在人。声色货利本为幻相，何从累人？其所以累人者皆由于人的自累，即以声色货利之幻为真。这一妄见又由于执我为真，所以，我为"病本"。若除掉"我"这一病根，我既无有，无论外物是有是无，又怎么能够对不存在的"我"造成累患呢？故僧肇的结论是"但除病本，不除法也"[3]，即断灭我执妄见，无须斤斤计较于外物的有无或差别。

二、不为物累

在佛教看来，物我两泯的关键在于无我。如果只是无物，仍执有我，则无论以物为幻为空，终不能彻底无物。因为所谓有我，已经逻辑地肯定了他物的存在，没有他物，我就失去了任何意义，我是与他物相对而存在的。而如果做到了无我，则物的存在与否就从根本上失

---

① 德清阅. 紫柏尊者全集（第3卷）.
② 传灯著. 维摩经无我疏（第7卷）.
③ 传灯著. 维摩经无我疏（第7卷）.

去了其现实意义。"我为万物主，万物为我所。若离我我所，则无法不离。"① 在某种意义上，物也是相对于我而存在的，人们所说的"物"，实际上是人自身对某一对象的诸种规定。从客体方面说，是其固有属性的反映、表露；从主体方面说，则是主体依据自己的属性对客体所作出的规定，它同时是主体属性的反映与表露。譬如，迄今为止，人类对事物的认识始终受自己认识能力的限制，我们揭示的事物的属性与人类自身的认识能力有着不可分割的联系。换句话说，人类并没有也不可能穷尽事物的所有属性，而只能认识人类的能力范围内所能认识的那部分。对于人类认识能力无法进入的领域，我们是无能为力的。尽管人类具有无限的认识能力，但相对于世界的无限来说，这种无限仍是有限的。当然，这种状况只是说明人类认识的有限性，并不表明事物依赖于人的意识而存在。佛教正是把事物和人类认识的相关性误解为事物对人类认识的依赖性，认为事物只不过是人类认识的形式——它称之为识的变现，从而否定了事物存在的真实性，以虚幻为事物的本质。只要主体不执着于自身的真实——虚幻的真实、以幻为真，那么，就从根本上取消了事物的存在，真正做到了不为物累。

因此，佛教以破除有我为悟道的根本宗旨，无我才能无物。明僧真可说："万物本闲，闹之者人耳。人而不闹，天下何事？"② 德清也说："夫万物纷纭，非有也；有之者，人也。人不有，则万物何有？"③ 万物本来空寂，纷纭繁杂只是一些幻相，只因人们执着于自我，妄生物我之别，从而执幻为真，才会受万物虚假的差别、变化的困扰。尘是心缘，心是尘因。心若起时，幻相方生；心若灭时，尘无

---

① 传灯著. 维摩经无我疏（第7卷）.
② 德清阅. 紫柏尊者全集（第9卷）.
③ 福善日录，通炯编辑. 憨山老人梦游集（第45卷）.

由起。这个心就是我、我执、我主、我所。

人作为一个开放的系统，必须与自然界进行物质和能量的交换才能维持自己的存在与发展。人对自然界有着一种必然的依赖关系，自然界的万事万物作为人的生存基本条件对于人有着积极的意义。从伦理学上说，即自然事物对于人的存在有着肯定的道德价值。当然，在人与自然界之间，也存在着相互矛盾和冲突的一面。人类的一切活动，就是克服、解决这些矛盾和冲突，在改造自然界的同时改造自身，实现人与自然界之间的和谐统一。佛教夸大了人与自然界之间的矛盾与冲突，把万物看作人的发展与完善的障碍，从根本上否定了事物对人的存在、发展与完善的积极价值，因而要求人们从根本上取消万物的存在。一方面，它极力论证宇宙万物的虚假性，认为它们只是幻相、假名，从客体的角度否定其真实性；另一方面，它又积极宣扬自我的虚幻性，从主体方面否定客体的一切意义，并把后者作为觉悟宇宙和人生真实的根本途径。

为此，佛教提倡破除我执，刻意论证"我"的虚幻性。僧肇说："四大和合，假名为身耳。四大既无主，身我何由生？譬一沙无油，聚沙亦然也。主我，一物异名尔。"[1] 在佛教看来，地、水、火、风是构成宇宙万有的四个基本要素，人的身体也由这"四大"聚合而成。"四大"无定形，因聚合的差异而显现为不同的形式；人身无实体，只是"四大"的一种特定且暂时的聚合形式，离开了"四大"，实无所谓人。究其根本，"四大"也是没有实体的要素，由它们聚合而成的人身便自然虚幻不实。作为人的物质存在的身体既然是一种假象，那么指称这一假象的"我"就必然只是假名。

近代大德太虚法师曾对"无我"作过详细论述，指出常人所执

---

[1] 传灯著. 维摩经无我疏（第7卷）.

之我实为无有，有的只是物理、化学、心理等众多现象的相续变换。他说："佛学所讲的无我，是很深、很有意义，合于科学而且是事实的。"① 它以"我"的身体这个物质存在为前提，没有"我身"这一感性实体，"我"便无从寄寓，亦无所指称。太虚大师说："依科学的生理学来讲，这一般人所认为自我的身体，不过是脏腑、肝、肺、骨骼、筋肉、呼吸、血液……各机关所构成的集合体。……它的本身时时刻刻地把这团体以外的东西吸收进来，溶化成为团体里头的成分；同时在这团体里头的成分，被排泄出去变成非自身团体的东西了。"② 人的身体并非永恒不变的实体，它里面没有任何固定不变的东西。人的一生中，身体在持续不断地变化、更新，与外部世界进行着物质和能量的交换。本来属于外部世界的东西，经过消化吸收衍生为身体的一部分；有些原本是身体一部分的东西，又逐渐消亡并排泄出去。"依生理学上的说明，经过六七日，全身的细胞已统统改换过。假使认全身的细胞为自我，前一刹那为自我时，次一刹那就被排泄出去成为非我了。平常不承认为自我的营养料，一经吸收变成血液的时候，又成为自我了。这样，自我的忽成为非我，非我的忽成为自我，在这些我与非我之间，实不能指定那一种为自我。"③ 太虚大师进一步从科学上讲，人的身体乃由各种化学元素组成，依佛学名词则为"四大"的聚合，身体的一切都是各种元素的结合，只有元素，没有称为"我"的"固定自体的东西"。

若认为"我"并非肉体的自我，"这自我不是物质的而是精神

---

① 太虚大师全书编纂委员会辑. 太虚大师全书（第22册）［G］. 台北：善导寺佛经流通处印行，1980：909.

② 太虚大师全书编纂委员会辑. 太虚大师全书（第22册）［G］. 台北：善导寺佛经流通处印行，1980：978.

③ 太虚大师全书编纂委员会辑. 太虚大师全书（第22册）［G］. 台北：善导寺佛经流通处印行，1980：979.

的，或叫'灵魂'"①，这个我是否存在呢？太虚的回答也是否定的。他认为，所谓精神、灵魂只不过是人的感觉、知识，"是心理的一部分作用，知识后面没有什么自我的存在"②，"在科学的心理学上来解，唯有心理现象的感觉、感情，以及知识的判断，意志的作用"③而已。结论即"我"是虚幻、假名，根本不存在；存在的只是心识，没有自体、实体的心识。

最后，太虚大师指出，"无我"并非纯粹的哲学思维问题，而具有积极的伦理意义。他说："根据无我原理，应用到人生，就见到人生是最平等了。因为，一方固知道无我，同时，又于各各假定的自身与自心，都彼此相通相应，互相变化、聚合、离散、生灭、相续的，由此故能成立为平等的人生观。"④ 社会上之所以有种种争斗与不平等，就是因为人们妄执有我，"限定一个自我范围"，抬高自我、压伏非我。即人们受到自我的局限，凡事以自我为出发点和最终目的，"顺我者昌，逆我者亡"，从而引起各种纷争和烦恼。

三、去妄悟真

物我两泯反映了佛教思想的超迈。它既表现了佛教虚无主义的理论倾向，同时也包含着深刻而丰富的伦理意蕴，即突破物我的限制，实现道德主体的自由与完善。

---

① 太虚大师全书编纂委员会辑. 太虚大师全书（第22册）［G］. 台北：善导寺佛经流通处印行，1980：980.

② 太虚大师全书编纂委员会辑. 太虚大师全书（第22册）［G］. 台北：善导寺佛经流通处印行，1980：981.

③ 太虚大师全书编纂委员会辑. 太虚大师全书（第22册）［G］. 台北：善导寺佛经流通处印行，1980：981.

④ 太虚大师全书编纂委员会辑. 太虚大师全书（第22册）［G］. 台北：善导寺佛经流通处印行，1980：984.

人作为一种自然存在，其生存和发展都离不开特定的客观环境，他必须从外部世界获得生存和发展的基本条件。这一方面表明自然界对于人来说具有积极的伦理价值，另一方面又显示了自然界对人的限制。人的主体性活动就是对自然界限制的抗争。但是，在人与自然界交往的过程中，如果过于依赖外部对象世界，就会磨灭人的主观能动性，形成物累；如果完全听从自然界的摆布，就会沦为物的奴隶。

从人类发展的历史来看，在相当长一段时期，人尚未从自然界中独立出来，完全受着盲目必然性的制约，没有主体的自觉。当人们觉悟到自己有别于自然界的独特本质时，人就成了主体性的存在。但是，在觉悟的最初时期，仍然受着自然界的强大制约。这种制约首先表现为对人本身的制约，即在人与人之间形成人身依附关系。一部分人成为另一部分人的奴隶，人类并未获得普遍的自主。随着社会的发展，人身依附关系逐渐被突破，对物的依赖关系才以自觉的形式凸显出来。这就是对个人感性存在与需要的觉悟以及由此产生的对物欲的追逐，这种意识把人的发展限制在了一个狭小的范围之内。就其本质而言，人与自然界其他事物的区别不在于他的感性存在，而在于他是一种理性存在。因此，人的本质的完善不仅在于物质需要的满足，更重要的是精神的充实与完善。思想家们历来都把人的理性和道德的完善视为人的本质追求，要求人们不为物累，摆脱自然物对人的约束。如中国古代的儒家、道家都是如此，它们都反对追逐物欲，反对放纵自己的欲望而成为物的奴隶，积极提倡寡欲、遏欲、灭欲，鼓励人们突破物的制约，实现本性的完善。

质言之，自从人们意识到人与自然界之间的相互对立和相互依赖之后，如何摆脱自然界的束缚、实现人的精神完善与自由，便成为古今中外思想家们共同关注的问题。儒家设计的方案是尽性知天、存理灭欲，道家提出的路径是齐物我、法自然。前者强调主体自身的道德修养，强调自我约束；后者主张让主体消融于客体，在根本大道中实现物我统一。而佛家的思想则更加彻底，它不仅从根本上否定客体事物存在的价值乃至存在本身，还更进一步否定主体的存在，从而使客体事物对于人的存在的意义具有了双重虚幻性，以实现对物的精神超越。

从根本上说，外物之所以成为人实现自我完善的障碍，其原因并不在物，而在人本身。无论虚实真假，物只是一种客观自然的存在，它并不具备任何积极或消极的道德价值，只有当它和主体发生关系之后，才成为价值判断对象的一个因素。物无善恶，有善恶者乃为人本身；物不累人，累人者实为人自己。因此，佛家把对物的超越最终归结为对人自身的超越，无我才能无物，只要有我，就必然为物所累。

佛教把"我"分为六种：一是执我，即世俗所说的自我，包括分别我执和俱生我执；二是慢我，指破除了分别我执，但俱生我执仍未彻底破除；三是习气我，指分别、俱生二我执虽然断尽，但仍留有一些我执的习气；四是随世流布我，指诸佛说法时为随顺世俗而假称说"我"，这个"我"是一个纯粹的假名；五是自在我，指成佛后的自在主体；六是真我，指真实具有常、乐、我、净等涅槃功德，以真如为体的本体我。显而易见，佛教力求无我，并非绝对认为无我，亦非取消道德主体。它所要破的只是世俗所认知的我，而并不否定出世间的真我。"我"为佛教涅槃的一大功德，即指对自我本质的彻底觉悟。如果取消了道德主体，那么佛教的一切伦理学说和道德观念乃至全部佛法都将失去实际意义。说到底，佛家伦理道德教义就是劝诫人们觉悟和把握真实自我，依佛法修持成佛。所谓觉悟，本质上是对真实之我的觉悟。故《涅槃经》以佛性为"我"："一切诸法悉无有我，而此涅槃真实有我"①，"佛法有我，即是佛性"②。无我乃无世俗之我，即上文前四种我，所谓无，也不是说没有，而是说这个"我"为空为假，是一种虚妄的、不真实的存在。

觉悟到真实的自我，主体便实现了彻底的超越和绝对的完善，不会再为物所累。为物所累者是世俗所认之我，即以肉体及其欲想为真实，妄生物我、人己之别的我。近人梁启超在阐述佛教无我论时，把佛教所破之我概括为三个方面。他说："佛何故说无我耶？无我之意何以，可尊耶？'我'之毒害，在'我爱'、'我慢'，而其所由我立，则在'我见'。"③何谓"我爱"？《成唯识论》云："我爱者，谓我贪，于所执我，深生耽著。"④"我爱"就是自我的贪欲、私欲。饥食渴饮等生理、心理需要，本是人的自然属性，它既具有普遍的意义，其现实表现又具有个体性。换句话说，饮食男女、声色货利等欲望人人都有，但只要是某个单独的个体具有，其表现和满足便具有无可置疑的个体性。张三吃饱了不等于李四吃饱了，王五需要喝水绝不可能由马六去替代。正是这种欲求及其满足的个体性使得人们执着于"我"的存在，使"我"成为意识的核心、行为的出发点。"我身、我妻子、我家庭、我财产、我乡土、我团体、我阶级、我国家，如是种种，认为是即我，或我所有，从而私之；其他身、他家族、乃至他阶级、他国家，以非我故，对之而生贪悭、嫉妒、怨毒、欺诈、贼害、斗争。"⑤由自我的个体性衍生了私利私欲，执着于此，即强生人我对立，就会以自我的私利私欲为行为选择和价值判断的标准。从而，对外受制于满足利欲的对象材料，唯声色货利是求；对内局限

---

① 昙无谶译. 大般涅槃经（第28卷）.
② 昙无谶译. 大般涅槃经（第7卷）.
③ 肖祥著. 淡泊论［M］. 长沙：湖南教育出版社，2011：133.
④ 护法等菩萨造，玄奘译. 成唯识论（第4卷）.
⑤ 徐少锦，温克勤. 中国伦理文化宝库［G］. 北京：中国广播电视出版社，1995：1095.

于小我之私，以个体的差异性排斥人己的共同性。误认了人的本质，使"我"成为人性完善的障碍，孳孳为利为我，就永远无法获得真正的幸福。

何谓"我慢"？《成唯识论》说："我慢者，谓倨傲，恃所执我，令心高举。"① "我慢"即狂傲自大、自以为是、目空一切。人一旦觉悟到自己是个体性存在，即要求个性自由，个人的独立与自主，强调人的自主、自尊、自信。但若执着于此，自主就将成为一种权势欲，变为对他人他物的主宰；自尊则将化为倨傲，以为宇宙之间唯我为大，"我"是宇宙的中心；自信则可能转变为狂妄、愚莽、浮躁，以为自己无所不能。"万事以我为中心，以主我的精神行之，谓环乎我者皆宜受我支配，供我刍狗。……谓我为天帝之胤，为万物之灵，天地为我而运行，日月为我而明照，含生万类为我而孳育。"一言以蔽之，即"我"为宇宙万物的主宰，天地唯我独尊，以小我吞没宇宙大我。受此我执的影响，就会对他人他物不尊重，把自己的意志强加于其上，并为了一己之利不惜损害甚至剥夺他人利益。对己而言，则把自己置于自身以外所有存在的对立面，自我孤立，无法把握更不可能协调好人己、物我之间的关系，从而妨害自我本质的完善。

何谓"我见"？简单地说，就是个人主观偏见，是执我之见。一个人如果以自我为意识和行为的出发点与目的，以自我为世界乃至宇宙的中心，必然导致自我封闭，阻断自我与非我之间的沟通与交流，自绝于人物。梁启超《说无我》言："以五官所经验，谓足穷事物之情状；以意境所幻构，谓足明宇宙之体用。故见自封，习非成是，湮覆真理，增长迷情，我爱我慢，其毒天下如此。"② 在人际交往中，怀着这种主观偏见，狂妄自大，就无法对他人或现象的价值作

---

① 护法等菩萨造，玄奘译. 成唯识论（第4卷）.
② 徐少锦，温克勤. 中国伦理文化宝库［G］. 北京：中国广播电视出版社，1995：1095.

出恰当的判断。

可见，佛教的无我，是反对执着于小我，否定假我、私我，而并非要取消道德主体。相反，它特别重视主体的道德理性。"佛"就是觉悟的意思，从伦理学上讲，也可以说是指人的道德理性的自觉。所以佛教讲的"我"，与世俗所执之我有很大不同，它并非客观的物质存在，也不是物质和精神的统一，而是究竟真实的我，称之为"自在我""真我"。这个"我"在佛教这里被归结为佛性、真如，实际上是指纯粹道德人格意义上的自我。

道德作为调节个人与他人、与社会关系的行为规范，其基本精神就是要求人们在自己的利益与他人、社会的利益发生冲突时，遏制、牺牲自我的利益，奉献他人和社会。无私无我，这是一种崇高的道德境界。所谓无私，就是要以仁爱和奉献的精神处理人际关系，毫不利己，专门利人；无我，则要求人们破除小我的局限，把自己有限的生命，融入人类和宇宙的大我之中，在人类整体的完善中实现生命的价值，求得永恒与不朽。因此，中国儒释道三家都积极倡导无私无我。孔子"四毋"即"毋意、毋必、毋固、毋我"，要求为人处世要客观，不要固执己见、单凭个人主观。后儒发挥孔子思想，要求人们去欲去私，廓然大公，主张超脱自我，破除一己之私，把对天理的认同看作对完善本质的复归。他们强调的"我"，是现实道德追求的理想人格，是无私的、纯粹的道德完善的绝对观念。道家的"无我"走的是另一条路子。它认为个体的我是相对的，没有真实的积极价值，始终受各种条件的制约，无法获得真正的自主和自由。要实现人的精神完善，就必须做到"吾丧我"，"堕肢体，黜聪明，离形去智"，即取消感性的我的存在，在本体的意义上使自我同于大道，与道逍遥，从而获得绝对的精神自由。佛家的"无我"与道家的"无我"比较接近。它同样否定人的感性存在，但并非像道家那样承认其存在然后再在思想上予以取消，而是从根本上就认为"我"是幻妄不实的，觉悟到这一点就超越了自我，而不必认同于任何天理或道。它对自我、小我、私我的破除，比儒家和道家来得更加彻底。

概而言之，佛家物我两泯思想的积极伦理价值，就在于它追求主体的道德觉悟，要求人们自觉把握自己的真实本性，实现本性的道德完善，彻底摆脱物欲的困扰，超越自我的局限，无私无我、平等地对待众生与万物，把自己的精神提升到一个崇高的境界。

第三节　众生平等的价值观念

佛教以普度众生为根本宗旨，以慈悲之心悦纳万物，要求破除一切差别，提倡众生平等。它认为，宇宙万有（包括众生）的存在及其差别都是不真实的，一切事物和现象都由因缘和合而成，无我无常，都属于幻相、假名。执此幻相就属于妄见，而据此妄见所产生的差别观念则更加错误。在究竟真实的意义上，一切法、一切相（即万事万物）一律平等，从而形成平等的价值观念，表现在道德价值观上，就是性智平等、众生平等和怨亲平等。我们知道，各个宗教都讲人与人之间的平等，但只有佛教的平等观才是最彻底的。在基督教和伊斯兰教中，上帝和真主是唯一的，除上帝、真主之外或者说在上帝和真主面前人人平等，但在上帝、真主和信众之间却存在着绝对的不平等：信众和上帝、真主之间有一条不可逾越的鸿沟，除了上帝和真主之外，任何人都成不了上帝和真主。而佛教则不然，在佛教尤其是大乘佛教的教义中，佛与众生之间没有上述不可逾越的鸿沟，十方三世有无量诸佛，每个人只要按照佛教的指引进行修持都能够觉悟成佛。禅宗甚至认为佛与众生只有迷与悟的区别，前念迷即众生，后念悟即佛。

一、性智平等

"平等"为梵文"Sama"的意译，与差别相对，意为均平齐等，无高下、贵贱之差别，指一切存在和现象在共性或空性、唯识性、真如性等方面都没有差别，或者说，万有都具有共同的本质和价值。

所谓性智平等具有双层含义，一是万有本性平等，二是众生智慧平等。依佛教的缘起说和中观论，世间万相皆由因缘和合而成，是条件、要素的聚集，根本不存在任何实体，因而其实质为空。但万有之空并非绝对虚无，既已因缘而起，则万有不等于无，有非真有，无非真无，故名为假；把握了万有空假的本性，就叫作中。所以，万有的平等并非存有层面的平等，而是性质层面的平等。这就是佛教在本体意义上的平等观。天台宗对此平等观作了详细阐述。该派认为，以平等观万有，不能仅仅局限于真谛的"空"理，还必须进一步建立俗谛之"假"的差别观。如果执着于空，一切都不存在，众生与佛均为虚无，那么佛教修持劝善就失去了现实意义，只能走声闻、缘觉之路，落入二乘，而对众生没有任何助益。因此，人们既要认识到万有之空的本性，又不能执着于空，而须由空入假，用假破空，空假共破而互用，破用均等。质言之，本体论的平等观，不是指空中之假，而是指假中之空。通俗地说，万物虽空不无，而以假有的形态呈现。就此假有而言，万物是有差别的，故有善恶圣凡之殊；造业不同则果报不同，依此才有修持的理论，才发大愿普度众生。但是，万物的差别又只是假象，实质上无我无常，自性本空，依此空观入假观，即现万有本性平等。

"智慧平等"又作"平等智"，为梵文"Samatā-jāna"的意译，指每个人都具有的、能够体悟自他平等的智慧。佛教认为，依此智慧可以了知一切事相以及自他皆平等无别，从而产生大慈大悲之心，与万相及他人恒常契合而无间断，能够与众生共入无住涅槃，获得最彻底的解脱。这是佛教的无上妙智，它能够根据无量众生的欲望与喜好，向他们展示自他的真实本性与乐土的种种景象。初地以上的菩萨和佛，则用此智慧为众生示现受用之真身与乐土，从而以大慈大悲之心度化众生，使众生都进入极乐世界。可见，所谓平等智并非说众生的智慧没有差别，而是指一种特殊的智慧，具此智慧，才能了悟万有、自他的平等。性平等和智平等分别阐述了客体存在的平等和主体精神的平等。应当指出，佛教的平等是指本体平等，不是现象或存有层面的平等。换句话说，佛教讲的平等是以承认现象的差别为前提的，它与道家齐万物的观点有所区别。道家是以事物存在及其性质的相对性来否定它们之间的差别性，主要讲事物的差别不具有确定性，人们不应该认真对待事物的差别，"是不是，然不然"，"和之以天倪"，表现了处世待物的圆滑。而佛教讲平等则肯定事物的差别，并主张积极消灭事物的差别而复归于无差别的平等。这种平等是本体的平等、终极目的的平等。它强调本体层面上事物的究竟真实本性的无差别，而不是断言万有表现形态是齐一的或是可以齐一的。因此，佛教的平等并非对万有的描述，而是对事物本质的深刻分析，它是一种价值观念。

佛教的平等价值观念，是以无上妙智了悟自性本空，从而彻知自我、他者、五蕴、诸法等等皆归于同一实相，即由了知自性无性而生空智，脱离有为无为界的束缚，进而顺利地把握宇宙与人生的真谛，获得彻底的解脱，觉证涅槃正果。

二、众生平等

如果说性智平等是一种哲学价值观，那么众生平等则属于道德价值观，它是性智平等在人类道德生活领域的具体表现。性智平等为众生平等提供了充分的理论依据，佛教花了很大的气力阐述性智平等的道理，最终就是要说明众生平等。

众生平等指无量诸有情相互平等，而不是简单地讲人与人之间的平等。"众生"指诸有情，即含识、含情、流转生死者。一般而言，指的是在生死轮回中的六道众生，在更宽泛的意义上，也包括四圣的佛、菩萨、缘觉和声闻。所以，众生平等超越了人与人之间的关系，这也是佛教平等观的突出特点。当然，在现实生活中，更多的是指人与人之间相互平等。从伦理学上说，人与人之间的关系只有建立在相互平等的基础之上，才是正当的、健康的。人际关系的不平等本身就不道德，它意味着一方对另一方的欺压、凌辱、强制、剥夺，或者一方对另一方的依附、屈从、逢迎、诣谀。只有相互平等，人们在处理人际关系时才可能有真正的自觉和自愿。当然，这里讲的平等并非无差别的平等或存在状况的平等，而是在肯定差别的前提之下人性、人格的平等，即同类之质的平等。

历史上任何积极的伦理学说都追求人际关系的平等，无一例外。中国儒家强调推己及人，人与人之间相亲相爱，"己欲立而立人，己欲达而达人"，"己所不欲，勿施于人"，隐含了人与人之间"类"的平等；但因为过于注重本性的平等，从而不得不屈从于事实的不平等，以至把平等扭曲为均衡。尽管他们也强调人性本善，"人皆可以为尧舜"，但却认定人性具有两重性即有义理之性和气质之性。这两种人性的对立及其错综复杂的关系使得现实的个人在本性上不可能齐一，而只能"相近"，这就曲折、隐晦地肯定了人在本质上的不平等。西方基督教强调"上帝面前人人平等"，但这种平等以不平等为前提，任何人都不可能与上帝平等，人与人之间的平等乃是上帝的恩赐，是原罪的平等、负面的平等。

上述平等观念反映了古代社会不平等的现实，并且屈从、维护这种不平等的现实。而佛教的平等观，则是对不平等的社会现实的反抗，它主张众生平等，强调一切生命在本质上并无差别，因此，比同时代其他平等学说更加彻底。

佛陀时代的古代印度是一个等级森严、极不平等的社会。统治社会的婆罗门教，主张用种姓制度规范社会各等级的职责，由婆罗门主持宗教，刹帝利执掌军政，吠舍从事生产，首陀罗为上述三姓服务，地位几近奴隶。婆罗门宣扬四种姓是神造的，各种姓间等级森严，不可逾越，社会不平等是天生的、必然的，是梵天大神的意志。在这种思想支配下，社会上层种姓不仅不关心、救助下层种姓的痛苦，还把对下层种姓的奴役看作自身高贵的表征，从而造成社会严重的等级对立和思想偏见。

释迦牟尼对婆罗门教的三大纲领吠陀天启（吠陀本集、《梵书》等经典系古代圣人受神启示而诵出，必须绝对遵从）、祭祀万能、婆罗门至上分别进行了驳斥。首先驳斥了婆罗门教的梵天崇拜。释迦牟尼说："若彼三明婆罗门无有一见梵天者，若三明婆罗门先师无有见梵天者，又诸旧大仙三明婆罗门阿咤摩等亦不见梵天者，当知三明婆罗门所说非实。"[1] 简单来说，就是释迦牟尼大胆质问婆罗门，从未有人见过梵天，如何可证得梵天乃是造物主呢？然后是反对婆罗门教的祭祀万能主张。释迦牟尼认为通过对天神的祭祀来解决现实的问

---

[1] 佛陀耶舍共竺佛念译. 长阿含经（第16卷）.

题是非常荒谬的，就好比人从树上跌落下来，路边的人不去救治，却在一旁祈祷，希望人回到树上去那样荒谬。进而，释迦牟尼反对与祭祀相关的一切，称其为"邪盛大会"。当时，在祭祀过程中往往要用到活牲，现场通常十分血腥。释迦牟尼曾描述祭祀场景："小小众生悉皆伤杀，逼迫苦切，仆使作人，鞭笞恐怛，悲泣号呼。"① 认为这样的祭祀有悖于人伦本心，劳民伤财。由此可见释迦牟尼在反对种姓制度方面，不仅仅是倡导和呼吁，还通过辩证思考证明支撑"婆罗门至上"的宗教证据的荒谬，使之自然丧失社会认同，从而在根本上解决种姓不平等的问题。最后，释迦牟尼从社会分工角度分析人们的出身差异，对不平等的种姓制度进行反驳。他认为四个种姓实际上是四类不同的社会分工，无所谓优劣，那种借由"神"口人为设立的阶级制度，人们完全没有接受的义务。这一系列思想体现了释迦牟尼意图建立一个平等的人间佛教的愿望。他大胆地反对当时已经拥有很大势力的婆罗门教，提出破除种姓制度、打破宗教特权。这一思想是佛教"平等"思想的根基，同时也是佛教的立教根基。

佛陀众生平等的观念就是对古印度当时社会下层种姓反抗种姓等级制度思想的概括。佛教强调四姓平等，反对任何人为的阶级或等级划分，关心并矢志拔除民众疾苦，宣称自己的生活与未来并非由梵天安排，而完全取决于自己。它反映了社会下层民众反对不平等制度、渴望摆脱苦难获得幸福的心声，很快就得到了广大民众的认同。

众生平等的思想建立在一切法平等的理论基础之上。佛教认为，宇宙万有均由因缘而起，诸法（即一切现象）的本质都是空，所以，一切存在的诸法都平等无二。天台宗依此演绎法界理论，提出一心（万有之实体真如）具十法界，每一法界又具十法界，即百法界；一

---

① 求那跋陀罗译. 杂阿含经（第4卷）.

法界又具三十世间，故一心同时具足三千世间。即是说，地狱、饿鬼、畜生、阿修罗、人、天、声闻、缘觉、菩萨、佛这十法界（简称"十界"）各各互具，地狱具佛等九法界，佛亦具地狱等九法界。按禅宗的说法，即前念恶则堕地狱，后念善便立地成佛。

十界之"六凡四圣"互相包含、互相转化，圆融无碍、平等无二。既然佛与地狱这两极都平等无二，那么，人类社会本身的任何差别，也就都只是一些微不足道的假象罢了。

众生平等的实质是一切众生皆有佛性。在佛性平等的问题上，最核心的问题在于什么是佛性。佛性可以被宽泛地理解为佛的心性，也就是佛所具备的心性。这种心性最初更多倾向于一种能够理解并开解世间一切因缘的智慧（十二因缘说），通过这种智慧洞悉世间的本质，进而获得真正的幸福。而在大乘佛教诞生以后，佛性就逐渐转化成人的"真心"，或者说成佛的根性。

一切有情、生命（主要指一切人）具足佛性，都能够成佛，在本性上平等无二。关于佛性有无的问题，由于传译的典籍不同，从晋代、南北朝到唐代，在中国一直争辩了几百年。自竺道生首倡"一阐提人皆得成佛"，与六卷本《大般泥洹经》相左，就在佛教界引起轩然大波。到唐代，天台宗湛然更提出"无情有性"，认为不仅人皆有佛性，一切有情（众生，即一切生命存在）皆有佛性，一切无情（无生命的存在）也有佛性，把佛教性智平等的思想发挥到极致。依据这种体认，佛教认为，尽管人们在社会生活中有各种各样的差别，如形体的大小美丑、生命的强弱寿夭、性格的刚柔坚软，乃至贫富、贵贱、荣辱等等，每个人的生活都带有明显的个性特征，与其他人有千差万别，但在本性上，在本然的意义上，人与人之间是平等的，没有任何差别。因此，人们的出身、血统、种姓没有任何理由成为不平等的依据，它只是一个自然事实，不足以区分人的高低贵贱。如果说人类对自身有所尊贬，那么，其依据也只能是人自身的行为即所造之业的善恶性质。这就表明，佛教认为人与人之间只存在道德善恶大小之别，而不存在等级的高低。

众生平等的精神实质，就是要消灭人与人之间的对立、争斗和歧视，把他人看作与自己完全一样，自己对他人既没有任何特权或优越之处，也不存在任何缺失而须依赖他人。自己感到高兴的事，他人也会感到高兴；他人觉得痛苦的事，自己也同样会觉得痛苦。每一个人都具足完满之佛性，都希望断除烦恼，获得解脱。因此，实现众生平等就是要明了自他不二之理，修菩萨行，发大愿，为众生拔苦与乐，以平等、慈悲之心自利利他，自度度人。

应当指出，佛教提倡众生平等，反对等级制度，要求以一体之心慈悲地悦护万有、救度众生，唤起了人们独立自主、建立合理的人际道德关系的自觉性。然而，它说的平等并非现实社会生活中的平等，不是对社会政治、经济、法律、文化等各方面平等的追求，而是对万有本性的彻悟，对唯一的终极价值的认同。实际上，它没有也不会给现实不平等的社会造成任何真正的影响，更不提倡以实际行动去改变不平等的现实。相反，它在中国社会传播发展的千余年历史中，始终起着维护既有不平等社会制度的作用。

不过，尽管这一学说有着种种理论缺失和历史局限，但它公开倡导平等，却具有不可忽视的积极意义：它在古代等级森严的社会环境中提出平等观念，在民众意识中埋下了反抗专制统治的思想种子。中国佛教中"佛性平等"的确立不仅赋予了世界佛教全新的生命力，也开启了人性自我修行和自我觉醒的篇章，使人不再是神佛的子民，而真正成为自己命运的主宰。

三、怨亲平等

众生平等的观念贯彻于人类社会生活，一方面强调每个人具有共同的本性，没有高低贵贱的不同，另一方面则提倡在人际关系中坚持怨亲平等，即无差别地对待一切人，无亲疏远近，不私党亲爱，不刻毒怨仇，以大慈大悲之心救护所有人。

佛教认为，人际关系中之所以有种种不平等，根源不在社会制度，而在主体自身。由于主体妄执我见，以自身为真实实体，才有人我、物我的种种分别。执着于我，就必然产生贪、瞋、痴三毒：对于有利于己、属于自己的事物过度贪着，以至贪得无厌，无法克制利欲之心的恶性膨胀；对于不利于己、想要而又无法得到的事物，则会心怀怨恨。由这些妄见导致的贪、瞋，又会进一步加深主体的执迷与愚痴。在人际交往中，人们往往受制于自己的喜怒哀乐，带着强烈的主观偏见，对顺己者亲近有加，对逆己者排斥疏远。这种态度不仅导致人际关系的紧张对立，还滋生出种种不公正的社会现象。其实，现实生活中任何人都是个体性存在，有着自己特殊的利益和欲求，它们构成了人们行为最深刻的内在动因。只有在这些个人利益和需求得到基本满足后，人们才能正常地生存与发展。这是一个客观的事实。然而，人又是社会性存在，他总是生存于特定的社会关系之中，对他人和他物有着必然的依赖性，同时，他追求个人利益的行为也因为这种关系而必将与他人发生冲突。道德的作用正是协调人际关系，缓和或解决利益冲突。这就需要人们在处理人际关系时有高度的道德自觉，进行自我约束，把他人的利益满足作为自己利益满足的前提条件。然而，现实生活中个人利益的驱动、刺激，往往使人在处理人际关系时难以避免地带上个人好恶，这种情感时常妨碍人们的行为选择以及对事物判断的公正性，伦理学上把它称为"私"，各派伦理学说都主张对它进行遏制。

儒家以私与公对立，着重探讨了群己关系。私所以为败德，是因为它损害社会整体利益，损害他人利益不利于个人的道德完善。因此，行为的取舍不能依据个人好恶，而必须以"天理"（公义的代名词）为标准。天理是绝对的道德价值观念，主体认同天理，就能够"从心所欲，不逾矩"。去私是指消灭小我的私见、私意、私情，而非消灭见、意、情。去除小我之私，即可使个人好恶与天理相契，合乎天理者好之，违背天理者恶之。如此，好恶之情不再基于个人私利，而是以天理为准绳。唯有具备仁德之人，方能以公正之心待人，好其所当好，恶其所当恶。

佛教主张从根本上消灭好恶分别。儒家所追求的公正以天理为标准，强调喜怒哀乐发而中节，言行举止皆得其宜，即实现差别中的均衡。佛教的公正则以究竟真实为标准，认为喜怒、哀乐、好恶皆为幻妄，主张无差别地对待一切。佛教不仅强调去私，而且坚持"无我"，认为达到无我就自然泯灭任何差别，无所谓怨，也无所谓亲，无论与什么人交际都能够做到一视同仁。用佛教的语言说，即以普遍、平等、无差别的慈悲心怜悯一切众生，对一切众生不起怨亲等差之见。

怨亲平等的思想具有双重意义。如果所怨所亲者系出于个人私利，那么应当破除这种怨亲的差别，不以一己之私、个人主观好恶为行为的标准。就此而言，这一命题具有积极意义。但是，如果所怨所亲者依据天理、大义、公义，那么无差别地对待怨者亲者就丧失了行为的原则性和道德立场。譬如，某甲外出归来，发现自己家门口站着几个人。情形一：这几个人与某甲不认识，手中拿着刀枪，正在用铁棍撬锁，显然他们是要入室打劫；情形二：这几个人是某甲多年不见的老朋友。显然，前者为怨，后者为亲。在此情况下，某甲能不能不加区别地掏出钥匙打开门，热情地欢迎他们进去？答案是不言而喻的。我们应该保持对恶人恶行恶事的憎恶，对善人善行善事的喜好，在是非善恶的问题上，应该爱憎分明，不能有丝毫的犹豫和含糊。所以，孔子反对"以德报怨"，而主张"以直报怨"。他问道：如果以德报怨，那么我们该如何报德呢？然而，佛教却坚持在上述两种情形之下仍应无差别地对待。在佛教看来，所谓你我、敌友甚至生死等等，都是一些不真实的幻相，是非、善恶都是一些方便假名，没有任何必要认真对待、执着于它们的分别。怨亦幻、亲亦幻，善亦假、恶亦假，它们原本无分别，故人们不应强作、妄作分别。佛教指出，一个人只有了悟了真谛，远离是非、美丑、善恶、彼此等等一切对立，才能做到真正的平等。显然，这是一种非道德主义观念，是把平等或无差别无限夸大并绝对化之后得出的错误结论，是佛教平等思想中的消极因素。

总而言之，平等观念是佛教伦理思想中颇具特色的理论，被着力强调。除上述性智平等、众生平等、怨亲平等外，佛教还强调一切法平等、一切刹平等、一切深心平等、一切善根平等、一切菩萨平等、一切愿平等、一切波罗蜜平等、一切行平等、一切佛平等，清净平等、布施平等、戒平等、忍平等、精进平等、禅平等，以及平等心、平等大悲、平等大慧、平等力、平等三业、平等王，等等。

在中国伦理思想史上，没有哪家哪派像佛教这样明确地、大张旗鼓地宣传平等思想。尽管它没有也不可能在中国古代社会真正实现人际关系的平等，却如一道冲破专制社会黑暗的亮光，表达了民众对平等的向往。平等的价值观念在古代专制社会一直受到排斥，它只能是普通民众的一种向往，到了近代，这种观念才对社会产生了广泛而深刻的影响。近代以来，中国社会开始了推翻专制统治建设民主社会的历程。在反对专制的斗争中，维新派与革命派都不约而同地吸取佛教平等观念作为自己的思想武器。康有为的《大同书》作为维新派的政治纲领，无论是其入世界救众苦的观点还是对未来理想社会的描述，都渗透着佛教的平等思想。谭嗣同的《仁学》把唯识学与近代资产阶级思想紧密结合在一起，从"三界唯心"出发，认为一切唯心所造，心之实质为仁，"仁以通为第一义"，"通之象为平等"，在此基础上对古代专制制度进行了猛烈批判。梁启超更明确肯定"佛教之信仰乃平等而非差别"①，借此反对专制制度，阐释其民主主张。革命派章炳麟肯定平等的思想原本于佛教，他以佛教的平等观解释自然、分析社会，主张消除一切不平等，并肯定佛教最恨君权，与专制相对立而"与恢复民权的话相合"②。佛教的平等思想作为一种文化资源，曾经推动了中国近代社会的变革。这一历史事实，向人们展示了佛教众生平等价值观念的积极意义。

第四节　超凡入圣的理想人格

佛教的平等观视众生为一性海，认为贫贱、富贵、美丑、寿夭均是幻妄之相。从根本上说，人与人之间不存在本质区别，皆是成佛成圣的种子。既然佛还须"成"，那么就肯定了世人还不是佛。佛是佛教追求的绝对完善的人格理想，其一切理论、修持，都是要引导人们实现这一理想人格，追求人的完善。从究竟真实或成佛的可能性上说，众生平等；就众生的现实品格而言，则有无情有情、六凡四圣的

---

① 梁启超. 少年中国说：梁启超杂文经典［M］. 长春：吉林出版集团股份有限公司，2018：103.

② 许寿裳. 章炳麟传［M］. 长春：吉林人民出版社，2018：35.

殊异。即使同属人类，人与人现实的道德素质也有很大的差别，存在道德完善程度的不同。这就需要人们努力修持，实现理想人格。

一、僧伽楷模

道德是使人完善的一种思想机制。任何伦理学说都这样或那样地谈及人的完善问题。这就必然要回答什么样的人才称得上完善的人，人应当成为什么样的人、可能成为什么样的人，从而提出自己的人格理想。这也是现实生活中人们常常思考的一个重要问题。

儒家提出的是君子和圣贤。前者是有志于成为仁者的起码要求，这种人以仁为心，谨守礼义，自觉律己、推己及人、立人达人，表现了个人的道德完善。任何人只要愿意都可以成为君子，易言之，君子人格对任何人而言都具有现实可能性。后者则代表着儒家人生的最高理想——"希贤希圣"。严格说来，圣人除有着君子的全部道德品格外，其突出特点是以济世利民、德泽天下为己任，超越了个人独善的局限，致力于天下的兼善，"为天地立心，为生民立命，为往圣继绝学，为万世开太平"。这是人生价值的巅峰，生命光辉的极致。儒家虽然从德性主义人性论出发强调人人皆可成圣人，但这种圣人人格对一般人而言只是一种潜在的可能性，除极少数人之外都难以实现。正因为圣人的高度理想性，才使得它有着巨大的激励作用，"希贤希圣"，成为古往今来无数仁人志士的人生理想和他们奋发进取的巨大精神动力。

道家提出的是真人。老庄特别是庄子高扬道的精神，认为道是唯一真实、绝对的存在，是宇宙万物的本质。道法自然，只有自然的才是完善的。除道之外，世间一切存在都具有相对性，缺乏独立性，依赖于其他存在而存在，受到各种条件的制约。因此，道家以个性的独立与完善为理想人格的实质。在现实层面，它宣扬顺应自然、无为而无不为的人生态度，主张顺世安命、全真保性，鄙弃世俗的功名富贵。在理想层面，它追求真人人格，这种人完全超越了物我的局限，"堕肢体，黜聪明，离形去智，同于大通"。他已经没有了任何个性的差异，把自己完全融于大道之中，在与道的同一中获得了个性彻底的独立与自由，从而实现了人生的最高价值。

显而易见，儒家的理想人格追求的是人在现实社会生活中的价值，它把个人的道德完善与对社会的贡献紧密结合在一起，主张在人类整体进步、发展、完善的过程中实现个人生命与价值的永恒。道家的理想人格则追求个性的独立与精神自由，强调个人与宇宙自然演化过程的合一，反对对自然与社会的发展进行积极干预，主张在个人与宇宙、万有本体的融合中实现人的本质的回归，从而获得生命价值的永恒。

佛教的人格理想与上述两种观点都有区别。从超越性看，它接近道家的观点，但并不以个性独立、精神自由为依归，而强调人类的共同觉悟；从现实性看，它又接近儒家的观点，主张济世利人、利乐众生，但又不以促进社会的发展与完善作为人的最高价值。超凡是入圣的前提，不舍弃世俗的生活就不能成就理想人格；入圣是超凡的目的，跳出三界外并非为了实现个人精神的自由逍遥，而是对宇宙与人生真实的彻底觉悟。因此，在佛教的人格理想中，真俗、凡圣是两种不同的境界，但二者并不隔绝；中国的禅宗还特别强调圣凡的统一性，体现了佛教对世俗社会的关注。

佛教作为一种宗教理论，其理想人格当然不是俗人，而是以对佛教义理的皈依与觉悟为本质内容。在佛教看来，世俗生活充满痛苦与烦恼，世俗社会所追求的善人、仁人、圣贤都不具有真正的完善性，只是可能因为其所造善业而获得较多的福报，但始终无法超脱六道

227

轮回。人之所以有价值即在于他能够觉悟宇宙和人生的真实，灭除生死的因果，进入涅槃的境界。依修行层次和觉悟程度的不同，佛教的理想人格分三个层次，即僧伽，罗汉、菩萨，佛。

僧伽即僧众，是出家修行的佛教徒。出家这一事实就表明了僧伽对佛教信仰的坚定性，其在接受、遵循、觉悟佛教义理方面比起世俗之人有了本质的转变。佛教认为，人应该依照佛法的谕导生活，最起码的要求就是出家。宋僧契嵩曾对僧伽的人格形象作过详细的描述。他说："教必尊僧，何谓也？僧也者，以佛为姓，以如来为家，以法为身，以慧为命，以禅悦为食。故不恃俗氏，不营世家，不修形骸，不贪生，不惧死，不湎乎五味。"① 佛教推崇僧伽，以僧为"三宝"（佛、法、僧）之一。僧伽之所以值得尊敬，主要是因为其皈依佛教，一切思想言行都遵循佛教示谕，出世修行，远离一切世俗烦恼，而接近诸佛所接引的乐土。出世是成就佛教理想人格最基本的要求，贪恋任何世俗生活、执着任何世俗观念，都不可能成为完善的人，都不可能实现人的真正价值。

当然，佛教僧伽人格的积极意义并不在于其出家这一外在形式，而在于僧伽身上所体现的高尚的道德品性和积极的道德追求。契嵩将其概括为如下几个方面。

第一，严格要求自己，积极进行道德修养。"其防身有戒，摄心有定，辨明有慧。语其戒也，洁清'三惑'，而毕身不污；语其定也，恬思虑，正神明，而终日不乱；语其慧也，崇德辨惑而必然。以此修之之谓因，以此成之之谓果。"② 僧伽以"戒""定""慧"为根本的修持手段。戒者正身，按照佛教戒律的规定生活，不为世俗的生活所累；定者正心，集中思虑观想佛相佛理，摒除一切私心杂念，一

① 契嵩撰. 镡津文集（第2卷）.
② 契嵩撰. 镡津文集（第2卷）.

心向善；慧者断惑，明了佛教义理，舍弃一切世俗妄见，追求对宇宙和人生真实的觉悟。依此修持所种之因，就可能断除生死烦恼，觉悟成佛。

第二，胸怀仁爱慈悲，以利乐众生为己任。"其于物也，有慈有悲，有大誓有大惠。慈也者，常欲安万物；悲也者，常欲拯众苦；誓也者，誓与天下见真谛；惠也者，惠群生以正法。"① 僧伽以仁爱为心、慈悲为怀，乐他人之所乐而与其乐，苦他人之所苦而去其苦，视万物无区别而爱之，视有情无贵贱而关怀之，怀抱慈悲仁爱，平等地对待万物。契嵩强调，僧伽对众生的慈悲并不仅仅是在世俗的意义上拔苦与乐，而是要从根本上利乐众生，即发大心、立大誓，引导众生觉悟佛教真谛，断除无明，皈依佛教。

第三，富于积极的进取精神，弘扬佛法坚定不移。"神而通之，天地不能掩；密而行之，鬼神不能测。其演法也，辩说不滞；其护法也，奋不顾身。"② 僧伽矢志弘法，以佛教真谛破除世俗妄见，使佛教光辉普照寰宇，甘愿为护法弘法奉献自己的一生。天地之辽阔，不能拘束其宏大之心；鬼神之玄妙，不能预知其发愿之行。"有威可敬，有仪可则，天人望而俨然；能福于世，能导于俗。"③ 这种对理想的不懈追求和一往无前的坚定性为僧伽的人格形象增添了巨大的感染力，使其不严自威、备受尊敬，成为人们效法的榜样，而其引导人们向善礼佛，在改善社会风气的同时，也给众生带来了福祉。

第四，严己宽人、和乐众生，追求高尚精神，看淡物质享受和世俗荣辱。"能忍人之不可忍，能行人之不能行。其正命也，丐食而食，而不为耻。其寡欲也，粪衣缀钵，而不为贫。其无争也，可辱而

---

① 契嵩撰. 镡津文集（第2卷）.
② 仪润证义. 百丈清规证义记（第7卷）.
③ 契嵩撰. 镡津文集（第2卷）.

不可轻。其无怨也，可同而不可损。以实相待物，以至慈修己。故其于天下也，能必和，能普敬。其语无妄，故其为信也至；其法无我，故其为让也诚。"① 僧伽弘法救苦，有着慈悲的胸怀和奉献、牺牲的精神。他敢于接受任何挑战，忍受世人无法忍受的磨难，不畏任何艰难险阻，行人所不能行、不敢行。他以精神的超越和对本质的把握了悟世间万有的真实，乞食受施而不以为耻，污衣破碗而不以为贫，世俗荣辱于他而言没有任何价值。僧伽泯灭了纷争仇怨之心，不与他人计较短长，胜负得失如过眼烟云，但是，他可以忍受任何委屈而不能受到藐视，可以容受任何仇怨而不能接受恶毒的毁伤。他把握了万有的真实平等，以慈悲之心处世，能够和乐众生，受到世人的尊敬。俗话说，"出家人不打诳语"。在人际交往中，僧伽诚实守信，以诚待人、谦让为先，且这种谦逊因其无我而达到极致。

第五，精神超迈，自立、自主、自尊、自足。"以法而出也，游人间，遍聚落，视名若谷响，视利若游尘，视物色若阳艳，煦妪贫病，瓦合舆儓，而不为卑。以道而处也，虽深山穷谷，草其衣，木其食，晏然自得。不可以利诱，不可以势屈，谢天子诸侯而不为高。其独立也，以道自胜，虽形影相吊而不为孤。其群居也，以法为属，会四海之人而不为混。"② 僧伽依法而行，视世间功名如空谷回声，弃俗世利禄如风中浮尘，待宇宙万物如浮光掠影，在贫困病疾中长养而毫不自卑；据道而为，虽居于穷乡僻壤，衣食简陋而自得其乐。其原因就在于僧伽认识到世俗所执一切无常无我，只不过是一些幻相假名而已，故能不为其所累。这种人格豪迈超越，独立不改，不被利欲诱惑、不为权势屈服，视天子庶人平等如一。他以道为自足，虽独处而本性无缺，不依赖于任何人；虽群居而德无所易，不与世俗同流

---

① 契嵩撰. 镡津文集（第 2 卷）.
② 契嵩撰. 镡津文集（第 2 卷）.

合污。

契嵩总结说："僧乎！其为人至，其为心溥，其为德备，其为道大。其为贤，非世之所谓贤也；其为圣，非世之所谓圣也，出世殊胜之贤圣也。僧也如此，可不尊乎？"[1] 僧伽是现实社会中人（即六道中之人）的典范，具有宽广的胸怀、完善的品德、高尚的追求。僧伽与世俗所谓的圣贤不同，他皈依佛法，断灭三惑，了悟佛教真谛，其超迈的品格已脱离了世俗的生活，而追求人生的真实。

僧伽人格要求保持平常心，无造作、无是非、无取舍、无断常（即不执着于常变）、无圣无凡，因而与俗世之人相较，有着自己独特的心境与品格。

二、圣贤十地

僧伽是佛教为人世间所树立的楷模，是佛教追求理想人格最基本的层次。作为一种宗教学说，佛教肯定的是超现实的生活，其理想人格也自然具有超现实性。严格说来，僧伽出世修行，是以修持完成由世间到出世间的过渡，虽然他们已远离尘世之累，舍弃了俗人的生活，但并不等于已经实现了觉悟的超越，或者说，他们仍然属于六道中的人这一族类，并未脱离生死轮回。因此，佛教真正的理想人格不是僧伽，而是由僧伽修持觉悟后的超世间、超人类的人格——佛教所说的声闻、缘觉、菩萨和佛"四圣"。

僧伽虽不是圣，却是入圣之阶，四圣皆从僧伽中产生。印度佛教倾向于以出家为解脱觉悟的必要条件，要想修成正果（入圣）必须出家。如佛陀的弟子们就成了罗汉。不出家的人修持佛法，只能增益

---

[1] 契嵩撰. 镡津文集（第 2 卷）.

善业以获来生福报，不能断灭生死烦恼。不出家本身就表示没有对人生的究竟真实彻底觉悟。中国佛教则根据本土文化的特点，不再以出家为涅槃的必要条件，提出"涅槃之法，入乃多途"，甚至只要觉悟了，放下屠刀就可立地成佛。觉悟在于心灵的超越和对真谛的明彻，而与生活的方式没有必然的联系。当然，尽管如此，中国佛教也同样以僧伽为入圣的正途。

"声闻"为梵文"Srāvaka"的意译，意为亲耳听闻佛陀传教的觉悟者。原指佛陀的亲传弟子因闻释迦说法而觉悟，后与缘觉、菩萨合为三乘，指仅按佛教的说教修行，追求个人的自我解脱者，其最高果位为阿罗汉果。

"缘觉"为梵文"Pratyeka buddha"的意译，亦作"独觉"，音译为"辟支迦佛陀"，略称"辟支佛"。它有两层含义，一指出生于无佛之世，好道修持，无师傅传法而自己觉悟的修行者；二指自觉不从他闻，不执着于佛语佛音，观十二因缘乃至万有之因缘而悟道的修行者。佛教一般指后者，其最高果位即辟支佛（辟支迦佛陀的简称）。

"菩萨"为梵文"Bodhisattva（菩提萨埵）"音译的略称，意译为"觉有情""大士"，指达到自觉、觉他两项修行果位者。原为释迦牟尼修行尚未成佛时的称号，后泛指"上求菩提，下化有情"的人，即依大乘教义修行者。菩萨乘与前二乘的根本区别在于，他不仅追求个人自身的觉悟，更以拯救众生脱离苦海，自觉觉他、自度度人为最高目的，是中国佛教极为推崇、对中国传统道德影响极大的理想人格。

上述三乘的修持过程分别有十个阶位，称为"十地"。声闻十地为：（1）受三归地，即皈依佛法僧三宝，正式成为佛的弟子。（2）信地，即不仅形式上出家，精神上也真正信仰佛教。（3）信法地，虔诚地崇信佛法。（4）内凡夫地，指由不得佛法转为以佛法为性。

（5）学信戒地，指依佛法修持。（6）八人地，指已得现观四谛十六心的八忍（人即忍）七智。（7）须陀洹地，指初入圣者的法流，逆凡夫生死之流，断尽三界见惑。"须陀洹"为梵文"Srota-āpanna"的音译，意译为"预流""入流""逆流"。（8）斯陀含地，指断欲界九品修惑中前六品，修成此圣人只上生欲界天，再往人间受生一次即证阿罗汉果。"斯陀含"为梵文"Sakṛdāgāmi"的音译，意译为"一来"。（9）阿那含地，指断尽欲界九品修惑之位，修成此圣人死后不再来欲界天受生，而上生于色界五不还天，即于此天证阿罗汉果。"阿那含"为梵文"Anāgāmin"的音译，意译为"不还"。（10）阿罗汉地，指断尽三界诸烦恼，不再受生三界，而为世间供养。"阿罗汉"为梵文"Arhat"的音译，意译为"应供""不生"。

缘觉十地为：（1）昔行具足地，谓所造诸业具足完满，均合于佛法。（2）自觉甚深十二因缘地，指对众生所困的十二因缘有了很大的觉悟。（3）觉了四圣谛地，对佛法的苦、集、灭、道四圣谛有了觉解。（4）甚深利智地，指有了很高的佛教智慧。（5）八圣道地，即将佛教正见、正思维、正语、正业、正命、正精进、正念、正定等八正道修持为内在的品质。（6）觉了法界虚空界众生界地，即觉悟了物质世界、生命世界和虚空的真实本质。（7）证寂灭地，指证悟了寂灭的境界，不再受生六道。（8）六通地，指通过修持获得了六种神奇的超常能力，又称六神通，即神足通（飞行无碍、神出鬼没）、天眼通（能超越时空障碍遥视、透视、预视）、天耳通（能超越时空听闻及听闻常人之耳所不能听闻的声音）、他心通（与众生心思相通，可以心灵感应）、宿命通（能知自己及众生过去未来所作之业或寿命）、漏尽通（能断尽烦恼、自主自心，并知众生漏尽与否）。（9）彻秘密地，彻悟了宇宙间的一切秘密、本质。（10）习气渐薄地，指不仅断灭了过去未来之因果，而且身上所剩余的烦恼习气也越来越少，修至此地即成辟支佛。

上述声闻、缘觉均是小乘佛教修持所证的最高果位，其人格形象是独善其身，即追求自我的觉悟与完善，与中国本土伦理文化不相契合，因而并未受到中国佛教的推重。儒家注重仁义，以仁爱之心待人，以济世利民为己任，不仅追求个人的道德完善，并且把个人的道德完善与社会的进步和完善紧密地联系在一起。受此本土文化浸润生长起来的中国佛教，没有接受小乘佛教的追求，而是积极倡导大乘佛教追求的菩萨境界。

菩萨的修持阶次主要有十住、十行、十回向和菩萨十地。"住"指入住于佛地。十住指：（1）发心住，以真方便发菩提心；（2）治地住，对治烦恼令心地明净；（3）修行住，游履十方诸世而无碍；（4）生贵住，受佛法入如来种姓；（5）方便具足住，具足自利利他的方便（指手段、方法）；（6）正心住，心与佛同，精神上完全认同、统一于佛；（7）不退住，所有功德（善行）不断增长而无丝毫退损；（8）童真住，具足佛的十身灵相；（9）法王子住，成为佛（法王）的继承人；（10）灌顶住，受职为佛子，正式确定为继承人。

十行又作十行心，指菩萨的十种利他行为。（1）欢喜行，以无尽如来之妙德随顺十方；（2）饶益行，能够极大地利益一切众生；（3）无瞋恨行，修忍辱，离瞋怒，谦卑恭敬，不害自他；（4）无尽行，发大愿度一切众生，皆令至涅槃、脱离苦海而毫不懈怠；（5）离痴乱行，意志坚定而不散乱，信法、弘法、行法毫不动摇；（6）善现行，明了法无有法，三业（身、口、意）寂灭，舍弃了一切执着，摆脱了一切束缚，唯教化救助众生不舍；（7）无著行，一心供佛求法无厌足，更以寂灭观诸法，于一切无所执着；（8）尊重行，尊重善根、智慧等法，悉皆成就，更修自利利他行；（9）善法行，修成了种种利乐有情、化度众生的善法，令佛种不绝；（10）真实行，了悟佛教第一义谛（一切法缘起性空），言与行皆自然符合佛教教义，言行一致，心色皆顺。十行的根本精神是自利利他，救度众生。

回向是菩萨以大慈大悲心救护一切众生，使自己所修功德回施于众生。十回向是：（1）救护一切众生离众生相回向，即菩萨行六度（布施、持戒、安忍、精进、禅、智慧）四摄（布施、爱语、利行、同事），救护一切众生，怨亲平等；（2）不坏回向，指根据由佛、法、僧三宝所获得的坚定信念，回向此善根，使众生都获得善利；（3）等一切佛回向，等视过去、现在、未来三世无量诸佛，不着生死，不离菩提而修持；（4）至一切处回向，以由回向之力所修的善根，遍施于三宝乃至一切众生之处，以作供养，利乐有情；（5）无尽功德藏回向，为自他一切众生均具无尽善根而欢喜，回向众生做善事，以获得无尽功德善根；（6）随顺平等善根回向，指能顺应所修之善根，守护不失，成就一切坚固善根；（7）随顺等观一切众生回向，即增长一切善根，回施一切众生，利乐有情；（8）如相回向，顺应真如实相而将所修成的善根回施众生；（9）无缚无著解脱回向，即不执着于一切法，不为任何法所束缚，以解脱之心行普贤之行愿，从而修成一切美德；（10）法界无量回向，即修习一切无量善根，愿求法界差别无量之功德。

十地即修菩萨行者经历的十种地位、功德。其大略内容为：（1）欢喜地，指初登菩萨位，内心充满极大的欢喜，为修成正果而高兴；（2）离垢地，指断除了妄见、三毒，远离了诸般烦恼；（3）明地（又作发光地），依禅定而得圣智之光，获得了闻、思、修三慧，真理渐明，佛教真谛在胸中光芒日盛；（4）炎地（又作焰慧地），指以智慧之火烧烦恼之薪，薪尽而悟智慧之本体，得无上正觉智慧之光；（5）难胜地，指已得无上正觉智慧，难以再超出，依自在之方便救度难以救度的众生；（6）现前地，指听闻般若（"般若"为梵文

"Prajā" 的音译，意为智慧）波罗蜜当下生起大智；（7）远行地，即修无相行，心的作用远离世间；（8）不动地，指不断生起无相的智慧，绝不为烦恼所动；（9）善慧地，指菩萨以无碍之法力说法，完成利他之行，具无上智慧的自在作用；（10）法云地，得究竟真实大法身，具备了无量自在之法力。

上述声闻、缘觉和菩萨的十地合称为"三乘十地"，揭示了佛教理想人格的不同境界。从其内容来看，声闻、缘觉不仅属于四圣中较低的层次，更重要的是，这二种人格都侧重并局限于自我解脱、自我完善，是纯粹的个人修行，故被称为"小乘"。大乘佛教弘扬了佛陀救助大众的基本精神，以解救众生的苦难为己任，故它强调树立的菩萨人格以自利利他、自度度人为根本特征，不仅追求个人的自我解脱与完善，更把自我的解脱与完善同所有人的解脱与完善紧密联系在一起。尽管佛教对菩萨的描述充满了宗教神秘色彩，但仍从宗教的灵光中透露出积极的道德精神。

总括菩萨的人格形象，其所具有的积极的道德品质十分丰富，主要有如下内容：第一，完美的个人道德修养。菩萨律己极严，其言行思想完全是佛法的体现，在某种意义上可以说，菩萨就是全部佛法的人格体现。他修持六度，无私无我、无亲无怨，品德极为高尚。第二，仁爱慈悲的胸怀。菩萨救苦救难，专门普度众生、利乐有情。他把众生的任何苦难都看作自己的苦难，愿意为救度众生脱离苦海奉献一切，毫不利己、专门利人，体现了无我利他的崇高精神。第三，坚定的道德意志。菩萨立大志、发大愿，誓使一切众生进入无余涅槃，若世上尚有一人未成佛，那么即使自己可入涅槃也坚决不入。无论前途多么渺茫、道路多么艰险，菩萨都矢志不移、百折不回。他行人所不能行、忍人所不能忍，对佛法有着坚定的信仰，并化作了坚毅、刚健、执着的性格。第四，无上的道德智慧。菩萨在四圣中的觉悟程度仅次于佛，已经了悟了宇宙和人生的究竟真实，断除了一切惑念、妄见，外在道德观念、原则、规范已彻底化作其自身觉悟，并融入他的行为习惯，实现了必然、应然和自然的统一。第五，积极的道德实践精神。菩萨身、口、意高度一致，他把完美的德性彻底转化为积极的德行，是实践佛教道德精神的典范。这种道德实践，最核心的内容就是普度众生、利乐有情。

当然，菩萨的人格形象是建立在一个虚幻的理论基础之上的，即所谓万有之空和人生之苦。他并非像儒家的圣人那样致力于建立一个人间的乐园，而是要把沉沦于人间苦海的芸芸众生救度到彼岸世界。因此，他给人带来的只是一个虚无缥缈的希望，纯粹是一种精神安慰。但是，这种人格形象仍然有着极大的道德感染力，对于古代广大民众来说，不啻生活苦涩中的一片甘甜，深沉黑暗中的一颗救星。

正是菩萨拯救众生苦难的精神，使得他对中国古代社会产生了极大的影响。也许有很多人不知声闻、缘觉为何物，但极少有人不知道、不信奉菩萨。其中以救苦救难闻名的观世音菩萨，对中国古代民众的影响和感召力，甚至超过了佛陀。

三、佛陀极乐

"四圣"中最后一圣是佛。佛是"三宝"之首，是佛教最高的人格形象和人生追求的终极目标。

"佛"为梵文"Buddha（佛陀）"音译的略称，也作"浮陀""浮屠""浮图"等，意译为"觉"。此觉有三层含义：自觉、觉他、觉行圆满。这三者六道轮回中的凡夫无一具有。声闻、缘觉二乘仅具自觉，菩萨具自觉、觉他，唯佛更具觉行圆满。作为佛教的最高人格形象，小乘以为佛是唯一的，即佛祖释迦牟尼，而大乘则认为十方三世有无量诸佛，凡属有情，一旦觉悟均可成佛。故佛成为人生追求的终极目标、修持的最高果位。

与三乘十地相应，佛的修持阶位也有十地：（1）甚深难知广明智德地，此地之佛一切残留的烦恼习气彻底除尽，诸法无不自在；（2）清净身分威严不思议明德地，此地之佛弘说佛法圆润自如无碍，如转法轮；（3）善明月幢宝相海藏地，此地之佛为声闻及三乘说法；（4）精妙金光功德神通智德地，此地之佛说八万四千法门，降伏四种魔神；（5）火轮威藏明德地，此地之佛能以佛法降伏外道及傲慢的敌人；（6）虚空内清净无垢焰光开相地，此地之佛显现六种大神通，教示六道中无量众生；（7）广胜法界藏明界地，此地之佛为诸菩萨宣示七菩提分无所有；（8）最净普觉智藏能净无垢遍无碍智通地，此地之佛向诸菩萨传授阿耨多罗三藐三菩提（Anuttarā Sdmyaka-mbod-hi）即无上正等正觉、至高无上的圆满智慧；（9）无边亿庄严回向能照明地，此地之佛为诸菩萨展示善方便（作善及自觉觉人的手段、方法）；（10）毗卢遮那智海藏地，此地之佛为诸菩萨说一切诸法本无所有、本来寂灭。

佛之十地与三乘十地合称为"四乘十地"。它是佛教修持正果的不同阶位，也是佛教人格形象的不同类别和层次，说明佛教认为声闻、缘觉、菩萨和佛都具有不同层次，每一个类别在各自不同的层次上都具有不同的功德。佛是绝对超越、绝对完善的理想人格，他具有前三圣的一切美德，其功德和觉悟都实现了绝对完满。

佛是人可能达到的极致，他至善至真、至高至尊、全知全能，以至于无所不具、无所不在、无所不知、无所不能。这种绝对完善的人格已经完全超越了世间与出世间，超越了人类而成为至上神。佛不是一个感性的个体，也不是一个概念，他既非实体的展现，又非功能的聚合，而是非实体、非概念、非功能，即实体、即概念、即功能。说得通俗一些，佛既是人类一切美德最完善的集中体现，又是人类一切能力最充分的聚合，还是活生生的个体存在。佛的这种特点，突出地表现于"一佛三身"理论之中。所谓"一佛三身"，就是说佛虽然只有一个，但却有三种不同的表现形式，即法身、化身和报身。

何谓法身？佛教认为，佛已经超越世间的一切，涅槃之后已经灭身灭智，感性的肉体已不复存在。因此，佛并非感性的个体人，而是一种精神实体，他以"法"为身，故称"法身"。这个法身是佛教义理的高度抽象化和人格化，它无形无体，无言无作，不可以言说得，不可以思维求，但却绝对真实、圆满、寂静、永恒，充塞于宇宙，构成万物的普遍本质，以平等慈悲之心对待宇宙万有，悦护一切众生。禅宗六祖慧能说："何名清净法身佛？世人性本清净，万法从自性生，思量一切恶事，即生恶行；思量一切善事，即生善行。如是诸法在自性中，如天常清，日月常明，为浮云盖覆，上明下暗，忽遇风吹云散，上下俱明，万象皆现。"① 依佛法修持，了悟了佛教真谛，明白了本心自性清净，便把握了存有的真实本质，肉体的有无，已无关紧要。所以，法身是佛的本身、真实究竟之身，是对佛教义理的彻底觉悟，只有舍弃了肉身，明心见性，才能成就佛的法身。

何谓"化身"？法身是一种观念性存在，佛要救度众生，还需有感性的形式，这种感性的形式就是生身或"色身"。色身本不存在，只是一种假名，法身的幻化，它是佛为了满足众生的信仰需要、入世间拯救众生，而由法身幻化出来的感性存在形式，故称为"化身"。化身随民俗的不同或众生观想的不同而形象各异，佛教把它描绘为"三十二相"和"八十种好"。这诸种"相"和"好"显示了佛超常超凡的形体特征和能力，如三十二相中的身光面各一丈相、眉间白毫

---

① 宗宝编. 六祖大师法宝坛经.

相、顶肉髻成相和八十种好中的耳轮垂埵、身毛右旋、自口出无上香，等等。佛即以此种化身显现于十方三世，遍布宇宙。慧能说："何名千百亿化身？若不思万法，性本如空，一念思量，名为变化。思量恶事，化为地狱；思量善事，化为天堂。毒害化为龙蛇，慈悲化为菩萨；智慧化为上界，愚痴化为下方。自性变化甚多，迷人不能省觉，念念起恶，常行恶道，回一念善，智慧即生，此名自性化身佛。"[①] 显然，慧能以"化身"为自性迷悟的变化。他认为，任何人的存在都非一成不变，而处于不断的变化之中，变化的根源就是自性的迷悟，随一念思量而有不同的变化，觉悟到自性本来清净，就化身为佛。这是对印度佛教化身说的改造，它强调人的道德自觉，鼓励人们一心向善。

何谓"报身"？报身即成佛后所享受正果的特殊国土与形体。慧能说："何名圆满报身？譬如一灯能除千年暗，一智能灭万年愚。莫思向前，已过不可得；常思于后，念念圆明。自见本性，善恶虽殊，本性无二。无二之性，名为实性。于实性中，不染善恶，此名圆满报身佛。"[②] 他认为只有了悟实性、不染善恶，才能修成无上功德，获得究竟真实圆满报身。佛教说报身佛所居国土为与众生所居的充满种种污秽的"秽土"相对的、清净无垢染的"净土"，并对净土有种种描述。其中最著名、对中国文化影响最大的是西方阿弥陀佛净土，又称"极乐世界"。据《阿弥陀经》《观无量寿佛经》等描述，西方净土是极为美妙的乐园，其国土由黄金、白银、琉璃、珊瑚、砗磲、琥珀、玛瑙等七宝合成，内外映彻，一片光明。那里楼阁万千，皆由百宝合成，光明四射，有八万四千种颜色。那里的树高八千由旬，其花叶发出七色宝光，妙香横溢；树上所居神鸟高鸣，与诸种天乐器合

---

① 宗宝编. 六祖大师法宝坛经.
② 宗宝编. 六祖大师法宝坛经.

奏出一曲清妙庄严之歌。那里的水也由七宝合成，滴滴灿若珍珠，水中盛开莲花，作七宝色，莲花台上可住八万金刚。那里的众生快乐幸福，个个坚信佛教、灭绝三毒、无有烦恼，想佛法、说佛言、行佛义，想要什么就有什么，吃的是美味佳肴，穿的是天界"妙衣"，不再退转菩萨、阿罗汉，寿命有无量劫即永生不死。"其国众生，无有众苦，但受诸乐，故名极乐。"①

　　上述西方极乐世界就是佛教展示给人间的天堂，是佛教理想人格境界的理想生活。实际上，它是现实生活的反映，表现了生活于现实苦难之中的人们对理想和幸福的向往。同时，它还表明，佛教的超越毕竟不能完全脱离世俗生活，西方净土就是以宗教形式表现出来的对世俗幸福生活的追求。人格的完善永远也无法和生活的幸福割裂开来。只有当二者高度统一时，这种理想人格才会对民众产生极大的感召力；如果二者相对立，那么这种理想人格就会变得空洞、虚伪。尽管佛教追求绝对超越，但终究绝对无法超越现实生活。

　　显而易见，佛教的极乐世界是彼岸的天堂，它在现实社会中不可能实现。因此，佛教劝人们舍弃对现实生活的追求，认为对现实生活的任何追求都只是徒增更多烦恼，永远也无法获得真正的幸福。最完善、最理想的世界不在尘世，而在西方净土。要想获得这种极乐，就必须依佛教义理修持，了悟宇宙、人生和自性的真实，发大愿，往生西方净土。只有在那里，才可能得到最完满、永恒且真实的幸福。毋庸置疑，佛教的这种思想有着明显的虚幻性和欺骗性，但它却是以宗教的形式曲折地反映了人们超越现实苦难、追求永恒幸福的人生理想。

　　当今社会，人们仍在追求生活与精神的乐园，坚信在现实世界能

---

　　①　鸠摩罗什译. 佛说阿弥陀经.

够实现这一目的。但是，物欲横流以及人与人之间的争斗，造成了太多的乌烟瘴气，导致某些人精神迷失。面对这样的现实，我们应该重新树立崇高的理想、培植健全的人格，把我们共同的家园建设成一片净土，实现人类的幸福与完善。

佛教中的理想人格和人生理想境界充满着宗教的色彩，但若剥开其宗教的外衣，我们不难发现其中蕴含的积极内核。那就是，它追求人的完善与人生的真实幸福，其理想人格有着高尚的道德品质。中国佛教在儒家文化的影响下，特别重视并积极宣扬菩萨人格。这种人格的特点是以超世间的精神境界展示人世间的美德，它既不同于声闻、缘觉的独善其身，也不同于佛的绝对超越，而是深刻体现了中国佛教对世间生活的深切关怀与积极介入。

第六章　本觉心源——佛教的佛性论

如同人性论是儒家伦理思想的理论基础一样，佛性论是佛教伦理思想的重要理论基础。佛教以成佛为道德的终极追求，认为人是不完善的，所以它讲的"性"不是人性而是佛性。所谓"佛性"指万有的本性，是众生由凡入圣、觉悟成佛的根据、原因和可能性。佛性论是佛教伦理思想的核心内容，包括道德完善、本性觉悟、道德修养等理论，佛教的一切道德理论和道德观念都是在此基础上展开。究其实质，佛性论就是佛教的人性论。中国佛教的佛性论既吸收了中土伦理思想尤其是儒家伦理思想人性论的许多因素，同时又对中国传统人性论产生了重大影响。

第一节　无情有性的成佛根据

"性"与"佛性"在梵文中不是同一概念。"性"为"prakrti"，"佛性"为"Buddhadhātu"或"Buddha-gotra"。中国哲学在认识客观世界时，把客观对象的本质规定、与其他事物的根本区别及其自然具有的属性等统称为"性"，人性即是人之性，二者是同一的。而在印度哲学中，"性"与"相"相对，指事物本来具足之性质、事物之实体、自体、众生之素质等，概言之，即事物受外界影响或作用也不会改变的本质属性。佛性则特指佛陀之本性，又作如来性、觉性，它是众生成佛的可能性、因性、种子，是佛的菩提的本来性质，为"如来藏"之异名。中国佛教受儒家性善论的影响，主张"无情有性"，把佛性看作普遍客观的存在，同时又强调须通过一定的修持才能觉悟，而这种觉悟也就是觉悟成佛。

一、无情有性

人能不能成佛以及怎样成佛是一个荒谬、虚幻的理论问题，对它的讨论、解释永远不可能有最后的结论。我们今天分析佛性理论，必须撇开"成佛"的问题，而从另一个角度审视其意义和价值，即：人能不能够认识到自己乃至整个宇宙的真实本质？通过对生命的超越是否能够实现人的本质完善？或者，人能否实现完善？如果拨开宗教的迷雾，不难发现，佛性论又并非荒谬的无稽之谈，它反映了对人的本质完善的关注，包含着许多重要的伦理学理论问题，值得我们认真剖析。

人究竟有没有佛性？原始佛教、部派佛教对此给予了否定回答。它们认为佛是唯一的，除释迦牟尼外，任何人都不可能成佛，最多只能修成阿罗汉果，因而不具有佛性。这些学说后来被称为"小乘"。从部派大众部、有部等分化出来的大乘佛教以佛为最高修证果位。一种观点认为，众生无先天自然具有的"性得佛性"，但有后天依修行而获得的"修得佛性"，并依此把众生分为决定无佛性、有无不定和决定有佛性三类。另一种观点认为，佛性即是空，一切众生都以空为本，由空所生，依空而立，故主张众生皆有佛性。这种分歧后来集中在"一阐提迦（简称'一阐提'）是否有佛性"问题上。《佛说大般泥洹经》云："一切众生皆有佛性在于身中。无量烦恼悉除灭已，佛便明显，除一阐提。"明确以一阐提为无佛性。"一阐提"为梵文

"Icchantika" 的音译，意为断绝了一切善根的人。既然断绝了一切善根，那么从逻辑上说他就不可能具有至善的佛性，不可能成佛。

晋代、南北朝时，佛性问题是佛教理论的中心议题。当时流派很多，有所谓"十三家"之说，一般都坚持一阐提迦无佛性。唯竺道生根据中国儒家性善论的观点，指责《佛说大般泥洹经》不尽完善，认为一切众生包括一阐提迦都有佛性，都能成佛。他说："禀气二仪者，皆是涅槃正因。阐提是舍（舍当为'含'）生，何无佛性事？"① "一阐提者，不具信根，虽断善，犹有佛性事。"② 此说一出，佛学界大哗，不少僧伽斥责道生离经叛道。直到后来昙无谶译出四十卷北本《大般涅槃经》，经文有"一阐提等悉有佛性。何以故？一阐提等定当得成阿耨多罗三藐三菩提故"等语，人们才发现，道生的观点与佛教教义并不矛盾。从此以后，众生皆有佛性就成为中国佛教各派学说一致认同的观点。在道生看来，既然佛性是一切众生的本性，而一阐提迦也属于众生，那么他也必然具有佛性，否则，佛性就不足以成为众生之本。

道生是在北本《大般涅槃经》还没有译出时提出上述观念的，他的理论信心来自儒家人性论"人皆可以为尧舜"的观点。这一理论契合佛教伦理思想的根本精神，它以佛性平等观为基石，阐明了每一个人甚至每一个有生命的存在都能觉证自己的真实本质，实现道德的完善，从而为芸芸众生指明了通向佛天净土的希望之路。

在佛性普遍性问题的研究中，"一切众生悉有佛性"和"无情有性"说，可谓对中国佛性论的发展作出了巨大贡献。隋末唐初的吉藏最早提出无情有性说。他认为："此明理内一切诸法依正不二。以依正不二故，众生有佛性，则草木有佛性。以此义故，不但众生有佛

---

① 宝唱撰. 名僧传抄.
② 宝唱撰. 名僧传抄.

性，草木亦有佛性也。若悟诸法平等，不见依正二相故，理实无有成不成相，无不成故，假言成佛。以此义故，若众生成佛时，一切草木亦得成佛。"① 他从依报、正报不二的角度，论证了不但一切众生有佛性，草木也具有佛性。这里所说的"依报"是指一切外在的物质世界；"正报"是指我们自身、人心。所有一切外在的依报，均从正报生出，而所有一切外在的依报，也随正报的变化而变化。如果能够体悟到世界上众生平等，便能理解依报和正报并没有根本性的区别，二者统一。因此，众生如有佛性，草木便有佛性；众生成佛之时，草木也能成佛。吉藏的无情有性说继承了龙树"不落二边"的中观思想，强调要在"中道"的基础上看待佛性，认为单纯讨论佛性有无问题过于片面。无情有性思想不是吉藏学说的重点，因此他并没有对此进行详尽阐述。

天台宗九祖湛然对"无情有性"观点作了进一步阐述。他认为，就佛教教义而言，成佛的问题只对有情（即有生命的存在）才有意义，无情（无生命的存在）不可能觉悟成佛，故众生有佛性，无情之畴无佛性，但是，"真如即佛性异名"。"万法是真如，由不变故。真如是万法，由随缘故。子信无情无佛性者，岂非万法无真如耶？故万法之称宁隔于纤尘，真如之体何专于彼我？"② 真如佛性作为宇宙万有的本体，是一切存在的本质和根据，任何事物都是这一本体的表现，离开了真如佛性，万物不可能存在。因此，不仅有情有佛性，无情也有佛性。

湛然的"无情有性"观，乃是一种泛性论。一方面，它极力证明佛法无边，论述了佛性作为宇宙本体的周延性、普遍性，比以往的学说更加彻底；另一方面，它又暴露了佛性周延性、普遍性与绝对

---

① 吉藏撰. 大乘玄论（第 3 卷）.
② 湛然述. 金刚錍.

性、超越性的矛盾，贬抑了佛性的超越与崇高。这一观点既受到庄子"道在稊稗""道在蝼蚁""道在屎溺"思想的影响，又是为后来王守仁"草木瓦石皆有人的良知"观点张本。

作为本体的绝对抽象，佛性的本质内涵规定就是空。吉藏说："佛性者，名第一义空。第一义空，名为智慧，斯则一往第一义空以为佛性。"①"第一义空"又叫胜义空，是宇宙万有的真实本质。作为最高的本质、全能的存在，佛性又是觉性，是万有的无上妙圆智慧。智俨对此作了更详细的分析。他指出："佛性义者，略有十种。谓体性、因性、果性、业性、相应性、行性、时差别性、遍处性、不变性、无差别性。依《佛性论》，小乘诸部解执不同。若依分别部说，一切凡圣众生，并以空为其本，所以凡圣众生皆从空出。故空是佛性，佛性者即大涅槃。"②"体性"指万有之本体，又称理性。"因性"指众生成佛之原因、根据。"果性"指菩提之智德，或修证之后所成的性。"业性"指业之自体，即心王的现行和种子。"相应性"指众生与佛和合不离，一一相应。"行性"指各种有漏无漏万行，又指阿赖耶识所具无漏成佛之种子。"时差别性"指万有在过去未来一切诸时中所呈现的个别性相。"遍处性"指佛性的周延性、普遍性，遍处三界十方一切诸有之中。"不变性"指佛性是万有不变的本质。"无差别性"指万有本性平等，无有差别。上述种种规定其实只是佛性之"相"，它的实质就是第一胜义"空"，悟空断苦即是觉悟成佛。

佛性是宇宙的本体，是一切有情无情的共同本性，它与儒家讲的人性有根本区别。儒家的人性虽然也指人的本性，但它是相对于人以外的其他事物而言，是人之所以为人的根据。而佛教的性则是众生成

---

① 吉藏撰. 大乘玄论（第3卷）.
② 智俨集. 华严五十要问答（第2卷）.

佛的根据。人与其他事物相区别的规定，佛教称之为"种性"。显而易见，并非任何种性都是完善的，人的完善不是复归扩充种性，而是超越种性。依此认识，佛教把一切众生的种性分为十种，即十种层次、十种境界。第一，凡夫性，指还没有皈依佛教，其行为基本上不受佛教道德影响的凡夫俗子的种性。第二，信行性，指闻善知识之教而信之，并能依据所受之教随顺修行的众生之性，即所谓"闻所成慧""思所成慧"。第三，法行性，指不待善知识教诲劝导，便自觉地依佛所说之法而修行之性，即所谓"修所成慧"。第四，八忍性，指依佛法修持而具有的无漏之忍，包括苦法忍、集法忍、灭法忍、道法忍等四法忍和苦类忍、集类忍、灭类忍、道类忍等四类忍。第五，须陀洹性，指获得修证之初果者，又称预流果。第六，斯陀含性，指断除欲界六品修惑，于九品中尚余三品，须来欲界再受生一次方得涅槃。第七，阿那含性，指不还果，即已断欲界九品修惑，不再返生欲界。第八，阿罗汉性，指断尽一切思惑，一世之果报已尽，永入涅槃而不再受生三界。第九，辟支佛性，指缘觉之性，即断尽一切妄惑习气的圣者，但缺乏利他、度人的大慈大悲之心。第十，佛种性，即成就自利利他圆满佛果的种性，断除一切妄惑，灭尽一切因果，觉悟了宇宙及人生的真实，而施光明于一切众生。

十种性的区分，反映了佛教人性论的理论特点。它排列出了人性的序列阶梯和递进层次，把人的完善看作追求成佛的过程，其实质就是对人的存在的不断超越，最终实现对生命本身的超越。宋代无尽居士张商英曾比较了儒释二家性论的特点。他说："儒者言性而佛见性，儒者劳心而佛者安心，儒者贪著而佛者解脱，儒者喧哗而佛者纯静，儒者尚势而佛者忘怀，儒者争权而佛者随缘，儒者有为而佛者无为，儒者分别而佛者平等，儒者好恶而佛者圆融，儒者望重而佛者念轻，儒者求名而佛者求道，儒者散乱而佛者观照，儒者治外而佛者治内。"① 儒家所言性是德性，人性的完善寓于完善社会的事业之中，人的价值的实现就是对社会作出的贡献——立德、立功、立言。所谓"尽性"，就是向内彻底把握、向外扩展推行自己的德性。因此，儒家在尽性过程中便表现出积极有为、刚健进取的精神。佛教所见性是质性，人性的完善不在现实生活中，而在超越世俗的领域，人的价值的实现就是超越自我、超越生命，进入涅槃境界。所谓"见性"，即了悟自己的本性。因此，佛教在见性过程中便表现出神智妙慧、真实超脱的精神。两家性论根本精神的不同，就形成了无尽居士张商英说的上述种种差异。

二、本始之辩

"无情有性"肯定了一切众生乃至宇宙万有都具有真如佛性，人有没有佛性，已经不再成问题。但是，佛性究竟是成佛之因还是成佛之果，即佛性是本有还是始有这一印度佛教争论的问题也流入中国。所谓"本有"，即先天具有、生来固有之性德，无论有情无情，其本性万德圆满自足，在圣不增，在凡不减；所谓"始有"，即后天具有、修习方有之性德，众生本来无有此性，依修行始产生或成立，故又称"修生""修成"。本始之辩的关键在于对佛性内涵的理解。若以真如、实相为佛性，那么它必然是本有，万物以它为本，因它而成，离它不有；若以佛性为涅槃，则它只能是始有，一切众生都不能指望无须经过任何修习就可以进入涅槃。

显然，始有之说不符合中国佛教"无情有性"的观念，中国佛

---

① 张商英述. 护法论.

教学者主张佛性本有，本始一如，圆融无碍，故力图把始有融于本有之中，强调二者的一致。宗密说："一乘显性教者，说一切有情皆有本觉真心，无始以来，常住清净，昭昭不昧，了了常知，亦名佛性，亦名如来藏。"① 郗运也说："祖师直指，一切众生本心本体，本来是佛，不假修成，不属渐次。"② 本有的问题，实际上指的是人有没有成佛的内在根据，或者说，人有没有自我完善的可能性。中国传统伦理思想强调人人先天具有至善的本性，这一观念也影响到了中国佛教。中国佛教认为，佛性（真如）作为宇宙的本体，是万有的内在本质和存在的根据，离开了真如佛性，万有根本不可能存在。从伦理学上说，本有说给出了人类自我完善的内在根据和可能性，道德完善就是自我本性的充分发展与实现。如果缺乏这种内在的根据，人的道德将与人的本性相冲突，那么，所谓道德完善也将不是人的自我发展与实现，而是自我否定，这种完善也将由于失去内在的根据而丧失其可能性。

但是，如果片面肯定佛性自然具有、本来固有，人一生下来就完满无缺，那么佛教伦理的一切学说都将失去意义，道德也将失去作用。一般而言，道德之所以必要，是因为人的不完善性，任何现实的人都不可能是一个自然完善的人，善性、佛性只是提供了完善的可能性，而不等于完善的现实性。要使善性、佛性成为现实性，需要人们积极、努力地进行道德修养。"犹如地下有水，若不施功掘凿，终不能得。亦如摩尼之宝，若不磨冶，终不明净。"③ 地下本有水，不掘却不得；宝珠本有光，不磨不耀眼。掘而出水，磨而见光，掘本身不是水，磨本身不生光，若本来无水无光，掘不可能出水，磨不可能

---

① 宗密述. 原人论.
② 裴休集. 黄檗断际禅师宛陵录.
③ 徐少锦，温克勤. 中国伦理文化宝库［G］. 北京：中国广播电视出版社，1995：123.

见光。

因此，佛性本有点出了人的道德完善的内在根据和可能性，而始有之说则指明了道德修养的必要性。隋末唐初佛教学者吉藏对此作了较为详细的论述。他首先承认本有、始有说都有其合理性："众生佛性本来自有，理性真神，阿梨耶识，故涅槃亦有二种：性净涅槃，本来清净；方便净涅槃，从修始成也。"① 本有、始有，一言本体，一言作用，一指根据，一指途径。吉藏认为，从内涵上说，本有佛性与始有佛性也存在一定差异："佛性有二种：一是理性，二是行性。理非物造，故言本有。行借修成，故言始有。"② 所谓理性，即本体之性，万有所依之体为不生不灭的妙理，故称理性，它为众生先天固有。所谓行性，则指阿赖耶识（即"阿梨耶识"）中得成佛果的无漏种子，主要是成就佛果的六度万行，它需要修证始得，故为始有。可见，本有佛性是众生成佛的本性，而始有佛性则是众生成佛后的德性，是本性的现实表现和外化。故本有之性与始有之性实即同一种性的可能性和现实性，而联结二者、使从可能向现实转化的就是修习。吉藏又说："至论佛性，理实非本始，但如来方便，为破众生无常病，故说言一切众生佛性，本来自有，以是因缘得成佛道。但众生无方便，故执言佛性，性现相常乐。是故如来为破众生现相病，故隐本明始。至论佛性，不但非是本始，亦非是非本非始。为破本始故，假言非本非始，若能得悟本始非本始，是非平等，始可得名正因佛性。"③ 这就是说，所谓本有始有云云，其实都是一些方便权宜之说。佛性是唯一的、绝对的、永恒不变的，根本不可能谈论本有始有，它既不因万有众生之存在而本有，也不因修习而始有，它自在、永恒地

① 吉藏撰. 大乘玄论（第3卷）.
② 吉藏撰. 大乘玄论（第3卷）.
③ 吉藏撰. 大乘玄论（第3卷）.

有。说本有，是为了破除众生无常的妄念，点出内在既有的成佛因缘；说始有，是为了破除众生自足于本有之妄见，指明成佛的方便法门。因此，本始云云，一即二，二即一，圆融贯通，不杂不离。吉藏还说："指始为本，故此本是始本；指本为始，故此始是本始。本始非始，始本非本，故云至竟终是无本无始义也。"① 始是本的外显、表现，表现出来的本就是原来那个本；本必须由始外化才具有现实性，外化是本的外化，而不是改造或转变。通俗地说，人先天具有至善的道德本性，但这个本性只是一种完善的可能性，人的道德完善，就是这种内在本性的实现、现实化，并且，它只有现实化才具有真实的意义。一言以蔽之，本有佛性是人的道德完善的原因，始有佛性是道德完善的结果，这种完善，是本性通过修习而实现的自我完善。

本始之辩，既确定了人的道德完善的根据、可能性，又强调了道德修养的重要性、必要性。这种观点表明，佛教伦理思想认为，道德修养以主体内在固有的至善本性为根据，所谓修养，即内在本性的自我提点、整饬、充实、发展和完善，而绝不是对本性的戕贼。离开本性，修养无从谈起；没有修养，本性无法完善。华严宗大师法藏（643—712）把它概括为"习故成性""依性起习"②。佛性论的本始之辩，其实质是人的道德完善的可能性与现实性的问题。没有本有佛性，人的完善便失去了根据，将成为无源之水、无本之木；而没有始有佛性，人的完善也只能是空中楼阁、镜花水月。几乎所有的性善论都只是提出了人的完善的可能性问题，由可能性向现实性转化，中间还需要一个过渡的环节，这个环节就是道德修养。中国儒家为了强调道德修养的必要性，设计了双重人性，认为人的先天本性虽然有至善的一面，但也有不完善的一面，即所谓气质之性。这种善恶相杂的气

---

① 吉藏撰. 大乘玄论（第3卷）.
② 法藏. 华严一乘教义分齐章（第2卷）.

质之性遮蔽、妨碍着至善的义理之性的实现，所以必须通过道德修养这一过程才能复返天地之性（义理之性）。佛家伦理同样认为佛性只是一种本体善、可能善，但不承认人的本性中有不完善的因素，认为妨碍人道德完善的并非人本性中不完善的因素，而是无明妄见，即对佛教义理的无知。所以，道德修养就是对佛教义理的皈依和觉悟。可见，佛性的本始之辩，是以宗教的形式对道德完善的可能性和道德修养的必要性的论证。

三、即性是佛

佛性是众生成佛的原因、根据，它是万有的本性，众生的本性，也是佛的本性，是三界十方一切存在的共同本性。

人人皆可成佛，是中国儒家人性论"人皆可以为尧舜"的翻版，二者都强调每一个人都具有道德完善的可能性，道德完善是每一个人本性的需要。然而，儒家虽然追求超凡入圣，却并不承认凡与圣平等不二。孔子就曾经申明"若圣与仁，则吾岂敢"，不鼓励人们以圣人自居。在这方面，佛教的胆子要大得多。它直言"人佛无异"，众生即佛，佛即众生，并且认为，只有认识到我即是佛、佛即是我才能够觉悟成佛。佛即在我心中，不假外求，明心见性即可立地成佛。这种理论一方面凸显了道德完善的主动性、自觉性，另一方面又把完善和超越与生活现实紧密结合在一起，给出了一条简易、快捷的道德完善途径，相比于中国古代儒家三纲八目的繁琐程序，给人耳目一新的感觉，并对宋明心学一系产生了深刻影响。王守仁说"满街都是圣人"，就直接源出佛教众生与佛平等不二的观念。

当然，人佛平等不二是指本性上的平等、圆融，而非现实中的齐同。如果固执人佛无异，以为大千世界每一个人都已经是佛、与佛无异，则是一种极危险的妄见，它将使全部佛教的理论都失去意义。故佛教又认为，人能不能成佛，佛性只提供了可能性，要使可能性转化为现实性，需要主体自身的觉悟。虎禅师杨度曾作我佛偈宣扬"我即是佛，我外无佛"。他说："佛与众生本来同性，众生心迷，自生烦恼。本无差别而生差别失平等心，本无束缚而生束缚失自由心。佛心无为而无不为，因以一心幻成万法，随其根性与作因缘。一切讽经、念咒、打坐、参禅、作观、持名等类，无非广立方便，使明自心。千万法门都无择别，乃至行住坐卧，治事接人，溲溺遗矢，吃饭着衣，一切人事无非佛事，一切世法无非佛法。一旦此心豁然，我即是佛。死去活来，大彻大悟，则知众生无所短欠，佛亦无所增加，迷时众生同佛，悟后佛同众生。此时心境即与释迦牟尼无二无别。"①杨度认为，从本性上说，人与佛不存在任何差别，佛教教义归结于一句话，就是"我即是佛"。所有的差别都源于众生对自己的本性没有觉悟，被妄念惑见所困，从而生无尽烦恼，入六道轮回，永不得解脱。所谓解脱即觉悟自己的本性，佛教的一切理论劝导、修持仪轨都是为了启发众生觉悟，断除烦恼，灭绝妄念，明心见性。一旦了悟自己的本性，就会明了我即是佛、佛即我性、佛即我心，我比佛不少，佛比我不多。明彻于此，则人事即佛事，世法即佛法，举凡一切思虑、言谈、行止，都是入道的法门、成佛的要径。这种观点一方面把佛教的修持世俗化、普遍化，使之与日常生活结合在一起，淡化了它的宗教色彩；另一方面又要求人们时时、事事、处处自觉进行道德修养，把整个生命活动历程都作为道德修养、自我完善的工夫。概而言之，人与佛的区别只在迷悟之间，迷者为众生，悟者为佛，迷时佛亦众生，悟后众生即佛。

---

① 杨度著，丘桑主编. 旷代逸才［G］. 北京：东方出版社，1998：268-269.

明僧德清说："吾人苟知自心是佛，当审因何而作众生。盖众生与佛，如水与冰，心迷则佛作众生，心悟则众生是佛，如水成冰，冰融成水，换名不换体也。迷则不觉，不觉即众生；不迷则觉，觉即众生是佛。"① 这就说得很清楚，佛并非是与人（众生）相异的某种特殊存在，不是比人高级的一个种类，他就是人本身，只不过是觉悟的人、完善的人，是人的最高境界。故人佛名虽异，体则相同；同即同于佛性，异则异于迷觉。虽迷，众生不因迷而丧失与佛相同的实性；虽觉，佛不因觉悟而高出于众生。如水凝为冰、冰释为水，凝释有别，性质仍然同一。

即性是佛，强调人与佛的同一性，它是以宗教的形式对人的价值所作出的积极肯定。人作为主体性存在，他的一切活动都是为了追求自身的完善，即超越自身和外部自然存在对人的限制，充分发展和完善自己的本质。佛教的佛性论，不仅提出了人的完善的最高境界，而且充分论证了每一个人完善自我的现实的可能性，从根本上说，反映了人类一种积极的伦理精神。

当然，人有没有佛性以及能不能成佛，属于虚幻的问题。即使在佛教学说中，也存在着理论上的漏洞。佛教为了鼓励人们超越现实世界，把人生说成是苦，把宇宙说成是空。它认为，宇宙万有均由因缘和合而成，变动不居、无常无我，没有俗人所认定的实体，因而是虚幻不真的。执虚为实、以幻为真就是迷，就是无明；理解了宇宙不真实的本质就是悟，就是智慧。这里隐含着一个理论问题，即迷与悟是不是真实的。佛教对此给予了肯定的回答，它肯定了迷与悟的真实性并赋予它们不同的道德意义。因而，佛教又必须承认主体的存在。于是，它对迷者规定了一个不灭的、不完善的灵魂，以承受因迷导致的

---

① 德清撰，福善日录. 憨山老人梦游全集（第1卷）.

六道轮回；对悟者，则规定一个不变的、完善的佛性，以为成佛的种子、证果的承受者。这样，便产生了佛教伦理学说"无我"与"有我"的矛盾，这是它自身无法克服、无法解决的矛盾。

从伦理学上看，如果抛开成佛的宗教说教，佛教"无情有性"理论主要有如下积极意义。第一，它肯定了每个人都有实现道德完善的可能性，并强调主体的道德自觉性，为人的道德完善设定了一个内在机制。第二，它强调众生皆有佛性、皆能成佛，为众生平等的观念提供了理论基础。这种观念不但肯定了人与人之间的平等，而且还破除了人类中心论，反对把人以外的其他生命作为手段，要求平等地对待一切生命乃至宇宙间的一切事物，有利于构建人与自然之间和谐共生的平衡关系。第三，它坚持人佛圆融，不一不二，淡化了凡与圣、世间与出世间的界限，把超越的境界植根于现实生活之中，凸显了现实生活在人的道德完善中的重要性。

禅宗的明心见性对觉悟成佛作了总结，促进了佛家伦理道德与儒家心性之学的结合，并逐步世俗化，成为中国古代传统心性论的一个重要组成部分。

第二节　自性清净的道德本质

佛性论以宗教的虚幻形式肯定了人性，认为人具有完善的可能性和内在根据。这一论断实际上表明了佛教伦理对人的基本价值的判断。即人具有完善的本性。但是，佛教的观点又和儒家的人性论有很大的不同，它讲的善与恶的内涵，它对人性善恶价值的论述，都有自己明显的特点。

一、善恶净染

中国儒家人性论属于德性主义人性论，以德性为人的本性。自孔子提出"性相近，习相远"的命题后，其后继者沿着两条路线予以阐述。一是孟子的性善论。孟子以仁、义、礼、智为人先天具有的本性，认为人的本性纯善而无恶，恶是后天环境对人的本性的污染、蒙蔽。这一理论成为中国传统人性论的主要理论倾向。二是荀子的性恶论。荀子认为只有自然的禀赋才能称为性，人的自然禀赋就是人的自然物质欲望，任其发展必然与道德相冲突，故人性本恶，善是后天人为的结果，是对人的本性的制约、改造。这两种观点分别从本性上对人的善恶的来源与根据作出了解释。因人性本善，故人们能够自觉地进行道德修养；因人性本恶，故必须对人们进行道德教育。一者强调道德修养的自觉性、可能性，一者强调道德教育的重要性、必要性。但是，在性善论那里，恶缺乏内在根据，在性恶论那里，善又丧失了本性的基础，两者都无法对人的善恶作出全面的解释。于是，汉唐时期便产生了折中调和的理论，或把人区分为不同品级，善恶分别由不同人承担，如董仲舒的性三品论；或把善恶统一于人性之中，认为人性有善有恶，如扬雄的性善恶混论；或把性与情区分开来作为善恶的不同根源，如李翱的性善情恶论。这些观点，虽然比之性善论与性恶论对人的善恶作出了较全面的解释，但却导致了人性的分裂或只是对善恶论的机械相加。因此，宋明理学综合前人的观点，提出人性二元论，认为人既有天地（义理）之性，又有气质之性；阴阳二气化生万物，理以定性、气以赋形。天地之性纯善无恶，气质之性则善恶相杂。人性就是人的道德理性与自然感性的统一，而以前者为本性。故人的本性中内在地包含着善恶的矛盾斗争，人类行为的善恶都可以在人性中找到根据。但天地之性与气质之性对于人并不具有同等的价值，只有天地之性才是人之所以为人的根据，才是人的本质规定。所以，人的完善就是变化气质，复返其天地之性。

佛教论性与儒家不同。它认为，儒家言性实际上并没有揭示人的本性，只是对性以外的才情的规定。明代传灯大师曾这样批评孟子性善论、荀子性恶论、扬雄性善恶混论："三子之说，各言性之一偏，固为圣门之不取，然皆即才情以言性，非即性以言性也。"① 他指出，性善论、性恶论之偏，在于它们只是片面地强调"人皆可以为尧舜"，而没有看到其反命题"人皆可以为桀纣"同样能够成立。扬雄之论稍为"近理"，点出人可善可恶，但却错误地以为性本身有善有恶。其实，性不可以善恶言，"善恶者性之所能之，而非性之所能有也"。这就是说，善与恶只是性的可能性，而并非性的现实内涵或价值。宋儒张载综合融贯各论说："天地之性则性善而无恶，气质之性则有善而亦有恶。意言，孟子言性善者，独指天地之性也；诸子言善恶混者，杂指气质之性也。"② 传灯大师不以为然，谓："性以不变为义，岂有天地之性与气质之性异哉？且人禀天地五行以成形，而天地之性亦以赋焉。是则天地者体也，气质者用也。有体而后有用，岂有体独而用兼乎？"③ 这就是说，人性是唯一的，不可分割的，天地之性与气质之性的理论把统一的人性分割为二，人为地制造了人性的内在对立与矛盾，因而也是一种错误理论。

经过上述分析，传灯得出一个结论："盖儒之言性，与吾佛教异，既言善恶矣，则所谓情者，乃儒所谓性也。"④ 即儒家讲的性其实并非真正的性，而是情，即性的外在表现。佛教讲的性是万物的真

---

① 传灯著. 性善恶论（第1卷）.
② 传灯著. 性善恶论（第1卷）.
③ 传灯著. 性善恶论（第1卷）.
④ 传灯著. 性善恶论（第1卷）.

实本性、宇宙的本体，世间、出世间一切事物和现象都以它为本，善固然本于性，恶也出于性。传灯说："盖台宗之言性也，则善恶具；言修也，而后善恶分。乃以本具佛界为性善，本具九界为性恶；修成佛界为修善，修成九界为修恶。"① 这里说"具"意为具有，性具有善恶，但善恶本身并不是性。在此，传灯强调性只是善与恶的本性，性具善恶是指无论善与恶都根源于性，性中包含着向善与趋恶的两种可能性。说性善，是指众生之性都有成佛的可能性；讲性恶，则指众生有住于十界中除佛以外其他九界——菩萨、缘觉、声闻、天、人、阿修罗、畜生、饿鬼、地狱的可能性。因此，众生的善恶不取决于性，而取决于修持，在后天的道德修养中，性的善恶才现实地彰显出来。

为了论证自己的观点，传灯进一步指出："盖善恶之论，有性也修也。于性之未形，固不当以善恶论，若以修而观乎性，孰有无体之用异性之修乎？是故约修以论性，修既有善恶矣，而性岂得无之？……若夫子之言中人可以上下者，此论人之才能，可以为尧舜，可以为桀纣尔。"② 传灯认为，儒者论性未明辨现实性和可能性。以现实性论性有善有恶，以可能性论性则不可以分善恶，即如"恻隐足以为仁，而仁不止于恻隐；羞恶足以为义，而义不止于羞恶"，不能把现实性与可能性等同起来。但是，现实性是可能性的实现，可能性是现实性的根据，二者具有逻辑上的一致性。人们之所以能够修善修恶，是由于性本身具有向善作恶的可能性。故由人既可以为尧舜又可以为桀纣，能够证明性具善恶。

善与恶，佛教又称为净与染，"性者，即是真心染净二性"③。所

---

① 传灯著. 性善恶论（第1卷）.
② 传灯著. 性善恶论（第1卷）.
③ 慧思说. 大乘止观法门（第2卷）.

谓"净"，又作"清净"，为梵文"Suddha""Visuddha"等的意译，指远离因恶行所致的过失、烦恼。就性净而言，主要有两种说法。一是心、身、相三种清净：心清净即修学般若不起染心；身清净指心既清净常得化生无染身；相清净为得具足相好庄严身。它们都是讲修善，通过修持而清净无染。二是自性与离垢两种清净：自性清净指万法皆空，本来无染清净；离垢清净指远离烦恼之清净。前者为性善，后者为修善。所谓"染"，又作"杂染""染污"，为梵文"Samklesa""Klista"的意译，指不善及有覆无记之法，又为烦恼之别称，有漏法中妨碍悟道者。杂染共分为三类：一为烦恼杂染，又作惑杂染，即一切烦恼、随烦恼的总称；二为业杂染，指由烦恼而生或助烦恼造作的身、口、意三业；三为生杂染，又作苦杂染，指依烦恼及所作之业而受生三界所遭受的痛苦。烦恼杂染性修相杂，业杂染、生杂染则是修恶。值得注意的是佛教把烦恼称之为染恶，拓展了恶的概念。一般的伦理学说都把是否有利于他人或社会作为评判善恶价值的依据，佛教视烦恼为恶，表明它把是否有利于主体自身的完善作为评判善恶价值的标准。人类的道德行为是为了促进、实现人的完善，应当包括主体自身的完善和社会的完善两个方面，不利于社会的行为和现象固然是恶，不利于主体自身完善的行为和现象也应当属于恶的范畴。佛教的善恶观深刻地揭示了恶的内涵，具有重要的理论价值。另外，它把生也看作染恶，这是佛教对人生的否定在善恶观上的反映，表明佛教伦理追求的完善是对生命的超越，凸显了佛家伦理道德的超越性。

对于染净二性，佛教有很多论述。如慧思《大乘止观法门》说："所言如来藏具染净者，有其二种：一者性染性净，二者事染事净。……若据性染性净，即无始以来俱时具有。若据事染事净，即有二种差别：一者一一时中俱具染净二事，二者始终方具染净二事。"①
《大乘止观法门》一书，唐代以前均无著录，系北宋时从日本传回。
据学者考证，该书内容与已知慧思的思想多有不合，疑为唐宋间人伪
作。本书非佛教思想史著作，而是佛教伦理思想专论，故对此问题并
未深究，只作简要说明。性染净为本性固有、实有、自有的染净，佛
不少染，凡不少净；事染净则属于后天修习的染净，是性染净的外
现，为每时、每处、每事可见的染净。佛有净而绝染，其他九界则染
净相杂。事染净本于性染净，由事能染净而知性具染净。"以是义
故，如来之藏，从本已来，俱时具有染净二性。以具染性，故能现一
切众生等染事。故以此藏为在障本住法身，亦名佛性。复具净性，故
能现一切诸佛等净德，故以此藏为出障法身，亦名性净法身，亦名性
净涅槃也。"② 性具杂染，故众生能被事所染污；性具清净，故众生
能够成就佛德，实现涅槃。染为在障、能障、所障，妨碍着人的完善
与超越；净为出障、无障，是主体完善的内在依据和实现。和一般伦
理学说特别是儒家人性论不同，佛教没有把染障看作与主体本性相
矛盾的外在的、异己的存在，而直接把它规定为性。所谓"本住法
身""佛性"云者，就是指"在障"的众生所具有的本性，因其性即
有染，才产生净即超越和觉悟的可能性与根据的问题。如果性纯净而
无染，则一切修持、超越都失去了现实的意义。

可见，佛教的染净说，特别是性染净和事染净观点，比儒家的性
善性恶论更加深刻，在此基础上展开的修持论也因之有了自己鲜明
的特色，从而使得佛性论把对人性的探讨进一步推向深入，并成为中
国传统伦理精神的一个重要组成部分。

---

① 慧思说. 大乘止观法门（第2卷）.
② 慧思说. 大乘止观法门（第2卷）.

二、理妙为善

如上所述，佛性作为宇宙的本体、万物的真实本性，不仅是善的本根，也是恶的本根，故有染有净。但是，佛性又是众生成佛的根据，是主体终极完善的德性，这一规定又使得佛性必然至善，排除、断绝了一切恶。于是，佛性论便在对性的善恶价值判断上形成了内在的理论矛盾。佛教对这一矛盾的解决，也充分显示了其伦理思想的超越性质：它以善的不同层次规定，消解了性善性恶的矛盾。

为了更清楚地阐述佛教这一伦理思想，有必要回过头来考察它对善与恶的内涵规定。所谓"善"，是梵文"Kuśala"的意译，本指其性安稳，能在现在世、未来世给予自己和他人利益的白法（清净故称白），与不善、无记（非善非不善）合称三性，具体内涵为符合佛教教义，与善心相应的一切思想和行为。佛教认为，善有不同的层次，如有漏善（没有断除烦恼的世间之善）和无漏善（已经断除烦恼的出世间之善）二善，胜义善（涅槃）、自性善（本质的自体善）、相应善（与自性善相应的善心和心所）及等起善（与自性善相应而引起的身、口二业之善）四善，等等。所谓"恶"，为梵文"Pāpa"的意译，即三性中的"不善"，指与佛教义理相悖，违损自他、障害圣道，能招感苦果的一切思想和行为。可见，佛教伦理的善恶概念特别是善既有与世俗观念相同的内容，也有许多与世俗观念相异的因素。在佛教学者看来，上述性善性恶的矛盾实际上是以世俗观念理解佛教伦理所致，若按照佛教善的观念的不同层次来分析，二者并不存在矛盾。

首先，佛教讲的性与世俗伦理讲的性有着不同的内涵规定。隋代僧人智颉说："如是性者，性以据内，总有三义：一不改名性，《无行经》称不动性，性即不改义也。又性名性分，种类之义分分不同，各各不可改。又性是实性，实性即理性，极实无过，即佛性异名耳。不动性扶空，种性扶假，实性扶中。"① 他以性的三义比附空、假、中三谛，按中观论的观点，三谛圆融无二，即空即假即中。性作为不会改变的事物的本质，其实就是空。由物之空，可知事物种类相分之性为假。这种空与假不一不二的实性就是三谛之中。因此，佛教讲的性并非事物现实的质性，而是其超越的本性，质性只不过是本性的一种幻相。

唐代禅师慧海说："众生者是有相，有相者即有成坏；佛性者是无相，无相者即是空性也。"② 众生之有相为幻相，佛性之无相为实相，有了相然后才有成坏，没有相就是一种空相。这种空并非世人所理解的虚无，而是胜义空、第一义空。"众生佛性犹如虚空。虚空者，非过去，非未来，非现在，非内，非外。"③ "所言空者，不见空与不空"④。这种胜义空是本体的绝对抽象，它没有任何规定性，甚至连空与不空、有与无的内涵都不具有。"至论平等佛性之理，非空非不空，非有非不有，非法性非不法性，非佛性非不佛性也。以一切并非，故能得一切并是。"⑤ 正是佛性的这种超越性、抽象性，使得它成为佛教道德的伦理本体。佛性自身不具有任何规定性，不可作善恶评价，但却规定着一切事物，是善恶价值的本体和评判依据。

因此，所谓性善性恶指的是事物的质性、种类质性，主体完善之性则是指本体之性。种类质性有善有恶，善恶相对；本体之性则没有善恶，已经超越了善恶，它的完善是一种绝对的、超越的终极善、本

---

① 智𫖮说. 摩诃止观（第5卷）.
② 慧海撰. 顿悟入道要门论（第1卷）.
③ 昙无谶译. 大般涅槃经（第34卷）.
④ 昙无谶译. 大般涅槃经（第27卷）.
⑤ 吉藏撰. 大乘玄论（第3卷）.

体善。这种本体上的无恶之善与种类质性上的善恶相对之善属于不同层次，分别是对性的不同层次的评价，故二者并不矛盾。

其次，性有层次深浅，善亦有层次高低。主体本性完善之善为绝对善、本体善，而性善性恶之善是相对善、作用善。就后者而言，众生本性先天具有善恶，善恶俱为众生本有的性德。妄体本真，佛陀不断性恶，若受慈善根力的熏习，可成就至阿鼻地狱教化众生的自在作用，因有性恶，才能化身六道救苦救难；一阐提不断性善，故遇缘则可以发善，也就是说，可以在菩萨、善知识的教化下修持成佛。就前者而言，在绝对超越的意义上，性不可以用善与恶进行评价。传灯说："夫性者理也。性之为理，本非善恶。古今之立论，以善恶言者，无乃寄修以谈性，借事以名理，犹缘响以求声，缘影以求形。性之为理，岂善恶之足言哉！"① 性作为绝对本体、超越观念，它本身不可以善恶言，性善性恶的理论，其实都是指的性的修善修恶。而由性可以修善修恶，可进一步推出性具善恶、为善恶之本，但善恶却并非性的内涵规定，甚至不可作善恶评价。"故六祖曰：'不思善，不思恶，阿那个是明上座本来面目。'此老即善恶情上，指渠晓得个无善恶的。这个无善恶的，名有多种，曰本性，曰真心，曰佛性，曰本觉等。"② 此段所记为慧能得五祖传法后为避害出逃，一名慧明的僧人追及问法时慧能所答。它指出，超越的、完善的本性是无所谓善恶，超越于善恶的。

那么，无善无恶的佛性为什么能够成为人的道德完善的内在根据，成为人的终极追求呢？佛教回答说，佛性是绝对完善的，正因为它超越了善恶、无善无恶，所以才是绝对完善的。有善有恶、无善无恶的善都是与恶不可分离的相对之善，本性完善之善则属于超越善

① 传灯著. 性善恶论（第1卷）.
② 真可撰. 金刚经释.

恶对立的绝对之善，前者属于道德善，后者属于伦理本体善。有善有恶表明一切道德上的善恶都根源于佛性这一伦理本体，而无善无恶则指出佛性超越了一切道德上的善恶，是主体至善的、绝对真实的本质。于是，佛教便这样通过佛性的体用、善的层次解决了性有善有恶与无善无恶的理论矛盾。中国古代儒家伦理学说在宋代以前一般从生活的层面和现实的层面阐述道德问题，佛教的佛性论则把对道德的思考引向了更深的层面。它认为，善与恶不仅仅是应该不应该的问题，应然也不是对实然的简单概括，而是对某种必然的实现。即应然必须以必然为根据，善与恶需要有本体论的证明。尽管佛教的证明在理论上是错误的，但它给出了这一证明、提出了这一问题，促进了中国伦理思想的深入发展。宋代以后中国儒家伦理本体化，就是受了佛教佛性论的影响。它把生活的完善与对生活的超越结合起来，按宋儒的说法，只不过是以吾儒的"实理"，反对、取代佛教的"虚理"。佛教说"善性者，理妙为善，反本为性也"①，儒家也在人性之上提出了一个绝对完善的理本体，作为人性之善的根据和一切道德的伦理本体。

三、自性清净

自性清净也是佛性论的一个重要理论。在论述一般社会道德时，佛教强调性有善有恶，染净同体，以解释现实和可能的道德生活；而在论述个体道德时，佛教则坚持性善而无恶，自性清净，以启迪主体的觉悟，鼓励主体道德修养的自觉性。

所谓"自性"，即自体之本性，指诸法（一切存在）各自具有的

---

① 宝亮，等集. 大般涅槃经集解（第51卷）.

真实不变、清纯无杂的体性。依缘起论，诸法因缘起，无常无我，不存在不变的自体、自性；依佛性论，众人皆能解脱，觉悟成佛。成佛者，觉悟者即为自体，故诸法又必须有自性，否则，轮回、果报、修持都将失去主体。中观论调和二说，认为自性即空，大乘佛教据此把佛性称为胜义空、第一义空。所谓"自性清净"，即指众生虽然自无始以来一直受无明烦恼染污，但却本性不改，性体清净而无妄染。

如上文所述，性即真如，是宇宙如如不动的本体、实体，它以胜义空为本质规定，超越于善恶之上。所谓"胜义空"又称"第一义空"，指涅槃、诸法实相为第一义无上法，非常非灭、不受不著，其性自尔，本无今有、今有还无，故为第一义空。除了这种玄妙的"空"之外，它没有其他任何规定，作为诸法的体性，它是净染二性之体，但它本身却纯净而无染。

南北朝慧思以性为"理体用不改之性"，为本然之性，"非习成之性"，[①] 即认为自性清净之性指众生的理性、体性、实性，而不是外显或修成之性。自性如如不改，不可以修习成就，清净无染就是众生实性的本来面目。自性清净无染而习性有染，所谓善恶染净，只是众生本性的两个不同方面，或者说是它具有的两种可能性，二者并不相互妨碍。即它既不因其性本净而必然断除染污，也不因性有杂染而失却其清净的自性。离净无染，染是净性之染，故以净为体；离染无净，净是染性之净，故以染为体。净染相互为体，同体相融，不一不二，以自性清净观之，二者在本质上不存在根本差别。

这种清净不染、超越善恶、绝对完善的性就是佛性，是众生本来具有的本觉真心。无情有性，佛性不遗无情，何况有情众生。九界众生之所以有恶，并非因为他们不具有或遗失了本净之性，而是无始以

---

① 慧思说. 大乘止观法门（第2卷）.

266

来无明烦恼的遮覆、污染使得他们的自性难以被发现，故堕入生死轮回。不见不等于不具。三乘、阿修罗、畜生乃至饿鬼、地狱，都和佛一样同具清净之性。只是诸佛已经断除了一切妄念，觉悟了自身的本质，故见性了了；而众生则未断尽烦恼，没有实现最终的觉悟，所以清净之性隐而不见，一旦断除妄念，即可觉悟自性清净。

自性清净，即本性自然圆满，它既是众生的自然真心，又是众生的本来觉心。对于前者，宗密曰："即今能语言动作，贪瞋慈忍，造善恶、受苦乐等，即汝佛性；即此本来是佛，除此无别佛也。了此天真自然，故不可起心修道。"① 佛性是众生的真实本性，如如不变的实相、众生的一切行为，都是这一自然真心的流露。换句话说，佛性不在身外，它就寓于众生的一切思想行为之中，是众生本具的自然真实之心。在此意义上，心性一如，善与恶均属本心，故"不可将心还修于心""不可将心还断于心"②。无论起修心还是起断心，都是把本性的完善误执为外在的追求，不明了自性清净、自然圆满，不因善而增，不因恶而减。应认识到，自性本来清净，"不断不修，任运自在，方名解脱"③。对于后者，宗密言："妄念本寂，尘境本空。空寂之心，灵知不昧。即此空寂之知，是汝真性。任迷任悟，心本自知。不借缘生，不因境起。"④ 佛教肯定人的本性除了德性之外还有知性，这是对孟子、荀子人性论某些观点的综合。佛性完满自足，不增不减、不假外求，因而，觉悟也是佛性本身的自我觉悟，心与性合一不二，德与知圆融无碍。知不仅知德，而且它本身就是最高的德，而德只有在知即觉悟的情况下，才被主体真实具有。但是，这个知与儒家格物致知之知不同，它并非对外在事物的认识，而是对主体本性的自

---

① 宗密述. 禅源诸诠集都序（第1卷）.
② 宗密述. 禅源诸诠集都序（第1卷）.
③ 宗密述. 禅源诸诠集都序（第1卷）.
④ 宗密述. 禅源诸诠集都序（第1卷）.

我认识：心自然知、自体知、自知知自。显然，这种知是本体与自身在理性上的神秘的、直观的同一，而与外在事物无关，并且由于它与性具有内在的自我同一性，所以无论主体是迷是悟都不影响心的灵明之知，与自性之清净的实质了无干涉。

佛教强调，自性清净是指人的本性具有本体意义上的绝对完善，是必然善、本然善，而不是后天修习所成的善，甚至也不是表现出来的外在之善。自性清净就是本来清净，其实质为第一义空。性空，故没有任何染污，纯净圆满，不改不缺。自性清净不同于离垢清净，后者指本来有不净，断除妄见、烦恼的染污后获得了清净，这种净属于修善。而众生之所以能够修善，则缘于众生之性本善，它本来自足完满，不因断惑而有，也不因染污而无，修持不为之增，造恶亦不因之减，但却是众生修善止恶的内在根据和动因。自性清净是自在善、自然善、绝对善，而与主体的修持无关。即如宝珠，殷勤拂拭固然能使人周知其价值，但被污泥包裹，遮蔽了它的本来面目，却仍然是一颗宝珠，并不因为外面裹了一层泥而成为泥珠，也不是因为把污泥擦掉拭净之后才变成一颗宝珠。

总而言之，佛性是人至善的本质，它不仅是德性的本体，也是一切伦理道德的本体，或者说，它就是佛教的伦理本体。宗密如此描述佛性："况此真性，非唯是禅门之源，亦是万法之源，故名法性；亦是众生迷悟之源，故名如来藏藏识；亦是诸佛万德之源，故名佛性；亦是菩萨万行之源，故名心地。"① 伦理的本体也是宇宙万物的本体，两者合一不二，一切存在、一切知性、一切德性、一切德行，都以这个清净的自性为本。佛性是佛家伦理道德的最终根据。

---

① 宗密述. 禅源诸诠集都序（第1卷）.

第三节　顿悟渐修的成佛途径

佛性是众生成佛的根据，它点明了每个人都具有至善的本性，但并不表明在现实中众生已经实现了自身的完善。相反，佛教认为，众生虽具佛性，但由于无始以来的烦恼的污蔽，自性隐而不见，沉迷于妄惑之中。佛教的根本宗旨就是引导众生断除妄惑、转迷成悟，觉悟自己的真实本性，实现最终的完善。

一、转迷成悟

"迷"，为梵文"Bhrānti"的意译，指不能如实地认识、觉知事物的真实本性，而执着于错误的事理，从而在生命的旅途中找不到正确的方向，迷失了自己的本性。执着假象以为真实，妄见未绝之心称为迷情、迷心；执着于迷情，不知事物真实之理的境地称为迷境、迷界。若从超越性而言，找不到通往彼岸的道路，迷失在此岸称为迷津。就烦恼的性质而言，迷于五尘等事相之烦恼称为迷事；而迷于四谛等真理之烦恼称为迷理。三界六道芸芸众生的世界，总称为迷途。

与迷相对的是悟。"悟"指生起真实智慧，反转迷梦，觉悟到诸法的真理实相，有开悟、证悟、觉悟之分。所谓开悟，即开示悟入，指破除众生的无明妄见，开示佛教义理，开发众生的如来藏，使见实相之理，促成其觉悟。所谓证悟，指修习正法，如实体验而悟入真理，即以智慧契合于佛教义理。所谓觉悟，即觉醒了悟，指体悟真理，开发真智。三者可以统称为觉悟，开与证只是强调觉悟的不同途径。佛教修行的目的就是觉悟成佛。菩提为能证之智慧，也是所悟之智；涅槃为所证、所悟之理。十界中前六界（地狱、饿鬼、畜生、阿修罗、人、天）为迷界，后四界（声闻、缘觉、菩萨、佛）为悟界。由于众生修持及所证之理深浅不同，觉悟的境界也有区别，但最终追求的完满的觉悟境界就是佛。

在最终觉悟的意义上，佛教把十界作一九划分，区别出迷悟两境："迷则佛境界俱是众生境界，悟则众生境界俱是佛境界。"① 众生与佛本同，性上完全同一，所不同的仅仅是迷与悟的区别。"凡夫即佛，烦恼即菩提。前念迷即凡夫，后念悟即佛。前念著境即烦恼，后念离境即菩提。"② 每一个人都是成佛作祖的种子，离开众生便无所谓佛。换句话说，佛就是觉悟了的众生。所谓无上菩提智慧，也为众生本有的觉性，只是众生执着于外境，从而产生无量烦恼，一旦把握了外境的实相，自然了知本具的菩提。

因此，迷就是被外境遮蔽了本性，使本性障而不明。"迷则人随于法，法法万差而人不同；悟则法随于人，人人一致而融万境。"③ 众生由于无始以来无明所累，不懂得佛教的义理，执虚为实，以假作真，在无常无我的世界中追求有常有我，从而陷于无尽的情欲之中，把情欲的满足看作生活的真实，把生命的价值归结为现实生活的幸福即情欲的满足，放纵、追求自己的情欲。但是，人的情欲是没有止境的，满足情欲的物质条件的发展远远赶不上情欲的膨胀，任何人的情欲都永远无法获得彻底的满足。这就是说，以情欲的满足为幸福的内容和生活的真实，那么人们永远无法获得真正的幸福，而只会陷入无穷无尽的烦恼之中。它实际上是把人的价值归结为满足情欲的外在物质条件，使人成为物的奴隶，把自己限制在一个极其狭小的范围

---

① 蓝吉富. 大藏经补编（第二十五册）[G]. 台北：华宇出版社，1985：694.
② 宗宝编. 六祖大师法宝坛经.
③ 宗密述. 华严心要法门注.

之内，根本不可能获得精神的充实和自由，不可能实现生命的价值。故云："迷时境摄心，悟时心摄境。"①

在此状况下，由于人们耽于情欲，沉迷于外物，受它们的奴役，人的主体性以及生命价值都受到否定，一切行为都不具有积极的道德价值，无论作善行恶，都只能改变生活的状况，而无法改变生活的本质，更不能完善生命的本质。具体来说，就是把自己束缚在外部世界的因果链条之中，永远在六道中生生死死，轮回流转。"迷之则生死始，悟之则轮回息。"② 人之所以迷惑、沉迷，是因为无明。"无明"这个十二因缘之首，是人生最大的烦恼，也是一切烦恼的总根源。它使生命以不同形式陷入生死流转的轮回，把生命的价值错误地寄托于外在物欲，严重地阻碍着人的本性的完善和生命的超越。

佛教伦理学说就是要引导人们把握自己和宇宙的真实本性，转迷成悟，把人从物欲的奴役中解放出来，使人成为物的主宰，摆脱一切束缚，断除一切烦恼，实现生命的自立、自主、自由与完善。悟不仅是对自我本性的体认，不仅是对清净无染的自性的复归，还是对宇宙万物真实本性的把握，是人的无上妙智的圆满成功和对生命的超越。因此说，迷则人随于法，境摄心，生死始，即人受物的制约和奴役，在六道中生死流转；悟则法随于人，心摄境，轮回息，即人成为物的主宰、统帅，并且断绝了生死轮回，进入不生不死的永恒境界。迷是烦恼、妄惑，悟是涅槃、菩提。明僧德清说："若一念妄想顿歇，彻见自心，本来圆满光明广大，清净本然，了无一物，名之曰悟。"③ 悟就是断除了一切妄念烦恼，彻知诸法空寂的实相和自性的光明圆满，即觉悟了宇宙的真实本体，并实现了主体和本体的同一。

---

① 延寿集. 宗镜录（第38卷）.
② 延寿集. 宗镜录（第100卷）.
③ 德清撰，福善日录. 憨山老人梦游全集（第1卷）.

因此，从伦理学的角度来说，所谓悟，乃是一种道德觉悟、道德认识、道德体验，是对人的现实存在的超越和对自身完善的本性的觉证。作为一种道德思维活动，它是道德理性、道德感性与道德直观三者综合作用的结果，是对自我真实、清净的本性的反身内求和体认。一旦觉悟了诸法的实相和自我的本性，就会生出无上妙圆智慧，不再执着于有无、真假、福祸、生死，一切外境不仅不再是觉悟本性的障碍，还会成为证实本性的真实的必要条件。于是，世俗生活所追求的一切都失去了真实的价值，人们在一片空寂中觉悟了自性的清净，实现了本性的完善和生命的超越，也即"了其本无，得自性清净"①。

二、顿渐相资

众生本性的完善就是转迷成悟。悟是一个自我证悟、解悟的过程，这一过程有长有短，长者为"渐"，短者为"顿"，佛教主张顿渐相资双修。

顿即顿悟，指快速、直接地获得究竟之觉悟。这种修悟主张悟时立即实现法性与至理一体，一悟一切悟，而没有阶级次第之分。法藏说："顿者，言说顿绝，理性顿显，解行顿成，一念不生，即是佛等。"②"顿"即在极短的时间内觉悟到佛教义理和宇宙真实。佛教讲顿悟并非指在一瞬间对某一特定教义、论说的解悟，而是对人生真实和佛教真谛根本的彻底觉悟。"不二之悟，符不分之理，理智兼释，谓之顿悟。"③所谓"不二"，指对一切现象不作分别，超越各种区别，平等地对待一切实相。所谓"不分"，意为理本无二，随机异

① 延寿述. 万善同归集（第3卷）.
② 法藏. 华严一乘教义分齐章（第1卷）.
③ 实叉难陀译，澄观述. 大方广佛华严经疏钞会本（第34卷）.

解，故有殊途；机见虽殊，终归一实，故不分别。顿悟就是以平等菩提智慧彻底觉悟了诸法的实相、理体。一悟一切悟，一切悟于一悟，而没有什么阶段或步骤。"渐"即渐修、渐悟，指经过一定时间的循序修习，逐渐进入彻底觉悟的境界。这种观点认为修持有一个由表及里、由浅入深循序渐进的过程，不能越等，没有捷径。"阶位次第，因果相承，从微至著，通名为渐。"① 在中国，自从东晋竺道生首倡"顿悟成佛"之后，佛教学者关于顿悟、渐悟的争论便没有停止。慧观作《渐悟论》、昙无成著《明渐论》阐述渐悟义理，驳斥顿悟之说。而道生的弟子道猷等继续宣扬师说，并得到统治者支持。谢灵运甚至说渐悟系为夷人而设论，中华圣人主张一举而与真理一体。到唐代，禅宗南宗慧能主顿悟，而北宗神秀（约606—706）一系则侧重于渐悟，所谓"南顿北渐"。通过理论上的大讨论，佛教学者对顿悟、渐修（或渐悟）的内涵、作用及相互关系有了较为深刻的认识。

他们指出，顿悟与渐修具有不同的内涵和作用，二者不可或缺。僧肇虽然主张顿悟，但也承认渐修的作用："群生封累深厚，不可顿舍，故阶级渐遣，以至无遣也。"② 顿悟虽然可以一下子了悟佛教真谛，但众生无始以来由无明而生的习气却并不因为瞬间的觉悟而消失殆尽，还需要长期修持来清除。唐代名僧宗密说得更加清楚："此心虽自性清净，终须悟修，方得性相圆净。故数十本经论，皆说二种清净、二种解脱。今时学浅之人，或只知离垢清净、离垢解脱，故毁禅门即心即佛；或只知自性清净、性净解脱，故轻于教相，斥于持律、坐禅、调伏等行。不知必须顿悟自性清净、性自解脱，渐修令得离垢清净、离障解脱，成圆满清净、究竟解脱，若身若心，无所雍

① 法藏. 华严一乘教义分齐章（第1卷）.
② 僧肇撰. 注维摩诘经（第5卷）.

滞，同释迦佛也。"① 这就是说，顿悟、渐悟对应于两种不同的清净和解脱，而人们常常顾此失彼或者重此轻彼。倡顿悟者轻视渐修，主渐悟者反对即心是佛。其实，顿悟得自性清净、性净解脱，渐悟得离垢清净、离障解脱，二者不可相互替代，只有将它们结合起来，才能够获得圆满清净、究竟解脱，即获得终极的完善与超越。

由于顿悟、渐修各有不同作用，在修持过程中，二者往往相互依赖、相资为用。关于二者的关系，宗密总结佛教学者对其的探讨，主要有以下几种观点。

第一，渐修是顿悟的前提，顿悟是渐修的结果。顿悟不是无原因、无根据的，而是长期渐悟积累的结果；渐悟到顿悟也不是修行简单的量的增加，而是量变到一定程度所出现的质的飞跃。"犹如伐木，片片渐斫，一时顿倒；亦如远诣都城，步步渐行，一日顿到也。"② 就如要砍倒一棵大树，须得一刀一刀地砍。虽然直接砍倒树的是最后那一刀，但若只此一刀，树绝对不会倒，前面无数刀便是最后那一刀使树顿倒的前提和基础。从外省步行进京，须得一步一步地走，虽然是最后一脚踏进城门，但这一步是以前无数步积累的成果。用伦理学的语言说，道德修养、人性的完善，是一个长期艰苦的过程，只有持之以恒的人，才能够到达光辉的顶点。但是，道德修养义不能完全局限于琐碎的因素和无关紧要的方面，而必须树立远大的目标，向着这一目标循序渐进。只要把这两者结合在一起，一旦道德修养达到一定的程度，就必然出现质的飞跃，实现人性的完善。所以说，"顿悟资于渐修"③。可见，剥开佛教顿渐学说的神秘宗教外衣，不难发现其中闪烁着真理的火花。

---

① 宗密述. 禅源诸诠集都序（第1卷）.
② 宗密述. 禅源诸诠集都序（第2卷）.
③ 宗密述. 禅源诸诠集都序（第1卷）.

第二，顿悟是渐修的前提，渐修是顿悟的继续与展开。在道德修养的过程中，渐修与顿悟分别代表了量变与质变。渐修是道德修养的逐步积累，属于量变；顿悟则是对道德境界的突然领悟与提升，属于质变。二者相辅相成，共同推动道德修养的完成。一方面，质变以量变为基础。没有渐修的积累，顿悟便无从谈起。量的积累达到一定程度，必然引发质的飞跃。另一方面，质变又是量变的指导与纲领。只有通过对质（即顿悟）的把握，明确人生的基本价值与目标，道德修养才能有明确的方向，避免杂乱无章、徒耗力气。换句话说，顿悟是道德修养的定盘针，为道德修养提供了根本的指引，而渐修则是这一指引的具体实践与实现。通俗而言，顿悟如同一盏明灯，照亮了道德修养的道路；渐修则是在这条道路上一步一个脚印地踏实前行。只有明确了人生的价值目标（顿悟），才能有序地积累与提升（渐修）道德修养，最终实现质的飞跃。因此，对价值目标的把握是道德修养的纲领，而道德修养则是这一纲领的具体实施与实现。"悟修顿渐似反而符者，谓诸经论及诸禅门，或云先因渐修功成，豁然顿悟；或云先须顿悟，方可渐修；或云由顿修故渐悟。"① 所谓"似反而符"，意为表面看似矛盾，实则内在一致。先渐后顿、先顿后渐都是对修行路径的分析，只是强调的重点、分析的角度不同罢了。先渐后顿、因渐而顿，指人性的完善有一个量的积累的过程，彻底的觉悟与完善是长期修持的结果。先顿后渐、因顿而渐，则指道德修养必须首先确立人性完善的价值目标，并以此指导人们进行具体的修持。只有确立了明确的目标，才会有道德修养的自觉性和方向性，从而知道哪些是该断除的，哪些是该完善和发展的。故宗密又说，虽然发心即得菩提，但却是"渐除凡习，渐显圣德，如风激动大海，不能现像，风若顿息，

---

① 宗密述. 禅源诸诠集都序（第 1 卷）.

则波浪渐停，影像渐显也"①。一刹那的觉悟并不能立即断除无始以来的无明烦恼，也不能立即把清净的自性展露无遗。顿悟只是明确了目的、方向、纲领，还需要渐修去实现。"日光顿出，霜露渐消；孩子顿生，志气渐立；猛风顿息，波浪渐停；明良顿成，礼乐渐学。"②阳光一旦出现（顿），霜露就会逐渐消融（渐）；孩子出生瞬间完成（顿），志向气节却是逐渐形成（渐）；狂风突然停了（顿），波浪就会渐息（渐）；智慧与品德可以在瞬间觉悟（顿），礼乐等具体修养却需要逐步培养（渐）。这一切，恰如顿悟与渐修在修行或成长过程中的相辅相成，顿悟需要有渐修的积累，渐修也不能没有顿悟的指导。

第三，从根本上说，人的完善与解脱必须通过顿悟实现，但它并不排斥渐修，而且以渐修为必要条件。不仅顿悟的实现需要量的积累，而且顿悟实现之后，习气的断除、德性的彰显，都需要渐修去完成。宗密说："从迷而悟，即顿转凡成圣，即顿悟也。顿悟者，谓无始迷倒，认此四大为身，妄想为心，通认为我。若遇善友，为说如上不变随缘、性相体用之义，忽悟灵灵知见，是自真心。心本空寂，无边无相，即是法身；身心不二，是为真我，即与诸佛分毫不殊。故云顿也。"③ 转迷为悟就是指顿悟，即一下子的彻底觉悟。人性的完善不是道德修养简单的量的积累，只是一次次行善去恶，把不住实质，永远也无法实现人的本质完善。故从根本上说，人的完善是一种彻底的质变，豁然而来的大彻大悟。经此转变，主体才有了与过去完全不同的全新的性相。当然，佛教讲的顿悟，是对宇宙和人生空寂的真实本质的把握。有此觉悟，即能断除一切妄见，涅槃成佛。但是，这并非说渐修的道德修养对人的完善不起什么作用。"虽顿悟法身真心，

---

① 宗密述. 禅源诸诠集都序（第2卷）.

② 宗密述. 禅源诸诠集都序（第2卷）.

③ 裴休问，宗密答. 中华传心地禅门师资承袭图.

全同诸佛，而多劫妄执四大为我，习以成性，卒难顿除。故需依悟渐修，损之又损，乃至无损，即名成佛，非此心外有佛可成也。然虽渐修，由先已悟烦恼本空、心性本净故，于恶断，断而无断；于善修，修而无修，为真修断矣。"① 觉悟到本净自性不等于清净自性的完全展露，从觉悟到展露需要一个过程。无始以来无明烦恼造成的习气，已积淀到人的质性之中，不可能一下子随顿悟消灭，而必须继续一点点断除殆尽，德性的彰显才会逐渐广大光明。故，渐修以顿悟为根据、为指导，是顿悟的继续和完成。因此，人的完善与超越以顿悟为主，以渐修为辅。

第四，顿悟与渐修相互渗透，相资互用。六祖慧能说："听法顿中渐，悟法渐中顿，修行顿中渐，证果渐中顿。"② 听法是顿悟中的渐修，佛法揭示了宇宙和人生的真实，给出了根本的价值目标，听法之人难以瞬间领悟，只能逐渐领会。悟法则是渐修中的顿悟，通过渐修，对佛法的理解逐渐深入，终于一旦豁然贯通、大彻大悟，没有这一贯通的飞跃，就不能称为悟。修持是顿悟中的渐修，只有确立了根本的价值目标，皈依佛法，才能遵循佛法教义去修行，没有这一了悟，就无法进行正确的修持。证果是渐修中的顿悟，人的完善与超越是道德修养的目的和结果，但它并非人的道德素质的增加，而是在本性层面的质的飞跃。延寿在《万善同归集》中总结宗密的顿渐学说时说："圭峰禅师有四句料简：一、渐修顿悟。如伐树，片片渐斫，一时顿倒。二、顿修渐悟。如人学射，顿者箭箭直注意在的，渐者久久方中。三、渐修渐悟。如登九层之台，足履渐高，所见渐远。四、顿悟顿修。如染一缕丝，万条顿色。"③ "料简"意为"于义理量裁简

---

① 董群著. 融合的佛教：圭峰宗密的佛学思想研究 [M]. 北京：宗教文化出版社，2000：216.

② 曾凤仪. 楞伽经宗通（第2卷）.

③ 延寿述. 万善同归集（第3卷）.

别"，相当于"解释"。此处四句料简是关于顿悟、渐修之间关系的四种理论分析。"渐修顿悟"是在长期道德修养工夫的积累中实现质的飞跃，就像砍树，虽然是每一斧每一斧渐进的，但树最终会在一瞬间倒下。"顿修渐悟"是直认本心，次第修证，"若未悟而修，非真修也"①。本心既明，就有了修持的道德自觉性。就像学习射箭，每一次练习都直指终极目标，经过长期练习，逐渐接近并命中目标。"渐修渐悟"是在长期的修持中逐渐提高自己的道德素质和境界，就如登九层高台，每上一层视野就更开阔。而"顿悟顿修"则是一悟一切悟、一修一切修的大彻大悟，立地成佛，就如把一縷（唐宋时丝麻的计量单位）丝绸放入染缸，所有丝线立马变色。延寿认为，顿悟顿修虽是"上上根人"在特定机缘下刹那间明心见性，但也并非没有渐修的作用。他说："如顿悟顿修，亦是多生渐修，今生顿熟。"② 众里寻他千百度，蓦然回首，原来他就在眼前的灯火阑珊处。如果没有众里寻他，也就不会蓦然拥有。

概而言之，顿悟与渐修是人性完善过程中不可或缺的两种修持，二者互为前提、互为结果，互相补充、互相融合，相资互用、相辅相成。但在人的本质完善和超越中，顿悟起着决定性的根本作用，因为这种完善和超越，绝不是道德修养和素质的量的积累，而是生命境界的质的飞跃。顿悟为主，渐修为辅，这就是一般佛教学者的观点。顿渐关系理论探讨的是一个虚幻的成佛问题。如果我们换一个角度，即把它们看作人性完善的手段和过程，那么，这一理论就揭示了人的本质完善的道德修养过程中量变和质变的关系。其中包含了不少富有积极价值的因素，对人们进行道德修养具有重要的启迪作用，深化了中国传统伦理思想的道德修养理论，对儒家学说尤其是宋明理学产

---

① 延寿述. 万善同归集（第3卷）.
② 延寿述. 万善同归集（第3卷）.

生了极大影响。南宋朱熹作《大学》补传说："是以《大学》始教，必使学者即凡天下之物，莫不因其已知之理而益穷之，以求至乎其极。至于用力之久，而一旦豁然贯通焉，则众物之表里精粗无不到，而吾心之全体大用无不明矣。"① 这段话所表述的通过长期学习、深入探究，进而达到"豁然贯通"境界的思想，就脱胎于佛教的顿悟渐修理论。它所强调的"心悟"，正是宋明理学不同于前代儒学的一个重要理论特点。

三、明心见性

由于顿悟在人的本性完善中具有决定性作用，加之佛教的佛性修养理论本身就重视顿悟，这一思想在禅宗尤其是慧能一系那里得到了进一步发展，并最终形成禅宗的基本思想和理论精髓——"明心见性"理论。

所谓"明心见性"，即认为成佛作祖或求生净土，应该不执外修、不假外求，而是以般若智慧，觉知自心本性。也就是应冲破当下烦恼生死的迷雾疑云，直露自己的本来面目，从而悟得觉体圆明的心性本源。这是一种反身内求、直接快捷的成佛方法，这种观点对中国传统伦理思想产生过重大影响。

禅宗无限夸大了顿悟的作用，认为在道德修养中只有质的飞跃才能实现人的完善与超越，甚至认为质的飞跃就是人的完善与超越。佛者觉也，觉而成佛，觉即成佛。延寿说："恒沙之业，一念而能消；千年之暗，一灯而能破。"② 元代禅师梵琦（1296—1370）也说：

---

① 颜培金，王谦译注. 大学·中庸［M］. 武汉：崇文书局，2023：27.
② 延寿撰. 永明智觉禅师唯心诀.

"譬如一点明灯，能破千年暗室。"① "恒沙"即恒河沙，它与"千年之暗"都是形容数量之巨和时间之长。佛教认为，众生之所以在三界永受烦恼之苦，乃系受无始以来无明所累，使本有之佛性暗而不明，造善恶业，以致永堕轮回而不得解脱。佛教的宗旨就是要使人觉悟。禅宗认为彻底的觉悟只在一刹那间，一旦有了这种觉悟，那么，无始以来的无明之暗、千百劫中的善恶之业，都将立即消失殆尽。"迷闻经累劫，悟则刹那间。"② 顿悟在实现人的本质完善与超越过程中，具有立竿见影的效果，一旦觉悟就获得了彻底的完善。

根据这种认识，禅宗只追求顿悟，而否定渐修的作用，认为觉悟就是生命本质超越的实现与完成，它既无须借助渐修的积累，更不需要渐修去进一步完善。唐代禅师智闲说："一击忘所知，更不假修持。"③ 慧能更说："本来正教，无有顿渐，人性自有利钝。迷人渐修，悟人顿契。自识本心，自见本性，即无差别，所以立顿渐之假名。"④ 成佛的根本在自识本心、自见本性，不假修为。渐修云者，专为迷人而设教。凡从事渐修者，即表明他仍在迷途、迷津，没有找到超凡入圣的道路，还在门外徘徊。明心见性的唯一法门就是顿悟，直认本心，其他修持都属枝叶末节，与成佛作祖的完善了无干涉。

禅宗认为，所谓"悟"，就是对人的真实本性的自觉。众生具有清净的本性，它至真至善，一尘不染、一丝不挂，圆满自足、不假外求。只是由于无始以来无明所累，以幻为真，被物我所役，执着于万法，迷失了自己的本性。明心见性就是自觉自己心性的本来面目，拨开云雾见太阳，业障顿消、妄念顿息。

---

① 祖光，文玹，昙绍等编. 楚石梵琦禅师语录（第18卷）.
② 宗宝编. 六祖大师法宝坛经.
③ 德清阅. 紫柏尊者全集（第1卷）.
④ 宗宝编. 六祖大师法宝坛经.

何谓人的本来面目？它就是一尘不染的心性。慧能说："汝之本性，犹如虚空，了无一物可见，是名正见；无一物可知，是名真知。无有青黄长短，但见本源清净，觉体圆明，即名见性成佛。"① 在慧能看来，人的本来清净自性，无形、无相、无根、无本、无住处、无着落，给它作出任何规定都属于妄惑之见。故无见之见为正见，无知之知为真知，本然心性不可知不可见，无须知无须见，它自知自见。

据《六祖坛经·行由》载，五祖弘忍命弟子"取自本心般若之性，各作一偈"②，见性者传为六祖。大弟子神秀呈上一偈："身是菩提树，心如明镜台。时时勤拂拭，勿使惹尘埃。"③ 菩提树又称道树、觉树，相传释迦牟尼在菩提树下悟道，证得无上正觉。"身是菩提树"，指身为本心觉悟之道场。"心如明镜台"，意为心是一片空明，灵妙自知，犹如明镜一样，既能映照万物，又不因万物的映照而留下任何痕迹。后二句说，要保持本性的清净不染就要勤于修持。弘忍评价此偈说："未见本性，只到门外，未入门内。如此见解，觅无上菩提，了不可得。无上菩提，须得言下识自本心，见自本性，不生不灭。于一切时中，念念自见，万法无滞。一真一切真，万境自如如，如如之心，即是真实。若如是见，即是无上菩提之自性也。"④ 五祖认为神秀的偈语未见本心，没有认识到如如万境与如如之心都是如如真实，人的心性不因迷失、不因悟有，不生不灭。慧能当时亦作一偈，请人抄录于壁："菩提本无树，明镜亦非台。本来无一物，何处惹尘埃。"⑤（又作"菩提本无树，明镜亦无台。佛性常清净，何处有尘埃"。）弘忍见后大为赞赏，遂秘密传法，慧能遂接衣钵为六祖。

---

① 宗宝编. 六祖大师法宝坛经.
② 宗宝编. 六祖大师法宝坛经.
③ 宗宝编. 六祖大师法宝坛经.
④ 宗宝编. 六祖大师法宝坛经.
⑤ 宗宝编. 六祖大师法宝坛经.

比较二偈，神秀空了外境，但有执空之弊，以心为有。慧能之偈则突出了空与净，不仅空外物，连心也一并空掉了，认为正因为心性为空，故纯净不染，不仅本来清净，而且永不会受到任何染污。本性的完善并非时时拂拭以防尘埃染污，而是要了悟自性的清净、空寂。时时勤拂拭的渐修对于人的本性完善来说是没有意义的，执此法修持，已经是认错本心。

佛教认为，任何"有"都是因缘而生，故也会因缘而灭，它的存在依赖于一定的条件，绝对不完善。佛性之所以绝对至善，恰恰不因为其有，而因为其空。只有胜义空的真如才不灭随缘、随缘不灭，永恒存在、如如不改。它以其绝对的空寂而一尘不染，圆满无缺。它就是人的本来面目，就是人的本然心性。

因此，禅宗特别强调自性的清净至善、圆满自足，认为只此一心便足以成佛作祖。唐代黄檗禅师曾说："即心是佛，上至诸佛，下至蠢动含灵，皆有佛性，同一心体。所以达摩从西天来，唯传一心法，直指一切众生本来是佛，不假修行。但如今识取自心，见自本性，更莫别求。"[1] 众生皆具完善自足的本性，所谓觉悟成佛就是对自己本然心性的觉悟，即明心见性。佛教说三界唯心、万法唯识，禅宗更把佛、佛法归于自心。神秀说："一切佛法，自心本有，将心外求，舍父逃走。"[2] 马祖道一禅师（709—788）也说："我这里一物也无，求甚么佛法？自家宝藏不顾，抛家散走作么？"[3] 在禅宗看来，佛性、佛法、菩提圆妙圣智均为自心本有，人的完善与超越所需要的一切，已经完满无缺地存在于每一个人心中，自己的心性就是宇宙和人生真实的本质。

---

① 曾凤仪. 楞伽经宗通（第3卷）.
② 觉岸编. 释氏稽古略（第3卷）.
③ 曾凤仪. 楞伽经宗通（第1卷）.

但是，众生为无明所累，固执于物我，不识此心，错认此心，陷于茫茫迷妄不能自拔。明本说："至近而不可见者，眉目也；至亲而不可知者，心性也。眉目虽不可见，临镜则见之；心性固不可知，彻悟则知之。苟非彻悟而欲知心性之蕴奥，是犹离镜而欲见眉目也。"① 越近的东西越难以认识，眉目就在脸上，自己却看不见；心性为人的本质，自己却难以认知。欲见眉目可借助镜子，欲见心性则必须彻悟，此外别无他法。如果没有彻悟，就不知心性为何物。众生为无明所累，错认身心，通常以色相为身，以妄见、情欲为心，执着于物我。要明心见性，就必须破除我执。"千经万论，说离身心。故觉有身心，即是无明；不见有身心，即是大智慧。"② 心性的本质是空寂，无形相、无根本、无着落，彻悟于此，便是菩提妙智，执着于身心，便是无明妄见。故慧海云："离心求佛者外道，执心是佛者为魔。"③ 即心是佛，既不能离心求佛，也不能执心为佛；若执于心，便是未了心的本质，已陷入魔障。

可见，禅宗讲的心并非实体性存在，它既不是物质的实体（方寸之心），也不是观念的实体，而是一种功能、觉性，是宇宙如如不动的真实本体，觉性（知、智慧）、佛性（德、诸法实相）同具于心，为心所本有，明心即可见性。但是，众生却往往局限于自我观念和自我意识，错认心为私情、私意、私见，只知心在身中，不知身在心中。正是"鱼在水中不知水，人在心中不知心……故曰，日用而不知者众人也"④。遍一切法界、遍世间出世间只一个心，众生之心与佛之心亦只是一个心。心是宇宙的本性、伦理的本体，也是主体存在的本体。人作为有情世界中的主体，不仅是物质的存在，也是精神

---

① 中峰明本著. 天目中峰广录（第18卷）.
② 德清阅. 紫柏尊者全集（第6卷）.
③ 慧海撰. 诸方门人参问语录.
④ 德清阅. 紫柏尊者全集（第9卷）.

的存在。从存在论层面说，物质存在是本，精神存在是末，有了人本身才有人的精神。而从伦理学角度来看，我们假定人的存在已经是一个既定事实，那么，他的本质就不是物质存在，而是精神存在。人之所以高于其他存在，不是因为他有躯体、能言动，而是因为他有着独特的道德精神，正是这种精神规定了一个人的本质，体现了一个人的本性。我们在现实生活中对一个人的种种道德认识、道德评判，实质上是对他的道德精神所作的分析和评价，而并不在意他的外表、身份、地位等物质存在状况。

禅宗认为，人的这种至善的道德精神就是每一个人的本性真心，它圆满具足，不因修悟而增，不因障惑而减。人要实现本质完善、生命超越和成佛作祖，只须而且必须反省内求，直指"即心是佛"，直认本心，明心见性，而不假外求——这也正是达摩不远万里西来所传佛意。因此，禅宗把佛性、佛法看作"自家宝藏"，人的存在的自然原态，无须修为，更不必外求。向外求佛法，即如放着自家宝藏不用，手持金钵沿门乞讨，任人施舍残羹剩饭，永远也无法成佛。《六祖坛经》载，慧能悟道就是大悟"一切万法，不离自性"[1]，自性"本自清净""本不生灭""本自具足""本无动摇""能生万法"[2]。因此，众生与佛的区别只在迷悟之间，"不悟即佛是众生，一念悟时众生是佛，故知万法尽在自心"[3]。万法尽在自心，即心是佛，成佛作祖就是自悟本心，明心见性、识得本心即是解脱。"若自悟者，不假外求。若一向执谓须他善知识方得解脱者，无有是处。何以故？自心内有知识自悟。若起邪迷，妄念颠倒，外善知识虽有教授，救不可得。……若识自性，一悟即至佛地。"[4] 慧能在此特别强调道德自觉，

---

① 宗宝编. 六祖大师法宝坛经.
② 宗宝编. 六祖大师法宝坛经.
③ 宗宝编. 六祖大师法宝坛经.
④ 宗宝编. 六祖大师法宝坛经.

认为人的本质完善完全取决于自身的主观努力，外部的教育、启发、机缘都不可能使一个人实现道德的完善。它们至多只能对主体本具的心性起一种点化的作用，并且只有当主体自身有所觉悟之后才能够起到这种作用。人的完善并非对任何外在目标的追求，而是反身内求，对自身本具的至善本性的发现，或者说，是对人的本然状态的复归。

禅宗明心见性的思想虽然符合佛教的伦理精神，但却有悖于其宗教精神，是一种世俗化、伦理化的宗教理论。首先，它抹去了佛的神圣灵光。佛是佛教最高的理想人格，它至善至尊、全知全能。而禅宗讲即心是佛、众生即佛，把人抬高到佛的地位，或说把佛降低到人的地位，佛便不再是高不可攀的神灵。为了强化这一观念，慧能以后的许多禅宗领袖公然蔑视佛的神圣性。德山宣鉴（782—865）大骂"佛是大杀人贼，赚多少人入淫魔坑"①。丹霞天然（739—824）就把寺中佛像劈来烤火，宣称"佛之一字永不喜闻"②。临济义玄（？—867）更以"逢佛杀佛，逢祖杀祖，逢罗汉杀罗汉"③ 作为解脱的必要条件，对佛祖极尽嬉笑怒骂之能事。当然，他们并非真正否定佛的价值，而是强调一切皆空，真如是绝对的空寂，佛与众生皆属假名，若执着于任何事物包括执着于佛本身，就不能明心见性，不能获得真正的解脱与完善。即心是佛，释迦等只是外在的偶像，只有破除这些偶像的迷惑，才能觉悟自己的真实本性。但是，上述蔑视佛的言行，毫无疑问破坏了佛的神圣性和严肃性。

其次，禅宗也否定了佛教经典的神圣性。佛经对于佛教徒来说是绝对的真理，不可有任何的怀疑和违背。但由于历代佛教典籍浩如烟

① 宗杲集，徐弘泽校阅. 正法眼藏（第1卷）.
② 念常集. 佛祖历代通载（第16卷）.
③ 居顶辑. 续传登录（第27卷）.

海，文辞艰深晦涩，各种理论莫衷一是，一般人根本看不懂，只会越学越糊涂。在这一背景下，禅宗主张即心是佛、明心见性，不立文字，实行教外别传，以简单明快的新学说代替繁琐的佛教义理，使人耳目一新，同时也把佛教徒从纷繁晦涩的经典的桎梏下解放了出来。明末智旭说："千经万论，求之语言文字，则转多转远；求之现前一念，则愈约愈亲。盖一切经论，不过现前一念心之注脚，非心性外别有佛祖道理也。然心性难明，故借千经万论互相发明。今舍现前心性，而泛求经论，不啻迷头认影矣。"① 这就是说，经典皆我注脚，是了悟自性的工具，得鱼必须忘筌，得意必须忘言，一切佛法，本心皆具，如果执着于经典，放着本心不求，就会离佛法越来越远。为了强调明心见性不假外求，禅宗僧人大胆地否定经典的权威性、真理性。仰山慧寂（807—883）指斥《涅槃经》四十卷"总是魔说"②，智闲发誓"此生不学佛法"③，就是告诫人们不要放着自足的心性不求，在心性之外别求什么佛法。

最后，禅宗还破坏了佛教僧侣的生活本色。佛教认为，众生要断除烦恼、觉悟成佛，必须遵循佛教教义进行长期艰苦的修持。禅宗则主张明心见性，顿悟成佛，极大地简化了成佛法门，一切的戒律、修持都成为多余。禅宗主张"佛向性中作，莫向身外求"④。戒律、禅定、慧观都是外在形式，成佛的途径不在于此，而在于心悟，执着于外在的形式，永远都不可能成佛。六祖说："世人终日口念般若，不识自性般若，犹如说食不饱。口但说空，万劫不得见性，终无有益。"⑤ 口中念、眼中识，均属外来之物，无关自性，明心见性终须

---

① 智旭著. 灵峰益大师宗论（第 2 卷）.
② 曾凤仪. 楞严经宗通（第 9 卷）.
③ 曾凤仪. 楞严经宗通（第 5 卷）.
④ 宗宝编. 六祖大师法宝坛经.
⑤ 宗宝编. 六祖大师法宝坛经.

自己觉悟。由此，禅宗否定了一切修行的重要性。黄檗禅师说："悟在于心，非关六度万行。六度万行尽是化门接物度生边事。"① 六度是佛教修行的基本内容，一般认为坚持修行六度即可得正果，而禅宗则把它视为无益于明心见性的"边事"。唐代大儒李翱问药山惟俨禅师（751—834）什么是戒、定、慧，后者回答说："贫道这里无此闲家具。"② 禅宗虽以禅名宗，却轻视坐禅，不读经、不持戒，行六度、遵十善等均被视为枝末。《古尊宿语录》载王绍懿（检校右散骑常侍）与临济义玄的对话称："王常侍一日访师，同师于僧堂前看。乃问：'这一堂僧还看经么？'师云：'不看经。'侍云：'还学禅么？'师云：'不学禅。'侍云：'经又不看，禅又不学，毕竟作个什么？'师云：'总教伊成佛作祖去。'"③ 一切修持方法都被否定，唯有觉悟本身受到特别的重视与强调。明心见性的自觉被视为本然心性的自然呈露，在平凡的日常生活中去觉证清净的自性。慧海禅师在回答如何修道用功时说："饥来吃饭，困来打眠。"④ 佛法即在日用之间，佛即在人心中，不违心性之自然，任性而为，不假外求，不假修持，就是明心见性的不二法门。实际上，这种顿悟演化成了一种神秘的直观，故有后来"棒喝"与"机锋"的出现。佛法不必言说、不可言说，成佛不必修行、不可修行，只需当下顿悟，简单快捷、方便易行，甚至放下屠刀就可立地成佛。一切外在的修行都无助于心悟，甚至连出家本身也非觉悟所必需，任何人皆可顿悟成佛。这种思想和做法，极大地动摇了传统佛教的宗教生活根基，推动了佛家伦理道德的世俗化。

① 《中华大藏经》编辑局编. 中华大藏经（第七十七册）［M］. 北京：中华书局，1994：632.

② 普济集. 五灯会元（第5卷）.

③ 赜藏主集. 古尊宿语录（第4卷）.

④ 自融撰，性磊补辑. 南宋元明禅林僧宝传（第8卷）.

第七章　涅槃之道——佛教的修持论

佛性论探讨了成佛的根据与根本途径的问题，佛教伦理思想中的另一重要组成部分修持论，则提出了具体的手段与方法。和其他宗教一样，佛教也特别强调信徒的修持，并把它作为四圣谛之一的"道谛"，即解脱涅槃的正确方法，认为无论自度还是度人，都必须依照这些方法才能够成就正果。它的具体内容，就是戒、定、慧三学。作为修证佛果的方法，佛教的修持论带有极为浓厚的宗教色彩，构成佛教信徒宗教生活的基本仪轨。但同样无可置疑的是，佛教的修持论也是佛教伦理学说的道德修养论，它提出了道德修养的一些基本方法，规定了许多具体的行为规范，要求人们自觉地、严格地遵守这些规范，持法修行，正身、正行、正意、正念，努力使自己成为品德高尚、道德完善的人，不断提升自己的道德境界，最终实现涅槃，超越生命、完善自我。

第一节　戒律修行的行为规范

早在佛陀时代，释迦牟尼就为其信徒制定了一系列的行为规范和宗教生活仪轨，以约束他们的思想和行为，使他们修身养性。由于把人的欲望看作人生痛苦的源头，佛教便设立了一整套戒律来规范信徒的思想和行为，限制他们的物欲，甚至希图消灭其物欲，以使他们保持身心的空明纯净，改正、防止和杜绝一切恶言、恶行、恶念，使他们的行为符合教义的要求，并按照教义生活，成为道德上纯洁和完善的人。

一、戒律守身

"戒"为梵文"Sila"的意译，音译为"尸罗"，意指行为、习惯、道德、虔敬。在广义上，戒即指戒律，凡善恶习惯皆可称之为戒，而一般限指净戒和善戒，是佛教为在家和出家信徒制定的戒规。它规定什么准做，什么不准做，具有防恶止非、修善进德的功用。

"律"为梵文"Vinaya"的意译，音译为"毗尼""毗奈耶"等，意为调伏、灭除、善治，指制伏灭除诸种过恶，是佛陀专为出家信徒制定的有关生活规范的禁戒，附有处罚的规定。原为佛陀对弟子所犯过恶的教诫。僧伽犯下恶行后，佛陀便警诫说，同样的过恶不许再犯，否则必将处罚。后来成为僧伽生活的基本仪轨。律和戒相比较，戒具有主动性，律则带有被动性。后世不再细辨其差别，统称为戒律。

佛教极为重视戒律，长期以来积累了关于戒律的大量典籍，属于三藏（经、律、论）之一。同时戒还与定学、慧学共称为"三学"，是佛教道德修养理论与实践的重要组成部分。佛教的戒律极为繁琐，主要有五戒、八戒、十戒和具足戒等。

五戒为佛教在家信徒优婆塞、优婆夷应该受持的五种禁戒，即不杀生、不偷盗、不邪淫、不妄语、不饮酒。前三戒防身恶，第四戒防口恶，第五戒通防身口之恶。中国佛教学者以五戒配五常，以之作为佛教伦理最基本的行为规范。

八戒又称八斋戒、八关斋戒、一日戒等，也是佛陀为在家信徒暂时出家制定的禁戒。受此戒者必须在特定的日子有一日一夜离家，居于寺庙，以学习体验出家人的生活。一般规定受持者须于每月的六个斋日即八日、十四日、十五日、二十三日、二十九日、三十日（或小月的二十八、二十九日）近于僧伽或阿罗汉居住，以熏习长养出世的善根。其具体内容为：不杀生、不偷盗、不淫欲、不妄语、不饮酒、不眠坐高广华丽之床、不装饰打扮及观听歌舞、不食非时食（过午不食）。顺便提一句，吴承恩著《西游记》，述玄奘收伏猪悟能后又赐名"八戒"，即本于此。但他犯了一个错误，即猪悟能受持的应为具足戒，而不应是只持守一日一夜的八戒。或正因如此，猪八戒才总是难以把持住自己。

十戒为沙弥和沙弥尼（即未满二十岁的男女出家徒众）所持的禁戒，故又作沙弥戒、沙弥尼戒。其内容为：不杀生、不偷盗、不淫欲、不妄语、不饮酒、不涂饰香鬘、不听视歌舞、不坐高广大床、不食非时食、不蓄金银财宝。

具足戒又称具戒、进具戒、近圆戒、大戒等，为比丘和比丘尼所持的禁戒。比丘戒、比丘尼戒相对于五戒、八戒、十戒等不完满的戒律来说完全圆满，故称"具足"。按《四分律》所载，比丘戒有 250 条，比丘尼戒有 348 条，共可分为八类。

第一，波罗夷（Pārājika），意为极恶、重罪。犯此类戒者必被革除教籍、逐出僧团。在比丘有四波罗夷：淫，遂行情欲；盗，怀抱盗心、盗五钱以上的财物；杀，包括亲手杀人、令人杀人和自杀；大妄语，尤指未证佛果而妄言已证得。比丘尼在此基础上再加四戒：触摸罪，以爱欲心触摸男子腋以下膝以上身体；八事重，任由男子握手等八事；覆比丘尼罪，包庇、隐藏犯波罗夷罪的比丘尼；随举罪，追随受僧众谴责的比丘，经其他比丘尼三度劝谏而不改。

第二，僧残（Samghāvaśesa），意为众余。犯此罪者被处罚离众别住，并于 20 人以上的僧众前公开忏悔，以洗清残余罪过，恢复僧尼的资格，故称僧残。当僧尼犯此戒后，即被传至僧众之前受警诫，指出其所犯之戒的罪名和事实，令其自觉悔过，予以处罚。僧残类关涉比丘的有故意出精、触摸女人等十三戒，关涉比丘尼的有婚姻媒妁、无根重罪诽谤他人等十七戒。

第三，不定（Aniyata）。专为比丘所设的二戒，即于极度隐蔽之处或于虽非很隐蔽但属于人们不易注意的场合与妇女单独对座、交谈等。若由对方告发，则可视情节之轻重定为波罗夷、僧残或单堕之罪，属于罪名未定者，故称不定。

第四，舍堕（Naihsargika - prāyaśocittika），意为尽舍提、弃堕。指僧尼超过应有数量之衣钵，或以不正当行为所获得的财物，须由僧团没收或归还物主。犯此类戒者，必须在 4 人以上的僧众面前忏悔，若不忏悔，死后必堕三恶道（畜生、饿鬼、地狱）。比丘、比丘尼各有舍堕类三十戒，其中只有第十八戒相同。

第五，单堕（Suddha-prāyaścittika）。指对别人忏悔即可得到清净的轻罪，主要是犯说谎及杀畜生等罪。此类戒律比丘有 90 条，比丘尼有 178 条。基本上是生活细节、人际交往的一般行为规范。

第六，波罗提提舍尼（Pratidesaniya），意为对他说，向他人忏悔，亦作悔过法。此类戒律多数指食事等不符合规定的过错。僧尼犯此类戒，只须向 1 人忏悔即可得到清净。比丘有 4 条提舍尼，比丘尼有 8 条。

第七，众学（Sambahulāhśaiksa-dharmāh），又称众学戒法，意为应当学、应学作、守戒等。此类戒律是关于僧尼饮食、服装、说法及其他各种礼仪细则的规定。犯此类戒者，若属故意必须向上座比丘忏悔；如果不是故意犯戒，只须自己内心忏悔即可。比丘、比丘尼各有此类戒律 100 条。

第八，灭净（Adhikarana-śamatha），意为消灭、止息争吵、急斗。此类戒律是为限制和解决僧团内部纷争而设，比丘、比丘尼有相同的七戒。

上述具足戒内容繁杂，不仅详细规定了僧伽的宗教仪轨，而且对僧尼的衣、食、住、行及人际交往都作出了详尽的规定，包括了佛教信徒最基本的道德行为规范。其实，比丘戒250条、比丘尼戒348条亦只提出了主要的基本的戒律，它警诫受持者在一切时间、地点、场合中自我约束，远离罪错，精勤修持，以趋于圆满。

五戒、八戒、十戒、具足戒有一个共同的特点，即偏重于止过防恶，大乘佛教把它们归于"小乘戒"，并于具足戒之外提出"菩萨戒"，既注重止恶防非，又强调修善进德。

菩萨戒也有很多种类，最有代表性的是五十八戒，包括十重戒和四十八轻戒。十重戒即大乘教严厉禁止的十种波罗夷罪，其内容为杀生、偷盗、奸淫、妄语、贩酒、说四众（在家、出家的男女信徒）过恶、自赞毁他（自我称赞、诋毁他人）、吝施加毁（悭惜财物、法，诽谤布施财物、法）、瞋心不受悔（起瞋心，不接受他人悔过）、谤三宝（毁谤佛、法、僧）等。

十重戒是十种大罪，旨在止恶防非；四十八轻戒则属于小过。它们多半是禁倡兼重，并非仅仅告诫受持者不许、不应该做哪些事，而是在指出不许做的事的同时提醒受持者应该做哪些事，甚至专门劝导受持者做那些事。也就是说，它们并非单纯限制人们的行为，其精神实质是引导人们的行为，哪些该做，哪些不该做，该做的必须积极主动地去做，不该做的坚决禁止，若有违犯立即悔改。它们的功用除了禁非止恶外，更注重进德修善，道德修养的功能更加全面。和小乘具足戒相比较，大乘戒（菩萨戒）抛弃了针对生活细微之事如衣食坐卧等的繁琐的、斤斤计较的戒条，把僧众从一些细枝末节的束缚中解放出来，更加积极地引导他们进行道德素质的修养。因而，大乘戒不再是只适用于出家僧尼的僧伽宗教生活仪轨，而是已经拓展为一般社会生活的行为规范，当然，它带有浓厚的佛教色彩。四众皆可也皆应修持。若严持此戒，则可长生人、天，永世不堕恶道之中。如果能进而解悟佛教真谛，即能修得正果，实现彻底解脱。故戒又为六波罗蜜之一，是凡夫通向涅槃之路的资粮。

二、止恶防非

戒的本义即含有禁制的内容，它首先是佛陀为了防止僧伽犯下罪错而制定的。因此，止恶防非是戒的首要内容，是戒的功用的一个重要方面。佛教按戒律的不同功能把它们分为两大类，即止持戒和作持戒。止持戒即制止、防止身、口诸行为犯下罪错，依止保持戒体，教人诸恶莫作。作持戒即鼓励人们积极造作，勉策身、口、意诸行为造作善业，依作保持戒体，教人诸善奉行。简言之，佛教的戒律一类是止恶防非，另一类是修善进德。

佛教把人的罪错也分为两类，一类是性罪，一类是遮罪。所谓性罪，指行为本身就是一种罪错，犯之即陷于恶，如杀生、偷盗、淫欲、妄语等。禁制此类罪错的戒律称为性戒。凡犯此类戒律者，均构成波罗夷大罪。所谓遮罪，指行为本身并不是罪错，但是因此类行为会引发其他罪错。如饮酒本非罪错，但酒能乱性，导致思维混乱、言行无常，甚至激发杀生、偷盗、淫欲等大罪。禁制此类行为的戒律称为遮戒。

佛教学者十分重视戒律止恶防非的道德修养功能，并对此作了大量阐释。

首先，他们指出，戒律具有警惧的作用，能够防止人们作恶。唐代律宗创始人道宣（596—667）说："戒者警也，常御在心，清信所存，闻诸视听。"① 戒律之所以能够起到警惧的作用，是因为它明白地向人们宣示了什么是恶，是应当禁止的行为，如果作了恶必将受到惩罚，而不仅仅会遭到报应。这样，它就把止恶的观念、作恶的危害等植入人们心中，人们有了这种明确的观念，就将不仅不敢作恶，而且会主动自觉地避免作恶。故云，"五戒检形，十善防心"②。"检形"即检点自己的身口诸行为，"十善"即十戒，"防心"即预防意业趋恶。从止恶防非的角度来说，戒律明白指出什么是罪错，是不该做的，实际上是提出了不许作恶、避免作恶的行为规范和判定作恶与否的标准。只要人们修持戒律，就能自觉地按此标准要求自己，检点自己的行为，防止身、口、意三业诸恶。

其次，佛教学者认为，戒律是人们行为的基本规范，是修养道德、涅槃解脱的必由之路。"故正教虽多，一戒而为行本。其由出必由户，何莫由斯戒矣。"③ 佛教的教义虽然十分繁杂，典籍充栋，各种理论五花八门，但落实到行动上，则可统一归结为依戒而行。戒律是佛教伦理最基本的道德规范，是佛教义理的道德实践。皈依佛教，绝不仅仅是在思想上信奉佛法，更根本的是依戒律修持。"五戒不持，人天路绝。"④ 易言之，不遵守佛教的道德规范，就断绝了自己通向人、天的道路，永远只能在畜生、饿鬼、地狱三恶道中轮回。因此，守持戒律是佛教最基本的修持。元来禅师说："凡欲修行，翻前恶境，并起善心，其断恶修善，以戒为基本。若无戒律，一切善法，悉无以成。南山大师云：'戒德难思，冠超众象，为五乘之轨道，实三宝之舟航。禅定智慧，以戒为基；菩提涅槃，以戒为本；发趣万

① 道宣撰. 广弘明集（第27卷）.
② 僧祐撰. 弘明集（第13卷）.
③ 道宣撰. 广弘明集（第27卷）.
④ 福善日录，通炯编辑. 憨山老人梦游集（第10卷）.

行，戒为宗主。戒为却恶之前阵，戒为入道之初章。譬如世间造楼阁相似，必先造其基址，若无基址，徒架虚空，必不能成就也。'"①这就把戒律对于道德修养的作用，说得再清楚不过了。戒律是佛教道德最基本的行为规范，止恶修善都必须以戒律为基础。戒律还是修道觉悟的必由之路，禅定和慧观这两大正道，也只有在戒律的基础之上才能起到促进证悟的作用。戒律既是万行之本，也是涅槃之本。如果把道德修养比作大厦，其顶端是涅槃，它的基址就是戒律。没有戒律，整个道德大厦就如同空中楼阁，虚浮不实，不可能真正建立起来。

因此，戒律是超脱生死、觉悟成佛，实现自我完善的必由之路。"夫群生所以久流转生死海者，良由无戒德之舟舰者也。若乘戒舟，鼓以慈棹，而不能横截风涛、远登彼岸者，无此理也。"② 人世间如同茫茫苦海，芸芸众生在此苦海中挣扎，随波逐浪，生生死死不得解脱。究其原因，就是他们未能皈依三宝，其行为不符合佛教戒律。如果人们能守持佛教戒律，止恶修善，广结善缘，就不仅能够长住人天，而且还必将翻迷为悟，超脱生死苦海而度达幸福的彼岸。宋僧赞宁说："因是而窥，禁律乃度世之检括也。且夫菩萨戒净，则彰离垢之名；辟支戒完，则引无师之智；声闻戒足，时俱解脱而可期；内众戒坚，招感人天之不坠。由是观之，戒法之时大矣哉！"③ 他认为，守持戒律的程度与自身完善的程度完全一致。一个人的行为遵循什么样的戒律，以什么层次的道德规范要求自己，就会修养成什么样的道德素质。实际上，一个人的道德素质、道德品格就是社会道德（外在行为规范）的内化，故外在行为与内在素质相互转化，二者有

---

① 弘瀚汇编，弘裕同集. 无异元来禅师广录（第 21 卷）.

② 道宣撰. 广弘明集（第 27 卷）.

③ 赞宁，等撰. 宋高僧传（第 16 卷）.

着高度的一致性。

再次，佛教学者认为，戒律作为信徒生活的仪轨，它的主要功能就是防过、止过，使犯错的人悔过、改过。《宋高僧传》中形象地界定了佛教戒、定、慧的不同作用："戒如捉贼，善擒制也；定如缚贼，用机械也；慧如杀贼，清道路也。"① 戒、定、慧作为佛教道德修养的主要手段，都有防非止恶的功能，但三者以戒为首为本。因为戒首先规定了什么是恶、什么是非，树立了明确的是非善恶观念，并详细地指导人们应该做什么、不应该做什么，从而使人们的行为有所依循，避免罪错。因此，防过是戒律的首要功能，它能够防患于未然，把罪错消灭于未形。如果没有戒律点出的罪错，定、慧就失去了缚杀的对象。

在所有的戒律中，佛教最重视的是五戒。它把五戒视为最基本的戒律，作了特别的强调。宋代佛学大师契嵩说："人乘者，五戒之谓也。一曰不杀，谓当爱生，不可以己辄暴一物，不止不食其肉也。二曰不盗，谓不义不取，不止不攘他物也。三曰不邪淫，谓不乱非其匹偶也。四曰不妄语，谓不以言欺人。五曰不饮酒，谓不以醉乱其修心。"② 东晋居士郗超在其佛学著述《奉法要》中，曾作过更加详细的阐释。他说："何谓不杀？常当矜愍一切蠕动之类，虽在困急，终不害彼利己。凡众生危难，皆当尽心营救，随其水陆，各令得所。疑有为己杀者，皆不当受。"③ 这是以仁爱慈悲解释不杀生，认为不杀生就是矜愍、关怀一切生命，不残害生命，即使身陷困境，也不以杀生来保全自己、为自己谋取利益。不仅如此，还应积极救助处于危难中的众生，无论水陆，尽力使他们各得其所。此外，若怀疑某物因己

---

① 赞宁，等撰. 宋高僧传（第16卷）.

② 契嵩撰. 镡津文集（第1卷）.

③ 梅鼎祚辑. 释文纪（第3卷）.

而死，或有他人为己而杀生，都不应接受（如不食一切肉类）。"何谓为盗？凡取非己有，不问小大，及莅官不清，皆谓之盗。"① 此亦以义释"不盗"。盗不仅指偷窃他人财物，无论财物大小，凡非以正当方式取得，皆可称为盗。例如以公谋私、贪赃枉法、巧取豪夺、搜刮民脂民膏等，都属于"盗"。不盗，就是非道不求、非义不取。君子爱财，取之有道，何况不爱乎？"何谓为淫？一切诸著，普谓之淫。施之色欲，非正匹偶，皆不得犯。"② 郗超认为"淫"不仅仅指两性行为，凡属一切执着的、过分的、分外的追求，都可称为"淫"。在两性关系上，就表现为与非自己配偶的人有性接触。出家人没有匹偶，不得有任何性行为（包括自慰）。故淫戒对在家信徒为"不邪淫"，对出家信徒则为"不淫"。不邪淫，推而广之，就是要禁绝一切非礼的欲求与行为。"何谓妄言？以无为有，虚造无端。"③ "妄言"就是言语不实，造谣生事，说谎欺骗别人，而不妄言就是实话实说，不夸大、不欺瞒，诚实有信。故契嵩也说："其语无妄，故其为信也至。"④ 郗超对佛教戒律的这些阐释，已经糅合了儒家的仁、义、礼、信等精神，加上不饮酒，保持心性纯净、头脑清醒，就让佛教五戒与儒家五常形成了对应关系。他的思想，可能就是后来佛教以五戒比附五常的滥觞。也正是因为有了这种比附，五戒才在佛家伦理道德体系中受到特别的重视，并成为其一种根本的道德准则。

五戒表达了佛教对人的道德行为的基本要求，其中既有积极的因素，也有许多消极的内容。不杀生体现了对生命的尊重和关怀，是一种仁爱思想；但它要求保护一切生命，包括危害人类生存的害虫、猛兽和危害社会的恶人，则混淆了根本的善恶是非观念，且完全禁止

① 梅鼎祚辑. 释文纪（第3卷）.
② 梅鼎祚辑. 释文纪（第3卷）.
③ 梅鼎祚辑. 释文纪（第3卷）.
④ 契嵩撰. 镡津文集（第2卷）.

食肉也不利于人类健康。不偷盗强调应该通过正当手段获取财物，这是正确的、合理的，但若僵化执行，也可能造成对反抗不公正剥夺行为的限制。不邪淫强调人们性行为的正当性，但其视性欲为邪恶，带有禁欲主义色彩，可能导致压抑人性，影响人类正常的情感与生理需求。不妄语要求人们在人际交往中诚实不欺，但如果将其绝对化，在某些特殊场合可能会造成不好的后果，甚至成为一种道德困境。不饮酒反映了对生活的理性节制，但它只应是个人生活的选择，而不必上升为戒律。

五戒是对人的感性欲望和行为的约束，其精神内核有着明显的禁欲主义倾向。佛教认为，世界上一切存在都虚幻不实，以虚幻的欲望去追逐虚幻的外物，只会导致人类本性的丧失；感性欲望是一切妄见、罪错的内在根源，贪、嗔、痴则被视为三毒。真可说："饮食男女，众人皆欲，欲而能反者，终至于无欲。嘻！唯无欲者，可以劳天下，可以安天下。"① 禁欲可谓佛教戒律的实质。从根本上说，释迦牟尼制定戒律的目的之一就是抑制人的欲望，使人最终达到无欲。因此，禁欲被视为佛教修行的根本宗旨之一。早期佛教不仅通过戒律来约束欲望，还将苦行作为重要的修持手段。中国佛教虽然不提倡头陀、行者等苦行僧的修持方式，但在其戒律体系中仍然保留了佛教禁欲主义本色。

总之，"戒"就是要求人们以佛教提出的道德戒律约束自己的行为，止恶防非。明代思想家、著名儒僧李贽曾言："然则戒之一字，众妙之门；破戒一言，众祸之本。戒之一字，如临三军，须臾不戒，丧败而奔；戒之一字，如履深谷，须臾不戒，失足而殒。"② 他把戒看作道德修养的根本途径，要求人们严肃认真地守持戒律，不得有丝

---

① 德清阅. 紫柏尊者全集（第9卷）.
② 李贽著，李竞艳注说. 焚书［M］. 郑州：河南大学出版社，2016：439.

毫放松。否则，行为失去约束，如同败军溃散，不仅可能为非作恶，还将丧失为人之本，最终永堕恶道。

三、修善进德

狭义的戒律就是禁制，它把人们的行为限制在一定范围内，防止、杜绝非规范性行为。在这种约束下，主体的行为具有被动性。而广义的戒律除了禁制之外还有劝谕，要求人们主动去做它所提倡的事。此时，行为规范不再是"不许""不应该"做什么，而是"应该"做什么。因此，戒律具有双重功能：一是以"不应该"的形式止恶防非，约束不当行为；一是以"应该"的形式劝谕人们修善进德，引导人们主动追求道德完善。

佛教对戒律的修善进德功能给予了与止恶防非同样的重视，而且从根本上说，修善进德才是道德修养的目的，因而也是戒律的根本目的。"戒如平地，众善由生。"[①] 戒律是要促进人们修善进德，而人们若欲实现道德完善，戒律是必由之路，它是修善的根本途径和基础。"夫戒为万善之基，出必由户。若无此戒，诸善功德，皆不得生。"[②] 说到底，佛教的一切劝谕、修持都是为了实现最终的解脱与超越，实现自身的绝对完善。而戒律，就是劝善止恶，是促进人们在道德实践中不断自我完善最基本、最主要的手段。"律也者，制也。启众善，遮众恶，莫善乎制也。"[③] 故，戒律也为进德成性之本。

第一，止恶即是修善。佛教认为，在本体、实体的意义上，人人皆具纯善无恶的佛性，它是众生成佛的种子、善根。但由于无始以来

---

① 释慧皎. 高僧传（第6卷）[M]. 汤用彤，校注. 北京：中华书局，1992：231.
② 延寿述. 万善同归集（第1卷）.
③ 契嵩撰. 镡津文集（第2卷）.

无明所累，现实中的众生都具染净二性，其道德素质和道德行为善恶相杂。因此，人的道德完善就是去染转净，止恶修善。人性本来绝对至善、纯净无染，是后天外境对主体的熏染、污染，致使其本性被遮蔽。众生本性至善圆满，既不能减损，也无法增益，道德修养的目的不是提高本性的完善程度，而是通过觉悟自性，使本具的圆满自性得以完全彰显。也就是说，道德修养就是去除一切污蔽本性的尘垢，并防止本性继续受到污染。善与恶本是相对而言，二者存于一身，通过防非止恶，恶少一分，善便多一分，恶少而至于无，人性就能回复到圆满至善的状态。所以说，止恶防非作为道德修养的手段，不仅是修善进德的基础，其本身就是修善进德的过程。

明代元来禅师把戒看作止恶修善的基础和必要手段，强调戒为万善之基，持戒就是修善，止恶即为进德；众生若要达到上生上品的境界，"知了生死入佛乘"，就须"常持五戒，或增上菩萨戒者，为之极善"。[①] 他把这种修证佛果的戒律归结为"三聚净戒"，指出只要发大心守持此三聚净戒就可成佛："大心者，必欲成就三聚净戒故。三聚者，一者誓断一切恶。所谓淫杀盗妄，身口非为，一切过失，皆悉止断。因断成功，名为断德，将来果上证法身佛。"[②] "聚"的意思是集、类，"净戒"就是戒，以戒能转污成净，故称净戒。在三大类净戒中，最基本、最首要的即止恶防非戒律。故元来又说："戒是正顺解脱之本，若人能持净戒，则诸善功德，皆悉能生。是故修道者，当持净戒。"[③] "持净戒"就是以净防恶、以净制恶，转恶成净。持戒就能生善，持戒就是修善、生善。

第二，持戒就是修善。从持戒止恶的规范形式来看，它除了要求

---

① 弘瀚汇编，弘裕同集. 无异元来禅师广录（第21卷）.
② 弘瀚汇编，弘裕同集. 无异元来禅师广录（第21卷）.
③ 弘瀚汇编，弘裕同集. 无异元来禅师广录（第21卷）.

主体被动遵守的"不准"类限制性戒律外，还有要求主体主动追求的"应该"类倡导性戒律。前者直接去掉行为和素质中恶的成分，后者则直接增加主体行为和素质中善的因素。它并非限制、约束人们不去做什么罪错之事，而是鼓励人们积极地去修善、行善。五代、北宋间佛学大师延寿认为，众生虽具本来空净的真如体性，但由于无量烦恼垢染而失其清净至善，只有依照佛教戒律遍修一切善行，才有可能自然归复真如本性。他说："世出世间，以上善为本：初即因善而趣入，后即假善以助成。实为越生死海之舟航，趣涅槃城之道路，作人天之基陛。……是故我今等行十善，应令一切具足清净，乃至'菩萨如是积集善根、成就善根、增长善根、思惟善根、系念善根、分别善根、爱乐善根、修集善根、安住善根'。"① 劝善、念善、修善、行善、积善、住善，是佛家伦理道德的根本宗旨。依此修行，就可以实现人的完善，超越生死，涅槃成佛，故应善通世间与出世间一切诸法。戒法就是善法。在佛教戒律尤其是在大乘佛教的菩萨戒中，有许多条款直接劝谕、引导、鼓励人们修善、行善。反过来说，善法就是戒法。不仅因为止恶防非能够增益、彰显善德，更重要的是一切戒律都有劝善的意义，即使禁制类戒律，也不能单纯看作对行为的限制，而应注重它所倡导的积极精神。易言之，佛教一切戒律都具有止恶与修善的双重意义。

例如，佛教最基本的戒律是五戒（不杀生、不偷盗、不邪淫、不妄语、不饮酒）。从戒律形式上看，它们显然是对五种恶行或罪错的禁制，防止人们犯下杀生、偷盗、邪淫、妄语、饮酒这五大罪错，是止恶防非的行为规范。但是，佛教以五戒比附儒家五常，认为不杀生即仁，不偷盗即义，不邪淫即礼，不妄语即信，不饮酒即智，这就

---

① 延寿述. 万善同归集（第1卷）.

绝非仅仅把它们视为止恶防非的戒律，而是强调它们修善进德的积极意义。不杀生不仅仅是不残杀生命、不吃肉，而是要关怀、怜悯、救赎众生，故曰仁；不偷盗不仅仅是不攫取他人财物，而是要以正当手段获取自己所需的一切，无论名利财货，不义不取，故曰义；不邪淫不仅仅是不与非自己配偶的异性发生性关系，而是要以与自己身份相符的行为方式同一切人、物打交道，特别是要以礼对待异性，故曰礼；不妄语不仅仅是不以谎言骗人，而是要求对人诚信，心口如一，故曰信；不饮酒不仅仅是不许喝酒，而是要求人们以理智指导自己的感性欲望，注意生活方式的合理性，故曰智。可见，佛教强调五戒的根本精神并非消极地止恶，而是积极地修善。

正是基于此，佛教直接把不杀生、不偷盗、不邪淫、不妄语、不两舌（不挑拨离间）、不恶口（不说话尖刻、恶毒）、不绮语（不说杂秽、华而不实的语言）、不贪欲、不瞋恚（不愤怒、怨恨）、不邪见等称为"十善""十善戒""十善法戒""十善性戒""十根本戒"等。从形式上看，它们仍旧是对身、口、意三业中十种恶行（佛教视之为根本恶行）的否定，属于止恶防非。佛教把它们规定为十种根本善业，并非指止恶本身就是善，而是强调这些戒律中蕴含着积极进德的精神。因此，佛教指出，行十善或戒十恶者，依行善的深浅、完满程度而得人、天、三乘（声闻、缘觉、菩萨）和佛的结果；依行恶的强弱程度而堕于畜生、饿鬼、地狱三恶道，最恶的永堕地狱，其次为饿鬼，再次者则为畜生，即使生于人间也必遭短命等苦报。显然，十善不仅仅是指远离、不犯十恶，因为除最终的佛以外，其他各层仍会有十恶之行，这样才可能进行深浅比较。如果仅仅是没有犯十恶，就无法在量上进行区分。但若作这种理解，人、天、三乘众生均不同程度地犯有十恶，就应堕入三恶道，而不得进入五善道。所以，一般典籍把十善解释为远离、不犯十恶，从理论上、逻辑上都难以自圆其说。究其实质，十善并非对十恶的简单否定，更多的是蕴含于否定之中的积极肯定，即对十种相应的道德价值的追求与弘扬。所以说，佛教追求人生的完善与解脱，它的一切戒律都具有修善进德的意义。

第三，戒律的修善进德功效，突出地表现在它强调言行一致、表里如一。道德修养就是不断提高人的道德素质。它一方面使外在的道德观念内化为内在的道德习性，另一方面又使内在的道德素质外现为人们的言谈举止。语言与行为是一个人内在素质的外在表现。在此，语言与行为哪一个更能真实地反映一个人的道德素质？显然，答案是行为而不是语言。语言只有在与行为一致的前提之下才是主体内在本质的真实外现，否则就是内在本质的虚假表现。佛教之所以制定那么多的戒律，就是为了避免道德上的空谈，而要求人们把佛教伦理的根本精神落实到行动上。可以说，戒律就是佛教的道德实践的重要内容。

戒律表现了佛教伦理对道德实践的高度重视，它特别强调言行一致，且认为行重于言。天台宗大师智颛说："《华首》云：'言说多不行，我不以言说，但心行菩提。'此心口相应，是观行菩提。"[1] 语言是思想的表达，但它只有在与内心思想一致时，才是对思想的真实表达。二者是否具有一致性，却不能凭语言断定，而必须通过行为来检验。故云："能行说为正，不行何所说？若说不能行，不名为智者。"[2] 只有落实到行动上的语言，才是主体内在道德素质的表现。无论嘴上说得多高尚，不能落实到行动上，就不是有道德的表现。如果嘴上说一套，行动上又是另一套，那么，说得越高尚，就越虚伪、越没有道德。所以，检验一个人道德水平、道德境界、道德素质的是

---

① 智颛说. 摩诃止观（第1卷）.
② 梅鼎祚辑. 释文纪（第36卷）.

行为，而不是语言。"说得一丈，不如行取一尺；说得一尺，不如行取一寸。"①"心非道外，行在言前。"② 正是基于这种认识，佛教伦理特别重视道德实践，强调戒律修行，要求信徒无论在家出家，都必须严格按照佛教制定的各种仪轨生活，遵守戒律，并将戒学视作三藏之一。

前文已经指出，佛教戒律从总体上说宣扬的是一种禁欲主义道德，以无思无欲为根本特征。但是，它也包含着丰富的合理成分，其根本精神是劝善止恶。首先，它实现了佛教道德的可操作性，凸显了对道德实践的重视。它把佛教的价值观念、道德要求化为具体的行为规范，扬弃了佛家伦理的抽象性，使佛家伦理道德不再是玄妙高深的清谈，高扬了道德实践精神。其次，它揭示了道德规范止恶与修善的双重功效，实际上触及了这样一个理论问题，即道德行为规范内在地包含着"应该"与"不应该"两层意蕴。当提出某种道德要求时，已经隐含了对相反道德价值的否定，同样，当否定某种行为时，也表达了对相反道德价值的肯定与要求。换句话说，我们在建立现代道德规范体系时，应当同时提出正反两个方面的要求。再次，它对违背行为规范的罪错施以相应惩治，极大地增强了道德规范的有效性和贯彻的力度。当然，道德行为是主体自觉的选择，不同于法律的社会强制，但为了提高道德的严肃性、权威性和约束力，也应辅以相应的社会强制，而不应完全放任自流。换言之，社会赏罚是增强道德规范有效性的必要手段，佛教的戒律体系，在这方面为我们提供了有益借鉴。

---

① 念常集. 佛祖历代通载（第17卷）.
② 道宣撰. 续高僧传（第2卷）.

第二节　禅定静虑的修心法门

佛教的修持理论集中体现在"道谛"中，主要包括戒、定、慧三学。戒重修身，定重静心，慧重断惑，它们也是佛家伦理道德修养的重要内容。从伦理学的意义上讲，可以说三者分别阐发了道德行为、道德意志和道德认识等方面的修养方法。佛教认为，道德修养不仅仅是规范言行，更应该把这种修养积淀、提升为一种精神境界，从而促进人的道德素质的全面提升。禅定就是佛教道德修养中的修心方法。儒家学者也注重修心，但强调的多是持敬和净心，即修心之诚，不受外物的蒙蔽和污染。而佛教则强调静心，宋以后的儒家学者受佛教的影响，在修心的方法上就有了"主敬"还是"主静"的区别。

一、止定禅观

"定"，又称禅定。"禅"为梵文"Dhyāna"的音译，又作"禅那"，意译为"静虑""思维修"，意为寂静思虑，指使心意、精神专注于某一对象，达到物我两忘、极度寂静的状态，专心一意地观想佛相佛理。"定"则为梵文"Samādhi"的意译，音译为"三摩地""三昧"，意为心意专注于某一对象，不随任何外境迁移，不被任何外物所扰，从而达到寂然虚静的状态。

禅定作为大乘六波罗蜜之一，是佛教重要的修持方法。中国佛教极为重视禅修，唐代时甚至形成了以禅名宗的教派。对于"定"的内涵与功效，佛教有多种解释：一为等引。"等"即远离心的浮沉，保持心境平衡，不为外物所扰，达到身心和谐安逸的状态；"引"指由自力引发殊胜功德。修习此定，可以远离无量烦恼，引发圆妙功德。二为等持，即平等摄持。修习此定，能使心意端直，安住一境而不动摇，保持心的虚寂。三为等至。修习此定，则正受现前，当下明心，大放光明，迅速达到殊胜境界，处于染境而不染，不再退转，即实现身、心、意的平等安详。四为静虑。即澄神审虑，专思寂想，镇静念虑，达到心意空寂的状态。五为心一境性。指摄心于一境，不为物迁，自觉策励精进、修习不息，即将心专注于某一对象，是定的自性。六为止。指止息诸根恶及所有不善法，除灭一切散乱烦恼，即远离邪念妄想，止心于寂静之境。七为现法乐住。指修习禅定，远离一切妄想，身心俱寂，当下获受法喜之乐而安住不动，即在现世中经由净定、无漏定等享受定的法乐。八为正受。"正"指心远离邪乱，保持安定与纯净；"受"指无念无想，将佛法自然地纳于心中。修习此定，心如同明镜一样，不执着于任何念头或外相，却能自然地映照一切。概而言之，定就是排除一切外物、妄想的干扰，通过专注于一境，保持和恢复心性本然的绝对寂静，以便一心一意观想佛法、觉悟真如。从伦理学上说，就是保持本性的纯洁，锻炼坚定的道德意志，不为物欲、惑见所动。

依照形成的途径，"定"可分为生得定与修得定。生得定指生于色界与无色界的众生，因为前世修善的业力，自然获得的静定。修得定指生于欲界的众生，通过后天努力修行所获得的静定。前者属先天之定，佛教谈论得最多的是后天修得之定，作为修持的重要方法的"定"，也是指后天之定。

依照"定"的内容以及修行的阶段，佛教又把定分为有心定与无心定两大类。有心定包括四静虑与四无色定。四静虑指静虑的四个阶段或层次，分别指通过灭除语言、忧、苦、喜、乐等一切因物境而引发的思虑，所达到的不同层次的清净与安定。四无色定是指四种超越色想的禅定境界：空无边处定，指灭除一切色想，进入无边虚空之境；识无边处定，指舍离外空之缘，专注于内在心识，进入无边识行；无所有处定，指灭除识想，作无所有之行相；非想非非想处定，指离舍无所有之行相，达到既非想又非非想的微妙境界。四无色定描述了心意寂静的四种不同层次和境界，以非想非非想处定为最高，但此定虽既非想又非非想，毕竟还有所想，尽管极细微，尚未达到绝对空寂，故称为"无色而有心"。

而无心定则分为无想定和灭尽定，属于灭除心、心所之定，不仅灭除了物境，心本身也达到了空寂。但是，佛教又指出，无想定是凡夫及外道误认为无想（没有思想）状态就是涅槃而修习的禅定，它对物我的本质均不理会，缺乏对自性真实的把握，至多做到心如死灰、形如枯木，不能了悟真实自性。灭尽定则是将定的境界规定为无余涅槃，空寂一切内外之境，既非非想也非无想的绝对寂静之定。

"定"是心意的空寂状态，同时也是道德精神的境界，佛教称之为"心住"。共有九种心住：一为内住，即当思绪散乱、物欲纷杂时，使思虑高度专注于一境，远离内心散乱。二为等住，即约束如野马般奔腾的心意，使其安息平稳。三为安住，即远离一切思虑散乱与物欲烦扰，把思虑由专注于外境转向专注于内境，于自心中安住。四为近住，即当心安住于内境后，通过反复修习，使心更加亲近念住。这相当于数息禅的修习。五为调顺住，即调伏安住内境的心意，防止其流散。六为寂静住，即认识到恶寻思和随烦恼的危害，自觉摄制心念，使心趋于寂静。七为降伏住，即在寂静住的基础之上，进一步制伏、灭除由失念引起的恶寻思与随烦恼。八为功用住，即通过努力修持，使已经获得的定力绵绵不断、相续无间。九为任运住，即因为无量修习，无须借助功力，便可实现定心自然转续，达到自在无碍的境界。这九种心住实际上描述了从克制自心欲望、不为外物所诱直到精神绝对自由的九种不同的道德精神境界。

佛教认为，除少数人因前世造善的业力而有生得定外，其他人要入定都须经过刻苦的修行，并提出了九种修行方法，统称为"加行"。第一，相应加行，即根据自己的妄惑修持针锋相对的佛法。如贪行者勤修不净观，认识到爱欲（指贪爱五欲）的污秽、鄙陋、丑恶和罪过，即能去贪心而入定等。第二，串习加行，即指数习止观的修持方法。第三，不缓加行，即修习勤行，远离一切常乐散乱，不敢稍有缓慢懈息。第四，无倒加行，指努力使自己的认识和思想符合佛法，不执着于自己的见取，断除一切倒见。第五，应时加行，指了知止（禅定）、观（慧观）、举（提示，一种禅法）、舍（住于寂静、无杂染的心境）之相及相应的修持。第六，解了加行，即在应时加行的基础上进而证得定的入、住、舍等自在。第七，无厌足加行，指得到小定之后毫不退却、松懈，而是更进一步继续追求上胜之定。第八，不舍轭加行，指不使心驰流于外境，为物欲所牵引或变得散乱，而以妙圆智慧极力调柔之。第九，正加行，即于所缘之境数数发起胜解，破除散乱、妄惑之无明烦恼。通过上述九种方法的修行，可以使心迅速入定，排除散乱，专心静虑。

具体的入定方法则通常为坐禅。即以一定的姿式静坐，摒除一切恶气杂念，使思想高度专注于一境，实现思虑的空寂、纯洁。其中大乘禅法有所谓念佛禅、数息禅和实相禅。念佛禅即口宣佛号，观想佛的三十二相、八十种好，以使思虑寂净；数息禅即心中默记呼气与出气的次数，以摄心于一境，使身心宁静，以摒除一切杂念；实相禅即将禅定与空观理论相结合，以佛教真谛破除修持者的妄见杂念，观想万法的实相。

概而言之，禅定是佛教修持者对自我思想的彻底清洗，它不仅仅是以佛教真谛破除物我所执的妄见、烦恼，或者说，它不仅仅是修持者在思想上的自我否定，更是一种积极的自我肯定，是佛教伦理对真的思维与善的心性的自我索求。通过禅定，修持者不仅能够清除内心杂念，还能让道德精神的纯洁、至善与崇高更加彰显。这一过程同时也丰富了佛教伦理的心性之学。

二、彻悟心源

禅定作为佛教的道德修养手段，主要是修持心性，即觉证、彰显本心的圆妙至善，断除一切烦恼，获得精神上的高度宁静与纯洁。

道德归根到底是主体的一种素质，而不只是外在的规范，更不单纯是对他人和社会的要求。任何道德都只有在被内化为主体的素质时，才具有现实的意义，才能成为人们自觉遵守的行为规范，也才能促进人的完善。因此，道德不仅正人，更要正己。而要正己，首先必须正心。也就是说，要端正和纯洁主体的意识。

中国儒家伦理学说也十分强调这一点。孟子主张"思诚"，认为只有"尽心"然后才能"知性""知天"。《大学》八目以修身为本，而修身本于正心，正心本于诚意，意不诚则心不正，心不正则身不修、行不正。所以，道德修养是身心的全面修养，修身以制欲，修心以正心。

禅定是佛教伦理提出的主要的修心方法，不同的禅师各从不同侧面强调了心的修养。

禅宗四祖道信强调"安心"。所谓安心，即以修持的体验或对佛法的解悟，使心安住于一处，并达到安住不动的境界。据《续高僧传》载，中国禅宗初祖菩提达摩曾面壁凝住，达到澄心空明、无自无他、凡圣均等的境界，这正是安心的体现。故，安心即是止息心意的散乱，观照自性清净，将心安住于法性之理体，最终达到无物无我的精神境界。道信承达摩之传，在《入道安心要方便法门》中提出了五种安心禅法，进一步将安心的修持方法系统化，为禅修者提供了具体的实践指导。

第一，知心体，即把握心的本质。道信说："知心体：体性清净，体与佛同。"[①] 按照佛教的思想，心体本来清净空寂、自在真如，它不因人的无明妄行或妙智行道而有任何增损变化，就如同宝珠投入水中，"水浊珠隐，水清珠显"，虽因水的清浊而有显隐，但无论清浊，宝珠之体自在。心体就是本体，就是佛性，它不生不灭，无形无相，圆妙至善。以禅安心就是要觉悟心的实相，明了即心是佛，证知自我本性的本然完善、自然充足，不假外求。

第二，知心用，即认识心的作用和表现。道信说："知心用：用生法宝，起作恒寂，万惑皆如。"[②] 本体之心外显为主体的精神意识，人的心或意念呈现心体的时候，由于外境和内识的双重作用，就有了真妄之别。真心为本心、"念佛心"；妄念为心的歪曲呈现；本心被"诸见烦恼所污，贪瞋颠倒所染"，即为污心染性。在此，只有真心才是心的真实、本质表现，禅定安心就是要体验心的空寂，并使心安住于空寂。"并除三毒心、攀缘心、觉观心。念佛心心相续，忽然澄寂，更无所缘念。……离心无别有佛，离佛无别有心，念佛即是念心，求心即是求佛。所以者何？识无形，佛无形，佛无相貌。若也知此道理，即是安心。"[③] 概而言之，知心用就是了悟人心就是本体之心的真实呈露，离开此心别无所谓心、别无所谓佛，人的完善不是对某种外在事物或境界的追求，而是心的自我复归。

---

① 净觉集. 楞伽师资记.
② 净觉集. 楞伽师资记.
③ 净觉集. 楞伽师资记.

第三，常觉不停，即修心应当坚持不懈、持之以恒。道信不主张顿悟，"安心"概念的提出，本身就表明他认为悟道有一个过程，须在此过程中自始至终念念相续，逐渐积累。"如人学射，初大准，次中小准，次中大约，次中小的，次中一毛，次破一毛作百分，次中百毛之一分，次后前射前，筈筈相柱，不令箭落。"① 就像一个人学习射箭，最初的目标是射中一个较大的范围（"大准"），即初步掌握基本技巧。接下来，目标逐渐缩小，从"小准""大约""小的"到"一毛"（一根毛发大小的范围），要求极高的精准度和专注力。最后到射出的箭能够前后相连、箭尾（"筈"kuò）相接而不落地。也就是说，佛法修心是一个长期积累的过程，只有经过持之以恒的渐次修习，不断精进，才能摒弃一切散念，使心意完全专注于一境，安住于空寂。

第四，常观身空寂，即以般若性空的观念反观自身，了悟自身空寂的本质。道信说："若初学坐禅时，于一静处真观身心。四大五阴，眼、耳、鼻、舌、身、意，及贪、瞋、痴，为善若恶，若怨若亲，若凡若圣，及至一切诸状，应当观察。从本以来空寂，不生不灭，平等无二；从本以来无所有，究竟寂灭；从本以来清净解脱。不问昼夜，行住坐卧，常作此观。"② 这是在静坐时作性空的观望。世间诸法包括主体的色相均由因缘和合而成，无常无我，只有现象的变幻。所谓"我"就是一种妄见。若以我为物质实体，则无非是毛发、皮肉、骨血堆成的手足、头脑、躯干，其中那些部分都是我又都不是我，我只是要素的集聚，每时每刻变动不居，没有不变常在的我。若以我为观念实体，则它更具有变动不居性，更加不真实。我与一切诸法均是本来空寂、平等无二，乃至三毒、善恶、怨亲、凡圣等，以这

---

① 净觉集. 楞伽师资记.
② 净觉集. 楞伽师资记.

种性空的思想对待之，都平等无二、究竟寂灭。禅定安心就是要时时刻刻对自身乃至诸法作空寂的观想，使心安住于空寂，进而体验证悟寂净的心性之体。

第五，守一不移，即身心恒常安住于空寂，丝毫不为物我所动，保持并体悟心体的清净。这是道信安心禅法的核心内容和根本宗旨。他说："初学坐禅看心，独坐一处，先端身正坐，宽衣解带，放身纵体，自按摩七八翻，令心腹中嗌气出尽，即滔然得性，清虚恬净，身心调适然，安心神则，窈窈冥冥，气息清冷，徐徐敛心，神道清利，心地明净，观察不明，内外空净，即心性寂灭。如其寂灭，则圣心显矣。"① 即是说，守一不移，包括两个方面。一是净身，通过静坐呼吸调节身体状况，排尽腹中的浊气，使身体自然清净。二是净心，通过静坐冥思，排除心中的一切杂念，达到空明神清的境界，使万物自然观照、自然呈现，运变生灭，无一丝一毫滞留于心中，从而令心归于虚寂，本然清净的心体自然呈显。"守一不移者，以此净眼，眼注意看一物，无问昼夜时，专精常不动，其心欲驰散，急手还摄来。"②"注意看一物"是静尘守心的法门，它借助于某一对象使心（精神）高度集中，无有丝毫涣散，稍有躁动，立即制住。在此，"看一物"并非以此物为真实，而是以它为摄心的工具。一旦心寂虑净、神道清利，则此物与他物都归于寂静，唯有如如不动的心性本体恒住光明。

禅定安心就是佛教伦理修身养性、防止人被外物役使的重要法门。道信的弟子五祖弘忍发挥其师安心的核心内容，特别强调"守心"，认为"了知守心，是第一道"③。所谓守心，即灭除一切妄念，控制意念的流变，保持心的空寂清净。"惩其心不在内、不在外、不

① 净觉集. 楞伽师资记.
② 净觉集. 楞伽师资记.
③ 弘忍述. 最上乘论.

在中间，好好如如，稳看看熟。"① 除了这个超越时空的本心之外，其他诸法诸识都归于虚寂，本净的佛心就自然呈露。

弘忍的大弟子神秀把其师将心"稳看看熟"的观点发展为以般若性空省心、观心，即认识心性空寂、清净的本质。他曾著《观心论》阐述其思想，认为心即是佛，主张以观心一法统摄诸法。他把心分为净心和染心："其净心者即是无漏真如之心，其染心者即是有漏无明之心。此二种心自然本来俱有，虽假缘和合，本不相生。"② 神秀认为众生皆有染净二心，净心为涅槃善因，染心则思作恶业。禅定修心就是了悟清净之心，不使它受到任何污染，并使染心转化为净心。其名偈"身是菩提树，心如明镜台；时时勤拂拭，勿使惹尘埃"，表达了这一禅法的根本宗旨。

同为弘忍弟子的慧能反对神秀的观点，认为神秀执着于心，把心当作了实有之物，未了真谛。在他看来，心就是空寂，除了空寂本身什么都不是，染净只是譬喻，并非说有一个心的实体受外物侵蚀而染，需要去外物侵蚀而净。从本质上说，心本来无一物，只有迷与悟的区别，前念迷则为众生，后念悟即是佛。因此，慧能一改自道信以来东山法门的渐悟禅法，主张顿悟，明心见性。这种方法直达心源，简单明捷，后来成为禅宗的主要修行法门，慧能也因此被尊为禅宗六祖。

三、正心净心

静心并非心如止水，而是要在专心致志的状态下用佛教义理来纯化心灵，保持心的纯净。如果说，禅定的目的是彰显本心的清净至

---

① 弘忍述. 最上乘论.
② 张岂之主编. 侯外庐著作与思想研究（第 13 卷）［G］. 长春：长春出版社，2016：277.

善，那么，其作为一种道德修养方法，就是要启迪人们的道德自觉，端正人们的道德意识，消灭一切不道德的私心杂念，使人体验崇高的心性本体，最终达到超越与完善。禅定是佛教道德修养之本，与戒、慧共同构成佛教修行的"三学"，是佛教道谛即涅槃成佛的根本法门。

佛教把人的行为概括为身、口、意三业，即一切坐卧住行、饮食男女、社会活动，一切语言谈吐，一切思想意识。大部分伦理学家在阐述道德修养时，主要针对的是身体行为（包括语言），注重于修身，故把精力放在制定社会生活和个人生活的戒条上，强调人们行为"应该"与"不应该"的界限。而在佛家伦理道德（除开律宗）中，修心比修身更加重要，被认为是修养之本。

佛教认为，宇宙的本质就是空，虚幻不实。世间的万事万物包括众生自身，都只不过是心的幻相。此心起时，宇宙万物与心俱起；此心寂时，宇宙万物与心同寂。心为万相之本。把握了心，就把握了万物的本质；要把握万物的本质，就必须了悟心的本质。道德修养就是对人的真实本质的完善与回归，其实质即对自身心性的觉悟。

从另一个角度说，人是主体性存在，道德是一种主体性行为。主体意识支配着主体的一切行为，人的一切道德行为不仅受其道德意识的支配，而且是这一内在意识的显露即外部表现。因此，要修身正身，首先必须修心正心，净心是净身的前提。心正者其身必正，而身正不正则须由心正与否来验证。换言之，一个人外在的道德行为与其内在的道德素质通常情况下具有一致性，但从根本上说，一个人的道德品质并非简单地等于其外在行为的相加，而决定于他的内在素质。

因此，佛教学者把净心正心作为道德修养之本。僧肇曾说："积德不已者，欲以净心。心既净，则无德不净。"① 在他看来，净心是道德修养的目的，佛教的一切修持都可以归结为去染转净。同时，净心的修持是最根本的道德修养手段。纯化了主体的道德意识，那么，他的道德行为也自然会与之共同纯化，故云，心既净则无德不净。

心之所以有不净，乃是由于无明所累。众生不明佛教义谛，妄执物我二法为实有，使得心为物所役，本净之心性受到染污，故有无量烦恼。禅定修心就是断除烦恼的重要手段。慧思说："若不坐禅，平地颠坠；若欲断烦恼，先以定动，然后智拔。"② 禅定就是用某些特定手段使精神高度集中，静思净虑，排除一切杂念、妄念，观想佛教真理，体验空寂的本心。依此法修持，就可以消除错误观念，断灭无明烦恼。因此，禅定最基本的道德修养功能就是"息心"，止息心的躁动，使心安住于空寂虚明。《华严经·如来出现品》云："若有欲知佛境界，当净其意如虚空，远离妄想及诸取，令心所向皆无碍。"③ 宇宙的本质就是空寂，唯有领悟此理，方能使本心归于空寂，进而使心性与宇宙及其本体合而为一，实现本性的圆满与完善。

所谓"定"，即定心、止心、息心，从根本上把持并觉悟本心。"道不假修，但莫污染；禅不假学，贵在息心。心息，故心心无虑；不修，故步步道场。无虑，则无三界可出；不修，则无菩提可求。不出不求，由是教乘之说。"④ 在此，宋黄龙慧南（1002—1069）指出，人的心性本来圆妙至善、充实自足，修之不增、不修不减。道德修养并非在人的本性中添加什么东西，而是觉悟、保持、复归心性的本体，清除、排斥、消灭心性中本来没有的东西。心本来空寂，禅定修心就是息心，使心无知无虑，自然光明。通俗地说，道德修养并非对

---

① 僧肇撰. 注维摩诘经（第 1 卷）.
② 慧思撰. 诸法无净三昧法门（第 1 卷）.
③ 实叉难陀译. 大方广佛华严经（第 50 卷）.
④ 惠泉集. 黄龙慧南禅师语录.

某种外在理念、境界的追求，而是对自我本性的觉悟。

当然，息心不等于消灭心，而是消灭本心不具、受外物染污而起的妄心、妄念。明僧德清说："众念纷纷不止，无以会真。若以众念止众念，则愈止愈不止矣。若以一念止众念，则不止而自止矣。吾所谓一念者，无念也。"① 心若杂念纷飞，思绪就会如同野马奔腾，无法证知佛教的真谛、了悟自己的本性。若要止息杂念，不能以任何其他妄念取而代之，而只能以唯一真实的意念去止息。这个唯一的意念就是无念，即以绝对真实的空寂观念灭除一切私心杂念，使心归于清净无染之境。唐僧智颉把这种修持方法概括为"诸法不牢固，常在于念中；已解见空者，一切无想念"②。

去染即转净，断妄即悟真，其不二法门，首先在于息心。"悟心容易息心难，息得心源到处闲。"③ 了悟心性清净、自心即佛并非难事，任何人在接触了佛教义理之后都可以说出这一观点。但是，要止息一切妄念，保持本心的清净虚寂，则绝不是一件容易的事。若能够做到这一点，便真正了悟了清净自性，实现了与本然心性、宇宙本体的同一，并实现了本质的完善与超越。"你若能歇得念念驰求心，便与祖佛不别。"④ 所谓"驰求心"，就是执着于物我、为外物所役、随物迁移的私心杂念，息却妄念即见真如本性，觉悟成佛。

在心性本净的问题上，佛教的观点与儒家的性善论高度一致，它们都强调人的本质完善是对自我固有本性的复归。儒家自孟子起就倡导性善论，认为人之所以有不善并非人的本性不善，而是因为受到外物的牵累，使人固有的善性散而不明，故道德修养即去物累，复本性。佛教也认为人有不善是由于本心受到外物的污染，道德修养就是

---

① 福善日录，通炯编辑. 憨山老人梦游集（第 45 卷）.
② 智颉述. 修习止观坐禅法要.
③ 居顶辑. 续传灯录（第 23 卷）.
④ 颐藏主集. 古尊宿语录（第 4 卷）.

去污转净。但是，儒家侧重于道德认知，主张以理性制约感性，从而实现物我关系的理想和谐。而佛教则侧重于道德直觉，它并不特别注重对外物的制约，以建立合理的物我关系，而是强调对自我空寂清净本性的体验，从根本上取消了物我的实际意义。"我"既然是绝对空寂，则无论外物是幻相还是实体，都不可能对"我"造成牵累或污染。"愚人除事不除心，智者除心不除事。"① 用除事的方法去消除物累，就已经承认了外物的存在，一件一件地去除，不仅无法除尽，还使自己始终受物的牵制。而除心则抓住了问题的关键，心已空寂则无所谓物累，万物自然运化、流变，都丝毫无损于心性的清净。因此，觉悟心源，才一劳永逸地消除了物累。所以，禅宗尤其是六祖以后的禅宗主流，特别强调禅定修悟，直达心源，反对循序渐进地修养，而坚持顿悟成佛。

概而言之，禅定作为一种道德修养的手段，有不少因素值得我们注意。第一，它特别注重主体的道德自觉，把心性的锻炼作为最重要的修持手段，坚持自正（即自觉地纯洁自己的道德意识）为道德修养之本，本立而后道生，正心然后能正己，正己然后能正人正物。这种观点，可谓抓住了道德修养的根本。第二，它建立了修养心性的实践操作模式，把心性修养从理论逻辑推演层面落实到了实践层面，让心性的修养不再是玄妙的空谈。坐禅虽然是一种宗教修持方式，含有不少非理性因素，但它在某种程度上又的确有利于心理的平衡，可以彰显胸襟的空明、促进思虑的专精。第三，慧能以后的禅法强调道德直觉，实际上向人们提出了这样一个问题：超越的道德本体可不可以通过理性的逻辑推论去把握？如果我们承认心性具有超越性，那么，它就显然无法通过感性的捕触和理性的认知完全把握。在现实的道

---

① 曾凤仪. 楞伽经宗通（第2卷）.

德生活中，人们的行为通常并非直接依循于某种既定的行为模式机械地做出，而是出于对生活和当下情景的体验与直觉。因此，无论是否存在超越的道德本体，道德直觉在道德修养中都有着不可否定的作用。

当然，佛教的禅定修心建立在许多错误和虚构的理论基础之上，不可能不包含许多消极的内容。它过于强调道德直觉，后来逐步脱离感性的认识与理性的思维，并最终走向了神秘化，这在禅宗的"棒喝"与"机锋"中表现最为明显。这一特征后来也极大地影响了陆九渊、王守仁的心学理论。

第三节　慧观断惑的道德认知

中国儒家传统道德的核心是三纲五常。"三纲"即君为臣纲、父为子纲、夫为妻纲；"五常"即仁、义、礼、智、信。其中，道德理性（或道德认知）被纳入"五常"之中，成为儒家伦理体系的重要组成部分。佛教则侧重从道德修养的角度阐发道德认知的重要性。在佛教的戒、定、慧三学中，从伦理学的角度来说，"戒"侧重于修身，是佛家伦理道德的基本行为规范；"定"侧重于修心，是通过净心静虑来实现道德意识的纯净；"慧"则侧重于开启道德智慧，即通过学习、观照佛教义理，断除一切妄见，把佛教的真谛内化为主体的道德意识。在此，戒是外在的制约，定是心灵的空明，慧才是对佛教真谛的了悟，也即慧观开智、断惑修德、断除无明。

一、断除无明

"慧"为梵文"Adhiprajñā""Prajñā"的意译，前者又作慧学、增慧学，为三学之一；后者音译为"般若"，指推理、认知、判断事理的智慧或觉证能力，同时又指佛教智慧。在佛教理论中，慧有三层含义。首先，慧泛指一切智慧，即所有的知识和认识。在此意义上，慧通于善、不善和无记三性，是各种心的认识作用。善慧指一切符合佛教义理的认知，或者说，是对佛教道德观念、真谛的认识，故又称为正见、正慧；不善慧又称恶慧、恶见、妄见，是违背佛教真谛和道德的错误认识；无记慧指不能作善恶判断的认识，如工巧、植艺等一切生存所必需的基本知识和技能。其次，慧指一切佛教智慧，一切佛法、义理，即上述所谓正慧、正见。在此意义上，慧又被称为"菩提"。根据其性质，可以划分为"无漏慧"与"有漏慧"。无漏慧指完全觉悟了佛教义理，证知四谛、洞见大道的智慧，又称"圆妙正觉"；有漏慧指观察缘起于一切有为、无为之法时，仍以世俗之法为主，夹杂有漏烦恼，所成就之善为有漏善，未能灭尽一切迷理之烦恼，只能招感人、天等有限果报，无法达到究竟解脱的境界。根据慧形成或获得的途径，又可分为闻所成慧、思所成慧和修所成慧。闻所成慧指听闻佛祖或善知识传道布教，受持转读经藏所生成的无漏智慧，此种智慧为声闻所获得的成就。思所成慧指在声闻的基础上进一步对闻所成慧作深入思考而获得的无漏智慧，其中已包含主体的积极觉悟，而不只是消极地接受，此种智慧是缘觉所证得的成就。修所成慧指在前二慧的基础上依法修持、自度度人而证得的无漏智慧。它不再只是个人的完善，而以无边佛法的慈悲之心救护众生，是菩萨所获得的成就。

可见，在佛教伦理中，慧具有善恶价值，它本身就是主体重要的道德素质或道德知识、道德智慧。人作为宇宙间的主体性存在，与其他存在的一个根本区别就是有意识，也即有自觉性与自主性。意识也可说是人的智慧，它使人有了自我完善的可能性。智慧是人的重要本性，具有积极的道德价值，它不仅是人类一切道德的基础，而且本身就是人的重要德性。中国古代儒家也把"智"作为重要的德目，列为"五常"之一，并认为"智"是仁、义、礼、信四德的基础，统摄并贯穿四德，是成就道德修养与实践的关键所在。道德是人们把握世界的一种特殊方式，据此也可以说是人类的一种特殊智慧。当然，道德又不等同于智慧，它绝不是一种纯粹的知识，而是一种实践理性。同样，智慧也不等同于道德，人类把握世界的方式是多种多样的，道德只不过是其中之一。另外，也不是所有的道德认识都具有积极的道德价值。同样一种知识，人们可以用它修善，也可以用它作恶；对同一道德认识对象，人们可能作出正确的判断，也可能产生错误的认识。

因此，在佛教看来，智慧并不当然具有积极的道德价值，要使智慧成为人的道德完善的重要因素，就必须修习正慧、善慧，灭除妄见、恶慧。这就使得慧又有了第三层意蕴，即灭妄悟真。

作为道德修养的慧学，主要是指道德智慧的修养，即积极端正道德认知，灭除一切妄见，开启道德智慧，证知佛教真谛。在此意义上，慧又称为"观"或"慧观"。

所谓"观"，为梵文"Vipaśyanā"的意译，音译作"毗钵舍那"，指以智慧专心观想佛和佛法，致力于证悟佛教真谛。通俗地说，即消灭一切错误的认识和观念，了悟佛教真理，修成圆妙至善的智慧。

佛教认为，宇宙万物皆以心为本，诸法本于心法，是心的显现、幻相。在道德修养中，有修身与修心，又以修心为本。修心的方法主要有二，即禅定和慧观。禅定即集中精神，静思净虑，使心保持一种虚明寂静的状态。慧观是对佛教义理的积极认识，也是对本心的认识和觉悟，即把佛教的真谛内化为主体的意识，使之成为主体的自觉观念。延寿说："一切理事，以心为本。……经云：'观一切法，即心自性；成就慧身，不由他悟。'此以真如观、真实心为本。"① 他以慧观为主体的道德自觉，而非完全被动地接受某些观念。就认知的内容而言，慧观首先且最根本的就是主体自身清净的心性，即自我的道德觉悟。

佛教最基本的观法是空、假、中三观。"空"即认识诸法因缘而起，无常无我，没有永恒不变的实体，了悟诸法皆空。但这个空不等于没有，不是说诸法不存在，而是说存在的只是一些幻相，是不真实的存在，故云"假"。认识到诸法既空又假，不执着于诸法的有无，就是"中"（"中道"的略称）。中道观的根本宗旨还不在于了知诸法之空，而在于证悟心性的空寂。明僧元来说："观诸法无相，并是因缘所生。因缘无性，即是实相。先了所观之境，一切皆空，能观之心，自然不起，能所双泯，斯即还源。"② 一切认识，包括对诸法的认识、对实相的认识最终都归结于对自我心性的认识。人类的认识之所以具有道德的价值，就在于它不仅观察外部世界，而且通过对外部世界的观察认识自我的本性，彰显自我的本性，最终复归、完善自我的本性。元来又说："所谓世出世间一切善法，习行方便，无善不修。善繇智修，因善成功，名为智德，将来果上证报身佛。"③ 认识是一切德行的前提。道德行为属于主体性行为，是主体在自我道德意识支配下的自觉选择，是主体道德素质的外在表现。然而，任何人并

---

① 延寿述. 万善同归集（第 3 卷）.

② 弘瀚汇编，弘裕同集. 无异元来禅师广录（第 21 卷）.

③ 弘瀚汇编，弘裕同集. 无异元来禅师广录（第 21 卷）.

不先天具有道德意识，人的道德意识其实是特定社会道德观念在主体意识中的内化，是一个社会与主体相互作用的授受过程。因此，主体道德意识的形成，实质是主体即人对既定社会道德观念积极认知、认同的过程。一个人只有认识并认同了特定的社会道德观念之后，才可能形成其道德意识，也才可能对自己的行为作出自觉的道德选择。认识是道德的基础，离开了认识，德行就不可能存在。这就是认识的道德价值，它充分说明了道德认识的修养功能。佛教强调慧观，一方面以佛教义谛消灭各种错误的认识，另一方面以圆妙智慧反观本心、觉悟自性。慧观，通俗地说，就是修养道德意识，开启道德智慧。

二、除妄修德

佛教慧观的道德修养，主要是劝导人们树立正确的道德认识，破除一切妄见，明了清净的心性。这一过程，不仅是道德知识的不断积累、道德观念的逐渐内化，同时也是对主体身、口、意三业中的错误与过失的拒斥、修正和断灭。德性上增一分，恶性恶行就减一分。如果说，禅定是通过静心净虑来体验主体的本性，实现自身的完善，那么，慧观则是用道德智慧认知、觉悟心性本体，自觉地以佛教道德观念指导自己的一切思想行为，从而促进智向德转换，实现人的完善。

隋代天台宗大师智顗在《修习止观坐禅法要》（又称《童蒙止观》或《小止观》）中，对慧观的上述道德修养功能作了较为典型和详尽的阐述。他提出的止观"十意"，对止观修养的条件、方法、功能和结果作了深入分析，后来成为佛教止观修习的基本理论。"十意"即具缘、诃欲、弃盖、调和、方便、正修、善发、觉魔、治病、证果等，其中有些内容与禅定有关，如弃盖、调和等，我们在此只分析与慧观相关的部分内容。

智𫖮指出，修习慧观须具备五个前提条件，即具五缘。第一缘是"持戒清净"。即遵守佛教戒律，防止身、口、意三业的罪错，不作诸恶，或已作能悔。智𫖮还介绍了悔过改错的十种具体方法。一为"明信因果"，坚信善有善报、恶有恶报；二为"生重怖畏"，即明了因果报应之后对恶报产生恐惧，不敢作恶，有过就改；三为"深起惭愧"，即对自己所犯罪错产生自责、羞耻之心；四为"求灭罪方法"，下决心改正过错，并积极寻找改过的方法和途径；五为"发露先罪"，在众人面前坦陈、检讨自己已经犯下的罪错，绝不隐瞒、姑息；六为"断相续心"，下决心不再犯错，尤其是不再犯同样的错，更不扩大已犯下的罪错；七为"起护法心"，自我克制，不使罪错侵我，即生起护持佛法、弘扬佛法之心；八为"发大誓愿度脱众生"；九为"常念十方诸佛"；十为"观罪性无生"。八、九、十三项是改过后所进之功德。

第二缘是"衣食具足"。衣法有三：一者，一衣蔽形即足；二者，"但畜粪扫①三衣"；三者，具备必需的各类衣物。衣法的实质是"须说净，知量知足，若过贪求积聚，则心乱妨道"，即节制、知足，减少对物质的贪求，避免心为外物所扰。② 食法有四：一者，如大士在深山绝世以草果资身；二者，如头陀行乞受食；三者，于阿兰若处由檀越即施主送食；四者，于寺中洁净食。一言以蔽之，就是不以衣食富足为生活目的，不以任何手段刻意追求丰衣美食。

第三，"得闲居静处"。即居处须有安静的环境。智𫖮提出了三种居处：一为深山绝人之处；二为修习佛教的精舍；三为寺院。

第四，"息诸缘务"。即排除一切世俗事务的困扰，专心观想佛法。具体包括四个方面："一、息治生缘务，不作有为事业。二、息

---

① 粪扫：指粪扫衣，即以各色碎布拼缀而成的衣服，今通名百衲衣。
② 智𫖮述. 修习止观坐禅法要.

人间缘务，不追寻俗人、朋友、亲戚、知识，断绝人事往还。三、息工巧、技术缘务，……四、息学问缘务，读诵、听学等悉皆弃舍。"①其精神实质是淡化世俗观念，抛弃世俗追求，减轻精神负担，专注精研佛教义理。

第五，"近善知识"。即积极与修习佛法的同辈、师长交流，使他们成为自己增益慧观的助缘，或者与之"共修一道，互相劝发"，即共同学习，彼此促进，或者听闻教授，得"示教利喜"之益。

具备了上述条件，然后可以进行慧观的修养。具体的观法，主要体现在"正修行"中。智𫖮把它概括为"历缘对境修止观"，即针对各种妄见、恶行修持佛教义理，以克制恶念，改正思想和行为的罪错。他从两个方面阐述了慧观对治身心的具体修养方法。

一是从主体自身行为的修养来说，具体包括行、住、坐、卧、作、语六个方面。"云何行中修观？应作是念：'由心动身，故有进趣，名之为行。因此行故，则有一切烦恼善恶等法。'即当反观行心，不见相貌，当知行者及行中一切法，毕竟空寂，是名修观。"②行中修观，即认识到身动为行，心动然后身动，有了行才有善恶及一切烦恼。行根源于心，反观本心却找不到行的任何痕迹，从而了知行以及行所产生的善恶与一切烦恼都属空寂，不再为它们所累。依此类推，住中修观即认识到"由心驻身"名为住；坐中修观即认识到"由心所念，垒脚安身"名为坐；卧中修观即认识到由心劳乏，"昏暗放纵六情"名为卧；作中修观即认识到"由心运于身手，造作诸事"名为作；语中修观即认识到"由心觉观，鼓动气息，冲于咽喉、唇、舌、齿、腭"方有语。行、住、坐、卧、作、语等一切行为皆根源于心，受心主宰，是心的外观。无心则一切俱无，心空寂故一切

---

① 智𫖮述. 修习止观坐禅法要.
② 智𫖮述. 修习止观坐禅法要.

空寂，不必执着、不必追求，更不必为它们所累。

二是从主体对待客体的态度来说，包括色、声、香、味、触、法等六个方面，即眼、耳、鼻、舌、身、意等主体的感性或理性对外界事物的感受和反映。人生活在自然界之中，不管承认不承认，外在客体都会以各种形式对主体产生作用，甚至制约主体的行为。因而，人对自然的超越、对自我的超越逻辑地包含着对周围客体的超越。佛教的"六根门观法"，就是这种超越的途径、方法。佛教认为，人的感性活动以外在客体为对象，"唯外门转"，理性意识也未能完全脱离外在客体，"内外门转"，因而会受到外物制约，造成清净本性的"物累"，妨害主体的超越与完善，故须消除物累。但佛教不像儒家那样主张积极建立和谐合理的物我关系，而是从根本上否定客体的存在。佛教指出，对主体产生色、声、香、味、触、法等作用的客体皆由因缘和合而成，一切诸法包括主体自身都"毕竟空寂"。只因强执有我，才生种种差别烦恼，物我既空，物累、烦恼便都失去了存在的根据。六根门中修观，就是把握物我空寂的本质。作为道德修养的手段，其意义便在于认识了物我的实质后，诃除色、声、香、味、触五欲。智颛认为，世俗之人不明佛教真谛，为五欲所累，作善作恶，追求现实利益的满足，才永堕六道轮回。他说："此五欲法，与畜生同有；一切众生，常为五欲所使，名欲奴仆。"① 追求感官的快乐，成为物的奴隶，所得到的仅仅是有限的、暂时的快感；追求精神的超越，才能够得到无限、永恒而又崇高的幸福。人作为主体性存在，高于动物之处，就在于他能够超越感性自然，不做物欲的奴隶。"世间色、声、香、味、触，常能诳惑一切凡夫，令生爱著。若能深知过罪，即不亲近，是名诃欲。"② 慧观断惑，就是要认识到物欲的虚幻

---

① 智颛述. 修习止观坐禅法要.
② 智颛述. 修习止观坐禅法要.

性、危害性，明了它们只能给人带来痛苦，不可能带来幸福和完善，应自觉地诃除物欲。

可见，佛教慧观除惑修德，即了知第一义谛空，我空、物空、法空，一切皆空，以物法之空论证我空，以我空体验物法之空，从而超越物我，获得完善。这里的关键是"我空"。智𫖮在《摩诃止观》中把此观法概括为"观身不净""观身身空""观身无常""观身法性"。所谓观身不净，即观想死尸臭烂不净之相，心生厌恶，联想到自己的身体也如同死尸一样，是一堆臭肉；观身身空，即观想身体无实体，只是头脑、躯干、四肢、内脏的集合体，进而认识到它们只不过是"四大"结合而成，实际并没有一个叫作身体的东西；观身无常，即观想身体只有元素聚合，没有实体，永远处于元素聚合离散的变化之中，今日之我身非昨日之我身，没有任何必要执着于我；观身法性，即认识身体空寂的本性，非净非不净，非有非不有，从而把握万有包括自我的实性。主体既属空寂，那么所谓客体及客体对主体的影响也就失去了任何现实意义，认识到这些，便能超越物我的制约，实现人的完善。这也是佛教慧观断惑要达到的最终目的。

三、止观双修

慧观是佛教伦理重要的道德修养方法。佛教的一切修持都是为了破除妄见，明了真谛，觉悟成佛。所谓"般若""菩提""正觉""大觉"等，都是慧观的异名。

智𫖮曾论述过慧观的道德意义。他说："当知观慧，最为尊妙，如是广赞，是为随乐欲以观安心。若勤修观，能生信戒定慧解脱，解脱知见，知病识药……观能破暗，能照道，能除怨，能得宝。倾邪

山，竭爱海，皆观之力，是为随对治以观安心。"① 智颛在此着重阐
述了慧观的两重意义。第一，能使人了悟佛教真谛、坚定佛教信仰，
从而严守戒律，找到人生痛苦的根源以及治此病痛的方法，进而了悟
自己的清净本性，觉证成佛。第二，能使人破除妄惑，一方面以佛教
真谛消灭世俗的错误知见，另一方面又能以此真谛正确对待物我，灭
断贪、瞋、痴三毒，及时提出行为中的任何不善，痛加针砭，修善进
德。概而言之，慧观就是通过开启道德智慧而实现道德自觉，从而促
进人的超越与完善。

任何道德修养都以道德认识为基础，说到底，道德修养就是把通
过道德认识所获得的道德知识、原则与观念内化为主体的道德素质。
没有所认知的特定道德观念，就不可能有主体的道德自觉，同样，道
德认识也不能离开其他道德修养，它只有与其他道德修养相结合，才
能成为主体积极的道德修养，主体才能有效地去惑修德。在这方面，
佛教伦理最注重的是慧观与禅定的结合，也即"止观双运"或"定
慧双修"。

智颛大师说："若夫泥洹之法，入乃多途。论其急要，不出止观
二法。所以然者，止乃伏结之初门，观是断惑之正要；止则爱养心识
之善资，观则策发神解之妙术；止是禅定之胜因，观是智慧之由借。
若人成就定慧二法，斯乃自利利人，法皆具足。"② 他把"止"与
"观"看作实现涅槃即人的终极完善的根本方法。"结"为梵文
"Bandhana"的意译，意为束缚；众生由于烦恼系缚、无明羁绊，不
能出于生死之苦，故"结"又是烦恼的异名。"伏结""断惑"统称
"伏断"，即指伏惑断惑。伏结即伏惑，指以有漏道对治烦恼，而使
之一时不起；断惑指以无漏道、无分别智断除与贪、瞋、痴俱起的知

---

① 智颛说. 摩诃止观（第 5 卷）.
② 智颛述. 修习止观坐禅法要.

障、烦恼，令其毕竟不起。通俗地说，以止伏结就是通过禅定静思净虑，制服心猿意马，降伏一切妄见、恶念、烦恼，不令放出为害。但它是制恶而使之不发，却不是从根本上断除恶。以观断惑就是通过道德认知明了佛教真谛、体悟万法实性，从而断灭无明，除尽一切烦恼使永不再生。因此，慧观是比禅定更彻底的道德修养手段。

禅定侧重于养心，使心虚寂；慧观侧重于开智，了悟佛理。禅定与慧观，二者不可相互替代，也不可偏废。智颇接着说："当知此之二法，如车之双轮、鸟之两翼。若偏修习，即堕邪倒。故经云：'若偏修禅定福德，不学智慧，名之曰愚；偏学智慧，不修禅定福德，名之曰狂。'狂愚之过，虽小不同，邪见轮转，盖无差别。"① 止与观如车的双轮、鸟的双翼，相辅相成，不可或缺。如果只修禅定而不修慧观，即使能够做到心如死灰、形如枯木，也只是如同无情的草木瓦石一般，丝毫无益于了知真谛、觉悟成佛，反而把人降低到了无知无识的木石层面。同样，如果只修慧观而不修禅定，即使通晓三藏，背得滚瓜烂熟，也只不过是鹦鹉学舌式的留声机，根本无益于修身养性、断妄归真。心思不正、不净的智慧，还可能使人走向狂悖、邪恶。

东晋庐山慧远法师说："禅非智，无以穷其寂，智非禅，无以深其照。则禅智之要照寂之谓，其相济也。照不离寂，寂不离照，感则俱游，应必同趣，功玄在于用，交养于万法。"② 慧远在此强调定慧相资不离：禅定体验心性的空寂清净，但只有在禅定中运用慧观才能证悟寂净的心性本体；慧观了知佛教的真谛（诸法的实相），但只在静思净虑时才能把握真实的义理。定因慧而悟空，慧因定而知真。

从伦理学的角度，对佛教的定慧双修可以作如下诠释。所谓道德修养，是人们根据特定的社会道德要求对自身所进行的自我改造、自

---

① 智颇述. 修习止观坐禅法要.
② 梅鼎祚辑. 释文纪（第8卷）.

我完善，它是两个因素即特定的社会道德体系与主体自觉相互结合、相互作用的结果，也是道德内化的过程。在此过程中，社会道德不会自然地成为主体的素质，而需主体去主动地认识、把握与认同。如果主体与社会道德体系格格不入，有着不可避免的冲突，那么，主体就会排斥社会道德，而绝不会去积极认识尤其是认同它。由此，佛教伦理学说假定人的自然本性与社会道德体系根本一致，即自性清净，只是由于物我的遮蔽而受到染污。禅定就是通过静思净虑排除意识中一切非道德的因素，保持思虑的空明，以便更好地接受既定的社会道德观念。没有这步功夫，身心为无明烦恼所累，道德认识就难以发挥积极作用，更不可能将社会道德内化为主体的道德素质。另外，静思净虑只能保持思想状态的空明，无法吸纳既定的社会道德反观自身本性，这就需要开启道德智慧，积极进行道德认识，并将认识的结果内化为自己的本性，从而证悟心性的清净。本性的纯化保证了道德认识方向的正确，道德认识又促进了主体本性的觉悟与完善。

慧观作为佛教伦理重要的道德修养方法，其伦理意义不仅在于它是道德知识的积累，更在于它是对善的追求、对恶的摒除，是通过道德内化提升人的道德素质。无论戒律还是禅定，都必须以慧观为前提或基础，慧观就是整个佛家伦理道德修养的基础。

第八章　自利利他——佛教的慈悲观

　　慈悲是大乘佛教倡导的一种精神，是菩萨的胸怀和品德，也是佛教修行的最高境界，反映了佛家伦理道德的一个根本特点。它与基督教的"爱"、儒家的"仁"相辉映，是佛家伦理道德最具积极价值的重要思想之一，也是佛教的重要伦理准则和理想价值观念。慈悲观表达了佛教对众生的深切关怀，对受苦受难民众的同情与悲悯，凸显了佛教救苦救难的宏大誓愿和为了众生的幸福而忘我奋斗的牺牲精神，鲜明地体现了佛教的人文精神，成为佛教人道主义思想的重要表现形式。

第一节　佛法无边慈悲为上

　　释迦牟尼创立佛教就是为了解救受苦受难的众生，一切佛法都是要把苦海中的众生度引到幸福的彼岸。因此，佛教要求人们以慈悲心肠关怀一切人乃至一切有情众生，不仅救赎人生苦难，而且还要把这种救赎推广至一切有情。它讲的慈悲之爱并不是一种喜好或占有，和基督教的"博爱"、儒家的"仁爱"也都不同，而是具有自己鲜明的特点。

一、慈悲为本

《大智度论》说："慈悲是佛道之根本。"① "一切诸佛法中，慈悲为大。"② 佛教伦理是一种救世学说。从佛教的起源来看，当初释迦牟尼在菩提树下悟道，悟出的就是人生痛苦的真谛和解脱的方法。在佛教看来，宇宙万物无常无我、虚幻不实，人生在世，亦如同诸法一样属于幻相，但众生由无明所累，妄执物我为实有，强生分别心，从而有了贪、瞋、痴三毒，才产生了无穷无尽的痛苦和烦恼。人生就如同茫茫苦海、狂风骇浪中的一叶小舟，随风逐浪，随时都有颠覆的危险，永远无法找到宁静的港湾。易言之，在现实生活中只有痛苦和烦恼，永远无法获得真实的幸福。因此，释迦牟尼立志拯救苦海中的众生，把他们度引到幸福的彼岸。所谓成佛、涅槃云云，就是对现实苦难、现实生活、现实生命的超越，即一种彻底的解脱。

可见，解脱苦难就是佛教修行的目的。但是，小乘佛教只注重个人的自我解脱、自我觉悟，把自身的道德修养视为修持的根本，而大乘佛教则追求所有人的共同解脱，并把众生的解脱作为自我解脱的前提条件，因而，救赎众生就成为大乘佛教的根本宗旨。

佛教传入中国后，经过中土文化的甄别、选择，与中土传统伦理相冲突、重视个人解脱的小乘佛教逐渐被排斥，与儒家仁爱精神相吻合、宣扬普度众生的大乘佛教得到广泛传播，佛教的慈悲观更加凸显，并成为中国佛教伦理思想的一个重要理论。所谓慈悲，是慈与悲的合称。"慈"，梵文为"Maitrya"，意为慈爱众生，给予他们快乐。"悲"，梵文为"Karuna"，意为同情众生之苦，视众生之苦如同身

---

① 龙树菩萨造，鸠摩罗什译. 大智度论（第 27 卷）.

② 龙树菩萨造，鸠摩罗什译. 大智度论（第 27 卷）.

受，并积极救济，拔除其苦。佛教之悲并非简单的悲天悯人，而是以众生诸苦为己所身受，与众生同心同感，故称"同体大悲"。又以其悲心至广至大，无以复加，故又称"无盖大悲"。

慈、悲同属"四无量心"。四无量心简称四无量，又称四等心，指佛与菩萨为普度无量众生，使其脱离苦海获得无上快乐的四种道德精神——慈、悲、喜、舍。努力使无量众生获得真实快乐为慈无量，使无量众生远离痛苦为悲无量，为无量众生离苦得乐感到由衷高兴为喜无量，视无量众生平等无二、怨亲不二为舍无量。显而易见，四无量的核心内容是慈悲。喜无量表明慈悲确实出自对众生的关怀，并非为慈悲而慈悲，更非为自己而慈悲。舍无量则主要是讲发挥慈悲精神时对待众生的态度。此处的"无量"，除指慈、悲、喜、舍四心关怀的众生无量外，还有四心牵引之福无量和招感之果无量两重含义。

四无量的根本精神是解脱众生的慈悲，它表达了佛教伦理对众生的深切关怀，体现了佛教在出世的形式中所蕴含的无法割舍的世俗情结。依慈悲关切的内容和行慈悲之心者的境界，佛教伦理把慈悲划分为三个层次。第一，生缘慈悲，又称有情缘慈悲或众生缘慈悲。这种慈悲观视众生有如赤子，爱怜恻隐，与乐拔苦。它属于凡夫的慈悲，声闻、缘觉、菩萨三乘初发的慈悲也处于这一层面，故可称之曰小慈悲。第二，法缘慈悲，指觉悟到诸法无我、物我皆空，怜悯众生不知诸法空寂，自堕苦海而生的慈悲。它是声闻、缘觉以及初地以上的菩萨所具有的慈悲，故又称为中慈悲。第三，无缘慈悲，指彻底觉悟了诸法的真实义谛，远离分别见解、不起分别之心而生的平等绝对的慈悲。它是诸佛独具的慈悲，故又称大慈大悲。上述三种慈悲反映了不同的道德精神境界。生缘慈悲是由于感受到众生所受之苦，心中不忍而生出慈悲之心，它以众生为其所缘，建立在世俗现实生活的基础之上。法缘慈悲是由于了悟五蕴之法、觉知诸法空寂，找到了无明与痛苦的根源而生出的慈悲之心，它以五蕴（色、受、想、行、识）为其所缘，建立在有为法的基础之上。而无缘慈悲则是获得彻底觉悟之后，住于诸法实相的第一义谛（空），它是不再有任何分别，由诸法实相智慧所发出的慈悲之心。前两种慈悲皆心有所缘，依据于一定条件，而大慈大悲则心无所缘，是诸佛本性的自然显露，因而是最高境界的慈悲。

慈悲是佛教的根本精神，拯苦救难、超度众生是佛教的基本职志，整个佛家伦理道德都是慈悲精神的体现。五代、北宋间法师延寿引《法句经》云："行慈有十一种利，佛说偈言：'履行仁慈，博爱济众，有十一誉。福常随身，卧安觉安，不见恶梦，天护，人爱，不毒，不兵，水、火不丧，在所得利，死升梵天，是为十一。'故经云：'一切声闻、缘觉、菩萨、诸佛，所有善根，慈为根本。'"① 慈悲表达了佛教对众生关心、爱护、怜悯的深切情怀。修一慈悲，天人共护；行一慈悲，福乐随身。凡夫修行慈悲，可得人天福果；圣贤修习慈悲，度引无量凡愚。声闻、缘觉、菩萨、佛的一切修行，并不是为了得到个人的快乐和自我解脱，而是要拯救众生的苦难，令众生断妄归真，永离轮回。这就要求全身心地救护众生，所以说"所有善根，慈为根本"。整个佛家伦理道德，就是慈悲观的展开和具体体现，慈悲是贯通有为无为法的最大的善。

"三世诸世尊，大悲为根本。"② "诸佛心者，大慈悲是。"③ 佛以慈悲为体性，一切为了众生的福乐。皈依三宝者，立大誓、发大愿，就是要"起四无量之心，摄物同己；成四安乐之行，利益有情"④。

① 延寿述. 万善同归集（第2卷）.
② 昙无谶译. 大般涅槃经（第11卷）.
③ 畺良耶舍译. 佛说观无量寿佛经.
④ 延寿述. 万善同归集（第2卷）.

慈、悲、喜、舍四无量心，就是等视物我，济护众生。所谓四安乐行，指四种可以获得安乐的行法。第一，身安乐行。指修身正身，远离豪强权势、邪人邪法、凶险嬉戏、危险之地等等一切不正的人、事、处所，就可以修摄其心，安心坐禅。第二，口安乐行。指修语正语，远离说过、轻慢、叹毁、怨嫌等四事，不妄语、不绮语、不两舌、不恶口，说话谨慎诚实、严肃认真，则可得安乐修摄其心。第三，意安乐行。指修意正意，远离嫉谄、轻骂、恼乱、争竞等四事，不贪欲、不瞋恚、破邪见，为众生平等说法，则可得常好安乐，修摄其心。第四，誓愿安乐行。即立大誓、发大愿，对那些于佛教义谛不闻不问、不知不觉、不信不解的无量众生，生起慈悲心，而立誓自己如果证得正觉正果，必以无上神通、妙圆智慧引导他们入于法华宝道，早脱苦海。四安乐行最终落实到誓愿安乐行，即修身正己，发慈悲之心，利乐有情。道生认为四安乐行之体依次为心栖于理、身口无过、离嫉妒、慈悲。法云则以其为智慧、说法、离过、慈悲心。智颛以止、观、慈悲三者为四安乐行之通体。尽管各人理解有异，但都把慈悲作为根本精神。

二、泛爱众生

佛教伦理的慈悲观，以解脱众生为根本宗旨，它对众生所受的痛苦怀着极大的同情，感同身受，立志拔除一切苦难，使众生获得真正的快乐。它把对人的爱拓展到有情众生，表达了对所有生命的深切关怀，充分展现了佛教慈悲仁爱的博大。

东晋郗超在阐述慈、悲、喜、爱护时就道出了上述宗旨。他说："何谓为慈？愍伤众生，等一物我，推己恕彼，愿令普安，爱及昆虫，情无同异。何谓为悲？博爱兼拯，雨泪恻心，要令实功潜著，不直有心而已。何谓为喜？欢悦柔软，施而无悔。何谓为爱护？随其方便，触类善救，津梁会通，务存弘济。"① 严格说来，郗超对四等心的理解并不完全准确，但他以慈悲的精神贯穿四等心，却符合佛教的宗旨。毫无疑问，佛教首先关注的是人类，它的所有修行均为人而设。这是因为人是宇宙间唯一的主体，即只有人能觉悟到自身独特性的存在，有着道德上的自觉，积极追求自己的完善。佛之言觉，归根到底，能够觉悟佛教义理，觉悟世界究竟真实和生命究竟真实的六道众生只有人类。佛教伦理就是指出人类完善的实质和通向完善的道路。但是，佛教并不强调人类中心主义，它并不认为人是宇宙间唯一可以实现完善的存在。在佛教看来，人只不过是宇宙万物中的一种，和其他事物一样，均由因缘和合而成，不具有特殊的珍贵价值。所有生命都在六道中轮回，变动不居，都承受着同样的痛苦。只有解脱了一切生命，人才能获得最终的、彻底的解脱。

　　所以，佛教的慈悲观要求，首先，要"等一物我"，即强调一切生命的平等。众生平等是佛教平等观的一个重要内容。佛教认为，宇宙间一切存在（诸法）在共性或空性、唯识性、心真如性等方面都没有任何差别，平等无二。一切事物及其差别都不过是心的幻相，不具有真实的意义，它们共同具有空寂的本质。中国佛教认为，一切含识生命即众生皆有佛性，都具有成佛的可能性。在这一点上，人并不高于其他动物。另外，所有众生在成佛之前都生存于苦痛之中，在六道中轮回，永无止息，都值得怜悯。所以，人与其他动物都是佛教慈悲精神要拯救的对象，他们都处于苦海之中，同有拯救的必要；他们都具有佛性，都有拯救的可能。尽管他们有陆行水潜飞升、二足无足多足、裸身披毛戴甲等等差别，但在佛教慈悲法眼之中，都平等无

---

① 梅鼎祚辑．释文纪（第3卷）．

二，都值得关怀、怜悯。

其次，由等一物我的平等观念引申出爱护众生、尊重生命。佛家伦理道德的慈悲观，不只是要求人们关心同类的疾苦，更是要把仁慈之心广施于一切有情。《万善同归集》言："常以仁恕居怀，恒将惠爱为念，若觉、若梦，不忘慈心；乃至蠕动蜎飞，普皆覆护。"① 即以慈悲之心"愍伤一切蠢动、含识之类"②。佛教的仁爱破除了人类中心论的狭隘性，不承认人是宇宙万物的主宰，而强调所有生命的平等性。在佛教看来，众生在六道中轮回流转，升降不居，今生虽为人，来世完全可能变为畜生，此世为畜生，来生也有可能变为人，人与动物之间相互转化，没有绝对的差别和界限。更进一步说，人与动物都是苦海中饱受煎熬的众生，尽管福罪等级有别，但都受生死轮回之累，同样值得怜悯，需要解救。从实性上说，众生皆具空寂的本性，皆有解脱成佛的可能，人并不比其他众生更高贵。所有的生命都具有同样的价值，都应当以慈悲之心加以呵护、爱怜。如果说，人有高于动物之处，那只是人有智慧，更能觉证佛教义理，自觉地追求生命的完善。

也正因为这一点，人把握了佛教真谛，更应该积极主动地贯彻佛教的慈悲精神，爱护一切有情。延寿说："今既承绍，合履玄踪，乃至放生赎命，止杀兴哀，断烧煮之殃，释笼罩之絷，续寿量之海，成慧命之因。……免使穴罢新胎，巢无旧卵，脂消鼎镬，肉碎刀砧。"③人比其他动物更能觉悟佛理，因而更有爱护一切生命，使它们免遭灾难、屠戮的道德义务。所以，人不能去残杀其他生命，而应尽自己所能使它们免遭损害，当发现它们处于危难之中时，应当主动积极地予

---

① 延寿述. 万善同归集（第2卷）.
② 延寿述. 万善同归集（第2卷）.
③ 延寿述. 万善同归集（第2卷）.

以解救。

尊重生命，不仅是尊重它们生存的权利，不以任何形式危害它们的生存，更应该保护它们的生存，禁绝一切对生命的危害。"一切屠杀，皆令禁断。无足、二足、多足，种种生类，普施无畏，无欺夺心。广修一切诸行，仁慈莅物，不行侵恼。发妙宝心，安隐众生。"①这就是说，要保护一切生命不受侵害，使它们各得其所。

以慈悲的观念尊重生命，其伦理价值不仅仅在于保护生命、维护它们的生存，更在于使它们获得解脱，超越轮回苦海，回向觉悟。唐僧玄觉说："慈悲抚育，不伤物命。水陆空行一切含识，命无大小，等心爱护；蠢动蜎飞，无令毁损。危难之流，殷勤拔济。方便救度，皆令解脱。"② 保护生命不受损害，解救众生的危难，还只是低层次、最基本的慈悲。大慈大悲不仅要平等地爱护一切生命，更要彻底解脱众生的苦难，助一切生命拔离苦海，早登福地，永离生死轮回，而绝不只是使它们生活得更好、更安全。只有救度解脱，才真正体现了佛教尊重生命、等视物我的慈悲精神，才实现了生命的完善与超越。

再次，从平等慈悲的观念出发，反对人类中心主义，坚决禁止人类为了自己的利益而损害其他生命。为此，佛教制定了"不杀生"的戒律，并把它作为一切戒律之首。不杀生就是要保护和尊重生命。任何生命，包括蠕动蜎飞之类都有其存在的根据和价值。一方面，人与其他众生一样都在轮回的苦海中煎熬，相互间应同患难、共扶持。另一方面，人与其他众生都具佛性，都有可能实现生命的完善与超越，简言之，一切有情都同样内蕴着生命的全部价值。人要超出六道轮回进入佛的王国，绝不是个体能够实现的行为。单独的个体永远无法实现最终的完善。只有消灭六道本身，人才不会再受轮回之苦。只

---

① 延寿述. 万善同归集（第2卷）.
② 玄觉撰. 禅宗永嘉集.

要六道仍然存在，那么，生命就仍然是不完善的。在此意义上，人与其他生命有着根本一致的共同需要，而绝不能以损害其他生命的利益甚至损害其他生命作为自我完善的手段。如果是这样，只能说明人的生命的不完善。这就是佛教"不杀生"戒律的伦理意义。

宋代著名佛教学者契嵩曾经深刻地探讨了人与其他生命之间的关系。他说："物有性，物有命。物好生，物恶死。有血气之属皆然也。圣人所以欲生，而不欲杀。夫生杀有因果，善恶有感应。其因善其果善，其因恶其果恶。夫好生之心善，好杀之心恶，善恶之感可不慎乎？"① 这是从生命本能层面来说明胜残去杀的合理性。虽然在本体层面，佛教断定万物均虚幻不实，但在现象层面，佛教仍然承认万物的存在及其意义。此即所谓因缘而起故不有，因缘既起故不无。万物既生，那么在幻相世界中就有了其确定的意义。这是伦理道德能够成立的一个必要的预设。有知识、有情欲的生命和其他存在不一样。后者的存在是静态的，不具有特定的倾向性，而有知识、有情欲的生命则是动态的存在，具有自我保护的本能，也即，好生恶死是一切生命的本性和内在的自然原则。伦理道德旨在促进生命的完善，应当遵循、维护这一本性与原则，并以此作为最根本的价值标准，完生者善，杀生者恶。既有善恶，就会产生因果报应，善有善报，恶有恶报。好生与好杀，具有生命伦理两极对立的价值。

佛教伦理强调顺应生命好生恶死的本能。作为智识最高生命的人类，更应自觉地尊重生命，胜残去杀。"人食物，物给人，昔相负而冥相偿，业之致然也。人与物而不觉，谓物自然天生以养人。天何颇邪？害性命以育性命，天道至仁，岂然乎哉？"② 生命本身就是最高的价值，任何一种生命都没有理由和权力为了自己的生存而去危

---

① 契嵩撰. 镡津文集（第2卷）.
② 契嵩撰. 镡津文集（第2卷）.

害其他的生命。正是根据这一点，在佛教看来，人类杀生以求生，把别的生命作为维护自己生命存在的手段，从根本上说就是不道德的。可是，在现实生活中，人类却自以为是宇宙的中心和主宰，认为万物存在的价值就是能够满足人的需要，易言之，其他生命是为了满足人的需要而存在的。有了这种认识，人类就理直气壮、堂而皇之地残杀其他生命以充填自己的欲壑。在佛教看来，害命以养命是最不道德的行为。万物的存在与发育有其必然之理，天道自然，周护万物，有一物不得其所，天道就有缺失。因此，自然界并不对任何一种生命有特殊照顾，而是为一切生命提供其生存的必要条件，促进它们的生长发育。佛教指出，生命的相互残杀绝非天道自然，而是业报所致。今生受到残害，前世一定残害过其他生命；此世残害其他生命，来生一定会成为别的生命残害的对象。冤冤相报，永无休止。

要摆脱这种恶的循环，就必须抛弃人类中心主义观念，平等地对待一切生命，尊重生命存在的价值，绝不为了自己的利益鄙视、利用甚至残害别的生命。"夫相偿之理，冥而难言也，宰杀之势，积而难休也。故，古之法使不暴夫物、不合围、不搏群也。子钓而不纲，弋不射宿，其止杀之渐乎？佛教教人可生而不可杀，可不思耶？谅哉！"① 生命相残是恶业的报应，若不主动止杀，报应将会永无停息。儒家提倡仁爱，怜悯弱者，反对滥杀，以消减人类的杀戮习气；而佛教的慈悲观则要求尊重、爱护一切生命，反对为了人类自己的利益而残害任何生命，凸显了佛教伦理仁爱的博大和对一切生命的关怀。

三、去爱归仁

伦理学是关于人的精神完善的学问，一般而言，有关伦理的思

---

① 契嵩撰. 镡津文集（第2卷）.

想、学说都显示了对人的深切关怀。人作为一种主体性存在，其进化发展就是不断地超越自然、超越自身、超越现在。和万物的更新发展不同，人类的进化不存在先在的规定性，而是依靠自己的创造。换句话说，人不仅是被规定者，也是自己未来的创造者。除极少数悲观的命定论者外，大多数人都注重人的主体性创造，这为人自身的完善提供了可能性。但是，也正是这种创造性，导致人的未来无法被精确预知，从而引起了人类对自身命运的深切关注，对自身现实的同情与怜悯。于是，就出现了无数以先知先觉者自命的大师。他们四处传教布道，告诉人类如何实现自身的完善，如何迈入超越现实的未来。尽管他们的智慧、领悟有种种差异，但却共同传达了一种观念：要关怀每一个人，在所有人的幸福中体验自己的幸福，在所有人的完善中实现自己的完善。这种观念可以归结为一个字，那就是"爱"。

佛教伦理就是其中的一种，其慈悲观展示了佛教对人类乃至所有生命深切的关怀和博大的爱。爱怜曰慈，恻隐曰悲。"慈"在梵文中本为"友"的衍生语，指真实的友好、友情，是对其他所有人及生命一律平等的友好之情，而不是对某个人的特殊之爱。这种慈心慈情，又由悲引发、产生，没有悲就不可能有慈。"悲"本为呻吟、痛苦之意，指对人间所有痛苦的呻吟或对自己痛苦的感受。作为一种道德观念，就是把人间所有的痛苦都看作自己的痛苦，并由深刻省察自己的痛苦引发出对他人所受痛苦的感同身受，从而生出深切的同情与悲悯，并进一步拓展为以此慈悲之心对待所有的生命。

可见，佛教的慈悲观与一般伦理学说宣扬的爱有所不同。实际上，佛教高扬慈悲，而很少肯定爱，并自觉地把慈悲与爱区别开来。

"爱"在佛教思想中为十二因缘之一，意为贪恋执着于某一事物。它与"憎"有着密不可分的联系，爱可生爱，亦可生憎。表现于待人接物，爱有五个不同的层次。一指与自己有血缘关系的亲族之间的情爱；二指亲爱，是对他人的友情；三指欲乐，是对某一特定人或物的爱恋；四指爱欲，即男女两性之间的情爱；五指渴爱，是因过分执着于某一对象而产生的痴恋。佛教认为，众生之所以有爱（他爱），悉根源于自爱。妄执有我，以我为中心，一切从我出发，有利于我者爱之，不利于我者憎之，由此产生亲疏差别及对某人某物的贪恋执着，并最终导致种种苦恼。

因此在佛教这里，爱就是在自爱基础上产生的贪爱，为三毒之首，由爱生痴，由爱转瞋。佛教中的爱给人带来的不是满足、幸福，而是痛苦。究其根由，则是从虚幻的基础出发，对虚幻的对象产生虚幻的追求，渴爱愈深，苦恼愈甚。而当由对自己苦恼的痛苦感受扩展到感受他人的苦恼时，就产生了对众生的悲悯。以人我同苦之心对待他人，希望拔除他人的苦恼，就是慈。

有人说，慈悲是佛教思想中爱的代名词，实际上并非如此。慈悲是佛家伦理道德对爱的超越。西方基督教以爱为最基本的美德，号称"爱的宗教"，要求人们爱他人、爱万物、爱上帝，充满了博爱精神。但是，基督教讲的爱，是对现实存在或超越实体的肯定，反映了对某一对象的依恋与执着。中国儒家讲仁爱，要求人们在处理人际关系时坚持"己欲立而立人，己欲达而达人"，"己所不欲，勿施于人"的原则，反映了对他人的尊重与关怀。但是，它是以自我为中心，以自我为爱的原点，是对人我双方的肯定。而佛教的慈悲观则要求等视物我，其精神实质不是肯定物我的重要性，而是在空寂的意义上取消物我的差别，以平等的观念对待一切，无厚无薄、无爱无憎，最后实现物我的共同超越。因此，佛教的慈悲并非对任何现实存在的依恋或执着，并非对现实的关怀，而是对超越的追求。

当然，从对众生的关怀这点上，我们也可以把慈悲归结于爱的范畴。但它和基督教、儒家思想不同，它不是对某一对象的亲爱、情爱、喜好或执着的依恋，而是利乐有情，即尊重所有的生命，关怀所有生命的超越。如果用中国传统伦理思想来诠释，慈悲与爱有很大差异，而比较接近于"仁"。后期儒家在发展原始儒学仁的观念时，就吸收了佛教的慈悲思想。譬如，北宋张载所著《西铭》，倡导的"民胞物与"思想，就是儒家的仁与佛教慈悲观相结合的产物。

由于慈悲观念在佛教伦理思想中的核心作用，佛教又被称为"慈教"。佛教把现实的世俗生活视为"苦海"，芸芸众生在苦海中挣扎、煎熬，永无断绝。佛陀立大誓、发大愿，以慈悲救度众生出离生死海，犹如以舟航渡人，故又称慈航、慈舟。"驾大般若之慈航，越三有之苦津，入普贤之愿海，渡法界之飘溺。"① 慈悲就是对众生苦难的怜悯，对生命完善与超越的关怀，其深刻地反映了佛家伦理道德的博大与仁爱。

第二节　拔苦与乐自利利他

慈悲的基本含义就是拔苦与乐。所谓"拔苦"，意即拔除一切众生的无量诸苦；所谓"与乐"，则是断灭众生的烦恼，使众生享受觉悟的永恒、真实的欢乐。用通俗的话说，拔苦与乐就是关心并积极解救一切有情识的生命的痛苦，促进他们的幸福。在此，佛教要求人们自度度人、自利利他。拔苦与乐绝非单方面的恩赐，而是把度人和利他看作自度、自利的前提和基本内容。正是因为这一特点，佛教以出世的心态关心世俗的众生，对人己关系、个人与社会群体的关系作出了新的解释，对人们的行为提出了既不同于儒家也不同于道家的道

---

① 延寿述. 万善同归集（第3卷）.

德要求。

一、拔除众苦

众所周知，佛教对现实生活与人生的基本评价就是"苦"。苦为四圣谛之首，是佛家伦理道德乃至整个佛家学说的根本观念和理论出发点。"苦"，梵文为"Duhkha"，泛指身心受逼迫所带来的烦恼，而不仅仅指身体的难受和情感的困扰。苦与乐相对待，当心向着如意的对象时就感受到乐，而当心向着不如意的对象时就感受到苦。苦兼嫌恶（梵文 du）与空虚（梵文 kham）二义。前者为世俗意义之苦，后者则指无法体验、觉悟，持有常、乐、我、净的空虚状态。

佛教对苦的论述很多。可以说，它从各个方面揭示了生活与人生的所有缺失与不完善，对现实存在给予了最彻底的否定，并从中引发出对芸芸众生的悲悯与同情。佛教对苦有所谓身苦、心苦，内苦、外苦，苦苦、坏苦、行苦，四苦、八苦、十八苦、百十苦乃至无量诸苦等等分析，本书第三章已作过简要介绍，这里不再重复。

据佛经记载，释迦牟尼出家之前，曾经看到农夫在炎炎烈日下辛勤劳作，老牛拉犁不得休息，还被鞭打得伤痕累累，田中被犁翻出的蚯蚓虫子遭到鸟雀的啄食。这幅活生生的生存斗争图景使他感慨万千，无限悲痛。有一天，他又先后见到一位老人孤苦伶仃、步履维艰，一个病人在路边喘息呻吟、痛苦挣扎，一具死尸脓血流溢、惨不忍睹。想到世人无论富贵贫贱都逃不过生、老、病、死大关，人生充满痛苦，释迦牟尼立誓要为苦难的众生寻找一条解脱之道。经过长期的思索与探寻，他终于大彻大悟，创立了佛教。

可见，佛教的根本宗旨就是解脱众生之苦，它反映了佛教对人生种种不幸的深切关怀与同情。延寿说："成智德故，则慈起无缘之化；成恩德故，则悲含同体之心。以同体故，则心起无心；以无缘故，则化成大化。心起无心故，则何乐而不与？化成大化故，则何苦而不收？何乐而不与？则利钝齐观，何苦而不收？则怨亲普救。遂使三草二木，咸归一地之荣；邪种焦芽，同沾一雨之润。"① 所谓同体之心，就是对他人的痛苦感同身受，拔除他人的痛苦就像拔除自己的痛苦一样自觉、积极、努力。有此同体之心，就会主动关心他人疾苦，对任何人乃至一切有情识的生命怀抱深切的同情，以悲心拔其苦，以慈心与其乐。拔其苦就是为了与其乐，而与其乐首先必须拔其苦。慈悲为怀，就是使万物各得其所、众生各得其乐，而不遗一草一木。故佛教发愿三心（直心、深心、大悲心）中的大悲心，就是"拔一切众生苦"。

拔苦即拯救苦难的众生，帮助他们脱离苦海。"慈也者，常欲安万物；悲也者，常欲拯众苦。"② 拔除众苦最基本的要求是主动、积极地关心他人的疾苦，尽自己一切能力帮助他们摆脱痛苦。延寿说："夫因缘之道，进修之门，皆众缘所成，无一独立。若自力充备，即不假缘；若自力未堪，须凭他势。譬如世间之人，在官难中，若自无力得脱，须假有力之人救拔。又如牵拽重物，自力不任，须假众它之力，方能移动。"③ 断除烦恼、觉悟成佛，通常并非自我封闭的个体独自一人能够实现，还需要借助许多外部条件。特别是世间众生，他们由于被无明所累，本有之佛性受到蒙蔽，无法把握佛教真谛，很容易把眼前虚幻的感官享乐当作幸福，造善恶诸业，以致永在六道中轮回，身陷苦海而无力自拔。这就急需救助。佛教伦理强调慈悲菩萨之行，就是要求人们关心他人疾苦，尽自己一切能力拔除苦海中众生的

---

① 延寿集. 宗镜录（第1卷）.
② 契嵩撰. 镡津文集（第2卷）.
③ 延寿述. 万善同归集（第1卷）.

烦恼，帮助他们觉悟、到达幸福的彼岸。因此，慈悲就是对苦难众生的拯救。

慈悲精神还表现为一种给予，即满足众生的需要，资其所欲。明僧元来说："见病者、老者、贫穷者、残疾者，乃至负命之者，当起同体大悲，资其所欲，而行布施，谓之悲田，其福胜故。"① 这就是说，解除众生痛苦的方法并非只有单纯的精神安慰和思想开导，还有主动给予，即满足众生之所需，这种行为又称为"布施"。

所谓"布施"，为梵文"Dāna"的意译，指以慈悲之心施福利予众生（包括六凡四圣），是佛教六波罗蜜即六度之一。小乘佛教提倡布施，主要目的在于破除主体自身的吝啬心与贪心，以免除众生未来世的贫困。大乘佛教的布施则与慈悲精神相联结，指施与众生财物、体力和智慧等，帮助他人造福成智，超度众生。主要可分为财施和法施。财施是把自己的衣服、食物、田园、住宅、珍宝等财物施于他人，以满足他人需要；法施则是积极向众生说法，传授佛教真谛，启迪他们的觉悟。佛教主张施一切物给一切人，并特别强调施客人、施行人、施病人、施侍病者，即格外关心那些遇到困难、特别需要帮助的人。元来在其《宗教答响》中列举了十种布施："分减施、竭尽施、内施、外施、内外施、一切施、过去施、未来施、现在施、究竟施。"② 分减施者，"谓菩萨禀性仁慈，好行惠施，若得美味，先与众生，然后方食"③，即有了美味，先施与他人，然后自己才吃。即使在自己进食时，也会在心中默念，先施与自身中"八万四千户虫等"，即将食物布施给自己身体内的微小生物（如寄生虫）以及其他众生。竭尽施指"饮食香华，资生之具，一切皆舍"④，即把自己所

---

① 弘瀚汇编，弘裕同集. 无异元来禅师广录（第21卷）.
② 弘瀚汇编，弘裕同集. 无异元来禅师广录（第21卷）.
③ 弘瀚汇编，弘裕同集. 无异元来禅师广录（第21卷）.
④ 弘瀚汇编，弘裕同集. 无异元来禅师广录（第21卷）.

有的一切包括维持生活所需的物品都施舍给他人，毫无保留。内施者指把自体所固有的一切施与他人，"乃至头目髓脑，以济众生"①。外施指把自己后天所拥有的一切，从珍贵的饰品、华美的衣服到至高无上的王位均施与他人，即"名华上服乃至王位，我今宜应随彼所求，充满其意，即便与之"②。内外施指内外所有一切俱施，即把自己所拥有的一切施与他人。一切施指不管什么人来求所欲，"悉皆施与"，凡己有者尽皆施舍。过去施、未来施、现在施则属于法施，即把过去、未来、现在无量诸佛昭示的佛法施与众生，助其开悟断苦。"究竟施者，谓诸菩萨舍一切所有，满足众生已，然后开导一切众生，令于众生不生贪爱，悉得成就清净智身，是名究竟施。"③ 究竟施指一方面尽自己所能满足众生的需要，一方面又广布法施，即向众生说法，传授佛教真谛，不使众生因受施而产生贪爱。概而言之，布施就是尽自己一切能力满足众生需要，解除众生的痛苦。因此，布施可谓佛教伦理慈悲观的具体实践。

慈悲普施众生、拔苦与乐，要求等视物我，体现了佛教伦理众生平等的观念。南北朝时期佛学大师慧思说："慈悲愍众生，拔苦与乐，离憎爱心，平等观察，……大慈大悲，现如意神通一切色身，以神通力入五欲中，遍行六趣，随欲度众生。"④ "六趣"即天、人、阿修罗、畜生、饿鬼、地狱六道。慈悲拔苦，就是拔除六道轮回中的众生之苦。无论天、人还是畜生、饿鬼，一切众生皆具佛性，只是由于无明所累而堕入永劫轮回，故都值得怜悯、救助，而没有高低贵贱差别。故等视物我、众生平等是慈悲观的基本要求。无论拔苦还是与乐，都不能有丝毫的个人好恶或差别观念。所谓"同体大悲"，就是

① 弘瀚汇编，弘裕同集. 无异元来禅师广录（第21卷）.
② 弘瀚汇编，弘裕同集. 无异元来禅师广录（第21卷）.
③ 弘瀚汇编，弘裕同集. 无异元来禅师广录（第21卷）.
④ 慧思撰. 诸法无诤三昧法门（第1卷）.

对众生之苦感同身受，这就必须消灭人我、物我的一切隔阂。若有丝毫偏私，就无法体会到他人的痛苦。故佛教特别强调，无论六凡还是四圣，众生本来平等："深大慈悲怜悯众生，上作十方一切佛身，缘觉、声闻一切色形，下作六趣众生之身。"①

慈悲是对众生之苦的深切关怀与同情，这种仁爱之心既非道德责任，也非道德义务，而是发自内心的一种高尚的自然情感。唐僧善导（613—681）说："佛有慈、悲、喜、舍，慈能与乐，悲能拔苦。如世间父母于子有种种苦，终不为劳。佛是大慈，不问男女，普能救护世间之苦、地狱众苦。"② 佛教的慈悲为怀、关心他人，就像父母关心自己的子女一样，主动积极，无怨无悔，平等地对待众生，尽心竭力地救度世间一切痛苦。

根据大慈大悲的精神，佛教提出"怨亲平等"，以宽广的胸怀和宏大的愿力救护一切众生。佛教指出，五欲、好恶、名利等等，给人们带来的实际上都只是痛苦。生、老、病、死，人生的坎坷与不幸谁也难免。人活在世上，一切行为就是为了满足自己的需要，从而有了种种追求。可是想要的东西偏偏得不到，不想要的东西却纷至沓来，挥之不去。欲望愈强烈，痛苦、烦恼愈大。即使侥幸得到了自己想要的东西，也无法永远保持，总有一天会丧失。世俗的快乐犹如裹着糖衣的苦药，快乐是虚假的，痛苦才是真实的。佛教慈悲精神誓断一切苦，不仅断自己的所有痛苦，而且断一切人的所有痛苦。这就要求人们关心他人像关心自己，无私无我、无亲无怨，普施平等："若欲断除诸苦受，当观怨家如赤子，亦如父母及兄弟，亦如诸师及同学。"③

佛教伦理的平等观是无我的平等观。万法因缘而起，没有独立自

---

① 慧思撰. 诸法无诤三昧法门（第 1 卷）.
② 徐少锦，温克勤. 中国伦理文化宝库 [G]. 北京：中国广播电视出版社，1995：1119.
③ 慧思撰. 诸法无诤三昧法门（第 2 卷）.

在的实体，人也是缘起中一物，根本不存在所谓"自我"。本来恻隐之心人皆有之，众生都有慈悲的心理，但由于受"我执"所累，行为有了好恶差别。爱于此者即不爱甚至恶于彼，导致人间纷争不已。断除了"我执"，才能够怨亲平等，对待任何人一视同仁，不分彼此，把别人的苦乐当作自己的苦乐，无喜无瞋，以博大的仁慈救护苦难中挣扎的众生。

二、利乐有情

如果说"悲"为拔除痛苦、断灭烦恼，那么"慈"就是导引福乐，利乐有情。去苦是为了求乐，求乐是目的，去苦是前提。不去苦，始终无法领悟真实的大自在乐；不求乐，去苦就失去了其积极意义。同情固然是一种仁爱，但真正的仁爱是给予众生永恒的快乐和幸福。

"乐"为梵文"Sukha"的意译，与"苦"相对待，指身心适悦的感觉。身之适悦感称乐爱，心之适悦感称喜爱。佛教对乐有种种分析，有所谓"三乐""五乐"之说。"三乐"又有二说，一指外乐、内乐和法乐乐，二指天乐、禅乐和涅槃乐。外乐指五识（眼、耳、鼻、舌、身）缘五境（色、声、香、味、触）所生之乐，即人的感官快乐；内乐指初禅、二禅、三禅意识所生之乐；法乐乐指由无漏智慧所生之乐，亦指由远离我心、无安众生心、自供养心而产生的快乐。天乐指修行十善者生于天界而享受的种种殊妙胜乐；禅乐指修行之人入诸禅定，一心清净，万虑俱寂而感受到的禅悦之乐；涅槃乐指断除无明，证得涅槃，生灭灭已的寂灭之乐，此为究竟之乐。所谓五乐即出家乐、远离乐、寂静乐、菩提乐和涅槃乐。出家乐又称出离乐，指摆脱世俗的业惑、烦恼，出家修行以求解脱之乐；远离乐即初禅乐，指初禅能够远离欲界的爱染烦恼，得慧观禅定所感之乐；寂静乐即二禅乐，指越过了初禅觉观散动的禅定，以寂静之心而发胜定之乐；菩提乐谓菩萨成无漏菩提果，自受其乐，又因慈悲之心而以此乐转施众生；涅槃乐即永离生死的痛苦，而入于无余涅槃，获得究竟寂灭之乐。

概而言之，佛教讲的乐可以分为两大类，一是现实的感官、精神之乐，二是超越的寂静、完善之乐。所谓与乐也包括这两个方面：一方面随顺众生，资其所欲，利乐有情，尽自己所能满足众生需要；另一方面，防止众生因利乐生贪，向他们昭示妙圆胜境，导引他们追求超越的完善与满足。

拔苦与乐的慈悲观反映了佛教思想利他主义的道德特点。拔苦与乐的慈悲行为属于纯粹的道义行为，不带有丝毫的功利色彩。只有破除了我执的人，才可能真正利乐有情。《大丈夫论》中说："悲心施一人，功德如大地；为己施一切，得报如芥子。"[1] 毫无为我之心，以同体之悲施救一人，即造无量功德；若为了自己的利益，即使普施一切，其道德价值也十分微小。利乐有情就是要毫不利己，专门利人。

唐代华严宗大师法藏说："修诸行法，不为自身，但欲广利群生，冤亲平等，普令断恶，备修万行，速证菩提。"[2] 为自己和为他人，代表着两种相互对立的道德价值观念：前者以自我为中心，一切从自己的利益出发，任何他人都是满足自身需要的条件或手段；为他人则破除了小我之私的局限，以满足他人的利益作为行为的中心和出发点，在人类的共同完善中实现自己的完善，而当自己的利益与他人的利益发生冲突时，便毫不犹豫地牺牲自己的利益，舍己为人。

---

[1]　提婆罗菩萨造，道泰译. 大丈夫论（第 1 卷）.
[2]　法藏述. 修华严奥旨妄尽还源观.

"《涅槃经》云：'助人发菩提心者，许破五戒。'故知损己为他，是大士之行。"① 五戒是佛教的根本大戒，犯此戒者身堕地狱，万劫不复。而为了救助众生，必要时可以破除五戒。这就是说，他人的利益高于自己的利益。

利乐有情，首先要求为他人和社会公众谋福利。延寿说："或平治坑堑，开通道路；或造立船筏，兴置桥梁；或于要道，建造亭台；或在路傍，栽植华果。济往来之疲乏，备人畜之所行。六度门中，深发弘扬之志；八福田内，普运慈济之心。……或施食给浆，病缘汤药，住处衣服，一切所须。安乐有情，是诸佛之家业；抚绥沈溺，乃大士之常仪。"② 造桥铺路、栽花种树、接济旅人、广施汤药等等，是佛教徒经常性的利他行为，有的寺院还设有义庄、粥厂，专门救济贫穷困苦之人。这些利他行为，构成了佛教"善行"的重要内容。其精神实质，就是提倡慈悲为怀，安乐有情、抚绥沉溺，为众生谋福利、造康乐。法藏强调修行四德，居首位的就是"随缘妙用无方德"。其具体内容是："谓依真起用，广利群生，众生根器不等、受解万差、乐欲不同，应机授法，应病与药，令得服行。"③ 这是利乐有情的第二层意蕴，即根据众生的不同需要来给予他们快乐。大悲曰随缘，大智曰妙用。随缘指随顺众生，妙用指利乐众生，即尽力满足众生的不同需要，并根据各自的实际状况应机授法、分别导引，使他们获得大自在、大快乐。因此，利乐有情就是尽自己所能主动关怀他人，满足他人需要，给他人带来快乐。在此观念的指导之下，布施便成为佛教伦理中重要的修行方式和功德。

---

① 延寿述. 万善同归集（第2卷）.
② 延寿述. 万善同归集（第2卷）.
③ 法藏述. 修华严奥旨妄尽还源观.

三、自利利他

毫无疑问，佛家伦理道德属于利他主义范畴。按照缘起论，诸法均由因缘和合而成，没有真实独立的实体，诸法无我，只有元素、条件在永不止息地流变。破除我执，是佛家伦理道德最基本的要求。因为执着于"我"，便会生发分别心及种种烦恼，难以获得解脱；唯有体悟"无我"，才能做到等视物我，了知众生平等之义，复归于真如本体。所以，以无我之心对待人物，就自然形成了道德上的利他主义。

但是，佛教讲的"无我"实质上是无私，即利益上的无我，而并非修行上的无我。道德作为主体的属性就必须有我，即必须有一个现实的承担者。没有"我"这一主体，道德就失去了任何意义。无我利他，不是要消灭自我、取消行为主体，而是要人们毫不利己、专门利人。此处利己之利即指利益之利。由此，佛教对"利他"与"他利"进行了辨析，认为"他利"侧重于表现众生从他人处获得利乐，受者显而施者隐，"利他"则侧重于表现施主使他人获得利乐。前者从消极层面言，后者从积极层面论。属于德行的不是"他利"，而是"利他"。因此，利他本身就内蕴了主体积极的道德精神，是对主体价值的肯定。

利他体现了行为主体的愿力、慈悲之力，而要有利他行为，主体自身首先必须有一定程度的道德觉悟。具备了这个条件，才能把此觉悟回向众生，利乐有情。因此，利他以行为主体自身的觉悟为前提，这就是佛教讲的"自利"。明僧德清说："世之士绅有志向上、留心学佛者，往往深思高举，远弃世故，效枯木头陀以为妙行，殊不知佛已痛呵此辈，谓之焦芽败种，言其不能涉俗利生。此政先儒所指虚无寂灭者，吾佛早已不容矣。佛教所贵在乎自利利他，乃名菩萨。"①
大乘佛教反对小乘佛教追求自我解脱的独善其身修持方法，而主张
利济众生。它与儒家的道德观念相吻合，故在中国得到提倡与发展。
按照缘起论，诸法无我，真如一体，故人们应当消灭私我、小我，破
除我执，等视众生，自他如一。佛教要求人们把小我融入大我（众
生）之中，在利益一切众生的慈悲行为中去实现大我的超越。佛教
认为，众生的完善才是主体的彻底完善。从这个意义上说，"利他"
实质是从根本上的自利，因为欲自利（自我解脱）必须先利他（一
切众生解脱）。而只有具备了一定程度的觉悟，才能积极有效地救度
众生。自利方能利人，自觉方能觉他；利人觉他，才能真正实现利
己，最终获得个人的彻底觉悟。故《净土论》云："应知由自利故，
则能利他，非是不能自利而能利他也。"② 这里讲的自利并非指谋取
个人利益，而是指个人的觉悟与完善。用通俗的语言说，一个人如果
没有高尚的道德品质，绝不会主动积极地牺牲个人利益去关心和帮
助他人，自觉为他人谋福利。因此，自利与利他是佛教慈悲观念的两
个不同方面：自利为前提，只有自利才能利他；利他为根本，只有利
他才能从根本上实现自利。上求菩提为自利，下化众生为利他，这就
是自利利他的本质之所在。按照佛教的说法，自利觉悟属于"入"
的功德，利他觉他属于"出"的功能；入者入涅槃胜境，出者出无
量众生于苦海。

"自利"为梵文"Svārtha"的意译，"利他"为梵文"Parārtha"
的意译。自利利他，又称自益益他、自利利人、自行化他、自他二利
等。自利非谓满足自己的世俗需要，而指为了自身的功德而努力修
行，由此产生善的果报直至修成正果，自得其利；利他即利益众生，

---

① 福善日录，通炯编辑. 憨山老人梦游集（第5卷）.
② 昙鸾注解. 无量寿经优婆提舍愿生偈注（第2卷）.

指人的行为不是为了满足自己的利益，而是致力于救济苦海中无量诸有情，使他们获得快乐，实现解脱。自利利他，通于世间、出世间二法，既有世间之利，也有出世间之利。实现了自利、利他，即成就佛的世界，称为利行满足。

自利利他属于菩萨行。在菩萨修行的五十二阶位中，第二十一位至第三十位列出了十种利他行。第一，欢喜行。菩萨以无量如来之妙德，随顺十方，根据众生的需要资其所欲，悦乐一切有情。第二，饶益行。菩萨所行之善，能够利益一切众生，使他们获得实际的利益与无上的快乐。第三，无瞋恨行。修持忍辱度，灭除瞋怒之毒，在处理人际关系时谦卑恭敬，不害自他，做到怨亲平等，和乐一切有情。第四，无尽行，又作无屈挠行。发大愿，誓度一切众生，精进不已、毫不懈怠，不畏一切艰难险阻，导引众生进入涅槃境界。第五，离痴乱行。皈依三宝，信奉佛法，心意常住于正念，于一切佛法无丝毫痴乱，广布佛法，觉悟众生。第六，善现行。以妙圆智慧知有无二法、三业寂灭，达此无缚无著境界之后以此功德回向众生，教化有情，即把修成的功德体现为救护众生的慈悲行为。第七，无著行。历无量诸尘刹供佛求法，发自内心自觉觉他，永无厌足，以第一义空的寂灭观对待万法，对一切色相没有任何执着。第八，尊重行。对一切善根、智慧等法怀着虔诚的尊重，并致力于二者的圆满成就，以提高自己修持自利利他的能力。第九，善法行。得四无碍与陀罗尼门等法，成就种种化他之善法，于无量佛法有精深正确的理解，以传布、守护正法。四无碍即四种自由自在无所滞碍的理解能力和表达能力：(1) 法无碍，善诠释、领悟佛法文句，决断无碍；(2) 义无碍，精通佛法所诠释、阐述的义理，决断无碍；(3) 词无碍，精通各种地方方言，传法授道无碍自在；(4) 辩无碍，又叫乐说，指随顺正理而宣扬、辩论无碍，善能随顺对方的意愿为之巧说佛法。陀罗尼门即获得陀罗尼的方法。"陀罗尼"，梵文"Dhārani"的音译，意为能总摄忆持无量佛法而不忘失的念慧力，实为一种记忆术、记忆能力。即于一法之中持一切法，于一文之中持一切文，于一义之中持一切义，由记忆一法、一文、一义而能联想到一切法、一切文、一切义，总持无量诸法而不散失。菩萨以利他为主，为利乐、教化他人，必须得陀罗尼，以便不忘失无量佛法，在众生之中无所畏惧，自由自在地传教布道。第十，真实行。觉知一切佛法之后，把它融入自己的本性，使自己的思想行为都成为佛法的体现，言而能行、行而能言，言行相应、色心相顺。

实际上，佛教的一切修持、行为，都渗透着自利利他的精神。下面以佛教最重要的修持"六度"为例，分析它们所蕴含的自利利他的道德意义。第一，修行布施度。施舍财物、体力、智慧，能造善业、布善名，随其所生之处而财宝丰盈，得福乐果报，此为自利；通过布施满足众生的需要，教化、调伏他们的贪爱、悭吝之心，此为利他。第二，修行持戒度。遵守戒律能够避免、远离一切诸恶罪错，常生善处，得福乐果报，此为自利；能教化一切众生修持戒律，不造恶业，此为利他。实际上，一切戒律从克己修身方面而言均为自利，而不犯过恶本身就能给他人带来福乐，故也有利他的一面。第三，修持忍辱度。谦卑、和顺能使自己远离众恶，不受他人忌恨、嫉妒，达到身心安乐之境，此为自利；恭谦有礼地对待他人，能够产生巨大的感染力，化除戾气，导引众生趋于和顺，友好相处，此为利他。第四，修行精进度。为了研习佛法、觉悟成佛而坚持不懈，能得世间与出世间的上妙善法，此为自利；以此精神教化众生，能令他们自强不息、心存高远，不怕一切困难，勤修无上正法，此为利他。第五，修持禅定度。坐禅观心，静思净虑，专注于佛与佛法，能够不受众恶的影响而获得心性的空明与悦乐，此为自利；以禅定教化众生，使其明心见性，修习一切正念，此为利他。第六，修持智慧度。研习佛法佛理能够远离无明妄见，断除一切烦恼，得无上妙圆智慧，此为自利；以此智慧通晓佛法，教化众生除痴断惑，使众生皈依三宝，早证正果，此为利他。中国佛教依据大乘精神，高扬慈悲观念，对佛教的一切修持都作了自利利他的诠释和发挥。

中国传统儒家提倡仁爱，主张"己欲立而立人，己欲达而达人"，"己所不欲，勿施于人"，与佛教伦理的慈悲观有相通之处。己立己达属于自利，立人达人属于利他；立人达人源自己立己达的自觉。推此己欲立达之心，而知晓他人也欲立欲达，以此己立己达之心去立人达人，就是高尚的仁爱。宋代范仲淹提出"先天下之忧而忧，后天下之乐而乐"，主张把自己的忧乐融入天下民众的忧乐之中，以天下的忧乐为自己的忧乐，立志解除天下之忧，实现天下之乐。这是一种崇高的道德志向，它把个人的幸福与全社会公众的幸福紧密联系在一起，体现了与佛教利他主义相类似的崇高精神。

当然，慈悲与仁爱存在重大区别，这一点已在上节作出阐述。概而言之，儒家的仁爱有己，主张推己及人，追求现实生活中的福乐；佛教的慈悲则无己，主张断妄悟真，追求对现实的超越与人的终极完善。用佛教语言说，儒家伦理属于世间法，而佛教伦理则涵盖了世间法与出世间法。因此，慈悲比仁爱更加博大。

第三节　忘身舍己普度众生

佛教以拯救苦难众生、利乐有情为己任，心怀同体大悲，把他人的痛苦视为自己的痛苦，积极解救，甚至以身代之；感发无缘大慈，把他人的解脱视为自己的解脱，想方设法引度众生，启发他们的觉悟。佛教主张，为了众生的根本利益，应不惜牺牲自己的一切，舍己为人，普度众生。

一、舍己为人

近代学者梁启超说："凡立教者，必欲以其教易天下，故推教主之意，未有不以兼善为归者也，至于以此为信仰之一专条者，则莫如佛教。……夫学佛者以成佛为希望之究竟者也，今彼以众生故，乃并此最大之希望而牺牲之，则其他更何论焉。故舍己救人之大业，惟佛教足以当之矣。"[①] 大凡在历史上产生过重要影响的伦理学说，其宗旨都是增进社会公众的福祉，是为了促进全社会的康乐。但是，只有佛教把它作为一种信仰去追求。佛之为言"觉"也，这种觉悟不仅仅是对宇宙和人生真实的觉悟，更是对生命价值与主体完善的觉悟，是对自身崇高道德使命的觉悟。它追求的不是个人的自我解脱与完善，而是无量诸有情的解脱与完善，在所有众生的解脱与完善中实现自我的解脱与完善。为了使众生解脱，促进众生的完善，不惜牺牲自己的一切，这是一种崇高的舍己为人的牺牲精神。

首先，佛教指出，修菩萨行者，要舍己为人，以身代替众生受苦。唐代华严宗大师法藏把"普代众生受苦"视为菩萨最基本的道德之一。他说："菩萨大悲大愿，以身为质，于三恶趣救赎一切受苦众生，要令得乐，尽未来际，心无退屈，不于众生希望毛发报恩之心。"[②] "三恶趣"即畜生、饿鬼、地狱三恶道，此三道中的众生于六道中受苦最为深重。按照缘起论，诸法包括一切众生均由因缘和合而起，无常无我，实有只是暂时的幻相，其实质是条件、要素的聚合，

① 梁启超. 少年中国说 [M]. 北京：北京联合出版公司，2014：69.
② 法藏述. 修华严奥旨妄尽还源观.

故菩萨与众生本同一体，无有分别。而众生为无明所累，沉沦在生死流转的苦海之中，受着种种烦恼的折磨，永无出头之日。菩萨怀着与众生同体的大悲，视众生之苦为身受之苦，把他人的不幸看作自己的不幸，宁愿自己代替众生受苦，以助他们拔离苦海，故发大愿、立大誓："愿代众生受无量苦！"这是一种坚定的信念和崇高的道义，不带有丝毫的功利心。

据佛教经籍记载，佛祖、菩萨及无数高僧大德，悲悯众生之苦，发心救赎，不惜舍身相代："是以过去诸佛、本师释迦，从无量劫来，舍无数身命。或为求法，则出髓而剜身；或为行慈，则施鹰而饲虎。"① 传说释迦牟尼成佛以前，在过去世修菩萨行时名曰尸毗（梵文 Sibi），是古印度阎浮提洲国王。一日，遇一鹰追逐一只鸽子，意欲捕食之，鸽鸟危急中飞避王的腋下。尸毗王大发慈悲心，为救鸽子且满足鹰的需要，不惜割下自己身上的肉以喂饿鹰。又有说佛在过去世修菩萨行时为摩诃萨埵（菩萨或大士之通称），又称萨埵王子。一日游竹林，见一只母虎产下七子后，身体虚弱，七只幼虎绕母周匝，饥饿憔悴，命在旦夕。摩诃萨埵大生悲心，为求无上菩提，欲舍肉身以喂虎。虎畏其威而不敢食，萨埵便从高坡上跳崖，得小神手托而无损，于是又以竹子刺颈。大地震动，天花乱坠。饿虎见萨埵流血，方渐趋于前，舔其血而食其肉，所留者唯骨。"施鹰""饲虎"是释尊本生故事中流传极广、影响最大的两个故事。严肃地说，它们纯属传说，而不是史实；但佛教徒历来把它们视为佛陀的真实事迹，以表现佛陀大慈大悲、救苦救难，为救众生不惜牺牲自己生命的崇高品德。

释迦牟尼的追随者们为了救济众生，效法其施鹰饲虎的精神，舍身救护众生。唐《续高僧传》载静蔼法师入太一山锡谷，自剜全身

---

① 延寿述. 万善同归集（第 2 卷）.

之肉布于石上，牵出肠子挂于树上，捧心而死，并书偈于石上曰：
"愿舍此身已，早令身自在。法身自在已，在在诸趣中。随有利益
处，护法救众生。"① 又僧崖菩萨发誓"代一切众生苦"，欲烧身自
焚。门弟子问道，众生受苦乃作业的果报，菩萨烧身受苦，如何能代
众生受苦呢，他回答说："犹如烧手，一念善根，即能灭恶，岂非代
耶？"② 又有双林傅大士（497—569）欲焚身以救众生之苦，门人信
徒等前后48人代师焚身，请师住世教化有情。

其实，焚身、剜肉以代众生受苦、救赎众生之苦，并不是说焚了
自身就灭除了众生之苦，如果事情如此简单，则无始以来只要出一个
佛陀，世间就会变成乐土。焚身救苦的意义，在于它向世人昭示了一
种大慈大悲的宏愿和决心，表现了一种彻底的牺牲精神——为了解
救他人，可以毫不犹豫地牺牲自己的一切。《华严经》记载："菩萨
摩诃萨见有狱囚五处被缚，受诸苦毒，防卫驱逼，将之死地……菩萨
尔时语主者言：'我愿舍身以代彼命，如此等苦，可以与我。如治彼
人，随意皆作；设过彼苦阿僧祇倍，我亦当受，令其解脱。我若见彼
将被杀害，不舍身命救赎其苦，则不名为住菩萨心。何以故？我为救
护一切众生，发一切智菩提心故。'"③ 菩萨看到有囚犯被捆绑，遭
受种种痛苦，甚至面临死亡的威胁，心中不忍，对掌管刑罚的人说：
"我愿意舍弃自己的生命来替代囚犯，无论你们将如何惩罚他，都可
以将这些惩罚加在我身上。即使这些痛苦增加无量无数倍（即阿僧
祇倍），我也愿意承受，只要能让囚犯从苦难中解脱。如果我看到他
们将被杀害，却不愿意牺牲自己的生命去救赎他们，那么我就不配称
为具有菩萨心的人。为什么？因为我发愿救度一切众生，最终修道成

---

① 道宣撰. 续高僧传（第23卷）.
② 延寿述. 万善同归集（第2卷）.
③ 实叉难陀译. 大方广佛华严经（第26卷）.

佛。"菩萨的同体大悲视一切众生平等，任何人所受的任何痛苦，菩萨都深切怜悯，感同身受，发愿以身相代，救赎其苦难。心怀大慈大悲的人，把世间的一切苦难都看作自己的苦难，立志牺牲自己的一切，将芸芸众生拔离出苦海。

其次，修菩萨行者要全身心地投入到救赎众生之苦的事业中去，把它作为一种信仰去追求，而不能有丝毫杂念、丝毫懈怠。唐代华严宗大师法藏把菩提心分为三种，一者直心，二者深心，三者大悲心。所谓大悲心，即"救度一切受苦众生"之心，其中又包含十心。这十心比较全面地概括了舍己为人、救护众生的慈悲观的基本精神。一谓"广大心"，指救护一切众生、拔苦与乐的宏大志愿。二谓"最胜心"，指救护众生并非只是减轻其痛苦，而是要断除众生的一切烦恼，使他们获得完善与超越的真实快乐。三谓"巧方便心"，指把救护众生视为自己的使命，积极想方设法，通过各种途径和手段解脱众生的苦难。四谓"忍苦心"，即要能够吃大苦、耐大劳，忍他人所不能忍、不愿忍，代替众生忍受一切痛苦。五谓"无厌足心"，指对所有众生包括冥顽不化的众生都要耐心救护，尝试各种方法和手段，直至达到目的，决不因为惧怕困难而推卸责任或遗弃他们。六谓"无疲倦心"，指对待特别难以教化的众生也要热心救护，不畏艰难，永不懈怠，不达目的决不罢休。七谓"常心"，指救护众生要持之以恒，坚定不移，绝不能一曝十寒，无论过去、现在、未来，生命不息，救护不止。八谓"不求恩报心"，指把舍己为人、救赎众生当作自己崇高的道德责任，既不是为了解脱自己而救护众生，也不期待任何回报，甚至不期待由此而得果报，否则就不是大慈大悲，而是卑下的市恩之举。九谓"欢喜心"，即见到众生去苦得乐后感到由衷的高兴，这种快乐远远胜过自己修行所得到的转轮王之乐，释梵天王之乐和声闻、缘觉的罗汉果之乐。十谓"不颠倒心"，即在救护众生的事业中始终坚持佛教真谛，明了诸法本来空寂，于真空中救护众生，而不对众生、众生所受之苦甚至解脱有任何执着。

概而言之，舍己救人的慈悲观，就是以他人之乐为乐、以他人之苦为苦，完全去掉了个人的私利和小我的局限。主体已升华为为他人的存在，与无量众生完全融为一体，并以追求众生的解脱与完善为自己崇高的道德责任。其全部行为都指向拯救众生的苦难、促进众生的解脱与超越这一目的，为了这一崇高的目的殚精竭虑、勇往直前，并在度化众生的过程中实现生命的价值与完善。

再次，菩萨行的舍身除了救护众生之外，还强调勇于护法，积极说法和供养佛、法、僧三宝，为此不惜牺牲自己的一切包括生命。从根本上说，救护众生并非单纯免除他们当下的痛苦，给予他们世俗生活中暂时的快乐，而是要使他们明了佛法、断除无明，永离一切烦恼。这就要求菩萨怀大慈大悲之心，坚定佛教立场，勇于护法，并积极向无量众生传布佛法，尽自己所有供养三宝，为弘扬佛法和实现佛教信仰奉献自己的一切。

护法与救众生，是佛教信仰的两个重要方面，历来有不少信徒为此不惜上刀山、下火海，甚至舍弃自己的生命。佛陀就曾为了求法"出髓而剜身"。"天台宗满禅师，一生讲诵《莲经》，感神人现身，正定经咒文字，后焚身供养《法华经》。又智者门人净辩禅师，于忏堂前焚身，供养普贤菩萨。"① 在佛教伦理学说中，舍身包括捐舍身命供养三宝和布施身肉予众生两个方面，是最高的布施行为。布施财物属外布施，舍身则为内布施。它强调，菩萨为求一切种智或悲愍众生而舍身，同时以此奉献精神感化众生，使其去悭贪之念而生羞耻之心。据梁《高僧传》、唐《续高僧传》和《宋高僧传》等书记载，

---

① 延寿述. 万善同归集（第 2 卷）.

中国僧徒舍身供养者达 49 人。此风一开，渐入俗世，亦有在家信徒舍身供养三宝者。如元和十四年（819），唐宪宗从陕西凤翔的法门寺迎佛指舍利入京。"王公士民，瞻奉舍施，惟恐弗及，有竭产充施者，有然香臂顶供养者。"① 许多人截臂、断指、燃顶，以求供养，引发了韩愈对佛教的激烈批判。

总而言之，佛教慈悲观体现了一种忘身舍己的道德精神——为追求和实现自己的信仰、解救苦难大众，甘愿奉献自己的一切，甚至捐弃身命。这是一种彻底无私的博大胸怀。但是，舍身供养三宝则属于一种狂热的宗教行为，不具有积极的道德价值。

二、普度众生

佛教追求的是断除烦恼，觉悟成佛。小乘佛教以个人的自我觉悟为目的，而大乘佛教则以所有众生的觉悟为目的。中国佛教的基础主要是大乘佛教，因此，普度众生是大乘佛教，亦是中国佛家伦理道德的最高追求和根本宗旨。所谓普度众生，即指佛、菩萨怜悯众生营营扰扰，沉沦于生死大海之中，故广施无上法力普救众生，使他们脱离生死与烦恼苦海，共登极乐。

隋唐之际天台宗大师灌顶曾阐述过佛教普度众生的宗旨。他说，修菩萨乘者要发"四弘誓愿"："一、未度者令度，即众生无边誓愿度，谓度天魔外道，爱见二种六道众生，此缘苦谛境而发心也。二、未解者令解，即烦恼无数誓愿断，爱见六道众生二十五有见思之缚，令得解脱，即缘集谛境而发心也。三、未安者令安，谓法门无尽誓愿知，即令爱见六道众生，知三十七品道谛自安，此缘道谛而发心也。

---

① 司马光编著. 资治通鉴全本新注（第 12 册）［M］. 张大可，注释. 武汉：华中科技大学出版社，2023：266.

四、未得涅槃者令得涅槃，即佛道无上誓愿成，此令六道爱见众生，灭二十五有因果，证灭谛理，此依灭谛境而发心也。"① 所谓"爱见"，又作"见著二法""爱见二行"，指因事、因理所生烦恼。"爱"为情意上的烦恼，指由于执着于事事物物而生好恶之情、物我之别从而障道；"见"则指执着于错误理论所导致的谬妄之见，会妨碍觉证佛法，属于理知上的烦恼。所谓"二种"，指凡种与圣种。凡夫不能觉悟佛法，随业受报，永堕生死轮回，相续不断，称为凡种。人因善知识之助，得闻佛教义谛，能够了知一切诸法皆从妄念而生，观此妄心犹如虚空，如是而不执着于诸法，能为圣果之种，故称圣种。爱见指众生错误的情理，二种则指成圣的不同能力。普度众生就是解救一切众生的一切苦难，无论凡圣种子，也无论错误或外道的知见，恒皆普救之。所谓"二十五有"，指生死轮回的迷界可分为二十五种；由因必得果，因果相续不灭，故称为"有"。二十五有即二十五种三界有情的异熟果体，共计欲界十四种、色界七种、无色界四种。欲界十四种为地狱、饿鬼、畜生、阿修罗各一，人所居四洲各一，四天、三十三天、炎摩天、兜率天、化乐天、他化自在天各一；色界七种为初至四禅各一，大梵天、无想天、净居阿那含各一；无色界四种为空处、识处、不用处、非想非非想处。众生受此二十五种错误知见的束缚，永在六道中生死流转，烦恼无限。所以，菩萨发大誓立大愿，要拔除众生一切痛苦，令众生都获得解脱。所谓"三十七品道谛"，又称三十七道品，指追求智慧、进入涅槃境界的三十七种修行方法，共有七科：（1）四念处。身念处，观色身不净；受念处，观苦乐都是烦恼；心念处，观此心生灭无常；法念处，观诸法因缘生无常无我。（2）四正勤。已生恶令永断，未生恶令不生；已生善令

---

① 灌顶撰. 天台八教大意.

增长，未生善令生起。（3）四如意足。欲如意足，希慕所修之法如愿满足；念如意足，专心致志记忆佛法；精进如意足，努力修行并不断精进；思惟如意足，思考佛法义理，心不散乱。（4）五根。即信根、精进根、念根、定根、慧根五种能生一切善法的素质的修养。（5）五力。指五根破恶成善的能力和作用。（6）七觉分。即择法觉分（能判别诸法真伪）、精进觉分、喜觉分（契悟佛法心得欢喜）、轻安觉分（断除沉重烦恼身心安适）、舍觉分（能舍弃所见之境）、定觉分和念觉分。（7）八正道。即正见、正思维、正语、正业、正命、正精进、正念、正定，是通向涅槃的正确道路。菩萨通过广布佛法，引导众生修习此三十七道品，皈依三宝，最终灭除二十五有的因果流转，进入涅槃境界。

佛教慈悲观的根本宗旨就是度化众生。所谓拔苦与乐，并非给予众生世俗的福乐，而是"缘于众生，欲令离一切苦，得究竟乐"①。在佛教看来，世俗生活中的快乐并不是真正的快乐。凡夫所谓的乐，无非是感官与情感的畅快，它们都依赖于外物。而物我皆空，所以，凡夫之乐不过是一场虚幻，其实质还是苦，是苦的根源。只有实现对世俗的超越和心性的完善，才能获得真实、永恒的快乐。这种快乐被称为"究竟乐"，是真正的大自在、大快乐。

隋唐之际净土宗大师道绰（562—645）说，修菩萨行者，要得三种随顺菩提门法："一者无染清净心，不为自身求诸乐故。菩提是无染清净处，若为自身求乐，即违菩提门。是故无染清净心，是顺菩提门。二者安清净心，为拔一切众生苦故。菩提安稳一切众生清净处，若不作心拔一切众生离生死苦，即便违菩提。是故拔一切众生苦，是顺菩提门。三者乐清净心，欲令一切众生得大菩提故，摄取众

---

① 法藏撰. 大乘起信论义记（第1卷）.

生生彼国土故。菩提是毕竟常乐处，若不令一切众生得毕竟常乐者，则违菩提门。"[①] 所谓"菩提"为梵文"Bodhi"的音译，指断绝世间烦恼而成就涅槃的智慧，佛之菩提又称为无上正等正觉。这种正觉并非仅仅指个人的自我觉悟，而是自觉觉他、自度度人，以普度众生为根本内容。因此，道绰认为，首先，求证菩提须破除我执，消灭小我之私。其次，修菩萨行必须立志拔除一切众生的无量诸苦，使他们得到清净安乐。再次，佛教修持的最终目的是使众生得大菩提，证悟无上正觉，获得涅槃的毕竟常乐，即实现众生的完善与超越。

所以，佛教伦理把慈悲观作为自己的核心内容和根本精神，把救苦救难、解脱众生视作最崇高的道德，要求佛教信徒把普度众生作为自己的神圣使命，并贯彻到一切佛法宣传和修持实践活动中去。正如明僧元来所说："所以诸佛世尊，以大慈故，缘于众生；以大悲故，救于众生。险恶道中，为卫护，为导师；苦海岸边，为援引，为舟筏；于黑暗长夜，为炬，为明；于怠惰深坑，为警，为策。说浊边之过患，示净界之庄严；演无量之法门，开三观之妙旨。"[②] 佛教伦理高扬慈悲观，把佛、菩萨视为一切众生的救星。在充满艰难险阻的生命旅途中，他们是众生的护卫，使众生免遭邪魔外道的引诱而堕落，同时又是众生的导师，始终给迷途的众生指引着生命的正确方向。在茫茫苦海之中，他们是"援引"、是"舟筏"，将在惊涛骇浪中沉浮的芸芸众生安全覆载，并度引到幸福的彼岸。他们就像黑暗中的一盏明灯，给蒙昧的众生带来光明的圣火；他们就像毁灭深渊前的一则警示、一声断喝，使众生免坠怠惰之坑。他们深刻揭示出世界空与苦的真实，向众生展现庄严净土的快乐；他们提出无数修习的法门和记悟宇宙、人生真实的智慧，为众生的觉悟提供了可能的途径与方法。这

---

① 道绰撰. 安乐集（第1卷）.
② 明海主编. 生活禅纲要 [M]. 北京：商务印书馆，2023：290.

是一种高尚的道德情操、神圣的道德使命。"欲修十方三世佛法者，应当先发大誓愿，度脱一切众生，愿求无上佛道。其心坚固，犹如金刚，精进勇猛，不惜身命。若成就一切佛法，终不退转。"① 历史上有不少佛教信徒便是怀着救苦救难的慈悲之心，以其坚定的信念、顽强的意志，为弘法、求法、护法，为解救众生的苦难，奉献出了自己的一切。他们的一生，闪烁着道德的光辉。

正是这种崇高的道德责任感，使佛教徒在道德上严格要求自己，把自身的道德修养，当作解救众生的必要手段。南北朝时佛学大师慧思说："欲自求度及众生，普遍十方行六度，先发无上菩提心，修习忍辱坚持戒，昼夜六时勤忏悔，发大慈悲平等心，不惜身命大精进。"② 个人的道德修养、道德觉悟是教化、解救众生的前提条件。一个道德觉悟程度低、道德品质差的人，不可能承担更不可能完成普度众生的历史责任。舍己为人、普度众生属于高尚的道德行为，我们无法设想一个道德水平低下的人会具备这种崇高的道德素质。释迦牟尼曾发下四弘誓愿："众生无边誓愿度，烦恼无尽誓愿断。法门无量誓愿学，佛道无上誓愿成。"③ 成佛道是佛教修持的最终目的，但它并非独成，而是共成，度无边众生共证佛道才是佛教修持的目的和实质内容。学法门是为了方便成佛，断烦恼则是成佛道的必然结果。"然发愿度生，必能自度"④，自度才能度人。所谓普度众生，就是"将所修功德，悉皆回向大地众生，同成佛道"⑤。用通俗的语言说，即将自身的内在道德素质转化为外在的德行，利乐众生，觉悟有情。

佛教有一个很著名的口号，即"有一众生未成佛，誓不成佛"。

---

① 智顗述. 修习止观坐禅法要.
② 慧思撰. 诸法无诤三昧法门（第1卷）.
③ 弘瀚汇编，弘裕同集. 无异元来禅师广录（第22卷）.
④ 弘瀚汇编，弘裕同集. 无异元来禅师广录（第22卷）.
⑤ 弘瀚汇编，弘裕同集. 无异元来禅师广录（第22卷）.

它表明，佛家伦理道德以一切众生的共同完善为最高目的，无论个人修养达到什么样的程度，在所有众生没有全部解脱之前，决不抢先实现超越和解脱。道绰认为菩萨行法有两种功用：一为证得空慧般若，即通过修行觉悟诸法空性，获得究竟智慧；二是具大悲，即发起并实践救度一切众生的大悲心。因为有般若智慧，故虽入六道生死，不为尘染所系；因为有大悲，所以不住涅槃。所谓"不住涅槃"，又称无住涅槃，指菩萨以大悲怜悯有情，为解救众生之苦而不住于涅槃。通俗地说，即菩萨以大慈大悲解救众生，只要还有众生未得涅槃，即使自己能证得涅槃也不住于涅槃，而留身于六道解救众生。佛陀说："我不入地狱，谁入地狱？"地藏菩萨也发誓："地狱未空，誓不成佛！"六道中以地狱最恶、最苦，此处众生大都犯下诸种大恶，最难教化。普度众生，也包括地狱中的一切众生。为了解救地狱中的众生，使他们获得解脱、早证菩提，佛陀立誓下地狱，承受无量诸苦的煎熬。地狱虽苦，但佛陀、菩萨以同体大悲视之，如同身受。地狱中的众生最难觉悟，但佛陀、菩萨毅然承担起救度他们的重任：我不下地狱去解救，谁去解救他们呢？为使众生获得大自在、大快乐，修菩萨行者以无我的慈悲之心，忘却了自身的快乐与痛苦，甘愿忍受世间任何痛苦，这正是菩萨境界的至高体现。

当然，这里讲的"下地狱"，并非因作大恶业所得的果报，也不是代替地狱中的众生受苦，因为按照佛教义理，报应不能消除、无法替代，必须由造业者自己承担。菩萨下地狱是肩负解救地狱中受苦众生的责任而主动投身地狱，受地狱之火的煎熬。换句话说，并非任何人在地狱中都能解救众生。"或有人言：'愿生秽国教化众生，不愿往生净土。'是事云何？答曰：此人亦有一徒。何者？若身居不退已去，为化杂恶众生故，能处染不染，逢恶不变——如鹅鸭入水，水不能湿——如此人等，堪能处秽拔苦。若是实凡夫者，唯恐自行未立，逢苦即变，欲济彼者，相与俱没。如似逼鸡入水，岂能不湿？是故《智度论》云：'若凡夫发心，即愿在秽土拔济众生者，圣意不许。'"① 这即是说，下地狱拔众苦虽然是崇高的舍己为人的德行，却并非任何人都能胜任。如果自己没有高度的道德觉悟，下到地狱去之后只会与地狱中的众生同流合污。要解救众生，首先必须自度，修成般若智慧，才能做到不入生死、不出生死、不住生死，身处恶道而不为其所染，能够以清净安乐之心教化、解救恶道之众生。

这里就涉及了自度与度人的关系问题。佛教以自度为度人的前提，度人为自度的根本内容。但这个前提是逻辑的前提，而不是时间序列上的前提。对此，明僧德清说得十分清楚："第三大悲心，愿拔一切众生苦故。如今学人，见拔众生苦是菩萨事，待他日成了菩萨，才度众生，却不知能度众生，方是菩萨。度众生苦，不是有了神通妙用，才去度众生，却就是直心正念，集诸功德处，就是度生事业。"②自度与度人是佛教修行的两个不同方面，二者紧密相连、互相交融、不可分割。若等完成了自度然后才去度人，不仅度人将永远无法实现，个人的彻底完善也不可能实现。按照佛家伦理道德的要求去行动，自度同时也就是度人。菩萨的修行并非脱离度人而进行的个人自我修持，而是以度人为目的、为行为宗旨，能度人者，方为菩萨。

从更抽象的意义上说，自度与度人涉及人的自我完善与所有人即全人类的完善的关系问题。一方面，从本质上说，人的完善是一个动态的过程，而不是静止的境界，它不存在终极点。易言之，我们无法说到了一个什么样的境界就是人的完善的彻底实现。任何预设的理想，任何已经或可能达到的境界，无论它们多么崇高、多么完美，都将被超越。所以，人的完善是一个永无止息、对自身不断超越的过

---

① 道绰撰. 安乐集（第 1 卷）.
② 德清撰，福善日录. 憨山老人梦游全集（第 4 卷）.

程。在此意义上，人的完善并非单独个体心智修养的状况，而是所有人的理想追求。任何单独的个体，无论是物质存在还是精神存在，其体能、智能、道德等，都是不完善的，总存在各种各样的缺失。人的完善是所有人的素质、能力、精神的积极价值的总和。另一方面，人的完善又由所有个人的全面发展与完善来实现。个人的完善是人的完善的现实内容，没有个人的完善，人的完善就是一句空话。人的完善是个人完善的保证，没有人的完善，个人的完善永远也不可能实现。所以，人的完善与个人的完善是同一过程的两个不同方面，它们相互促进，不可截然分开。

佛家伦理道德自度度人的慈悲观，就反映了它对上述问题的基本态度。佛教从缘起无我的立场出发，破除我执，消灭了一切自私和固蔽，而把自己融入众生之中，视众生即我，我即众生，将我与众生融为一体。这种境界超越了狭隘的自我，成就了无限与永恒的大我，使个人的生命在人类整体的生命中闪现其光辉，并在人类整体的完善与超越中实现永恒与不朽。正是基于这种认识，佛家伦理道德高扬慈悲精神，利益有情、普度众生，为了人类乃至所有生命的完善甘愿奉献自己的一切，并发下宏愿，"有一众生未成佛，誓不成佛"，"地狱未空，誓不成佛"，誓将在促进全人类觉悟与完善的过程中实现自己的完善，与无量诸有情共证涅槃，永登极乐。应当说，佛家伦理道德慈悲观的这些内容，体现了其对人类生命完善的深刻洞察，有着积极的理论价值。它超越了狭隘的个体主义，倡导一种无我、利他的生命观，为人类追求精神升华与生命超越提供了重要的思想资源。

第九章 谦忍和顺——佛教的处世论

中国传统文化中的儒释道三家，从其对现实社会的态度而言，儒家是入世的学说，它以修身齐家治国平天下为己任；道家是避世的学说，它以全真保性为宗旨；佛教则是出世的学说，它以超越生命存在为根本目的。正因为这一特点，佛教既不像道家那样关注现实生命，在顺世中避世，更不像儒家那样重视现实社会生活，把人际关系的和谐作为道德教化的基本任务，而是把目光投注于超越的境界。因此，佛教伦理缺乏系统的人伦理论。然而，同其他学派一样，佛教学说也是以人生为中心来解释现实存在、构筑理想境界、论证绝对完善的，这就使它不得不承认世俗生活的某种价值，提出在世俗生活中的基本道德要求，从而形成自己独特的处世原则与规范。尽管它们并非佛家伦理道德体系的核心内容，却仍是其现实感最强的重要组成部分。在此，我们仅就其处世思想、忠孝观念、待人之方等三个方面作一些简单的介绍与分析，以揭示佛教处世论的特点。

第一节 真不离俗的处世思想

众所周知，佛教是一种超越的宗教。原始佛教教义与小乘佛教学说对现实生活给予了彻底的否定，不承认现实生活具有积极的道德价值，而在与现实生活相背离的道路上追求个人的觉悟与超越。大乘佛教虽然也以出世为修行的根本途径，但由于它强调普度众生、觉悟有情，把对自我解脱的追求转换为对一切人甚至一切有情生命的完善的关注，这就使得它不得不在某种程度上承认现实生活的价值。它必须把超越的境界与追求这一境界的功夫大众化、世俗化，把玄妙、深奥的佛性和真如本体解释为生活的实在。只有这样，人们才会认同、接受其义理。

一、日用即道

说到底，佛教实质上是一种关于人生完善的学说，人生问题是佛教的核心问题，正是这一点使得佛教学说充满了伦理色彩。所谓人生，简单地说，就是人的生命历程，它具体展现为现实的、丰富多彩的生活。因此，虽然佛教追求超越的境界，但它要讨论人生问题，也不得不关注现实生活。实际上，佛教的伦理道德始终围绕人生问题展开，反映了它关于现实生活的基本立场和价值观念。

印度佛教传入中国之后，与注重现实的本土传统文化相结合，不断中国化、本土化，就其实质而言，也是不断世俗化、伦理化的过程。当它突破高僧大德和士大夫思辨的探讨，普及到大众层面之后，高迈、超妙的玄思便与现实的日常生活相结合，真如本体、佛性觉悟、苦难的解脱以及生命的完善，都被建置于现实基础之上。

五代、北宋间僧人延寿说道："本末一际，凡圣同源，不坏俗而标真，不离真而立俗。"① 此处讲的"一际"之"际"为真际，"同源"之"源"为心性本原；"本"为万有的实质，"末"为万有的表现；"凡"为六道众生，"圣"为三乘觉者。在延寿看来，宇宙的存

---

① 延寿述. 万善同归集（第1卷）.

在是唯一的，即究竟（绝对）真实，所谓本末，只是真际不同的表现形式。无论凡圣都具有真如佛性，其差别只是随缘而化的现象，他们都本于共同的种源，此即所谓一切众生皆具佛性与妙圆菩提智慧。由此，他引申出一个结论，佛教的超越世界与现实的世俗世界不离不杂、圆融无碍。一方面，对超越真实的追求并不意味着对现实生活的否定，而只有在承认现实生活的实际价值的基础之上，才能够把握宇宙与人生的真实本质；另一方面，承认现实生活并不等于对它的简单肯定，实际上，现实生活的积极道德价值就在于它能够在超越的真实的指导、制约之下，形成特定的秩序，蕴含并反映佛教真实的价值观念。因此，超越与现实的关系是：离真则无俗，离开了真谛、真际，世俗生活只是一片苦海，不具有任何积极的道德价值；离俗亦无真，没有现实的生活实际，所谓超越的真实就只能是一个完全虚假的、没有任何实际意义的空洞观念。

上述思想作为一种生活态度，实际上不仅是超越与现实关系的抽象，更是对佛教出世与处世、在世关系的基本立场的反映。佛教徒讲出世，指脱离、舍弃世俗的生活，使自己的一切思想、言论和行为都符合宗教仪轨，远离一切世俗的纷扰、烦恼，专心致志地修行向佛。其实质，则是抛弃一切世俗的价值追求，培养佛教的思想意识。简言之，在本质上，出世不等于对世俗生活的否定。明僧德清说："世间所有，杳若梦存，梦中不无，觉后何有？故不觉何以超有，不超有何以离世。吾所谓离世者，非离世，离世在即世而离世也。即世而离世者，谓之至人。"[①] 出世、离世并非断绝与世俗生活的联系，更非否定世俗生活的存在，而是要把握世俗生活的本质，认识到虚假、烦恼就是世俗生活的真实，不执着于世俗生活，以出世的态度处

---

① 福善日录，通炯编辑. 憨山老人梦游集（第45卷）.

世，不为世俗生活所累，也就是所谓"即世（在世）而离世"。

因此，出世与处世的区别不在形式，而在实质，即在于生活的价值观念，在于对生命与生活真实本质的觉解。明僧真可说："出者有隐者之心，处者有出者之情，皆惑也。夫出而不决，为忠不彻，处而不果，是谓大惑。噫！大惑不除，虽处于幽岩深壑之间，何异市朝?"① 这就是说，出世并非隐世，超越不等于逃避；处世并非敷衍，生活不可能否定。把隐世当作出世，把出世当作处世，都属于错误观念。怀抱着这种错误观念，虽然幽处于远离人世的深山，也如同厕身闹市，根本无法实现对生活的超越。

在佛教看来，只要把握了生活的真实，出世与处世就融通无碍。明末元贤（1578—1657）指出："人皆知释迦是出世底圣人，而不知正入世底圣人，不入世不能出世也。人皆知孔子是入世底圣人，而不知正出世底圣人，不出世不能入世也。"② 说到底，出世与入世只是生活的形式，生活的价值是实现生命的完善。一方面，任何生命都由现实生活来表现，出世不能不入世。另一方面，生活的价值并不在于它表现生命，不在于活着本身，而在于生命的完善，故入世必须出世。这种即入即出、即出即入的态度，才是对生活本质的把握。

从学理上说，佛教追求的涅槃是对生活的终极超越，容易引申出与世俗生活的对立。但是，觉解的真谛又并非绝对独立、与物无涉的孤零零的超越实体，而是普遍存在于一切存有之中。一言以蔽之，佛法无处不在，无处不可悟道。故真可和尚说："即吾日用之中，应缘之际，未始不昭昭然也。老洞《华严》曰：'佛法在日用处、穿衣吃饭处、屙屎放尿处。举心动念，即不是了也。'庞居士曰：'日用事

---

① 德清阅. 紫柏尊者全集（第9卷）.
② 道霈重编. 永觉元贤禅师广录（第29卷）.

无别，惟吾自偶谐。神通并妙用，运水及搬柴。'"①中国佛教禅宗特别强调"体悟"，它反对脱离现实生活一味进行形而上的玄思，反对离开主体自身的生命活动去追求绝对超越的独立本体，而主张在自心中见性、在日用中悟道，佛法在日用、道在日用。"从今日去，也不要你学佛学法，也不要你穷古穷今，但只饥来吃饭，困来打眠。"②懂得了这个道理，就能够明了生死即涅槃、烦恼即菩提，做到即工夫即本体，随顺十方三世，明心见性，觉悟成佛。

从伦理学的角度说，真不离俗、即世离世、日用即道的思想表达了这样一种观念：人的完善与人的现实生活并不对立，它可以而且必须在现实生活中实现。道德不是抽象的超越，而是寓于现实中的完善的本质。这就把人的完善从绝对的超越转置于现实生活基础之上，力图实现超越性、世俗性和道德性的统一。

佛家伦理道德的这种观念对中国传统伦理思想特别是明中叶后的泰州学派思想产生过重大影响。王艮提出"百姓日用即道"。李贽进而指出："穿衣吃饭，即是人伦物理；除却穿衣吃饭，无伦物矣。"③认为道德原则、伦理精神并非抽象的观念，就蕴含在穿衣吃饭等日常生活之中，穿衣吃饭就是最根本的道德生活，并非离开了穿衣吃饭还另有什么纯粹的道德生活，天理人欲并不两立。李贽在讲了"除却穿衣吃饭，无伦物矣"之后，又接着强调"于伦物上识真空"。他的这种反对宋明理学禁欲主义的思想显然与佛教伦理观念有着直接的渊源，表明他是以佛教的观念阐述儒家的道德理论。

---

① 德清阅. 紫柏尊者全集（第11卷）.
② 自融撰，性磊补辑. 南宋元明禅林僧宝传（第8卷）.
③ 刘心爽. 李贽［M］. 合肥：安徽人民出版社，2007：110.

二、处世无累

当然，"日用即道"并非说饥食渴饮的日常生活就等于道，而是强调道在日常生活之中，不能离开日常生活去追求虚无缥缈的道。作为一个伦理命题，它要求人们在日常生活中体悟大道、完善自我，而绝不是把日常生活等同于道德。换句话说，它主张以出世的态度处世，在处世中觉悟出世的境界，体验俗中之真，把握日常生活中的根本大道，不执着于俗世的一切事务，不受世俗生活的蒙蔽、局限与制约。一言以蔽之，就是所谓"处世无累"。

宋代名僧契嵩曾较详细地阐述了佛教的这一处世原则。他说："以法而出也，游人间，遍聚落，视名若谷响，视利若游尘，视物色若阳艳。……以道而处也，虽深山穷谷，草其衣，木其食，晏然自得。"[①]"以法而出""以道而处"，这就是佛教伦理最根本的生活原则。这个原则要求从佛教真谛的高度审视人生、理解生活，彻悟人生与生活的真实，认清本质与非本质事物之间的区别，直接把握人生完善的根本；要求持法入世，在社会生活中淡漠功名、轻视利禄，远离名利困扰，不为争权夺利所累，不与世俗同流合污，同时也不因贫困下贱而自卑，而能够等视富贵贫贱。这里的关键即了悟自性完善和生活的真实。

如何在世俗生活中完善自我，保持高尚的情操？在这一问题的看法上，佛教伦理与儒家思想有着高度一致。儒家历来主张素位而行。孟子强调的富贵不能淫、贫贱不能移、威武不能屈，一直被视为君子人格，是儒家处世的重要原则。佛教伦理在阐述自己的处世原则时，

---

① 契嵩撰. 镡津文集（第2卷）.

显然吸收了儒家的这种观点。明末僧人智旭说："真志佛祖圣贤者，素位而行，不愿乎外。凡富贵贫贱，种种境缘，皆大炉鞲。一切时中，动心忍性，增益不能，然后富贵不淫，贫贱不移，威武不屈。如松柏亭亭独秀于霜雪间，而天地之心赖此见矣。"① 前两句话的意思是：真正立志修行、追求佛道或圣贤境界的人，皆安于本分，无论处于何种境遇，都能专注于内心的修持，而不被外境所扰；无论是富贵还是贫贱、顺境还是逆境，都是修行的"大炉鞲"（火炉鼓风的皮囊，亦借指熔炉），即对修行者磨炼心性、提升境界的考验与锤炼。如果我们去掉这两句话，后面的观点几乎全都是儒家的思想。说到底，无论是佛教伦理还是儒家伦理，都追求人生的完善，因而都必须认真思考现实社会和现实生活对人生完善的意义，提出人的处世原则。只不过儒家强调个人完善与社会完善的统一，在社会的完善中实现个人完善，以个人完善去追求社会的完善；而佛教则主张个人的完善与一切众生的完善一致，这种完善是对社会现实和生活的超越。但二者的处世态度则高度一致，都主张在现实生活中完善人生。区别只在儒家的完善包括对社会的改造，佛教的完善则是对社会现实的超越。所以，在佛教看来，现实生活正是淬炼完善道德的大熔炉，只有在生活中战胜富贵贫贱、声色货利等的侵扰与困惑，才能真正解脱、觉悟。

日用即道，就是提醒人们在日常生活中体悟自性、完善自我，把握人生与世界的真实，不被日常生活所累。"吾人果于声色货利物欲场中，单刀出入，足称雄猛丈夫。"② 和儒家不同的是，佛教并非把欲与理对立起来加以灭绝，它认为这实际上也是一种执着。正确的态度是可入可出，无论存灭都无碍于心。真可说："是故圣人处于死生

---

① 智旭著. 凌峰蕅益大师宗论（第4卷）.
② 福善日录，通炯编辑. 憨山老人梦游集（第39卷）.

祸福之域，而死生祸福不能累者，无别奇特，不过不昧心而已。然此心虽在日用之中，众人不知，不知即是无明。无明者，谓真心本有而反不知，昧心而有虚空世界，却胶固不舍。"① 他说的"心"，实际上是真如佛性。"不昧心"即明心，明心即可见性。中国佛教特别是禅宗认为，明心见性不是专作形而上的玄思，既非钻研抽象的理论，也非枯坐冥想，而是在日常生活中，于一草一木、一举一动中悟心。能明此心，则死生祸福皆不成累；不明此心，则将执着于法、我，凡百皆成累羁。

因此，处世无累的观念体现了这样一种道德精神：在现实生活中证道悟道，不为生死祸福、声色货利所动，彻底摆脱、超越它们的束缚，觉悟世界与人生的真实。唐怀海禅师（720—814）说道："对五欲八风不动，不被见闻觉知所缚，不被诸境所惑，自然具足神通妙用，是解脱人。"② "五欲"，指色、声、香、味、触等五种感性欲望或感觉。"八风"，指利（利益）、衰（灭损）、毁（毁谤）、誉（赞誉）、称（推重）、讥（讥诽）、苦（烦恼）、乐（欢悦）等八种世间爱憎。实际上，五欲八风泛指人在世间所有的自然欲望和社会欲求。执着于此，就会使自己受到外物和他人的限制，并进而使本心蒙蔽不明，为外境所累所惑。

在佛教看来，诸法因缘，不有不无。宇宙间的一切事物和现象都因缘而起，随缘而生亦随缘而灭，生生灭灭流转不息，无常无我。除了真如佛性之外，其他一切都是不真实的幻相、假有。众生为无明所累，妄执法我为有，于无常中求有常，以幻为真，一方面给自己带来无穷无尽的烦恼，一方面蒙蔽本性不得觉悟。真可和尚说："夫饮食

① 德清阅. 紫柏尊者全集（第9卷）.
② 普济集. 五灯会元（第3卷）.

男女，声色货利，未始为障道。而所以障道者，特自身自心耳。"①
这就是说，物不障道人自障，事不迷人心自迷。饮食男女、声色货利
本为不真实的幻相，作为虚幻的存在，它们根本不可能把本体之道掩
盖起来，妨碍人们证道悟道。虚不掩实，幻不灭真。它们之所以能够
束缚人们的思想行为，原因不在声色货利这些对象，而在主体自身自
心。此处的自身自心为"妄身""妄心"："夫妄心者，托物而生者
也；妄身者，假物而成者也。"② 众生由于无明，迷失了本身本心，
妄执假有为真，把虚幻的声色货利当作真实的生活。或者一味追求，
永不知足；或者专心克制，对镜花水月用功：都在下力处弄错了，结
果使本心更加障而不明。

　　处世无累就是要破除无明，认清世间一切的虚幻，把握人生的真
实，以人生的真实面对生活的虚幻，随缘不变、不变随缘。正如智旭
大师所说："莲出污泥，珠生浊水，非苟然也。莲在泥泥不能染，珠
在浊浊不能混。圣贤之在山谷乱世，山谷岂能局之？乱世岂能易
之？"③ 可见，处世无累就是要人们勇敢、坦诚地直面生活，出淤泥
而不染，在世俗生活中把握人生的真实，完善自我。用伦理学的语言
说，即在平凡的现实生活中追求并保持崇高，这才是生活的真实价值
之所在。

三、改善人生

　　佛教有一个十分引人注目的观点，即"一切世法，均是出世
法"。换句话说，一切世俗的伦理道德，都是佛教的伦理道德，是它

---

① 德清阅. 紫柏尊者全集（第3卷）.
② 德清阅. 紫柏尊者全集（第3卷）.
③ 智旭著. 凌峰蕅益大师宗论（第2卷）.

的重要组成部分。根据这一基本立场，佛教反对把修行和现实生活对立起来，强调日用即道、处世无累，对人生问题倾注了深切关怀，积极主张通过修行改造和完善人生。

佛教对人生有两个基本评价，即从存在论上说是"空"，从价值论上说是"苦"。诸法因缘而起，人为万法之一。从本质上说，人也是由众多因缘和合而成，不仅人的肉体是诸种要素的聚合，人的生命过程也由因缘决定，故有"人生如梦，世事皆幻"之叹。这一观念，构成了佛教人生观的哲学基础。它教导人们，不要执着于死生祸福，而应觉悟人生的真谛。然而，由于众生为无明所累，不能了知上述真谛，执虚为实、视幻为真，在十二因缘的作用下流转于六道，不得解脱，故人生充满痛苦。东晋高僧慧远说："泥洹不变，以化尽为宅；三界流动，以罪苦为场。化尽则因缘永息，流动则受苦无穷。"① 这里，他给出了两种不同的人生境界，一为"泥洹"（即涅槃），二为"罪苦"。佛教就是要拔除芸芸众生的无量诸苦，引导人们进入涅槃境界。

可见，佛教对人生的否定评价，并非简单地否定人生，而是要对人生进行宗教性的引导、改善。正是秉承这一宗旨，近代佛学大师太虚大力宣扬"人生佛教"，主张关注现实人生，积极地改善现实人生。

太虚大师反对把佛教当作"死的佛教"和"鬼的佛教"，即追求"只要死的时候好，同时也要死了之后好"，而是提倡佛教"走向广大的人众中，作各种服务人生之事业"②。他把佛教历来的修行分为四个层次：人生改善，行五戒十善；后世增胜，止恶修善，以求来世

---

① 梅鼎祚辑. 释文纪（第8卷）.
② 太虚大师全书编纂委员会辑. 太虚大师全书（第二册）［G］. 台北：善导寺佛经流通处印行，1980：934.

福报；生死解脱，使个人超离轮回；法界圆明，证得无上菩提。在他看来，历来佛教对待人生均着重于第二、第三层次，"浅近的求后世胜进，高尚的求生死解脱"①。一切修行的法门均指向此，导致了佛教与人生的相悖。有鉴于此，太虚大声疾呼："今之所讲'人生佛教'，为对治向来偏重于如上二者，故特重于人生改善而直接法界圆明。"② 这里的精神旨趣是要在现实的人生中实现生命的完善，以"求人类生存发达"为中心，构建现实的佛家伦理道德。

太虚大师把人生的改善分为五个递进的阶段，并作了较为系统的论述。

第一，"生活之改善"。他说："人在世界上，脱不了经济与政治：人群的社会生活，非经济不为功；至于政治，它能调剂保障人群社会生活的安宁。所以，我们要改善人生，首先要改善经济与政治，也可说是人生根尘部分的改善。"③ 所谓人生，首先是指现实的生活，改善人生首先必须改善现实生活。脱离了现实生活就无所谓人生，人生的改善也就无从谈起。在此，太虚大师表达了佛教对人生最基本的关怀，反映了一种积极的入世精神。佛教讲饶益众生、利乐有情，最基本的要求就是关心人们现实生活的改善。

第二，"德行之改善"。太虚说："这就是道德行为的改善。在佛学上说起来，就是戒律，比较生活之改善还要密切。孔子云：'非礼勿视，非礼勿听。'他就是叫人提高人格，成就德行。所以，德行之

① 太虚大师全书编纂委员会辑. 太虚大师全书（第三册）［G］. 台北：善导寺佛经流通处印行，1980：221.

② 太虚大师全书编纂委员会辑. 太虚大师全书（第三册）［G］. 台北：善导寺佛经流通处印行，1980：222.

③ 太虚大师全书编纂委员会辑. 太虚大师全书（第三册）［G］. 台北：善导寺佛经流通处印行，1980：156.

改善，就是伦理道德对于人生之改善，及于人身五根前六识之分齐。"① 人生的内容绝不只有物质生活。人作为一种社会性存在，追求着自身的完善，希望不断超越自己的物质生活存在，提升自己的精神境界，实现人己关系以及自身物质生活与精神存在关系的和谐。这种追求，在现实生活中就表现为德行的增进。因此，道德生活是人生的重要内容，道德的完善是人的本质完善的重要内容，它使得人不断摆脱其自然性、动物性而成为众生中一个日益高尚的类。佛教的五戒十善，就是为了促进人类在道德完善上的修行，以成就高尚的人格。

第三，"定心之改进"。这一层面相当于精神的完善。太虚说："前面所讲的德行，在佛学上谓之戒律，它自有充分的力量来规范我们，改善我们，但还不能把我们提高到超人的地位。"② 道德的完善不等于人的完善，它只是精神完善的一部分。按佛教的观点，定心最重意识，是"将心的力量集中统一起来"，更加充分地发挥其创造力。"定心改进，又可以叫做精神上的修养，……定心世界与现在的世界性质完全不同，因为它是超过欲界之外的色无色界，于是这个人就到达了超人生的地位。"③ 精神属于一种超越的境界，它是对物质境界的超越。如果说，道德境界还离不开利益的原则，在利己与利他中尚未完全摆脱物质利益的局限，那么，精神的完善，则把意识定位在自我的同一性，排除了外境对内识的障蔽与污染。

第四，"净慧之改进"。这是指智慧的完善。太虚说："净慧是证明本净理性的真慧，它能消灭、照破一般的黑暗而使之光明起

① 太虚大师全书编纂委员会辑. 太虚大师全书（第三册）［G］. 台北：善导寺佛经流通处印行，1980：156-157.

② 太虚大师全书编纂委员会辑. 太虚大师全书（第三册）［G］. 台北：善导寺佛经流通处印行，1980：157.

③ 太虚大师全书编纂委员会辑. 太虚大师全书（第三册）［G］. 台北：善导寺佛经流通处印行，1980：157.

来。……意根是黑暗得像暗室一样，所以必须以净慧的光明来消灭照破这种黑暗，使意根澈底澄清起来。永远清净，即所谓转六七识成为妙观察、平等性智。"① 所谓"净慧"就是平等性智，它是觉悟自性、觉悟宇宙与人生真实的妙圆智慧。中国佛教特别强调求证菩提，即追求正等正觉之智慧。具有了这种智慧，就能破除无明之障，洞察宇宙和人生的真实，使人的本具佛性大放光明。在人生改善的这一阶段，纯洁的精神已化作无上智慧，主体与客体在认识上实现了统一，人我已连结成一个整体。因此，它不再是个人的精神解脱，而是众生的共同完善。做到这一点，就已经成为"超超人"或菩萨了。

第五，"净善之圆满"。获得了净慧，还并非人生完善的终结。尽管证得平等性智后即超越了个人解脱，但毕竟还属于自己的功德，还是对本我即人生存在的真实的觉悟，没有进入超我的境界。太虚说："必须要更进一步，使无记的藏识与根尘澈底改善而达到第五阶段净善之圆满。"② 净善的圆满就是藏识的清澈，它已由本我进入超我，我法二执均已离弃、融会，无人无碍，实现了主体与本体的合一，并在本体中实现了生命的价值与永恒。其现实表现，就是以净慧之功德正觉真谛，发菩提大心，并以此功德回向众生，把自己的生命融入众生，在众生的完善中实现自己的完善。"像这样，才算是到达了佛学上人生进善的究竟，并且这个人就可以被称为佛了。"③

太虚提出的人生改善的五个阶段，层层递进，反映了佛教对人生境界和人的完善的不断提升。一方面，它表达了佛家伦理道德的终极追求——觉悟成佛；另一方面，它又并没有把此终极追求与现实的人

---

① 太虚大师全书编纂委员会辑. 太虚大师全书（第三册）［G］. 台北：善导寺佛经流通处印行，1980：157-158.

② 太虚大师全书编纂委员会辑. 太虚大师全书（第三册）［G］. 台北：善导寺佛经流通处印行，1980：158.

③ 太虚大师全书编纂委员会辑. 太虚大师全书（第三册）［G］. 台北：善导寺佛经流通处印行，1980：158.

生、实际的生活对立、隔绝开来。其总体精神，是在入世中出世，以出世的情怀入世，通过入世去追求出世的目的，即不断提升现实社会中人的思想境界，在现实人生中实现人生的价值与完善。在此意义上，佛教的出世比道家的避世更具积极意义。

众所周知，道家以全性保真为目的，比较强调精神上的自然与自由，在对待功名利禄方面与佛教有着十分相似的态度，都把它们看作身外之物，认为它们不利于人的完善，要求人们不为它们所累。但道家是以回避表示一种淡漠的洒脱，不与统治者合作，不与世人合流，凸显个人精神的独立；而佛教则以悟真表示一种高迈的超越，能够正视社会生活，了悟其真谛，从而积极参与、改造现实社会，以求得菩提正等正觉，促进众生的共同觉悟。因此，佛教的出世包含着明确的入世思想。

第二节　忠君孝亲的道德观念

作为一种宗教，佛教提倡出世修行，超脱一切世俗的事务和关系，不参与社会生活，专心向佛。于是，便形成了一个寄生于社会、置身于伦常王法之外的特殊群体——僧侣。它与传统的"溥天之下，莫非王土；率土之滨，莫非王臣"观念不相符合，当其势力大盛时，往往会和世俗政治发生冲突。中国历史上几次大规模的毁佛灭佛运动，固然同文化冲突有关，但主要还是由政治冲突引发的。实际上，统治者无论是佞佛还是毁佛，都是出自其政治统治的需要。佛教在中国传播、发展的过程中，不得不正视这一现实、适应这一需要。因此，它一方面着力强调其伦理道德与世俗生活并无冲突对立，一切世间法皆为出世间法；另一方面，又积极对君臣、父子这两种最根本的纲常表示出迎合，提倡忠君孝亲，以维系伦常，裨益传统的宗法等级社会。

一、报效君国

尽管佛教强调自己的社会政治功能，但它并不认为自己可以取代一切政治伦理学说。它肯定治世主要依靠儒家学说。如宋僧智圆就说："世有滞于释氏者，自张大于己学，往往以儒为戏。岂知夫非仲尼之教，则国无以治，家无以宁，身无以安。国不治，家不宁，身不安，释氏之道何由而行哉！"① 家国的安宁是佛教存在发展的前提条件，在治国安邦齐家上，佛教并不能代替儒家学说，后者是当时现实社会生活必需的指导思想。故有云：孔子是治世间的圣人，释迦牟尼是治出世间的圣人。

佛教强调，出世与治世并不矛盾，出世间法具世间法，道在日用之中，佛法不违世法。唐代居士李师政指出，佛教僧伽"虽迹背君亲，而心忠于家国。……虽易服改貌，违臣子之常仪，而信道归心，愿君亲之多福；苦其身意，修出家之众善；遗其君父，延历劫之深庆。其为忠孝，不亦多乎！"② 这就是说，从形式上看，僧伽改形易服，不履行世俗的君臣、父子之责，但他们通过修行积累功德，并将功德回向君亲，实际上是在实践一种更深层次的忠孝。这种忠孝超越了世俗的礼仪规范，以修行利益众生为目标，能够为君父带来长远的福报，甚至延续到无尽的未来。在佛教看来，它的伦理道德以人生问题为中心，不仅追求出家人的完善，更追求所有众生的解脱，关心民众的疾苦，能促进社会的完善。所以明僧德清说："佛法以人道为镒

① 智圆著. 闲居编（第19卷）.
② 道宣撰. 广弘明集（第14卷）.

基，人道以佛法为究竟。……所言人道者，乃君臣父子夫妇之间，民生日用之常也。"① "镃基"指基础或根本。"究竟"指最终目标或最高境界。佛法的修行与实践以人道为基础，这里的"人道"，就是人类社会中的基本伦理关系如君臣、父子、夫妇，以及普通百姓的日常生活如衣食住行。它们既是人道的核心，也是佛教必须关注的问题。这种关注主要表现在两个方面。一是引导人们遵守一切礼法，上忠君孝亲，下仁臣爱民，贬斥任何违背人道伦常的行为。"惟佛之为教也，劝臣以忠，劝子以孝，劝国以治，劝家以和。"② 再就是通过劝善止恶的道德戒律，激励人们积极向善。说得明白些，就是佛家伦理道德有劝善作用。佛教宣扬"诸恶莫作，诸善奉行"，这里的善恶在现实生活层面与世俗道德的价值观念具有根本的一致性。佛家伦理道德也认为，遵守社会纲常伦理为善，否则为恶。其劝善止恶，内含着劝谕人们奉行纲常名教的社会功用。因此，佛教一再强调，它所宣扬的伦理道德与传统的忠孝观念并不矛盾。它不仅要求在家的信徒恪守纲常名教，极力维护君国之治，而且对于出家的信徒而言，也只是形式上有乖礼法，其宗教修行的实质，乃是在更高层次上对君国之恩的报效。

所以，佛教认为，它的伦理道德既可完善人生，解脱众生之苦，又可报效君国，维护纲常名教。正如契嵩所说，一个人若能守五戒行十善，"岂有为人弟者而不悌其兄，为人子者而不孝其亲，为人室者而不敬其夫，为人友者而不以善相致，为人臣者而不忠其君，为人君者而不仁其民？是天下之无有也"③。"如此者，佛之道，岂一人之私为乎，抑亦有意于天下国家矣，何尝不存其君臣父子邪？"④ 特别为

---

① 福善日录，通炯编辑. 憨山老人梦游集（第45卷）.
② 道宣撰. 广弘明集（第14卷）.
③ 契嵩撰. 镡津文集（第1卷）.
④ 契嵩撰. 镡津文集（第1卷）.

佛教所自许的是，由于善恶因果报应说的影响，佛教劝善止恶的道德功效和社会作用比儒家和道教的更大，更能为一般民众所接受："较其不烦赏罚，居家自修其要，省国刑法，而阴助政治，其效多矣。"①

实际上，佛教的这一社会作用，也被统治者所承认。大多数统治者之所以容忍、支持佛教，正是想利用佛家伦理道德这一特定的社会功能。明太祖朱元璋曾经多次撰文，要选拔僧人入仕直接参与政治，就是对佛教伦理报效君国功能的高度肯定。

忠君就是效忠君主、服务国家。在传统社会，人们之所以对君主尽忠，并非因为他的特定身份，而是由于他代表着国家、社会，这才是忠君的本意。但封建统治者为了强化君主集权专制，特别强调对其个人尽忠，以致忠逐渐演变为臣下对君主的绝对服从。随着君主制的终结，佛教与社会的关系、佛教对国家政治的作用也逐渐变化，不再强调忠于君主，而转向宣扬服务社会、报效国家。

近代佛学大师太虚毕生倡导佛教革命，力主建立"人生佛教""人间佛教"，使佛教适应时代的发展，获得新的生命。他所宣扬的"人生佛教""人间佛教"，要求信徒们尽自己的一切能力为国家、为社会作出最大贡献。佛教讲因缘，认为一切事物的存在发展都依赖于其他事物和条件，个人的完善有赖于他人和社会的完善。太虚大师说："故我们生存一个社会中，应谋社会以至整个国族的利益。以利他——社会以及国族——为前提，把发纵自我制灭其他的思想，改为贡献自我服务其他的思想。知唯利他可成兼利，大家协力同心，什么困难的问题、严重的困难，都可以不成问题，甚至没有患难了。"②在此，太虚对自他兼利作了新的解释，认为自利即自我的完善与超

---

① 契嵩撰. 镡津文集（第 14 卷）.
② 太虚大师全书编纂委员会辑. 太虚大师全书（第十七册）［G］. 台北：善导寺佛经流通处印行，1980：239.

越，利他则是服务社会，为国家和民族的利益奉献自己的一切。这种思想与传统佛教超越政治、自标高迈的态度完全不同，它明确地把自利利他当作积极参与社会建设的指导思想，反映了一种新的时代精神。

利他，从根本上说是救赎他人，将一切众生拔出生死苦海。而当国家处于危难之际时，太虚大师倡导的"人间佛教"亦把拯救国家、富强民族当作自己的使命。他说："凡宗教超乎人生而普度人生，故不当有国界之见。……然在信佛居俗之士，本其爱国群心，则当字曰中华民国佛教，率民崇奉，以令众志归极乎一，巩固国家机体，焕发国民精神。"[①] 近代以来，中国社会危机四伏，政治腐败、经济落后，国家领土被列强豆剖瓜分，生死存亡系于一线。不甘落后的中国人奋起图强、自立自救，成为时代的主旋律。而佛教以其对人间的深切关怀，也融入了这一时代潮流。太虚大师说："就吾国言，中国今为宇内贫弱危困之国，民心苟惰，政治飘摇，风化凌夷，生业艰苦，于是张扬爱国，尊奖利群，乃以图存。……是故沙门既悟我我所空，尤当持诸幻有乃至血肉骨髓，作法施财施无畏施，供养国家、利济社会。奋大勇猛，运常精进，国群有益，罔不趋兴。先之劳之，无或稍懈，备世之急，脱民于险，此其一也。"[②] 这里实际上是把佛教普度众生、利乐有情的慈悲精神，拓展为对国家命运、民族前途的关心，以及挽救国家危亡、解除民众苦难的责任。太虚大师认为，佛教了悟了我空的真谛，更应积极无私地奉献社会。其主要工作，在太虚大师看来，就是"勤勇施行慈善事业，辑和国民，淳正风化，广兴国民教育，

[①] 太虚大师全书编纂委员会辑. 太虚大师全书（第一册）[G]. 台北：善导寺佛经流通处印行，1980：104.

[②] 太虚大师全书编纂委员会辑. 太虚大师全书（第一册）[G]. 台北：善导寺佛经流通处印行，1980：105.

陶铸国民人格"①。这是一种以人文关怀为基础的社会改良理念，就是通过慈善事业、社会教化、教育普及和人格培养，推动社会的和谐与进步，塑造国民的精神品格，最终实现国家与社会的发展与完善。

太虚大师还以人生因缘理论解释，为什么佛教要提倡报效社会。他说，人作为生命存在，必须满足饥食渴饮等基本需要，并发问："我们从生身起以至老死，每天所需要的衣食住行之具，从何而来？"② 不需要高深的智慧，只要简单观察一下就能发现，人的几乎所有生活资料都不是个人的自我创造，而是社会的劳动产品。"这些资生的赠与，都是仗人类互助的能力——大众的力量而得到的。人世间林农工商的共同的能力，维持了你的生命，资养了你的生命；换句话说：你的生命完全倚靠社会大众的能力来维持、资养。所以你要去服务社会，替社会谋利益，凡是社会各种辛苦事业，你要耐劳的去做。"③ 人类社会是一个因缘和合体，彼此之间互为因缘、互相依赖。社会与他人的存在发展，是我（主体）存在和发展的前提，社会发展完善了，方能有自我的发展完善，二者根本一致。利他实即自利，自利必须利他，自他兼利，就是回报社会资养之恩。

在社会生活中，国家起着维护社会安宁、巩固社会秩序、促进社会发展的根本作用。报效社会，也就是服务国家。太虚大师呼吁："若无国家，不但外患无法抵御，国内人民的生命也没有保障，生活也没有安宁……所以，我们更要报答国家恩，大家要以爱国心为前提！在今日众敌围攻的中国，我们中国的国民，英勇的将士，慷慨的

---

① 太虚大师全书编纂委员会辑. 太虚大师全书（第一册）［G］. 台北：善导寺佛经流通处印行，1980：107.

② 太虚大师全书编纂委员会辑. 太虚大师全书（第三册）［G］. 台北：善导寺佛经流通处印行，1980：174.

③ 太虚大师全书编纂委员会辑. 太虚大师全书（第三册）［G］. 台北：善导寺佛经流通处印行，1980：174.

豪杰，应在众敌环攻之时，一致奋起建设光荣的国家吧！"①

这些思想中，洋溢着浓烈的爱国主义精神。它们表明，佛教虽是出世的宗教，其伦理道德凸显了对人的终极超越的关怀，但是，这并不等于佛教与世俗生活相对立，不意味着佛家伦理道德与世俗伦理道德相对立。在佛教看来，出世法涵盖着一切世间法，世俗伦理道德可以说是佛家伦理道德的低级层次。一个人在精神上追求终极超越，并不妨碍他在世俗生活中履行自己的职责。更进一步说，遵守世俗社会的纲常名教，是提升自己道德境界、完善自我的基础。因此，佛家伦理道德提倡忠君爱国、服务社会，表现了它与世俗伦理道德不即不离的关系。

二、礼敬父母

中国古代是以小农自然经济为主的社会，家庭是最基本的生产单位。整个国家的社会结构建立在宗法家庭基础之上，社会的纲常名教也以宗法家庭的血缘道德为基础。在中国本土孕育的儒家伦理，就以宗法家庭道德为核心。也正因为这一特点，儒家伦理才成为古代中国伦理道德文化的轴心，代表着古代社会的基本价值取向。

在宗法家庭道德中，最核心的就是孝敬父母，也就是所谓"百善孝为先"。"五刑之属三千，罪莫大于不孝。"② 孝的道德维系着古代家庭的稳定与延续，而以爱亲之心爱人即为仁，以敬亲之心敬君则为忠。"孝"构成纲常名教的基础。佛教提倡出家修行，别父母、舍妻子，与传统道德冲突，因而受到儒家学者的大力攻击。

---

① 太虚大师全书编纂委员会辑. 太虚大师全书（第三册）［M］. 台北：善导寺佛经流通处印行，1980：174.

② 宗密撰. 圆觉经大疏释义钞（第1卷）.

为了缓解同中国本土文化的冲突，佛教不仅不反对孝敬父母，而且积极提倡孝的道德。

释迦牟尼在《善生经》里提出，应以五种方式来孝敬自己的父母："一者供奉能使无乏。"在物质上满足父母生活等方面的需求，确保他们衣食无忧。"二者凡有所为先白父母。"要做什么事情先告诉父母，尤其是重大决定要征得父母同意。"三者父母所为恭顺不逆。"尊重、顺从父母的想法和行为。"四者父母正令不敢违背。"父母正确的命令和教导要遵从，不能违背。"五者不断父母所为正业。"父母所从事的正当职业或传统，子女应继承并发展，不要中断。佛教认为，子女对父母的孝是物质和精神两个方面的，不仅要照顾其饮食起居，还要尊重感恩父母，使父母幸福。《普贤经》云："孝养父母，恭敬师长，是名修第二忏悔法。"[①]《贤愚经》说："出家在家，慈心孝顺，供养父母，计其功德，殊胜难量。"[②]唐代更出现了《父母恩重经》，专门阐述父母对子女恩义深重，子女应当孝敬供养父母。佛教在中国传播的过程中，积极吸纳中国本土传统道德，力证二者一致，大力宣扬孝敬父母，把"孝"作为其伦理道德的重要内容。《父母恩重经》就是中国僧人在这一过程中托名佛祖撰著的。

起初，佛教在我国的传播遭遇困境，很大一部分原因就是与中国民间的宗法道德观念相矛盾。《佛说父母恩重难报经》就是佛教调和儒佛文化冲突的产物，由后秦高僧鸠摩罗什（344—413）翻译。其中说，我们的身体都是从父母那里得来，有了身体才能修习和传播佛法，所有的人间男女也都是由父母哺育长大，这些都是父母的恩德，佛教徒都要孝顺和供养父母，而且要帮助父母的心灵得到解脱。

为了表达对孝的重视，佛教也把孝作为一切德行的基础。宋僧契

[①] 昙无蜜多译. 佛说观普贤菩萨行法经.
[②] 慧觉，等译. 贤愚经（第1卷）.

嵩曾专门作《孝论》，阐述佛教对孝的理解。他说："夫孝也者，大戒之所先也。戒也者，众善之所以生也。为善微戒，善何生邪？为戒微孝，戒何自邪？故经曰：'使我疾成于无上正真之道者，由孝德也。'"① 也即持戒首先必须尽孝，不孝敬父母，一切戒律都没有意义，一切善行都无法成就；孝德为进道之基、万善之源。这与儒家思想完全一致。

既然孝为万善之源，那么如何解释舍弃父母的出家行为呢？对此，契嵩说，人之所以要孝敬父母，乃因为父母为生人之本，孝即报本，但本有大本、次本之分。天地万物包括人都以性为本，此为大本。"父母之本者，次本也；父母之成者，次成也。次本次成能形人，而不能使其必人也。必人必神必先其大本大成也，而然后及其次本次成，是谓知本也。夫天下以父子夫妇为人道者，是见人道之缘，而不见其因也。"② 这就是说，孝敬父母属于报本的德行，但报本除报效父母之外，还有更高的层次。世俗道德只知报效父母这一次本，而佛教道德则要求人们除了报效父母之外，还要报效天地这一"大本"。

根据这一观点，契嵩把孝分为两类。他说："孝有可见也，有不可见也。不可见者，孝之理也；可见者，孝之行也。理也者，孝之所以出也；行也者，孝之所以形容也。"③ 所谓可见之孝，指衣食供养，晨昏省定；不可见之孝，则指心意之诚。或者说，可见为行，不可见为心。后者可理解为对父母的诚敬，确切地说，是对生人之本的诚敬，由敬本而至于敬父母。孝行必须以诚敬为之，正如孔子所云："至于犬马，皆能有养，不敬，何以别乎？"④ 只不过儒家强调敬父

① 契嵩撰. 镡津文集（第3卷）.
② 契嵩撰. 镡津文集（第2卷）.
③ 契嵩撰. 镡津文集（第3卷）.
④ 杨伯峻编著. 论语译注［M］. 北京：中华书局，1958：16.

母，佛教则强调敬本，故除敬父母之本外还要敬天地万物之本。世俗之人只以世俗孝行看待佛教，故得出佛教出家违背伦常的错误结论。其实，佛教不仅不违背父子纲常，其修行还深刻体现了孝敬父母的根本精神。

元代僧人明本对此阐述得更加透彻。他说："天下父母之于子，既养之复爱之，故圣贤教之以孝。夫孝者，效也，效其所养而报之以养，效其所爱而报之以爱。故孝莫甚于养而极于爱也。然养之之道有二，爱之之道亦有二焉。食以膏粱，衣以裘葛，养之在色身也；律以清禁，修以福善，养之在法性也。色身之养，顺人伦也；法性之养，契天理也。二者虽圣贤不可得兼，盖在家出家之异也。且在家不为色身之养，不孝也；出家不为法性之养，亦不孝也，是谓养之道二焉。昏而定，晨而省，不敢斯须去左右者，乃有形之爱也；行而参，坐而究，誓尽形毕命以造乎道，而欲报资恩有者，乃无形之爱也。"① 在此，明本明确划分了世俗之孝与佛教之孝。他指出，世俗之孝是在日常生活中赡养父母、敬爱尊亲，尽自己的一切能力，全心全意地关心父母的生活，顺从父母的意愿；不能履行这些职责的就称为不孝。而佛教强调的孝乃是"法性之养""无形之爱"，它把自身的修持，对佛教真谛和修成正果的追求，作为孝敬父母的根本内容。这种孝不仅具有立身扬名以显父母的意义，而且以普度众生的情怀，解救一切世人包括父母的苦难，使他们实现对生命的超越与完善，是从根本上报效父母。因此，世俗之孝着眼于人伦层面，关注的是现实生活的康福；而佛教之孝则立足于天理高度，追求的是终极完善。

其实，佛家伦理道德并非只是僧伽的行为规范，而是针对佛教徒中的僧俗二众共同制定的。易言之，它既有对出家僧伽的要求，又有

---

① 天目明本禅师杂录（第1卷）.

对在家信众的规范。就后者而言，它与世俗的道德并不冲突。明僧道衍说："夫佛之学，有出家在家之分焉。出家者为比丘，割爱辞亲，剃发染衣，从佛学道。在家者为居士，君臣父子，夫妇兄弟，此等事何尝无之？……佛但教人持戒修善，念报君亲师友檀信之恩也。"①这就是说，佛教从总体上教人忠于君国、孝敬父母，只不过对出家僧伽和在家居士有不同的具体要求，规定他们按各自不同的方式报效君父。佛教的孝道已经内在地包含了世俗的孝道。这种包含并非仅仅是理论上的涵盖，更是行为规范上的吸纳。说得明白一些，出家僧伽孝敬父母虽然在具体行为方式上与在家居士有所不同，但二者精神实质却根本一致，凡是不违背佛教根本精神的世俗孝行，出家僧伽也应遵守。如世俗之孝包括敬养、居丧和祭祀。僧伽养以法性，祭以法理，这二者与世俗有别，而居丧一项却十分接近。契嵩说："父母之丧亦哀，缞绖则非其所宜。以僧，服大布可也。凡处，必与俗之子异位；过敛，则以时往其家；送葬，或扶或导。三年必心丧，静居，修我法，赞父母之冥。过丧期，唯父母忌日，孟秋之既望，必营斋，讲诵如兰盆法，是可谓孝之终也。"②僧人居父母丧不必披麻戴孝，着粗布衣即可，以别于俗家子。收殓时按时回家奔丧，送葬时扶棺或导引。三年心丧勤修佛法，赞颂父母的亡灵。丧期过后，则在父母忌日和盂兰盆会诵《佛说盂兰盆经》（简称《盂兰盆经》《盂兰经》），以超度、解救冥世中的父母。这里讲的盂兰盆会，为每年农历七月十五日所举行的超度历代宗亲的宗教仪式。据《盂兰盆经》载，佛陀弟子目连以天眼通见其母亲堕于饿鬼道中，皮骨相连，日夜受倒悬之苦煎熬。目连以钵盛饭往侍其母，但由于其母恶业受报，所供饭食均化为火炭。目连为拯救母亲脱离苦海，向佛陀求教解救之法。佛陀告

① 徐少锦，温克勤. 中国伦理文化宝库 [G]. 北京：中国广播电视出版社，1995：1106.
② 契嵩撰. 镡津文集（第3卷）.

诉他，于七月十五日，以一百样食物盛于盂兰盆中供养三宝，能成无量功德，救赎七世父母。梁武帝时期，以目连救母的典故形成的盂兰盆会，成为中国佛教徒的一种风俗习惯。这也是佛教把供养三宝作为孝敬父母的德行之所本。

三、敬本报恩

佛家伦理道德非但不违背孝德，而且高度重视孝德。它把孝分为三个层次：以养敬报父母—以德敬报父母—以道敬报父母。所谓"敬报"，就是敬生身之本，报养育之恩。"养不足以报父母，而圣人以德报之。德不足以达父母，而圣人以道达之。"① 孝敬父母首先必须敬养父母，保证父母生活幸福。但是，父母对子女的希望并非只是养儿防老，而是希望他们成人成才，成为对社会有用的人。注重自身的道德修养，立身扬名以显父母，这才是子女对父母养育之恩的最好报答，这也是世俗之孝的最高层次。不过在佛教看来，这还不是最高的孝。最高的孝应当是充分实现生命价值和自我完善，并促进所有人的共同完善，这才是对给予我们生命的父母——进而言之，是对我们生命之所本的最好回报，也才不枉为人。

根据上述精神，明末僧人智旭进一步划分了世俗之孝、佛教之孝各自不同的层次。他说："世出世法，皆以孝顺为宗。……夫世间孝，以朝夕色养为最小，以不辱身不玷亲为中，以喻亲于道为大。出世孝亦如是，勤心供养三宝，兴崇佛事，小孝也。脱离生死，不令佛子身久在三界沦溺，中孝也。发无上菩提心，观一切众生无始以来皆我父母，必欲度之令成佛道，此大孝也。"② 世间之孝有养亲、尊亲、

---

① 契嵩撰. 镡津文集（第3卷）.
② 嘉兴大藏经（第二十一册）［G］. 台北：新文丰出版公司，1987：683.

显亲三个层次。佛教出世之孝则以皈依佛门、供养三宝为最基本的要求，它体现了对佛、法、僧的崇敬；第二个层次是自我觉悟，脱离生死轮回苦海；最高的孝则是普度众生。如果说供养三宝表达了对生之本的尊崇，那么觉离生死就是以生命的自我完善与超越回报父母养育之恩，而普度众生则是在最广泛的意义上，实现一切生命的共同完善与超越，凸显生命的本真价值。

总而言之，佛家伦理道德也强调孝，且申明其并不与社会纲常名教相冲突。实际上，佛家伦理道德并不仅仅是出家修行僧侣的行为规范，还包括对居家修行者即俗众的道德要求，适应着俗众的生活。它不仅不违背一般伦常，而且极力劝导人们遵守社会的纲常名教。只是根据僧众的特点，它又提出有别于世俗道德的原则与规范。在佛教看来，这些原则、规范虽然在形式上与世俗道德有异，但在本质上根本一致，是对世俗道德根本的伦理精神的提升与发扬。因此，佛教徒一再强调佛家伦理道德高于世俗伦理道德，且是对后者的完善。正如契嵩所言："孝出于善，而人皆有善心。不以佛道广之，则为善不大，而为孝小也。"[1] 孝源于善，人人都有善心，若不通过佛道加以弘扬，则行善的格局有限，行孝的境界也显得狭小。

佛教对忠孝的上述观念，一方面反映了佛家伦理道德的特点，即对生活本真、伦理本根的积极探寻，另一方面则反映了其对世俗伦理道德的适应与妥协。中国佛家伦理道德虽然追求人的终极超越与完善，但同时也注重劝善止恶，积极参与世俗生活，在追求天国的形式下充填的是人间的内容。关于这一点，我们可以用近代佛学大师太虚的一段话作结。他说："我们毕竟是人世间的人，我们不是披毛戴角的动物，因为我们有人的身体。然而，我们的人身，究竟从何而来

---

① 契嵩撰. 镡津文集（第3卷）.

呢？我们的回答是：（1）从自身过去世造作了能得人身果报的福业——因，再凭借了现在世（2）父（3）母的遗体——缘。由此，可知道我们此身的来之不易。倘若没有过去世福业的因，和现在世父母的缘，我们做人基础的身体即无由成立。了知构成此身体的因和缘，所以我们要继续培修福业，而同时对于父母要孝顺恭敬奉养，这是人生应作的第一要事——培本报恩，也即是开辟未来世的升进之路！"① 可见，佛教也不能不承认，人有思想、有道德，高于动物。人有父母妻子之亲，这种亲情可以舍弃，但不能否定，否则就是忘本。虽然生就为人乃是自己前世作福的果报，但父母毕竟是我们成就人身的重要因缘，无父母即无子女，即无人类。因此，为了今生的因缘，也为了来生的福报，我们应该孝敬父母；为了实现人的价值的终极完善，我们更应该孝敬父母。

所以，在世俗生活层面，佛教与社会的纲常名教并没有冲突，而是竭力维护社会伦常，以发挥其劝善止恶的功能。孝敬父母，说到底是报本的德行，即报答父母养育之恩。这一点，没有真俗圣凡的区别。元末明初宋濂为一代名儒，同时又笃信佛教，自号"无相居士"。他曾为天台和尚无闻作《报恩说》，阐述佛教伦理孝道的报恩意蕴。他在引述了《佛说父母恩难报经》相关语句之后说："佛言如是，则凡有父母者，不问在家、出家，皆当报恩。何以故？我之肌肤筋骸，非父母不生；我之饥饱寒燠，非父母不节；我之出入劳逸，非父母不念；我之就安避危，非父母不分；我之循理屏欲，非父母不教；我之离俗学道，非父母不成。父母恩德至广至大，虽竭恒河沙算数亦不能尽。"② 一言以蔽之，没有父母就没有我，就没有我的一切；

---

① 释太虚著，《太虚大师全书》编委会编集. 太虚大师全书（第3卷）[G]. 北京：宗教文化出版社，2015：152.

② 宋濂著，袾宏辑，钱谦益订. 宋文宪公护法录（第9卷）.

我的生命本身乃至今生今世的一切都来自父母，为父母所赐。所以，我应当把自己所拥有的一切，举而奉孝父母，以回报父母的恩德。可见，佛家伦理道德的孝敬父母和世俗道德一样，都是一种报恩的思想。

第三节　忍辱无瞋的待人之方

在普度众生、利乐有情的思想指导之下，佛教提倡建立平等、和谐的人际关系。一方面，它强调人与人之间的平等。众生皆有佛性，都能成佛，世俗的差异都是虚幻的假象，所谓富贵贫贱等等，都是无明我执的妄见，故以上凌下、以众暴寡、以智欺愚等，都属于恶行。另一方面，它又提倡人与人之间的和谐。世间由因缘和合而成，人类也相互为因缘，他人是自我存在、发展和完善不可缺少的条件，是整个社会生活因果链条中一个不可或缺的环节。通俗地说，人与人之间互为条件、相互依赖，故应团结合作，这是佛教处理人际关系最基本的出发点。

一、虚怀忍让

"忍"是佛教伦理极为重视的处世原则。它具有忍辱、忍耐、堪忍、忍许、忍可、安忍等含义，即受到他人的误会、侮辱、损害等不起抱怨，能够承受自己所遭遇的一切，证悟佛教真谛并使心安住于此。佛教对忍作了许多阐述，有各种各样说法，概括起来，主要有如下几种：

生忍与法忍。前者指忍耐众生的非礼行为和迫害；后者指对心法

（瞋恚、忧愁、爱欲等）、非心法（寒冷、暑炎、风割、雨淋、饥饿、干渴、衰老、病痛、死亡等）的忍耐。

耐怨害忍、安受苦忍和谛察法忍。耐怨害忍指能够忍受他人的怨恨、攻击、恼害、侮辱等非礼不敬的行为；安受苦忍指能够忍受疾病、灾害等加诸的痛苦；谛察法忍则指察悟诸法不生不灭之真谛，心不因物妄动，它是前二忍的思想、精神根据。

内外忍等菩萨十种忍受行：（1）内忍，能忍受身心之苦痛（指自身生起之苦楚），不生苦恼。（2）外忍，能忍受外来之痛苦，不对施苦者产生怨恨。（3）法忍，听闻诸经精义真谛而不惊怖，勤于读诵、记念并深入修习。（4）随佛教忍，当瞋恚、恼毒之心起时，能思索此身因何缘而生、法相（事物）因何缘而起，因不见瞋恼之因、不见生缘起之处而止灭瞋怒之心。（5）无方所忍，在一切场所、一切时间都能常生安忍之心。（6）无分别忍，对加诸苦辱的人和事，不问亲疏尊卑，都能以平等心忍受。（7）非所为忍，忍耐之心的生起并不是因为某种特殊原因，如不因事由、畏惧、行恩、示惠、顺世、惭愧等而忍耐苦辱，而是无所为而常修常持忍心。（8）不逼恼忍，身处恶境或遭遇不幸所受的屈辱，亦能安然忍受。（9）悲心忍，对于他人的辱骂、触恼不生怨恨，反起悲心怜悯。（10）誓愿忍，立誓拔除一切众生之苦、救赎有情，由此不对众生的辱苦产生任何怨恨。

此外还有其他各种说法，如"三十二种安忍""四十二忍品"等，但就处理人际关系的行为要求而言，主要有上面几种。

忍的根本精神就是对他人加诸自己身心的任何侮辱、恼害不忿怒、不结怨，不怀恶意。佛教特别注重忍辱，将其作为菩萨行的基本德目。大乘佛教还把"忍辱"列为六波罗蜜即六度（布施、持戒、忍辱、精进、禅定、智慧）之一。

晋代郗超如此解释"忍辱"："《差摩竭》云：'菩萨所行，忍辱为大。若骂詈者，嘿而不报；若挝捶者，受而不校；若瞋怒者，慈心向之；若谤毁者，不念其恶。'……犯而不校，常善下人，忍辱也。"① 在此，郗超对"忍辱"的理解，与印度佛教的基本精神完全一致，那就是对他人加诸己身的各种屈辱，一律默默承受，绝不反抗。比如对于他人的责骂、鞭打、恼怒、毁谤等，一律不报、不较、不怒、不怨，逆来顺受，即《佛说八大人觉经》中所说的"不念旧恶，不憎恶人"。

随着佛教发展的本土化，"忍辱"德目逐渐吸收了儒道二家谦让、不争、宽容等道德内容，从而比印度佛教本旨有了更多的积极精神。禅宗六祖慧能说："心平何劳持戒？行直何用修禅？恩则孝养父母，义则上下相怜。让则尊卑和睦，忍则众恶无喧。"② 这其实是在以佛教的语言宣传儒家道德。他把忍辱与谦让结合，认为它们具有两个最基本的社会功能：促进社会上下等级与层次之间的和谐，阻止恶的进一步蔓延与扩散。明代儒僧李贽也说："忍辱者，谦下以自持，虚心以受善，不敢以贡高为也。"③ 所谓"贡高"，又称"增上慢"或"贡高我慢"，是在人际交往中与他人相比较时而产生的自负高傲之心。佛教的忍辱本为以德报怨，与中国传统道德观念并不完全一致。例如，孔子就反对以德报怨而主张"以德报德，以直报怨"，因为以德报怨的忍辱思想容易导致对败德恶行的纵容。因此，中国佛教徒对其进行了改造，将忍辱与谦逊、宽容相结合，以克服其可能带来的消极影响。李贽正是在这一意义上强调忍辱的德行。他认为，忍辱的实质是谦逊、虚心，不仅要克服骄傲自大之心，容受他人的怨怼，

---

① 梅鼎祚辑. 释文纪（第3卷）.
② 宗宝编. 六祖大师法宝坛经.
③ 张培锋主编. 佛教美文集［G］. 天津：天津人民出版社，2017：219.

更要懂得吸纳他人的善德。

这种对印度佛教精神的改造和对本土道德观念的吸收，更符合中国社会的伦理需求，同时也保留了佛教修行的核心精神，正是中国佛家伦理道德的积极意义之所在。宋僧契嵩说："能忍人之不可忍，能行人之不能行。……其无争也，可辱而不可轻。其无怨也，可同而不可损。"① 这就是说，忍不是一味退让，忍本身并非德行的目的，而只是一种手段，其目的是更好地践行善行、积极进取。中国儒家也有类似观点。如孟子就曾指出，一个要承担天之大任的人，必须经受常人无法承受的磨难，忍受常人无法忍受的痛苦，只有能忍人所不可忍，才能行人所不能行。而佛教又认为，忍辱就是对他人加诸自己的恼害、苦痛不争斗、不怨恨，这又与道家思想比较接近。但契嵩强调，无争无怨并非无原则地容忍恶德败行，更不是肯定这些行为或者与之同流合污，而应始终保持自己人格的尊严与独立，也即所谓"可辱而不可轻""可同而不可损"。可见，忍辱并不鼓励人们无原则地逆来顺受，更不是为恶行败德提供肆虐的场所。佛教的报应轮回学说早已对一切恶作了彻底的贬抑与否定，其全部伦理道德都是为了止恶扬善。在佛教伦理中，善恶界限十分明确，二者不可混淆。

从积极方面说，忍辱是对他人的宽容，能缓解人际关系的矛盾与紧张，建立和谐的生活秩序。这种德行，反映了主体博大的胸襟。明僧德清曾以天地江海为喻说："天地大，以能含成其大；江海深，以善纳成其深；圣人尊，以纳污含垢成其尊。是以圣人，愈容愈大，愈下愈尊。"② "有容乃大"，这是中国本土传统文化的一个基本观念。忍辱就是它在佛家伦理道德中的具体表现。在道德完善中，如果"善"意味着高尚，那么就可以说"完"意味着博大。这种博大，不

---

① 契嵩撰. 镡津文集（第2卷）.
② 福善日录，通炯编辑. 憨山老人梦游集（第45卷）.

仅指其外延上的全面性，更指其内涵上的兼容性。"故曰：虚则能容，能容则大，大则无外，无外则独立。"① 一个人只有虚怀若谷，具备博大的胸襟，才能够真正承认他人及其行为的价值，并吸纳其积极因素为自己所用。这种人不会轻易或简单地否定他人，不会斤斤计较于他人的过失，更不会对他人加诸于己的烦恼产生怨恨或加以报复。相反，他们能够始终保持谦逊谨慎，以低姿态待人，如同大海汇聚百川，集众善于一身，不断丰富和完善自我。

毋庸讳言，忍辱的德目具有不少消极的因素。首先，一味强调犯而不校，对他人加诸己身的一切屈辱、攻讦均不加辩解，不予反抗，以德报怨，很容易姑息养奸，丧失道德的原则性。其次，过于强调忍受环境、遭际带来的苦恼，容易使人们形成逆来顺受心理，而忽视对社会上不合理、不道德现状的改造。再次，佛教主张忍辱、不报怨，是为了缓解人际交往中的矛盾和冲突。它认为争不能止争，仇不能息仇，以怨报怨只会激化矛盾，招致更大的仇怨，恰当的方式是以不争息争、以德报怨，使人不能与之争、无法与之怨。这实际是在消极地回避矛盾。保持无原则的一团和气，既不利于矛盾的真正解决，更无法建立积极健康、真正和谐的人际关系。

但是，在人际交往中，人们又确实不应以针锋相对的方式解决所有矛盾。道德的价值就在于它能以合理的方式解决人与人之间的矛盾冲突，建立团结互助的人际关系。在不涉及大是大非的原则以及不存在根本利益对立的情况下，谦让、宽容有利于矛盾的解决，有利于个人道德的提升，而以牙还牙、以眼还眼只会导致矛盾激化，造成人际关系的紧张。所以，我们在分析佛家伦理道德忍辱德目时，一方面要剔除其消极因素，另一方面，则应对其积极因素予以改造，作为我

---

① 德清阅. 紫柏尊者全集（第9卷）.

们处理人际关系的一种借鉴。当面对人际关系中的矛盾与冲突，特别是面对他人加之于己的各种恼害时，不要斤斤计较、睚眦必报，而应虚怀若谷、心胸坦荡，克服狭隘心理的同时，又不丧失是非善恶的基本原则。不能搞无原则的一团和气，不能纵容恶行败德，而应与之坚决斗争，扶正祛邪，以建立健康和谐的人际关系。

二、无瞋无爱

与忍辱相联系，佛家伦理道德强调在人际交往中无瞋无爱，并且把瞋与爱、痴一起视为人生三毒，要求坚决予以摒除。这里讲的"爱"不是关爱、仁爱、慈爱，而是偏爱、执爱、贪爱。

"瞋"为梵文"Pratigha"的意译，又作"瞋恚""瞋怒""恚""怒"。它是六根本烦恼（贪、瞋、痴、慢、疑、恶见）之一，也是十恶（杀生、偷盗、邪淫、妄语、两舌、恶口、绮语、贪欲、瞋恚、邪见）之一，指对一切有情众生产生怨恨的精神作用。众生对那些违背自己意愿的有情生起憎恚，使身心烦恼，不得安宁。忿怒、怨恨、恼火、嫉妒、伤害等随烦恼，均是瞋的不同表现。佛教把瞋分为三种类型：一是非理瞋相，指对外境（人、物、事等）不问是非善恶，无故产生怨怒。二是顺理瞋相，指修持者因外人不符合佛法的言行而产生的瞋怒。三是诤论瞋相，指修持者以自己解悟的真谛、认同的原则为是，以他人的言行为非，因他人的言行与自己的思想不符而产生的恚恨。

概而言之，瞋是人们面对他人与自己的思想和利益不相符合时产生的不满情绪，表达了对行为对象的否定、对抗，是人与人之间不可兼容、不可协调的隔阂的尖锐表现。它不仅会导致人与人之间的紧张与对立，激化矛盾，破坏人际关系的和谐，还会妨害自己的道德修养，特别是不利于精神的纯洁与安宁。

佛教伦理揭示了瞋怒的道德危害，坚决主张去瞋。天台宗创始人智𫖮指出："瞋是失佛法之根本，坠恶道之因缘，法乐之冤家，善心之大贼，种种恶口之府藏。是故行者于坐禅时，思惟此人现在恼我及恼我亲，赞叹我冤；思惟过去未来亦如是。是为九恼，故生瞋恨。瞋恨故生怨；以怨心生故，便起心恼彼。如是瞋恚覆心，故名为盖。当急弃之，无令增长。"① 这里说的"九恼"，又称九种碍法，即九种障碍善道、生起恼怒的事相。分别是：过去已经恼害我、现在正在恼害我、将来可能恼害我的事相；过去憎我善友、现在憎我善友、未来憎我善友的事相；过去爱我怨家、现在爱我怨家、未来爱我怨家的事相。概括地说，瞋恨缘于他人的思想行为与自己的观念情感相对立：自己喜好肯定的，他人却恼害否定；自己怨恨否定的，他人却赞叹肯定。在这种情形下，把控不住自己的情绪，便会生起瞋恨。

智𫖮认为，瞋怒至少有如下道德危害：第一，它违背佛法的根本精神。佛家伦理道德的根本精神是慈悲，强调以菩提心平等普度众生。而瞋怒则失却慈悲之心，对他人产生怨恨、恼怒，背离了佛法的根本。第二，它是众生坠入恶道（畜生、饿鬼、地狱）的原因。背离了佛法的根本精神，无法觉悟佛教真谛，永受无明之累，坠于恶道而不能返。第三，它是佛教幸福、快乐的大敌。佛教的幸福并非物质生活的富足，其快乐也不是物欲或情感的满足，而是对纯净心性的自觉，是一种精神上的永恒超越与宁静。瞋怒表明我执未灭，被个人好恶所束缚，根本无法体验到超越的福乐。第四，它是善心的害贼。佛教提倡慈悲为怀、与人为善，一切为他人着想，当与人发生矛盾时，主张忍辱谦让，引咎自省。而瞋怒则完全与此相反，它表达了对一切

---

① 智𫖮. 修习止观坐禅法要（卷上）[G] //石峻，楼宇烈，方立天，等. 中国佛教思想资料选编（第一卷）. 北京：中华书局，1981：90.

不利于己、不符合自己意愿的人和事的厌恶与仇视，没有丝毫的谅解，使得与人为善的慈悲心荡然无存。第五，它是恶口的根源。恶口是十恶之一，即言语粗暴无理、鄙陋不雅。在人际交往中，恶口伤害他人，常常引发人际纠纷、激化矛盾冲突。瞋怒是对不满情绪的恶性发泄，往往丧失自制，恶语伤人，从而招致对方更加激烈的回应，最终可能使一件小事演变为不可调和的激烈冲突。

正是瞋怒的上述危害，造成了人的道德修养的缺失，妨害着人际关系的和谐和个人自身的道德完善。佛教经典有言："以瞋恚故，焚烧功德，遮障菩提，开恶趣门，闭人天路"，"灭已行善、现行善"。①瞋怒不仅会毁灭一切善德，还会阻断通往超越与完善的道路，使人陷入恶道，远离觉悟与解脱的可能。

佛教认为，在人际交往中应该胸怀宽广，以慈悲心怜悯关怀他人，和合因缘、利乐众生，一切为他人着想。当与他人发生矛盾与冲突时，应首先检讨自己的言行，而不应一味责备或怨恨他人。保持谦恭忍让的美德，绝不能让怨恨毁伤他人、破坏自己的德性完善。只有做到不争不怒，他人才无法与之争、无法与之怒，也才能息争息怒，促进人际关系的和谐。瞋是三毒之一，无瞋才是美德。"杀瞋则安乐，杀瞋则无忧。瞋为毒之根，瞋灭一切善。"②无瞋可以使人保持心境平和，领略法乐，减少伤害与忧患。"面上无瞋供养具，口里无瞋吐妙香，心里无瞋是珍宝，无染无垢是真常。"③无瞋使人在人际交往中态度和蔼、言语文雅，同时使人心胸变得宽广。它不仅能帮助人与善知识共证正果，还能使人友好对待一切与自己意见相反甚至无端伤害自己的人。无瞋是调节人际矛盾、和谐人际关系的法宝。

---

① 延寿述. 万善同归集（第3卷）.
② 智颛述. 修习止观坐禅法要.
③ 赞宁，等撰. 宋高僧传（第20卷）.

佛教认为，瞋是对外境的一种怨恨之情，其根源在于我执（我贪、我慢）。由于人们固执于"我"的存在，在人际交往中妄分彼此，从而产生了顺逆好恶心理：于自己所好者便心生欢喜，于自己所恶者则心生怨怒。佛教把这种心理，即人对事物的贪恋执着，称为"爱"。

儒家强调仁，基督教提倡爱，而佛教伦理则注重慈悲。佛教不仅不简单地宣扬爱，而且并不把爱作为一种美德。佛经上说："生老病死，忧悲苦恼，如是诸患，皆从爱起。"[①] "其有众生堕于爱网者，必败正道。"[②] 按照佛教理论，从根本上说，爱是无明我执的表现。因为有"我"然后才有"彼此"，有"彼此"然后才有"好恶"，有"好恶"便产生贪著和瞋怒。因此，爱与私密切相关。所谓爱著、爱染、爱执、爱欲、爱结等等，都是自私的表现。它厚此薄彼，不符合妙圆菩提的平等性智；它将事物的幻相执为实有，不利于解悟世界的真谛。

，基于上述理解，佛教伦理把爱视为妄念，认为爱作为十二因缘之一，是造成人生苦恼的一种根源，也是产生不道德的意念的根源。爱与憎相反相成，为一体之两面：爱可生爱，亦可生憎；憎可生憎，亦可生爱。爱之愈深，则产生憎怨的可能性就愈大。由爱生瞋，由爱生贪。因为对事物的贪恋执着，人们在人际交往中才会以自己的好恶来分判顺逆：顺遂于自己所执着贪恋者则喜悦，违逆于自己所执着贪恋者则瞋怒。因此，佛教认为，要做到无瞋，就必须去爱。

佛教指出，爱会妨害人的道德修养，破坏人际间的平等与和谐。一个人如果耽于爱著，便会陷于幻妄而不能自拔。明末僧人元贤说："语云：'人之所爱，莫甚于生，所恶莫甚于死。'自今日观之，则知

---

① 求那跋陀罗译. 楞伽阿跋多罗宝经（第 3 卷）.
② 竺佛念译. 出曜经（第 5 卷）.

名利之爱，尤有重于生死者。苟机有可乘，九牛莫挽，虽生死亦不暇顾耳！"① 人们如果对某个对象产生了爱，即对某个对象产生了贪恋与偏执，往往会不顾一切地去追求，而排斥、否定任何与自己所贪恋的东西相反的事物。这就是一种害道的妄见。在佛教看来，人生是苦，世界是空。人生之所以苦，就是因为人们把虚幻的人生以及人生所有遭际都当作真实的存在，并且希望能够永久持有。以虚幻为实有，当然得不到任何真正的幸福与快乐，只会陷入无穷无尽的烦恼与痛苦。爱的错误就在于它把虚幻的存在当作实有，贪著地爱恋、追求，从而使自己离佛法真谛越来越远，永远也得不到解脱。八苦中的生、老、病、死、爱别离、怨憎会、求不得，无一不与人的爱著密切相关。而五蕴盛，则是爱之产生的直接物质与生理基础。故智顗主张"诃欲"："所言诃欲者，谓五欲也。凡欲坐禅，修习止观，必须诃责。五欲者，是世间色、声、香、味、触，常能诳惑一切凡夫，令生爱著。"② 人身由色、受、想、行、识五蕴集聚而成，实为众多因缘的和合。若妄执此身为真实实体，便会妄生我执，受幻身情欲的制约，爱其所欲，恨其所恶。所以，去爱的实质即是做到无我无欲。概括地说，去爱就是去私。

"无瞋""无爱"作为佛教处理人际关系的道德原则，要求人们在人际交往中彻底消灭个人的主观观念，不以自我喜怒来对待和评价所面对的人与事，不以自我好恶为行为取舍的指导原则。它强调佛法真如、众生平等，以佛法为心、以菩提为智，等视人我、物我，无怒无怨、无喜无好地对待一切人事。佛教认为，按照这一原则指导人生，就能做到得之不喜、失之不忧，轻视功名、尘视富贵，损之不辱、触之不怒，与一切人事和谐相处，保持本心与佛法的同一，不受

---

① 道霈重编. 永觉元贤禅师广录（第30卷）.
② 智顗述. 修习止观坐禅法要.

任何外境的困扰，不为任何幻相所烦恼，把自己完全融入众生、融入真如，早证菩提，获得生命的完善与超越。

在佛教看来，如果人人都能胸怀慈悲之心，平等对待一切众生，无瞋无爱，这个世界就会一片祥和、充满快乐，就会变成人间乐土。其实，这只是佛教美丽的幻想。

"忍辱""无瞋"的核心精神是不要抱着个人成见、带着个人好恶对待他人，对于任何不利于己、有损于己甚至不符合道德原则的人与事，都不能以怨报怨，而应以德报怨、克己从人、舍己为人。这是所有宗教的共同特点。例如，基督教也大肆宣扬"爱邻人，爱敌人"。圣经中的《新约全书·马太福音》说："爱你们的仇敌吧，并且为那些逼迫你们的人祷告。这样你就可以做你们天父的孩子。因为他叫日头照好人，也照歹人，降雨给义人，也给不义的人。"基督教主张在上帝面前人人平等，人与人之间应以爱化解仇怨，以德报怨。当人家打了你的左脸时，你不应发怒，更不能还手，最好还把自己的右脸也送上去，让他再打一巴掌。这种观念与佛教忍辱无瞋的思想在根本精神上是完全一致的。忍辱无瞋的积极意义在于它提倡谦恭、宽容、豁达地对待他人，主动消解人际关系的矛盾与紧张，有利于建立和谐的人际关系、突破狭隘自我的制约，提升道德境界。然而，它的消极作用也十分明显，那就是不分黑白对错一味强调忍耐、宽容，否定了道德的原则性和是非善恶的界限。在非关原则的问题上，忍辱无瞋确实有利于化解冲突，实现人际关系的和谐。但在善与恶的大是大非问题上，我们必须坚持原则，不能有丝毫妥协。对于恶人恶行，应当与之进行坚决的斗争；对于善人善行，应当给予积极的肯定与支持；对于压迫与屈辱，应当果敢地奋起反抗。在这些问题上，必须旗帜鲜明地表达我们的态度。因为在这些情景中我们所代表的并不是个人私利，而是正义与道德。对恶的容忍与纵容就是对善的亵渎，对恶人的仁慈就是对广大善人和普通民众的犯罪，不能有丝毫含糊。佛教提倡"不念旧恶，不憎恶人"，实际就是丧失了善恶道德的原则性。由此而建立的无原则的团结，不过是一种虚假的和谐，它只是掩盖了而并没有真正解决人际关系中善与恶的矛盾冲突。这是我们在分析佛教忍辱无瞋的道德思想时必须明确指出的。在此问题上，儒家提倡的谦恭、礼让、以直报怨等原则，具有更多的合理性。

余论　中国佛家伦理道德与现代社会生活

　　中国文化在其发展过程中，始终以传统儒家文化为主体，通过逐渐融合吸纳其他文化才形成了自身独特的传统。就本土文化而言，先秦时期是百家争鸣，当时的政治多元化背景促成了思想的多元化。秦汉以后，为了适应大一统的政治格局，开始在思想领域探索文化的一元化。自汉武帝采纳董仲舒建议，定儒学为一尊后，儒家文化就成为中国古代意识形态的统治思想或者说主流文化。但是，被定为一尊的儒学，实际上已经吸收了道家、法家乃至其他各家的思想，体现出极大的包容性。

　　佛教是一种外来文化，它在中国传播发展的过程中，努力适应中国古代社会生活的具体状况尤其是中国固有的文化传统。其在中国传播发展的过程，就是不断本土化、伦理化的过程，并最终形成了中国佛教，成为中国传统文化的重要组成部分，对中国社会生活和思想文化产生了深远影响。儒、释、道三教作为中国传统文化思想的主干，在中国历史发展和社会生活中发挥着重要作用。

　　从基本精神而言，佛教把对现实生活与现实生命的超越当作追求的终极目标，把人的终极完善与世俗生活分离开来，对客观世界和人生价值都给予了否定评价。因此，它不应该也不可能成为社会的指导思想和人生进取的根本原则，否则将不利于社会的进步与生活的幸福。但是，作为一种文化现象，它又从一个侧面反映了人类对生活本质、对人生价值、对生命真谛的理解，指出了通向人的生命完善的特殊进路与境界，是对人类道德精神的弘扬与提升。在这方面，佛家伦理道德展现出人类对人生重大伦理道德问题严肃而又深沉的思考，其中包含着不少合理的因素，可以弥补儒道二家理论和实践上的不足。它作为传统文化不可分割的一个组成部分，其部分内容已经深深积淀于中华民族的精神意识之中，至今仍影响着中国人的价值观念和行为方式。我们在进行社会主义精神文明建设的过程中，必须正视这一现实，对佛家伦理道德文化资源进行认真的分析与批判，摒弃其糟粕，吸取、改造其精华，以促进全民族思想道德素质的提高。

一

佛教在中国的发展经历了两千多年，其间虽有曲折、衰微，但却顽强地在中国本土扎下根来。在这漫长的历程中，佛教与中国本土文化不断地冲突、融合，双方相互吸收、相互改造。其演变发展的过程，就是不断世俗化、本土化、伦理化的过程，并最终形成中国佛教，成为中国传统文化不可忽视和分割的重要组成部分，至今仍对中国人的思想意识、生活实践产生着深刻影响。这种现象值得我们加以认真研究。

佛教之所以能够发挥作用，除了其存在发展有着一定客观的社会基础之外，它的伦理道德对于人们价值观念的形成、人生目标的追求、人生意义的理解以及社会生活等方面的影响，也是极为重要的原因。透过其神秘的宗教外衣，不难看出，佛家伦理道德的某些内容确实蕴含着某种积极因素。

第一，平等慈悲。佛教又称为"慈教"。"慈悲"是佛家伦理道德不同于其他宗教和世俗伦理道德的根本之所在。大凡以道德为人们行为基本规范的伦理学说和追求人类道德完善的思想家，都不主张利己主义，而提倡人与人之间相互关心、相互帮助，在与他人和社会的和谐发展中实现自身的完善。如基督教把"爱"视为最高的美德，中国儒家以"仁"为道德思想的核心。佛教讲"慈悲"，也体现了上述共同的伦理精神。

但是，佛教的慈悲又不同于基督教的爱和儒家的仁，它并非对对象的喜好之情，更不等于一种占有欲，或者对某一特定对象情感和行为上的执着、趋向，而只是发自本性的一种真诚的关怀。基督教讲"爱人如己"，儒家强调"己欲立而立人，己欲达而达人"，"己所不欲，勿施于人"。这两家强调的爱，实际上都是以自我为出发点，因此，不可避免会受到自我的局限。其具体表现为：不同的行为个体，由于所处社会地位不同，与不同的对象之间结成了各种不同的关系；不同的主体对同一个对象可能有着不同的爱，同一个主体对不同的对象也会产生不同的爱。所谓"如己""推己"，即由自我向外推。对象不一样，所激发的外推因素也不一样；主体不一样，所推出的情感也就有区别。爱什么、如何爱，最终取决于人己关系，这就造成了爱的等差，表现出这种爱的局限性。

佛教的慈悲则不然，它并非对任何对象的个人喜好之情，更不是对对象的占有欲望，而是发自本性的对一切众生的真诚关怀与同情。它认为每一个人都具有平等性智，在本性上，在完善的可能性上，在最终道德觉悟的能力上，大家都有着本体意义上的平等。现实生活中的一切差异，富贵、贫贱等等，都不具有本质意义，或者说，都是虚幻的，并不表明人们在道德本体上有什么差别。佛教指出，作为一个现实的人，无论他具有何种社会身份，都确证着生命的不完善。或者说，恰恰是社会生活中人与人的差别，确证了人的生命的不完善。它向人们现实地昭示着人生之苦，差别就是烦恼海，每一个人都毫无例外会受无明所累，在茫茫苦海中浮沉、挣扎。因此，佛教的慈悲，就是对苦海中众生的一种本体同情与终极关怀，它消除了人己之间、人与人之间的一切差别，不仅在世俗意义上拔苦与乐，更强调在本体完善的意义上彻底解脱人的一切痛苦与烦恼，普度众生，促进一切有情的共同完善与超越，共同实现生命的永恒与不朽。

在现代社会生活中，市场经济促使人们对个人利益高度重视，市场竞争又加剧了人际关系的紧张。其负面效应已在资本主义社会充分显露——人际关系冷漠，"人对人是狼"，为了满足个人利益而把他人作为手段。我们今天走的是中国式现代化道路，追求的是全社会的共同富裕和人民的幸福生活，人与人之间应该团结、互助与合作。要避免重蹈资本主义社会覆辙，消除市场竞争的负面效应，我们必须在坚持社会主义根本方针的同时，继承弘扬本民族优秀的伦理道德文化传统，提倡人与人之间友好真诚，建立和谐的人际关系。在这里，佛教的平等慈悲观念作为一种传统文化资源，无疑是可以参与其间的。

第二，无我奉献。本着平等慈悲的胸怀，佛家伦理道德强调对他人给予真诚的关怀，充满着浓厚的利他色彩。从其理论形式来看，确切的表述是"自利利他"，或"自他两利"，但我们绝不能由此得出佛家伦理道德缺乏牺牲精神。恰恰相反，"自利利他"正是佛教牺牲精神的显著特点。

佛教的慈悲观主张普度众生、利乐有情。这里的利乐包括两层含义，一是指体证佛法的根本大利和法乐，即要使一切人实现生命的终极超越与完善；二是指世俗生活中的利益与幸福，这只是为随顺众生而设，属于有漏善，并非佛教道德所追求的终极无漏之善。所谓利他，就蕴含着上述两层意义，而自利之"利"，则只是解脱与觉悟之利。因此，自利利他的实质就是通过主体的积极修持，使自他亦即所有人类甚至一切众生都能觉悟菩提、证得涅槃，实现生命的永恒。

　　这一点决定了佛家伦理道德既不是为我主义的，也并非主张自他之利具有同等道德内蕴与实在价值。自利利他，目的是共同觉悟、解脱与完善，在此，自利是利他的必要前提和手段。换句话说，只有不断提高自己的道德素质，不断加深对佛法真谛的觉悟，才有能力去度化众生，把众生引导至通往菩提涅槃的正确道路。在更一般的意义上说，道德是一种主体性行为，它反映主体的内在素质。要对他人进行道德教化，促进他人的道德完善，首先自己必须具备相应高度的道德素质。一个道德素质低的人不可能通过自己的正面行为影响或促进他人达到自己不曾或不可能达到的高度。更显而易见的是，一个人不可能把自己不曾知道且根本不理解的道德观念作为教育内容传授给他人。一言以蔽之，一个道德水平低的人不可能促进（在正面意义上）比他水平高的人的道德完善。这就是所谓自利才能利他，正己才能正人。

　　可见，佛教讲自利并非指对世俗个人利益的满足，而是强调自我的道德觉悟与完善。中国佛教摒弃了小乘佛教只以自我解脱为目的的独善其身的修持方法，而将自我完善与所有人的完善紧密联系在一起，强调在所有人的完善中实现自我完善，并把前者作为后者的必要前提。在这种思想的指导下，佛教主张消灭小我之私，破除我执、我见，把自己的生命（即生命本体）融入所有人的生命之中，把自己的一切奉献给整个人类的超越与完善。"有一众生未成佛，誓不成佛"，"有一众生未证涅槃，哪怕自己已证涅槃也不入涅槃"，"我不入地狱，谁入地狱"等等，就是佛家伦理道德无我奉献的牺牲精神的突出体现。

　　尽管佛教上述学说的理论基础和追求目标都具有非真实的、宗教的性质——譬如它认为人生皆苦、万物皆空、世事皆幻，然后立大志、发大愿，誓度众生脱离苦海——但这丝毫没减损它所推崇的高尚道德精神的光彩。从伦理学上说，则反映了佛教对人己关系、个体与整个人类相互关系的深刻领悟。人是个体存在和社会存在的统一，但其本质在于社会性，而不在于个体性。作为一个类的成员之一，单独的个体不可称为"人"。除了自然生理因素之外，人的所有属性都是在社会中获得的，并且其自然生理属性之所以有别于动物而成为人的属性，也是由社会规定的。任何人离开了社会都无法生存，任何单独的个体都是不完善的。个体生命的有限性决定了他离开社会就不可能实现真正的完善与不朽。个体生命的不朽在于他与整个人类的进步发展有着积极的必然联系，个体的完善就存在于所有人的完善之中。因此，任何人要实现自己的完善，都必须积极促进他人即所有人的完善；任何人要实现自己的不朽，都必须把自己有限的生命融入人类进步发展的无限伟大事业中去。

正像人生的道路充满坎坷一样，人类的进步与发展也必然会经历无数艰难曲折，这就需要有一部分人牺牲自己的利益，奉献出自己的一切，以促进社会的发展与完善。利己与利他反映了两种截然不同的价值观念与道德境界。我们正在进行中国式现代化建设的伟大事业，它关系到国家的兴盛、民族的富强，需要全中国人民把它看作自己神圣的使命，发扬无私奉献的精神，共同去完成这一崇高的事业。

第三，劝善止恶。任何伦理学说都鼓励、引导人们向善，避免、防止人们作恶，这可以说是一切伦理学说的共同特点。佛家伦理道德也具有这一特点，并有着自己独特的理论形式和实践方式。

善恶问题是伦理学的核心问题，也是评价人的行为的道德价值的基本标准。它规定了道德生活中的大是大非。扬善抑恶乃是人类社会生活正常运行必须坚持的基本准则之一。道德的功能和目的是协调人我、群己关系，增进人类福祉，促进人类完善，推动社会的进步与发展。因此，一切伦理学说都致力于论证人们向善的可能性，揭示向善的途径和方法，指出作恶的危害，引导人们向善，防止人们作恶；且历史上大多数伦理学说都更注重强调人们应该向善止恶，并从本体论和人性论的角度加以论证。但是，这些理论通常都会遇到这样一个现实的问题：如果说善符合人的本性与社会的发展，那么善行就应当受到社会的肯定，从而增进行为者自身的利益，如果恶违背人的本性与社会的发展，那么恶行就应当受到社会的否定，从而损害行为者自身的利益；然而，在现实社会中，人们往往可以发现，行善不一定能增加个人生活的幸福，反而通常只是牺牲了个人利益，作恶也未必会受到应得的惩罚，其个人利益还可能得到极大的满足。概而言之，善者不一定幸福，恶者不一定受苦；有时作恶的人比行善的人过得更加幸福。这就引发了一个伦理问题：既然行善未必带来幸福，作恶未必招来苦果，人们为什么要行善止恶？对一般民众来说，简单的本性说明与抽象的论证并不能给出令人信服和满意的回答。

这也就是伦理学上"道德与幸福"的矛盾。有人说，道德等于幸福，如古希腊的柏拉图、中国的儒家都持这种观点。他们认为，道德是人的本性，道德生活是人的本质生活，因而道德的完善是生活幸福的本质。这种观点通常被一般民众视为空谈或迂腐。但如果认为道德必定与幸福相对立，那么道德存在的必要性就值得怀疑。又有人说，幸福就是道德，古希腊的快乐主义、中国的杨朱一派就持有类似观点。他们认为，生活的目的就在于促进人的幸福，道德只是它的一种手段，幸福的生活就是符合人的本质的生活，因而也是道德的生活。这种观点也很难被人们广泛认同。如果使道德从属于幸福——实即个人利益的满足——那么道德就会丧失对人的行为的有效约束力，从而导致物欲横流、纷争蜂起，最终破坏人们的幸福生活。

佛教也坚持道德与幸福的本质同一，认为二者绝无矛盾，行善者必定幸福，作恶者必定不幸福。这就是它的因果报应理论。佛教认为，世界上一切事物都处于因果链条之中，任何事物或现象都有其产生的原因，而且必然会产生某种结果。行善作恶是福祸的原因，幸福与苦罪是行为的结果。生活的际遇决定于自己的行为，完全应当由自己负责。根据佛教因果律，善业必然获得福报，恶业必然招致苦罪，谁也无法逃脱。善恶行为作为业因，其发生作用的时间或有迟早，但都必将产生福乐与苦罪的果报。善有善报，恶有恶报；不是不报，时候未到；时候一到，必定要报。为了强化这种报应论，佛教又提出了六道轮回学说，指出行善可以使生命在幸福与完善的方向上不断提升，作恶则不断下堕，最终堕入阿鼻地狱而不得超生。

可见，佛教不仅从本体、本性角度论证了人的道德完善的可能性和必要性，而且从生活与实践的角度论证了行善止恶的合理性，把善恶德行与人的实际利益紧密联系在一起，宣天堂（净土、极乐）以奖善，示地狱以惩恶，使行善者心悦志坚，使作恶者恐惧畏缩，打消他们的一切侥幸心理。正是因为这一理论特点，佛家伦理道德比其他伦理学说更能起到劝善止恶的社会作用，也更能坚定人们行善去恶的决心。

当然，因果报应学说存在明显的理论缺陷，它既不可证实，也不可证伪，只是一种虚幻的假设。在今天进行人类文明新形态建设的过程中，我们不能也不应该以"三世报应"作为劝善止恶的理论工具。然而，它也为我们提供了有益的启示，即坚信道德与幸福在本质上的一致性，坚定行善去恶的道德信念，坚持善恶的原则标准，促进人与社会的完善与和谐。在这方面，我们面临的重要任务是，铲除一切滋生恶的现象或使恶行猖獗泛滥的土壤，建立健全惩治机制，绝不让恶人恶行逃脱惩罚；创造一切条件，提倡和鼓励人们积极向善，加强和完善必要的制度设置，使行善之人不仅获得精神上的满足，也能得到相应的物质回报。通过这种制度设计，确保恶行得恶报、善行得善报，真正做到"好人有好报"，实现善恶与福罪一致。只有这样，才能形成良好的社会道德风尚，坚定人们行善去恶的信念。

第四，自觉自励。佛家伦理道德的最高境界是涅槃成佛。所谓"佛"，就是觉悟，即对宇宙和人生真谛，或者说对生命本真的觉悟。觉悟的"觉"包括自觉和觉他两个方面。后者主要指以佛法度化他人，促进他人的觉悟，是大乘佛教强调的主要德行；而前者则指主体通过修持而达到的自我觉悟，它和世俗伦理道德讲的自觉有所不同。世俗意义上的自觉与自发相对应，指人们认识并掌握了一定客观规律后有目的、有计划的活动，反映了认识必然后所获得的自由。而佛教讲的自觉则与无明相对应，指人们破除了一切妄惑之后所达到的一种精神境界，是对生命本真的把握与完善。因此，佛教的自觉不仅是个体主观能动性的发挥，更是个体生命本质的升华与终极完善。

正是基于对生命本真的理解，佛家伦理道德比其他学派更强调主体的道德自觉。它指出，一切德行的根本在于对真实本性的自我觉悟，人的完善与超越就是觉悟自己的心性。实现了这种本体的自觉，才可能有真正的道德自觉。没有对宇宙与人生真实性相的大彻大悟，人的思想与言行就会为无明所累，受制于物我幻有，造善恶业，堕入六道轮回，根本不可能获得真正的自由，从而也谈不上自觉。

通俗地说，世俗伦理道德所言自觉，是对某种现实利益的认识与主动追求，其行为通常指向满足某种利益的具体对象，并没有实现对现实的超越，没有达到根本自觉。佛家伦理道德所言自觉，则是对生命完善的认识与追求，其行为指向宇宙与生命的本真，是摆脱了一切束缚的绝对自由。这是一种伦理本体的自觉，比一般道德自觉更能体现人的主体本质。实现了这种自觉，人的行为就摆脱了一切内外束缚，不再受任何强制，所有的思想言行都能与伦理本体达到圆融契合。可见，佛教所讲的自觉，并不局限于人的主体性，而是凸显了主体的完善性。换句话说，佛教所言自觉，并不仅限于人们行为的主动性，更强调人的本质的完善。

正因为佛教是在这样的高度强调自觉，并把它作为修养追求的最终目的，从而为人的道德修养提供了巨大的内在精神动力，人的道德行为的自愿、自律、自励程度才更高。有一种说法认为，中国传统伦理思想只讲自觉，不讲自愿。这种观点仔细推敲起来，至少是不严谨、不全面的。首先，它把自觉与自愿对立起来，夸大了二者间的差异。其实，无论自觉、自愿，都是人的主体性的表现，或者说是人的主体属性，它们都反映了人在认识和改造客观世界的活动中所获得的自由。自觉强调行为的非盲目性，通过对外在必然性的把握主动地调控自己的行为，不受客观外在必然性的摆布与奴役；自愿则强调行为的非强制性，通过对内在必然性的把握而理解实然、当然与必然的本然契合，从而把这种理解作为自己一切行为的动力和出发点，除了真实的自我之外，不受任何力量的主宰。可见，自觉与自愿具有本质上的一致性，都肯定了人们道德行为的自由，二者实际上是相互交融、相互包含、相互转化，不可截然分离的，更不是相互对立的。自觉与自愿都建立在把握必然性的基础之上，都是人所获得的某种程度的自由和自主。其次，如果我们可以把自觉与自愿划分开来的话，那么必须明确，自觉仅指主体行为明确的目的性，或者说，行为者对行为目的以及实现这一目的的步骤、计划的意识，而不包括对行为动机和目的本身的自主选择。在伦理学范畴，自觉即对按照被给定的原则方式去生活的理解，主动地使自己的行为符合某种先在的原则与范式；而自愿则指对行为动机和目的的自主选择，是对自己生活、生命、人格的自主创造。

根据这种限定，中国传统伦理思想中确实有一些学说只强调自觉，而忽略了自愿。但是，这种现象绝不能用来概括整个传统伦理思想。例如，儒家的心学一派大倡自为主宰，认为良心就是自家的准则，任何观念、原则都不过是主体道德意识的发露，人们应该按照自己的良知正物、正人、正己。而佛家伦理道德更是将自觉与自愿融为一体。它贯通了先在原则、范式（"六凡四圣"）与自主创造（造业修持），实现了对终极目标的意识与自主抉择的统一。因而，它既有严格的自律，又有精进不已的自励，并且以"我不入地狱，谁入地狱""有一众生未成佛，誓不成佛"的精神，凸显了伦理道德的自愿。

道德是主体的一种属性，或者说是人的主体性的重要表征。因此，道德以自觉为前提，任何非自觉选择即在某种不可抗拒或不可理解的外力制约下被迫做出的行为，都不具有道德价值。今天，我们肩负人类文明新形态建设的重要历史使命，需要唤起全中国人民的道德自觉，促使人民将崇高的道德价值、正确的道德观念内化于心，把社会提倡的完善的道德体系化作主体的道德意识，自觉承担起自己的道德责任，完善我们的生活和社会。

佛家伦理道德的内容十分丰富，有糟粕也有精华。如果说它的糟粕反映了其历史的沉浮和宗教的荒诞，那么，它的精华则是对现实的曲折反映，也是其生命力之所在。当然，佛教的糟粕与精华是交织在一起的，这就需要我们认真地分析和评判。从总体上说，佛家伦理道德与现代社会生活是不相适应的，即使其精华也不能直接拿来使用；但作为一种文化遗产，其中包含的许多人类道德认识的积极成果，可以作为我们进行人类文明新形态建设的借鉴。

二

佛家伦理道德始终以人生为核心，追求生命的永恒，把人的超越与完善作为终极目的，向人们昭示了一种崇高而远大的精神境界。

人的存在具有两重性：既是个体的存在物，又是社会的存在物。现实的人都是单独的个体，具有个体生命的一切特征，有着自己独特的利益、需要和生活方式。但是，任何人又不能离开社会而独立存在，他的所有一切包括生命本身都是社会的产物，都受着社会的规定。正是作为社会的一员，人才具有个体性，人的个体性实际上是以个体形式表现出来的社会性。只有社会性才是人的本质。但是，社会与个人毕竟是两种不同的有机体，两者并不自然一致，相互间存在着矛盾与冲突。这就需要协调两者的关系，于是便产生了人的道德需要，而个体与社会本质上的一致，使得人的道德的完善，成为现实可能。

伦理学是关于人的完善的学说，它植根于个体与社会的对立统一之中。任何伦理学说都是在对个体与社会关系的理解的基础之上，阐述其关于人的完善的理论的。个体生命的有限性，现实地确证了人的存在的局限性或者说非完善性。生命从一开始就意味着死亡，任何个体所拥有的一切都是暂时的，不具有永恒的意义。个体意味着局限，任何人的存在都是有缺陷的、不完善的。作为人，他具有人的基本质性；而作为个体，他又不可能具有人的全部质性。然而，人总是希望自己的存在具有普遍性，自己具有人的全部本质和才能，换言之，就是希望能实现自己的完善与不朽。这便催生了种种关于人的完善的理论。由于这些理论对人的本性以及个体与社会的关系的理解不同，在对人的完善的可能性、完善的实质、完善的境界与完善的途径等问题上，便形成了各种不同的观点。

与佛教同属宗教的基督教也追求人的完善，它把人的完善归结为灵魂的圣洁，即对上帝的认同与皈依。在基督教看来，只有上帝才是全德全能的绝对存在，宇宙间所有的一切都是上帝的创造物，人也不例外。这就意味着，人是被给予、被规定的，不具有完整的主体性。按照《圣经》的宣示，人的存在本就不完善，一生下来就带有"原罪"，即从人类始祖遗传而来的罪。所以，人生的目的就是赎罪，以便重新回到上帝的怀抱。救赎虽然是人的主动行为，但根本意义上的彻底救赎并非自我救赎，而是上帝的拯救。基督教也承认人的完善的可能性，不过它认为人的完善并非人的本性的发展，而是上帝对人的赏赐。人始终是上帝的羔羊，上帝则是全德全能的救世主，人们仰仗上帝的训诫与拯救，才得以救赎自己的罪孽，获得完善与幸福。完善的境界不在现实社会，而在末日审判之后的天堂。

这种关于完善的理论在现实上的荒谬性是显而易见的，它否定了人生和人的现实生活的积极价值，把完善的境界设置于不可知的、世界毁灭之后的天堂。在理论上，它也存在许多不足。首先，它否定了人的价值，认为人生来有罪，对人的价值在道德上作了否定性的评价。其次，它否定了人的主体性，认为每个人都毫无例外地必须听从上帝的训诫、接受上帝的主宰，其主体能动性的发挥，仅限于自我压抑，而不是对生命的能动创造和对本性的主动完善。再次，它所谓人的完善并非人的内在本质的充分展现与尽善尽美的完成，而是做上帝的奴隶。

中国儒家提出了另一种人的完善的学说。它首先肯定，人先验地具有至善的道德本性，所谓完善就是人的内在本性的充分扩张与完成，即尽心尽性。这种完善的理念是对社会伦理道德精神的高度概括，其至高境界则表现为"天人合一"。儒家认为，人与万物具有共同的本质，但只有人才有主体能动性，他能够自觉地把握自己的本性，通过道德修养完善自己的本性。具体说来，人在认识客体对象的同时反观自己的本性，又在内省自己的本性时观照客体对象的本质，经过这种双重的认识过程，最终超越自己的现实存在，把主体内在的本质提升到伦理本体的高度，实现本质的完善。

儒家讲的完善是主体的本性与伦理本体同至善的道德理念的合一。后者并非是外在的规定，而是先验地存在于人的本性之中。完善绝不是对本性的压抑，而是本性的自我觉悟和充分扩张。这种扩张的进路，指向至善的伦理本体，是一个自我创造、自我完善的过程。

主体善与本体善的合一，表现在社会生活中就是对现实个体存在的超越。人的生命完善不在于个体生命的持续与永恒，而在于个体生命融入类（社会）生命之中，展现类生命的本质。因此，儒家始终把整体利益看作道德价值的标准，强调个体服从整体，只有当个体行为与整体利益或者说至善的道德理念圆融统一时，才能实现生命的完善与不朽。不朽的生命并非自然机体，而是德性。根据这种理解，儒家提出了立德、立功、立言的"三不朽"学说，追求"为天地立心，为生民立命，为往圣继绝学，为万世开太平"。这就把个人的完善同社会的发展与完善紧密结合在了一起。在其现实性上，即是"格物、致知、诚意、正心、修身、齐家、治国、平天下"，亦即现代新儒家所称道的"内圣外王"之道。

和一些宗教相比，儒家学说具有更多的合理性，它较好地处理了个体与社会的关系，既注重主体能动性的发挥和主体本性的张扬，又强调社会伦理本位与道德理念的价值标准，并以后者作为人的完善与不朽的实质。它既实现了对个体存在的超越，又把人的完善建立在现实的基础之上。当然，这种学说同样存在不足。首先，它的完善理念或者说伦理本体是一种先验的观念，其实质是对现存社会道德精神不合理的抽象。它把这种抽象规定为完善的终极境界，实际上限制了人的创造性，把无限的完善过程规定在有限的界域内。其次，它作为价值标准的社会整体利益，本质上是封建社会国家的根本利益，确切地说，是少数统治阶级的利益，与一般民众的利益不可能协调一致。因此，这一道德价值标准与人的本质完善之间充满矛盾和冲突，最终妨碍了人的本质完善。

佛教关于人的完善的理论具有更高的超越性。它也坚持每个人具有至善的本质，有着完善的内在可能性；但它所谓"完善"，是人的本性的自我觉悟与自我实现，即明心见性。在这一点上，它比较接近儒家学说。但它又不像儒家学说那样，把人的完善与社会的完善即现实生活的完善不可分割地联系在一起，而是认为人的完善是对现实生活的超越，人永远不可能在现实生活中获得完善，因为后者本质上是不完善的，并且不可能完善，也即完善并非落实到现实生活，而是直接指向终极的伦理本体。在佛教看来，完善就是把人从不完善的现实生活中拯救出来。就这一点而言，它又与基督教的学说比较接近，二者都属于救赎理论。基督教要把人从自己的"原罪"中拯救出来，人自身缺乏完善的内在可能性，完全依赖于上帝的赐予；佛教则要把人从苦海即不完善的现实生活中拯救出来，人具有内在完善的本性，完善即其本性的自我觉悟，主要依赖于自身的努力。

佛教虽然强调自我觉悟，但并不主张独善其身，而是宣扬自觉觉他、普度众生。自觉是觉他的前提，觉他是自觉的必要条件，自我的完善寓于全人类的共同完善之中。这种观念既反映了佛家伦理道德的牺牲精神，同时也曲折地显示了它对个体与群体（社会）关系的深刻认识。佛教所谓的"完善"，就是对个体生命的超越，把个体的生命融入人类整体的生命之中，展现生命本质的光辉，从而获得个体生命的永恒与不朽。

和儒家的观点不同，佛教没有把人的完善落实到现实生活层面。根据佛教的观点，现实生活与现实社会由于其虚幻性因而是不完善且不可能完善的。因此，人的完善必须实现双重的超越：一是超越个体的存在，把个体生命融入整个人类生命之中；一是超越现实生活，直觉生命的本真。儒家强调的立德、立功、立言"三不朽",在佛教看来属于一种偏执。无论是德、功还是言,均属于"业"的范畴,不管它们多么伟大、多么崇高,都只能改变生命一时的际遇,仍然无法逃脱因果报应的循环,根本不可能实现生命的不朽。

佛教追求的不朽是生命的永恒的真实,它不仅超越个体、破除私我,超越社会、破除人我,而且超越一切存在,包括生命本身。有生必有死,人只是"六道"之一,故人的生命不具有极度完善的价值,更不可能不朽。不朽不等于长生,任何生命的永存都是一种荒诞的假设;不朽也不等于死,死只是一种灭寂,是对存在的否定。不朽是对生命的超越,既非生非死,又不生不死,是生命本真与宇宙本体的绝对合一。这是一种极度的超越,超越了除超越本身之外的一切存在。

人的完善是一个无限发展的过程,是人类生命的永恒发展。人作为主体性存在,始终在进行着自我创造、自我发展的实践活动。人类的每一次进步,都是生命完善的辉煌纪录。人是一种自然的感性存在,有着不可否定的感性需要,首先必须满足最基本的物质生活条件,即追求现实的物质利益。然而,对物质利益的追求只是生命活动的前提,并非它的全部内容,更不是它的本质,因为人不仅仅是感性的自然存在,还是地球上唯一的主体性存在。生命的本质在于自我创造、自我发展,即不断超越现实的存在,创造一个全新的自我,从而实现自我完善。可以说,人的自我完善就是人类的主体性创造,是人类精神的自我提升和生命的本质特征。

我们认为,人的完善标志着人类的发展进步,个人的完善绝不能脱离人类的发展进步。人类的发展事业是个人完善的根本内容,个人只有将自己的生命活动融入社会发展进步的伟大事业中,才能实现完善与不朽。佛教关于人的完善的学说把人的完善定位于对生命本身的超越,抽空了其现实社会内容,带有浓厚的宗教色彩。对此,我们应积极扬弃。但是，它强调对现实的超越，追求生命的永恒与不朽，凸显了人类崇高的道德精神。在当今社会，我们正致力于中国式现代化、人类文明新形态建设，实现中华民族伟大复兴的崇高事业，为这一事业作出自己最大的贡献，是每一个中国人的神圣职责。个人的幸福与完善、生命的永恒与不朽，都与这一伟大事业息息相关。

改革开放之后，经济形态的转轨促使人们的思想和价值观念发生变化。二十世纪六七十年代的政治热情转化为对经济利益和效益的关注，旧的思想观念已经不能适应社会的变革，而新的价值体系又没有得到及时完善，从而导致了信仰危机、思想迷惘和道德失范。特别是在市场经济的冲击下，一些人没有认清市场经济的实质，没有理解中国社会主义市场经济的特点，将等价交换（甚至是不等价交换）原则泛化到一切领域，把经济效益与物质利益视为生活的终极目标，使得当今社会出现了一股"市俗化"思潮。在此市俗化思潮影响下，不少人以实用主义为生活指南，嘲弄信仰，调侃严肃生活，讥讽传统价值观，甚至宣称告别理想、拒绝崇高。他们以平庸为真实，以快乐为美善，信奉"有权不用过期作废"，宣扬"只有向钱看才能向前看"。甚至有人妄言经济的发展必须以道德的牺牲为代价，道德对经济发展只有阻碍而无促进作用，为一切非规范、不道德的经济行为辩解。所有这一切，汇成一股浑浊的逆流，严重地影响了人们的思想观念和现实生活，导致一些人精神失落、价值观迷失。今天的中国已经成为世界第二大经济体，国力空前强盛，经济的发展带来了物质前所未有的丰富和生活的富足，不少人沉迷于物质生活的享受，丧失了精神的家园。

这种市俗化逆流如果不加以扭转，不仅将影响社会的健康发展，还会导致人欲横流，严重败坏社会风气，造成个人和整个社会的灾难。因此，我们在发展经济、进行物质文明建设的同时，必须高度重视精神文明建设，在建设物质家园的同时不能忘了建设好精神家园。生活绝不仅仅是物质需要的满足。人不同于动物的地方正在于他有精神需要，追求精神需要的满足。在基本的物质生活条件具备之后，人们从物质丰盈中所得到的绝不仅仅是生理的满足，还有精神的愉悦。物质享受只有当它作为精神需要满足的一部分时，人们才可能从中感受到幸福。因此，生活的幸福、人的完善内在地包含着对现实的超越。发展就意味着超越，人的发展与完善就是不断地超越现实、超越自我。一个以个人为本位、局限于自我，浑浑噩噩混天度日的人，不可能有真正的幸福，也不可能真正实现生命的价值，更不可能实现生命的完善与不朽。

佛教以生命的完善与不朽为人生最高目的，追求一种超越世俗的高尚生活。尽管它对完善与不朽的理解有着浓厚的宗教色彩，还存在一定虚幻性，尤其是它对现实生活的否定更是有悖于现代价值观念，但是它的这种追求崇高的精神，对于我们努力加强社会主义精神文明建设，却不无启迪。我们也应当追求完善与不朽，也要不断实现对自我和现实的超越。当然，我们所讲的超越，并非宗教式的对超越对象的简单否定，而是对它们的扬弃。我们要把自我的完善与社会的完善看作统一的发展过程，将个人的完善与不朽，寓于社会的进步与完善之中。具体说来，就是把全面建设社会主义现代化国家、实现中华民族伟大复兴，既作为我们每一个中国人的历史使命，也视作我们实现生命的完善与不朽的必由之路。

三

研究历史，是回顾人类自身走过的历程，总结经验教训，探究人类进步与完善的发展规律，以为现代社会生活的借鉴。唐太宗李世民著名的"三鉴"中就有以古为鉴。但凡立志于社会发展与进步的人，都能自觉地从历史发展中寻找智慧、吸收养分，以促进事业的成功。我们正在进行中国式现代化建设。中国式就必须有中国风格、中国气派、中国范式；在与世界文明交往过程中，要有中国精神、中国话语。这是中国历史上从未有过的宏伟事业，是中国人振兴民族、强盛国家的路径。我们生活在一个开放的社会，比历史上任何时期的人都更具有开阔的胸襟和远大的理想。为了实现中国式现代化，我们应当吸收人类一切先进、优秀的文化成果，不仅学习别人的先进科技，学习别人的优秀文化，还要吸收本民族优秀的文化遗产，以充实我们的知识、提升我们的境界，助力我们更好地完成我们的事业。

中华民族的道德文化传统主要由儒释道三家伦理道德交织而成。在两千多年的文化发展中，三家既相互斗争，又相互交融、相互吸收，融会成一个不可分割的整体。离开了任何一家，我们都无法对中华民族的道德文化作出全面、正确的解释，也不可能把握它的精神实质。更进一步说，离开了三家中任何一家，我们都无法深刻地理解当代中国人的道德心态、精神追求和生活意趣。因此，进行社会主义精神文明建设，必须对传统道德进行认真、深刻的总结和分析，其中就包括对佛家伦理道德的总结和分析。

佛家伦理道德属于宗教学说，是人类历史文化遗产的重要组成部分。它是从一个特殊的视角对人的道德生活、道德本质、生命意义、人的完善进行深入探寻后，所得出的道德认识成果。通过本书前面的阐述可知，撇开其宗教的神秘外壳，其中确实不乏智慧的闪光和真理的颗粒。这些合理的成分构成了中华民族优良伦理道德文化的重要组成部分，同时也是我们应该传承和实现超越创新的重要精神文化资源，是必须予以肯定的。

当然，也应该指出，我们对中国传统文化包括佛家伦理道德精华应进行创造性转化和创新性发展，只有这样才能充分挖掘传统文化的现代价值，彰显传统文化的世界意义，在世界文化交往的过程中更好地传播中国精神、表达中国话语。创造性转化和创新性发展是对传统文化中优秀精神的提炼与提升，就佛家伦理道德而言，并不意味着我们对其持肯定态度，更不意味着我们对佛教持肯定态度。佛家伦理道德是佛教学说的一个重要组成部分，它的根本追求并非现实生活与现实社会的完善，而是出世的完善。不管它如何努力地世俗化，宣扬世间法与出世间法一致，终究无法回避和消解它与现实社会的矛盾和冲突。

也许佛教学说能够给人带来一些精神安慰，支撑一些人的信仰，并成为他们追求精神充实与本质完善的动力，但这只能说明在当今社会佛教仍有其存在的现实基础。也可能在相当长的历史时期内佛教还将继续存在，甚至可能有一定的发展，但这并不能成为佛教适应于现代社会的证据，更不能提倡和鼓励人们把佛教作为自己的信仰。佛教的根本价值观念——"苦"和"空"——绝不能成为人们现实生活与社会发展的指导思想。我们梳理佛家伦理道德精华，并非提倡佛家伦理道德，而是帮助人们正确认识它，并从中吸取有益的思想养分，避免受其消极因素影响。只要佛教的存在是一种社会现实，它就会对人们的价值观念和生活态度产生影响，这一点必须承认。正确的态度是：认真分析梳理佛教的伦理道德学说，对其消极落后的因素予以科学的批判和深刻的揭露，防止人们受其影响而误入歧途；对其积极优良的成分予以发扬与创造，对佛教的发展进行正确的引导，充分发挥其积极的社会功能，使佛家伦理道德精华成为促进人们生活完善、自身完善与社会完善的有利因素。

这就是我们撰写本书的目的，也是我们修订本书的意义所在。

参考文献

图书

［1］陈国符. 陈国符道藏研究论文集［C］. 上海：上海古籍出版社，2004.

［2］陈国符. 道藏源流考［M］. 北京：中华书局，1963.

［3］陈垣. 道家金石略［M］. 北京：文物出版社，1988.

［4］褚柏思. 佛门人物志［M］. 台北：传记文学出版社，1979.

［5］杜洁祥. 中国佛寺史志汇刊［G］. 台北：宗青图书出版公司，1980—1994.

［6］方立天. 中国佛教哲学要义［M］. 北京：中国人民大学出版社，2002.

［7］冯友兰. 中国哲学史新编：第三册［M］. 北京：人民出版社，1985.

［8］冯友兰. 中国哲学史新编：第四册［M］. 北京：人民出版社，1986.

［9］高晨阳. 儒道会通与正始玄学［M］. 济南：齐鲁书社，1996.

［10］关大眠. 牛津通识读本：佛学概论［M］. 郑柏铭，译. 南京：译林出版社，2011.

［11］郭朋. 汉魏两晋南北朝佛教［M］. 济南：齐鲁书社，1986.

［12］洪修平. 中国儒佛道三教关系研究［M］. 北京：中国社会科学出版社，2011.

［13］侯外庐. 中国思想通史［M］. 北京：人民出版社，1980.

［14］胡道静. 中国古代典籍十讲［M］. 上海：复旦大学出版社，2004.

［15］胡孚琛. 中华道教大辞典［Z］. 北京：中国社会科学出版社，1995.

［16］胡应麟. 少室山房笔丛［M］. 上海：上海书店出版社，2001.

［17］黄晖. 论衡校释［M］. 北京：中华书局，1990.

［18］慧皎. 高僧传［M］. 北京：中华书局，1992.

［19］季羡林. 佛教十五题［M］. 北京：中华书局，2007.

［20］蒋维乔. 中国佛教史［M］. 上海：上海古籍出版社，2004.

［21］赖永海. 中国佛性论［M］. 南京：江苏人民出版社，2010.

［22］李养正. 道教概说［M］. 北京：中华书局，1989.

［23］郦道元. 水经注［M］. 长沙：岳麓书社，1995.

［24］砺波护. 隋唐佛教文化［M］. 韩昇，刘建英，译. 上海：上海古籍出版社，
2004.

［25］梁启超. 中国佛教研究史［M］. 上海：上海三联书店，1988.

［26］刘立夫. 佛教与中国伦理文化的冲突与融合［M］. 北京：中国社会科学出版
社，2009.

［27］刘淑芬. 中古的佛教与社会［M］. 上海：上海古籍出版社，2008.

［28］吕澂. 吕澂佛学论著选集［G］. 济南：齐鲁书社，1991.

［29］吕澂. 中国佛学源流略讲［M］. 北京：中华书局，1979.

［30］吕大吉，牟钟鉴. 概说中国宗教与传统文化［M］. 北京：中国社会科学出版
社，2005.

［31］吕澂. 印度佛学源流略讲［M］. 上海：上海人民出版社，2002.

［32］钱穆. 中国近三百年学术史［M］. 北京：中华书局，1986.

［33］任继愈. 中国佛教史：第二卷［M］. 北京：中国社会科学出版社，1985.

［34］任继愈. 中国佛教史：第三卷［M］. 北京：中国社会科学出版社，1988.

［35］任继愈. 中国佛教史：第一卷［M］. 北京：中国社会科学出版社，1985.

［36］僧祐. 出三藏记集［G］. 北京：中华书局，1995.

［37］宋道发. 佛教史观研究［M］. 北京：宗教文化出版社，2009.

［38］苏渊雷，高振农. 佛藏要籍选刊［G］. 上海：上海古籍出版社，1994.

［39］释太虚，《太虚大师全书》编委会. 太虚大师全书［G］. 北京：宗教文化出版
社，2015.

［40］谭世保. 汉唐佛史探真［M］. 广州：中山大学出版社，1991.

［41］汤用彤. 汉魏两晋南北朝佛教史［M］. 北京：北京大学出版社，1997.

［42］汤用彤. 隋唐佛教史稿［M］. 北京：中华书局，1982.

［43］汤用彤. 汤用彤学术论文集［C］. 北京：中华书局，1983.

［44］王利器. 文子疏义［M］. 北京：中华书局，2000.

［45］王明. 太平经合校［G］. 北京：中华书局，1960.

［46］王明. 道家与传统文化研究［M］. 北京：中国社会科学出版社，1995.

［47］王晓毅. 儒释道与魏晋玄学形成［M］. 北京：中华书局，2003.

［48］王治心. 中国宗教思想史大纲［M］. 北京：东方出版社，1996.

［49］渥德尔. 印度佛教史［M］. 王世安，译. 北京：商务印书馆，1987.

［50］吴汝钧. 佛学研究方法论［M］. 台北：台湾学生书局，1983.

［51］萧登福. 道家道教与中土佛教初期经义发展［M］. 上海：上海古籍出版社，
2003.

［52］熊十力. 佛家名相通释［M］. 北京：中国大百科全书出版社，1985.

［53］熊十力. 新唯识论［M］. 北京：商务印书馆，1944.

［54］许里和. 佛教征服中国［M］. 李四龙，裴勇，等译. 南京：江苏人民出版社，
1998.

［55］释印顺. 以佛法研究佛法［M］. 北京：中华书局，2011.

［56］张广保，杨浩. 儒释道三教关系研究论文选粹［C］. 北京：华夏出版社，
2016.

［57］张曼涛. 现代佛教学术丛刊［G］. 台北：大乘文化出版社，1978—1979.

［58］张雪松. 佛教“法缘宗族”研究：中国宗教组织模式探析［M］. 北京：中国
人民大学出版社，2015.

［59］东晋沙门释法显，章巽. 法显传校注［M］. 上海：上海古籍出版社，1985.

［60］赵朴初. 佛教常识答问［M］. 北京：宗教文化出版社，2016.

［61］赵朴初，《赵朴初文集》编辑委员会. 赵朴初文集［G］. 北京：华文出版
社，2007.

［62］中国社会科学院哲学所中国哲学史室. 中国哲学史资料选辑近代之部［G］.
北京：中华书局，1959.

［63］周东平，李勤通. 论佛教对中国传统法律之影响［M］. 北京：中国社会科学
出版社，2021.

［64］周叔迦. 周叔迦佛学论著集［M］. 北京：中华书局，1991.

［65］马克斯·韦伯. 儒教与道教［M］. 王容芬，译. 北京：商务印书馆，2004.

［66］葛兰言. 中国人的信仰［M］. 汪润, 译. 哈尔滨：哈尔滨出版社, 2012.

［67］罗纳德·约翰斯通. 社会中的宗教［M］. 薛利芳, 译. 成都：四川人民出版社, 1991.

［68］镰田茂雄. 中国佛教通史：第四卷［M］. 关世谦, 译. 高雄：佛光出版社, 1993.

［69］镰田茂雄. 中国佛教通史：第一卷［M］. 关世谦, 译. 高雄：佛光出版社, 1985.

［70］小林正美. 六朝道教研究史［M］. 李庆, 译. 成都：四川人民出版社, 2001.

［71］羽溪了谛. 西域之佛教［M］. 贺昌群, 译. 北京：商务印书馆, 1999.

［72］查尔斯·埃利奥特. 印度教与佛教史纲：第一卷［M］. 李荣熙, 译. 北京：商务印书馆, 1982.

［73］汤一介. 魏晋南北朝时期的道教［M］. 西安：陕西师范大学出版社, 1988.

期刊

［1］曹刚华. 中国佛教史学批评的发展与变化［J］. 世界宗教研究, 2021（6）：70-82.

［2］曾召南. 汉魏两晋儒释道关系简论［J］. 四川大学学报（哲学社会科学版）, 1986（3）：48-60.

［3］常为群. 论苏轼的人生态度及与儒道释的交融［J］. 南京师大学报（社会科学版）, 1992（3）：103-108.

［4］陈兵. 略论全真道的三教合一说［J］. 世界宗教研究, 1984（1）：7-21.

［5］陈翠芳. 道教的发展与"三教合一"［J］. 厦门大学学报（哲学社会科学版）, 1996（1）：81-87.

［6］陈晖莉. 传承、变异与发展：台湾社会传统宗教文化的现代性转向［J］. 东南学术, 2009（3）：162-168.

［7］陈磊. 试析隋及唐初的儒学统一［J］. 中国历史博物馆馆刊, 2000（2）：24-31.

［8］陈士强. 隋唐佛教的十二大哲学命题［J］. 复旦学报（社会科学版），1996（1）：16-20，45.

［9］陈卫星. 世俗化、庸俗化与当代中国佛教发展中的问题［J］. 云南社会科学，2007（2）：113-117.

［10］成建华. 中观佛教的渊源及其理论特色［J］. 世界宗教研究，2015（6）：76-84.

［11］邓子美. 现代社会趋势与人间佛教的走向［J］. 佛教文化，2008（1）：31-39.

［12］翟兴龙."中国佛教"与"佛教中国化"：佛教在中国发展史中两个概念的综述［J］. 宗教与历史，2019（2）：66-72，256.

［13］方立天. 对当前世界宗教发展趋势的一些看法［J］. 中国宗教，1997（2）：48.

［14］方立天. 佛教与中国传统文化的冲突与融合［J］. 哲学研究，1987（7）：49-59.

［15］方立天. 佛教中国化的问题［J］. 世界宗教研究，1989（3）.

［16］石峻，方立天. 论魏晋时代佛学和玄学的异同［J］. 哲学研究，1980（10）：31-41.

［17］方立天. 儒佛人生价值观之比较［J］. 中国社会科学，1990（1）：113-124.

［18］方立天. 中国大陆佛教研究的回顾与展望［J］. 世界宗教研究，2001（4）：129-137.

［19］方立天. 略论中国佛教的特质［J］. 文史知识，1986（10）：31-37.

［20］韩焕忠，邝妍彬. 佛教中国化的实现方式：从杨曾文先生的《宋代佛教与儒者士大夫》谈起［J］. 世界宗教研究，2024（5）：127-128.

［21］洪修平. 历史与现代双重变奏中的近现代佛教入世转型［J］. 世界宗教研究，2022（12）：13-24.

［22］洪修平. 儒佛道三教关系与中国佛教的发展［J］. 南京大学学报（哲学·人文科学·社会科学），2002（3）：81-93.

［23］洪修平. 也谈两晋时代的玄佛合流问题［J］. 中国哲学史研究，1987（2）：46-50.

［24］黄新亚. 论佛教的中国化问题［J］. 人文杂志，1989（2）：73-79.

［25］黄玉顺. 关于佛道儒的"宗教超越性"问题［J］. 北京理工大学学报（社会科学版），2002（2）：3-7.

［26］贾顺先. 儒释道的融合和宋明理学的产生［J］. 四川大学学报（哲学社会科学版），1982（4）：21-25.

［27］孔繁. 魏晋玄学、佛学和诗［J］. 世界宗教研究，1986（3）.

［28］赖永海. 柳宗元与佛教［J］. 哲学研究，1984（3）：59-65.

［29］蓝吉富. 现代中国佛教的反传统倾向［J］. 世界宗教研究，1990（2）：52-55.

［30］李刚. 成玄英对儒学的价值评判［J］. 宗教学研究，2004（2）：6-14，47.

［31］李申. 三教关系论纲［J］. 世界宗教研究，1996（3）：1-10.

［32］刘泳斯. 民间信仰在"三教合一"形成与发展过程中的历史作用［J］. 中国文化研究，2012（3）：95-101.

［33］刘元春. 社会城市化发展中的佛教信仰问题［J］. 法音，2002（11）：13-23.

［34］任继愈. 佛教与儒教［J］. 文史知识，1986（10）：9-12.

［35］任继愈. 唐宋以后的三教合一思想［J］. 世界宗教研究，1984（1）.

［36］任继愈. 朱熹与宗教［J］. 中国社会科学，1982（5）：49-61.

［37］石刚. 论禅宗对佛教的改革及其影响［J］. 北京交通大学学报（社会科学版），2003（2）：40-43.

［38］顺真，谢敏. "佛教中国化"基础理论建构所关初始问题的再思考［J］. 世界宗教研究，2024（7）：20-27.

［39］孙昌武. 论"儒释调和"［J］. 哲学研究，1988（5）：18-26.

［40］孙轶炜. 中国人宗教信仰调查［J］. 瞭望东方周刊，2007（6）.

［41］唐大潮. 论明清之际"三教合一"思想的社会潮流［J］. 宗教学研究，1996（2）：31-39，97.

［42］唐长孺. 南朝高僧与儒学［J］. 传统文化与现代化，1993（1）：38-42.

［43］王洪军. 论唐初三帝的宗教政策：隋唐五代宗教政策研究之二［J］. 孔子研究，2004（5）：52-63.

［44］王雷泉. 中国佛教的过去、现在与未来［J］. 禅，1993（4）.

［45］王树人. 后现代话语和视野下的宗教问题：读《宗教》［J］. 世界哲学，2007（3）：100-105.

［46］王文修. 儒道会通视角下的"德福一致"：俞樾《太上感应篇缵义》探义 ［J］. 世界宗教研究，2024（8）：49-55.

［47］王晓毅. 汉魏佛教与何晏早期玄学 ［J］. 世界宗教研究，1993（3）：101-106.

［48］魏道儒. 外来宗教思想中国化及其基本特点 ［J］. 世界宗教研究，2023（9）：14-21.

［49］徐波. 牟宗三对佛学研究的两次转变及其意义 ［J］. 世界宗教研究，2016（6）：51-60.

［50］徐文明. 出世之教与治世之道：试论儒佛的根本分际 ［J］. 北京师范大学学报（社会科学版），1997（3）：89-93.

［51］许抗生. 谈谈佛教学术研究的现代化问题 ［J］. 北京大学学报（哲学社会科学版），1996，33（1）：34-37.

［52］杨曾文. 佛教《般若经》思想与玄学的比较 ［J］. 世界宗教研究，1983（4）.

［53］杨仁忠. 略论二程"援引佛学改造儒学"的思想 ［J］. 河南师范大学学报（哲学社会科学版），1990，17（3）：7-13.

［54］张树卿. 简论儒、释、道婚姻家庭观 ［J］. 东北师大学报（哲学社会科学版），1996（6）：57-61.

后　记

　　二十八年前，在导师唐凯麟先生的组织和指导之下，我承担了《中国传统伦理道德文化丛书》的儒家卷和佛家卷的写作。佛家思想研究对我而言并非专业特长，只是因为研究中国传统伦理思想绕不开佛家学说，故而有所涉猎。当时撰写这本书，几乎没有什么参考资料，创作过程十分艰辛。唐先生认为，研究中国伦理思想史的著作出版较多，如沈善洪等先生的《中国伦理思想史》、陈瑛等先生的《中国伦理思想史》、朱贻庭先生的《中国传统伦理思想史》等，这些著作对中国传统伦理思想作了通史性质的梳理，为读者呈现了中国传统伦理思想的发展脉络、基本框架和主要内容。但是，传统伦理道德研究除了通史的梳理之外，更重要的是揭示哪些内容是精华，尤其是由于传统思想是由儒、释、道三家共同构筑的，各家思想又有着不同的内容和精神旨趣，而这方面的探讨相对较少，于是，先生就与湖南大学出版社商议出版了这套丛书。丛书出版之后，在学术界和读者中反响良好。2020 年，湖南大学出版社和我们商定出版修订版。历时一年多，我终于完成了所承担的儒家和佛家两部书稿的修订工作。

　　在修订过程中，我的学生们在查找和补充资料方面做了许多工作，个别章节也提供了初步的修改稿，但最终还是由我自己撰写完成。

写本书初版后记时，是我住院做手术的前一天；今天写修订版后记，又恰逢恩师唐凯麟先生两周年忌日，涕泣无状。几十年耳提面命，未能倡先生之学，惟以此纪念先生耳。

张怀承

2025 年 1 月